An International Comparative
Study Focusing on
Education in China

☐ 浙江师范大学重点建设项目"商务部教育援外学历学位(浙师大比较教育学硕士)项目教学资源建设"研究成果

全球视野下的中国教育研究丛书（万秀兰/主编）

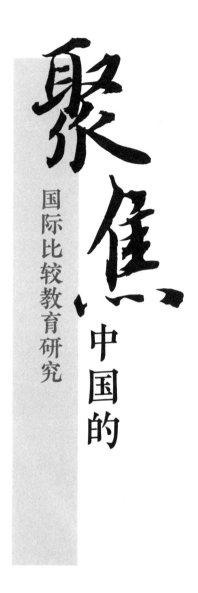

聚焦中国的国际比较教育研究

万秀兰　编著
孙志远

华中科技大学出版社
http://press.hust.edu.cn
中国·武汉

内 容 简 介

本书首先论述了比较教育的简史、概念、理论谱系和方法论谱系，以帮助读者掌握比较教育研究的基本理论和方法。其次，本书选择了对发展中国家教育改革与发展至关重要的十大议题（包括教育管理体制、义务教育制度、高等教育大众化进程、教师专业发展、职业教育改革、扫盲制度、弱势群体高等教育入学机会保障、大学科研、高等教育国际化、母语教学建构路径等），进行了中国与各主题代表性国家的比较研究，以揭示中国在这些议题上的改革思路和实践与其他国家的异同。一方面探讨中国教育进一步改革可借鉴的观念和措施，另一方面探讨中国教育可供其他发展中国家甚至发达国家借鉴的特色经验。

图书在版编目（CIP）数据

聚焦中国的国际比较教育研究/万秀兰，孙志远编著.—武汉：华中科技大学出版社，2024.5
（全球视野下的中国教育研究丛书）
ISBN 978-7-5772-0242-6

Ⅰ.①聚… Ⅱ.①万… ②孙… Ⅲ.①比较教育-研究-中国、国外 Ⅳ.①G40-059.3

中国国家版本馆 CIP 数据核字（2024）第 067661 号

聚焦中国的国际比较教育研究 万秀兰 孙志远 编著
Jujiao Zhongguo de Guoji Bijiao Jiaoyu Yanjiu

策划编辑：钱　坤　张馨芳	
责任编辑：吴柯静	
封面设计：廖亚萍	
责任校对：张汇娟	
责任监印：周治超	
出版发行：华中科技大学出版社（中国·武汉）	电话：(027) 81321913
武汉市东湖新技术开发区华工科技园	邮编：430223
录　　排：华中科技大学出版社美编室	
印　　刷：湖北金港彩印有限公司	
开　　本：710mm×1000mm　1/16	
印　　张：20.75　　插页：2	
字　　数：421 千字	
版　　次：2024 年 5 月第 1 版第 1 次印刷	
定　　价：98.00 元	

本书若有印装质量问题，请向出版社营销中心调换
全国免费服务热线：400-6679-118　竭诚为您服务
版权所有　侵权必究

前　言

随着中国成为全球第二大经济体、逐渐走向世界舞台的中心,深入认识中华文明发展的经验教训和本质特征并进一步提升中国文化软实力,成为中国发展的重要任务之一。在这种背景下,对国际比较视野中的中国教育的特色优势和深刻问题的研究,成为一项基础工作,一方面,有助于新时代中国教育对外开放、中国教育理念和实践经验走向全球;另一方面,有助于中国教育在参与全球治理过程中反思自身的问题,并通过创新走向新的进步和辉煌。此外,中外教育交流的不断加强、来华留学生的不断增加以及中国对外教育援助的推进,也急需有关中国教育国际比较的简要而综合的研究成果。

目前已有不少这方面的探索和研究。对此,我在"全球视野下的中国教育研究丛书"总序中有初步梳理,其中涉及顾明远教授、张民选教授、袁振国教授等中国内地学者领导的研究,杨锐、李军和梁晓燕等海外华人学者的研究,以及许美德等西方学者的研究;指出"全面了解自己的独特优势和特色,是走向世界的第一步;而只有国际比较的视野才能更好地了解自己。希望本译丛能在研究视角、研究方法和具体内容上,推动我国有关本土教育优势特色的研究,乃至推动我国教育智慧更好地走向世界"[①]。

我在该丛书第一部译著《上海是如何做的:世界排名第一的教育系统的经验与启示》的译者序中提到,翻译出版该书是希望"能推动中国本土的国际视野的中国教育比较优势研究,促进中国教育'走出去',让中国智慧在国际舞台上更好地发挥作用"。因为该书有以下几方面的价值。一是研究方法,特别是教育政策梳理和"标杆分析"的组织框架,以及政策信息收集和诊断的工具"取得更好教育成果的系统方法"。二是国际比较视野中关于上海基础教育若干重大特色优势的归纳总结及原因分析。三是该书所发现的上

---

① 梁晓燕,修玛·基德瓦伊,张民选. 上海是如何做的:世界排名第一的教育系统的经验与启示[M]. 万秀兰,任莺,译. 武汉:华中科技大学出版社,2019:Ⅲ.

海教育政策存在的问题及其提出的相关建议。在译者序中我也提到"国际视野，本土行动"等中国教育理念和实践"值得深入研究并推向世界"①，指出专业的比较（政治学、经济学、文学、教育学等）研究队伍是其中的核心推动力量，在各行各业赶超西方先进发达国家过程中，发挥了思想引领、制度创新的作用。

如果说"全球视野下的中国教育研究丛书"的动议及其第一部译著《上海是如何做的：世界排名第一的教育系统的经验与启示》的出版，是浙江师范大学国际与比较教育研究院在"国际比较视野下中国教育的特色优势和深刻问题研究"的首次尝试，那么，《聚焦中国的国际比较教育研究》则是本团队有组织的第二次尝试，试图就发展中国家的一些重大核心教育主题进行比较全面、综合的分析，研究中国教育的国际比较优势与特色、面临的问题及国际可供借鉴的相关经验，试图满足教育学科的来华留学生和对此感兴趣的高等学校教育学科的学生以及对国内外教育异同感兴趣的广大人群的需要。不过，本书更为重视的是为比较教育学专业的国际学生提供主题综合、内容丰富、观点鲜明的国别比较性的教育著作，帮助他们系统思考发达国家、发展中国家（特别是中国和非洲国家）在各教育议题中的差异和原因，以促进教育经验的国际分享为宗旨，以关注中国经验及发展中国家诉求为重心。相对于一般的比较教育研究而言，这一目的也就决定了本书不再强调引介和分析他国教育经验，而是更重视总结、分析和推广中国教育理念与模式。但在各专题领域探讨中国教育存在的问题以及其他国家在该专题领域的经验，这本来是中国比较教育的传统目的，在本书中也不会予以抛弃。

本书的内容主要有两大部分。前一部分共两章是序篇，后一部分共十章是主干。

在第一部分，本书论述了比较教育学的基本理论，包括比较教育的简史、概念、理论谱系和方法论谱系，以帮助读者掌握比较教育基本理念、研究范式和方法，更好地把握比较研究的方法论精髓，并从后续各专题的比较研究中得到验证。这两章在本研究的内容框架体系中只是最基本的比较教育的元知识部分，作为后续部分的基础。

在第二部分，本书选择了对发展中国家教育改革与发展至关重要的十大议题进行中国与各主题代表性国家的比较研究，以揭示中国在这些议题上的改革思路和实践与其他国家的异同，一方面探讨中国教育进一步改革可借鉴

---

① 梁晓燕，修玛·基德瓦伊，张民选. 上海是如何做的：世界排名第一的教育系统的经验与启示 [M]. 万秀兰，任莺，译. 武汉：华中科技大学出版社，2019：ii.

的观念和措施，另一方面探讨中国教育可供其他发展中国家甚至发达国家借鉴的特色经验。这十大主题分别是教育管理体制、义务教育制度、高等教育大众化进程、教师专业发展、职业教育改革、扫盲制度、弱势群体高等教育入学机会保障、大学科研、高等教育国际化、母语教学模式改革与创新。这是本书的主体部分。

具体来说，本书试图突出以下特点。

（1）研究主题的综合性、基础性和实践性。研究主题的综合性体现在研究主题的多维性，不仅探讨教育治理体制，也涉及教育公平；既涉及教师教育、义务教育，也涉及高等教育、职业教育、成人教育等。这种综合性有助于读者对当今世界教育的基本制度、核心议题、类型特征及其在不同国家中的异同，有整体的了解和概括性认识。研究主题的基础性体现在这些主题对发展中国家教育来说都是难以绕开的基本的、核心的主题；当然兼顾比较教育研究的基本理论也是这种基础性的一个体现。研究主题的实践性主要体现在这些主题是各国教育改革和发展实践中面临的关键问题；后十大主题的讨论侧重实践而不是理论。

（2）研究对象聚焦中国的同时兼顾发达国家与发展中国家的比较。在十个主题的国别比较对象中，除少数主题进行中外比较是比较四个国家外，大多数主题都是比较三个国家，但无论比较多少个国家，无一例外都把中国作为比较对象之一。这有助于认识中国教育在众多议题中的国际比较特色和在世界可供分享的经验；也有助于聚焦中国教育在这些议题中的改进。关于各主题的研究对象国的选择，在中国之外，一般分别选择发展中国家的代表和发达国家的代表。这有助于全面把握中国教育在各主题领域的理念、改革实践和发展水平，以及与该主题的代表性发达国家和代表性发展中国家的差距或领先优势。

（3）研究目的侧重十大主题改革的观念和措施的比较优势，盘点中国教育走向世界、参与全球教育治理所具备的"家底"，初步探讨中国教育哪些东西可供世界学习，哪些方面可以借鉴别国经验。对这些问题，大多数主题设有专门的一节进行讨论，或者放在结语里进行讨论，但也有的主题是分散在各节中进行讨论的。例如，於荣教授在"芬兰、中国和乌干达的义务教育比较"这一章，系统总结了可供乌干达等发展中国家学习的中国普及义务教育的经验。他认为这些经验包括：国家高度重视义务教育的普及与发展，不断加强教师队伍建设，大力推进义务教育法制建设，实施"分区规划、分类指导、分步实施"的原则，根据国情逐步推进义务教育的普及与发展，努力推动义务教育均衡发展。陈明昆教授在"德国、澳大利亚与中国的职业教育改革与发展比较"这一章，提出了以下几方面的中国职业教育发展经验：坚持改革开放政策；在职业教育发展战略上，统一思想，做到全国"一盘棋"；着力加强职业教育的法制建设；扩大宣传，为职教发展营造良好社会环境；动员各方力量，实施职业教育发展行动计划，努力提高职业教育质量；保持职业教育经费投入的不断增长；鼓励开展职业教育办学改革的实验。

（4）研究结果力求创新。虽然本书的主题体现基础性、综合性，但我们力求在各主题都能提供新的论据，提出新的观点，体现本书的学术性。例如，在"中国、美国和印度教育管理体制比较"这一章，张玉婷副教授提出的观点颇有见地。她认为中、美、印三国教育行政体制和学校管理体制的共同点可以总结如下：第一，中央和地方是教育行政体制的基本结构，两者的关系是教育行政体制改革的核心；第二，学校在教育管理体制中的作用凸显，学校是否拥有足够的自主地位仍是教育管理体制改革面临的重要挑战。至于这三国教育管理体制的差别，她认为，首先，公私关系在教育管理体制发展中的角色不同；其次，教育管理体制发展和改革的主要矛盾不同。再比如，尹伊同学和我在"中国、巴西和坦桑尼亚扫盲制度比较"这一章，基于这三个国家扫盲实践的比较，提出了以下创造性观点：国家意志在扫盲教育事业发展中起关键作用；扫盲教育要纳入整个国家的发展战略；扫盲事业发展步伐要立足国情、实事求是；扫盲政策的制定和落实要有战略性和科学性；扫盲成效需要动员群众并依靠评估和激励机制来保障。这些观点，实际上讲的也是中国在扫盲领域可供巴西和坦桑尼亚学习的经验。

本书是集体研究的成果。作者团队为浙江师范大学比较教育学科的十位教师和三位研究生，万秀兰负责项目设计和统稿，孙志远参与项目设计。各章的具体撰写人为：田小红（第一章和第二章），张玉婷（第三章），於荣（第四章），张燕军（第五章），徐倩（第六章），陈明昆（第七章），尹伊和万秀兰（第八章），朱剑（第九章），任莺和万秀兰（第十章），孙志远（第十一章），王国均（第十二章）。感谢各位同事和同学的热情参与和大力支持！

感谢华中科技大学出版社为本书立项，感谢钱坤、张馨芳、吴柯静等编辑老师的辛勤付出！

万秀兰

于浙江师范大学丽泽小院

2024 年 4 月

CONTENTS

目　　录

第一章　比较教育简史 ………………………………………………………… 1
　第一节　比较教育学的史前期 ………………………………………………… 1
　第二节　比较教育学的现代主义开端 ………………………………………… 7
　第三节　国际比较教育中的政策导向和行政改良主义主题 ………………… 9
　第四节　比较教育学中的历史-哲学-文化和自由人文主义主题 …………… 13
　第五节　比较教育的科学范式 ………………………………………………… 20
　第六节　国家、教育扩张、发展和全球化理论 ……………………………… 26
　第七节　全球化时代的世界体系分析和比较教育 …………………………… 29

第二章　比较教育的概念、理论谱系和方法论谱系 ………………………… 36
　第一节　比较教育的概念 ……………………………………………………… 36
　第二节　比较教育的理论谱系 ………………………………………………… 41
　第三节　比较教育的方法论谱系 ……………………………………………… 44

第三章　中国、美国和印度教育管理体制比较 ……………………………… 49
　第一节　教育管理体制概述 …………………………………………………… 49
　第二节　中国教育管理体制 …………………………………………………… 50
　第三节　美国教育管理体制 …………………………………………………… 59
　第四节　印度教育管理体制 …………………………………………………… 71
　第五节　中国、美国、印度三国教育管理体制比较 ………………………… 79

第四章　芬兰、中国和乌干达的义务教育比较 ……………………………… 82
　第一节　芬兰的义务教育 ……………………………………………………… 82

第二节　中国的义务教育 ································· 90
　　第三节　乌干达的义务教育 ······························· 103
　　结语 ··· 110

第五章　中国、美国、英国和韩国高等教育大众化比较 ············ 112
　　第一节　中、美、英、韩高等教育大众化发展进程比较 ········ 113
　　第二节　中、美、英、韩高等教育大众化动因比较 ············ 118
　　第三节　中、美、英、韩高等教育大众化的优点与不足 ········ 122
　　第四节　中、美、英、韩高等教育大众化的困境与取向 ········ 130

第六章　中国、英国和坦桑尼亚教师教育比较 ···················· 136
　　第一节　中国的教师教育 ································· 137
　　第二节　坦桑尼亚的教师教育 ····························· 145
　　第三节　英国的教师教育 ································· 153
　　结语 ··· 158

第七章　德国、澳大利亚与中国的职业教育改革与发展比较 ········ 161
　　第一节　德国"双元制"职业教育 ·························· 161
　　第二节　澳大利亚的TAFE教育及培训包 ···················· 167
　　第三节　学徒制的现代"复兴" ····························· 174
　　第四节　中国职业教育改革与发展 ························· 177

第八章　中国、巴西和坦桑尼亚扫盲制度比较 ···················· 186
　　第一节　坦桑尼亚扫盲教育的发展历程 ····················· 186
　　第二节　巴西扫盲教育的发展历程 ························· 195
　　第三节　中国扫盲教育的发展历程 ························· 202
　　第四节　三国扫盲教育发展的成就比较 ····················· 205
　　第五节　三国比较视野下的扫盲经验与教训 ················· 209

第九章　弱势群体高等教育入学机会保障政策：中国、英国和加纳的案例分析 ··· 218
　　第一节　弱势群体高等教育入学机会保障政策：一个全球视角 ········ 218
　　第二节　弱势群体高等教育入学机会保障政策：中国的高校专项
　　　　　　计划分析 ·· 222

第三节　弱势群体高等教育入学机会保障政策：英国的案例分析 …… 227
　　第四节　弱势群体高等教育入学机会保障政策：加纳的案例分析 …… 238
　　第五节　弱势群体高等教育入学机会保障政策：中国、英国和
　　　　　　加纳的比较分析 ………………………………………………… 245
　结语 …………………………………………………………………………… 247

第十章　中国、美国和南非大学科研比较 …………………………………… 248
　　第一节　大学科研职能概述 ……………………………………………… 248
　　第二节　中国的大学科研 ………………………………………………… 251
　　第三节　美国的大学科研 ………………………………………………… 260
　　第四节　南非的大学科研 ………………………………………………… 269

第十一章　比较视野下的教育国际化 ………………………………………… 280
　　第一节　教育国际化概述 ………………………………………………… 280
　　第二节　英国、中国与南非的教育国际化 ……………………………… 285
　　第三节　教育国际化的比较 ……………………………………………… 297

第十二章　"经典素读"与"读写教室"：母语教学建构的双路径 ………… 303
　　第一节　"经典素读"：汉语教育传统的继承与弘扬 ………………… 303
　　第二节　"读写教室"：国际母语教育成果的借鉴与融合 …………… 312

第一章

比较教育简史

一般认为，马克-安托万·朱利安（Marc-Antoine Jullien）于1817年在巴黎以小册子形式发行的《比较教育的研究计划和初步意见》（*Plan and Preliminary Views for a Work on Comparative Education*）是比较教育学的开端，朱利安被誉为"比较教育之父"。因此，1817年之前的时期可以被称为是比较教育学的史前期。从1817年起，比较教育史按时间顺序被分为五个阶段主题：比较教育的现代主义开端；历史-哲学-文化和自由人文主义比较话语；科学范式：目的和规律的问题；基于认识论和比较教育功能的国家、教育扩张、发展和全球化理论；用于比较教育分析的理论。

第一节　比较教育学的史前期

一、16世纪之前

比较教育的起源植根于历史之中。通常情况下，人们认为比较教育与访问别国的实践做法一样古老。各个历史时期的旅行者必然都带回了关于他们所访问国家的文化事实和印象，在他们的访问记录中，必然包含着对教育的描述，他们还可能就教育儿童方式的异同发表了一些评论。事实上，有些人或许已经得出了一些涉及价值判断的结论。

希腊将军兼文学家色诺芬（Xenophon）在其《波斯国王塞勒斯传》（*King*

Cyrus）一书中对波斯的教育做了具体评论。色诺芬引用了"蛮族人"①的话，大意是说塞勒斯是"最英俊、拥有最慷慨的心、最热衷于学习、最有野心的人"②，色诺芬还说："他是按照波斯的法律接受教育的；波斯法律与大多数国家的法律不一样，波斯法律的起点是关心公共福利……，然而，波斯法从一开始就关注他们的公民不应该从小就有任何不当或不道德的行为……"③，"男孩们去学校上学，把时间花在学习正义上；他们说是为了这个目的而去学校，就像我们国家的孩子们说上学是为了去学习阅读和写作一样"④。显然，色诺芬在这里做出了一种价值判断，这种判断是对两种社会的教育实践进行思考后得出的。

在古罗马，马尔库斯·图利乌斯·西塞罗（Marcus Tullius Cicero）之所以认识到希腊和罗马在文化和教育方面的差异，部分原因在于他分别在雅典和罗得岛学习了哲学和演说。⑤ 在《论演说家》（*De Oratore*）一书中，西塞罗认为希腊"在（雄辩术）实践方面胜过其他任何国家"。西塞罗还借小西庇阿之口在《论共和国》（*De Republica*）的片段中指出了希腊人和罗马人在教育方法上的差异，认为罗马人"并不希望为自由出生的年轻人建立一种由法律界定或由国家规定，或适用于全体公民的统一且固定的教育制度。在另一方面，希腊人则在教育问题上徒劳地耗费了许多精力；这是我们的客人波利比奥斯（Polybius）对我们祖先的习俗漠视的唯一一点"⑥。根据西塞罗在《论共和国》一书中做出的零散评论，我们有理由将他视为对比较教育有贡献者。在《布鲁图斯》（*Brutus*）中，西塞罗一再呼吁关注希腊尤其是雅典的文化和教育成就，以及其对古代世界做出的贡献。

在尤利乌斯·恺撒（Julius Caesar）的著作中，文化和教育条件的比较思想得到了进一步发展。这位著名的罗马将军在《高卢战记》（*Commentarii de Bello Gallico*）中的第一句话就指出，比利时人、阿奎丹人和凯尔特人"在语言、习俗和政治组织方面都表现出了根本差异"⑦。恺撒还认为，"比利时人最勇敢"，并提出了比利时人在勇敢方面胜过其他民族的各种原因。在第六卷中，他简要描述了

---

① 编者注：这里的"蛮族"是指罗马帝国时期不会说古希腊语和古罗马语的民族。

② Xenophon. Cyropaedia（Vol. Ⅰ）[M]. Miller W, trans. London：Heinemann, 1925：11.

③ Xenophon. Cyropaedia（Vol. Ⅰ）[M]. Miller W, trans. London：Heinemann, 1925：11.

④ Xenophon. Cyropaedia（Vol. Ⅰ）[M]. Miller W, trans. London：Heinemann, 1925：15.

⑤ Cicero. Cicero on Oratory and Orators；with His Letters to Quintus and Brutus [M]. Watson J S, trans. London：Bell, 1891：408.

⑥ Cicero. On the Commonwealth [M]. Sabine G H, Smith S B, trans. Columbus：Ohio University Press, 1929：231-232.

⑦ Caesar. Gallic War [M]. Long F P, trans. Oxford：Clarendon, 1911：1.

德鲁伊教的教育目标和程序，并试图提出一些自己的理解。他指出德鲁伊教强调记忆训练，因此不愿意把他们的宗教教义以文字的形式表达出来。

中世纪欧洲的观察家们在著作中对不同民族的生活和性格进行了很多描述。至少在某种程度上，这些著作源于贸易的扩张、11至13世纪信息的传播、传教士的热情与好奇心。西班牙北部图德拉的拉比·本杰明（Rabbi Benjamin）记载了他于1165—1173年间在欧洲、亚洲和非洲的游历经历，并描述了这些地区的经济和政治状况。然而，他的这本著作在1543年才得以发表。[1] 尼科洛·波罗（Niccolo Polo）和马菲奥·波罗（Maffeo Polo）于1266年向当时的中国统治者忽必烈（Kublai Khan）递交了一份关于意大利文化的详尽报告，并受命在下一次旅行时带回100名传教士兼教育家。尼科洛的儿子马可·波罗（Marco Polo）写了一篇关于东方民族的启蒙性见闻录，开创了"欧洲远东知识的新纪元"[2]。著名历史学家阿卜杜勒·拉赫曼·伊本·赫勒敦（Abd-al-Rahman Ibn Khaldun）是一位出生在突尼斯的西班牙-阿拉伯血统的学者，他将西班牙和阿拉伯东部的"科学教学制度"进行对比，并将西班牙人对科学兴趣的下降归因于当地穆斯林文明的逐渐衰落。他抱怨说，法律和知识学科几乎随着研究而消失了，造成这种可悲情况的唯一原因"是科学教学的传统在西班牙已经停止（培养），因为那里的文明已经恶化，敌人已经控制了大部分文明"[3]。另一方面，伊本·赫勒敦又指出，"科学教学在东方非常受欢迎，并得到了极大的发展，因为那里的（科学教学）传统具有延续性"[4]。然而，伊本·赫勒敦认为东穆斯林优于西穆斯林的原因不是本土智力或人性的差异，而是环境差异。东穆斯林人的优势在于"在定居地文化的影响下，灵魂额外获得了自然增长的智力"[5]。伊本·赫勒敦作为西穆斯林人，赞赏了东穆斯林文化和教育的价值，并试图从东西穆斯林二者的对比中获得一些经验。他发现，由于东穆斯林政策对年轻人进行系统的学科知识教学和技能培养，东西穆斯林文化和教育之间存在差异。由于在确定与文化和教育差异问题相关的因果关系时试图避免偏见的出现，伊本·赫勒敦当之无愧是比较教育领域的早期研究人员。

---

[1] Adler M N. The Itinerary of Benjamin of Tudela [M]. London: Oxford university press, 1907.

[2] Hudson. Europe and China [M]. London: Edward Arnold, 1931: 129.

[3] Khaldun I. The Muqaddimah: An Introduction to History (Vol. I) [M]. Rosenthal F, trans. New York: Pantheon Books, 1958: 430.

[4] Khaldun I. The Muqaddimah: An Introduction to History (Vol. I) [M]. Rosenthal F, trans. New York: Pantheon Books, 1958: 431.

[5] Khaldun I. The Muqaddimah: An Introduction to History (Vol. I) [M]. Rosenthal F, trans. New York: Pantheon Books, 1958: 432.

二、 16 世纪及以后

16 世纪,随着发现和探索时代的到来,旅行报告和分析的出版频率越来越高。1518 年,英国人文主义学者伦纳德·考克斯(Leonard Coxe)访问波兰,在这块被西欧视为无名之地的土地上发现了其学术研究的能力。① 意大利历史学家罗多维科·吉夏尔迪尼(Lodovico Guicciardini)在荷兰旅居了数年,于 1567 年发表了对荷兰的研究报告,并对他在那里发现的学术水平表示赞许,"他们(荷兰人)热爱学习和艺术,他们中有许多博学的科学家,还有几位著名的作家;大多数人都熟悉语法的基本知识,甚至连农民也能读会写"②。作为一名在外国进行实地考察的学者,吉夏尔迪尼很显然有资格表达其教育方面的判断。

索邦大学希伯来语、阿拉伯语和希腊语教授纪尧姆·波斯特尔(Guillaume Postel)在普瓦捷发表了关于土耳其和中东历史的研究报告,报告题为"来自土耳共和国:所有穆罕默德教徒的习俗和法律"。报告中也包含了土耳其教育方面的信息,很显然,这是他应弗朗西斯一世国王的要求前往土耳其和埃及为皇家图书馆获取手稿之旅的产物。波斯特尔能够"在他的基督徒同胞中传播有关东方的知识,并激发欧洲人对外部世界的兴趣"③。在有限的范围内,波斯特尔对改善欧洲关于其他国家教育的贫乏知识做出了贡献。

16 世纪后期,1588 年至 1589 年间居住在俄国的英国大使贾尔斯·弗莱彻博士(Dr. Giles Fletcher)在其《论俄国共同财富》(*Of the Russe Common Wealth*,1591)中对俄国社会和文化进行了分析。根据弗莱彻的说法,沙皇的暴政是造成俄国文化和教育状况悲惨的主要原因,而牧师的无知主要是因为他们的主教缺乏学习。他表明,如果有机会的话,俄国人民自己也可以通过学习获益,但是他们却被禁止访问别国,"这样他们可能什么也学不到,也看不到其他国家的时尚潮流"④。

德国学者雅各布·米登多普(Jacob Middendorp)汇编了法国、意大利、德

---

① Thomson S H. Slavic Studies in the Renaissance [J]. Renaissance Quarterly,1965(18):82.

② Guicciardini. Belgicae sive Inferioris Germaniae descriptio [M] // Davies C M. History of Holland, from the Beginning of the Tenth to the End of the Eighteenth Century (Vol. I). London:Parker,1841:487.

③ Bouwsma W J. Concordia Mundi:The Career and Thought of Guillaume Postel (1510—1581) [M]. Cambridge:Harvard University Press,1957:v.

④ Fletcher G. Russia at the Close of the Sixteenth Century:Comprising the Treatise "Of the Russe Common Wealth" [M]. London:Hakluyt Society,1856:63.

国、丹麦、波西米亚和波兰的大学数据，从而提供了一些可以进行比较的基本教育事实。① 德西德里乌斯·伊拉斯谟（Desiderius Erasmus）在一些信件中对牛津大学、剑桥大学的教育与教学及英格兰的学术情况做了简要介绍。在1499年从伦敦给身处意大利的一位英国朋友兼学生罗伯特·费舍尔（Robert Fisher）寄的一封信中，这位著名学者提到了意大利学术的卓越性，这是当时许多英格兰人和其他欧洲人的共识。伊拉斯谟在完成对英国的访问后，于1516年在加来给约翰·鲁赫林（Johann Reuchlin）写信，指出英国在学习方面取得了长足进步，与意大利相比起来毫不逊色。②

米歇尔·德·蒙田（Michel de Montaigne）的著作大部分由他的秘书进行保管，在他1580—1581年间访问德国、瑞士和意大利的日记中，有关于其他国家的教育状况的记载。蒙田提到，教皇格里高利十三世（Pope Gregory XIII）为希腊人、英格兰人、苏格兰人、法国人、德国人和波兰人出资建立了学院，"以召唤那些被反教会的邪恶观点所腐蚀的国家的儿童加入教会；在那里，男孩们被安排住宿、获得食物、有衣可穿、接受指导，并获得一切"③。此类教育实践的报告十分有助于理解当时的比较教育。

到了17世纪，文化和教育领域国际联系的日益增加和深入。与前几个时期一样，国外旅行为记录带有比较性质的教育观点提供了机会。然而，旅行者对教育观察结果的价值观却不尽相同。越来越多的各国旅行记述和报告包含了有关教育的评论。英国人约翰·佩里（John Perry）于1698年至1712年担任沙皇彼得大帝的工程师，他呼吁关注俄国普遍存在的文盲状态，并认为这是前彼得时期的产物。然而，尽管佩里钦佩彼得大帝的教育改革，例如在莫斯科建立数学中学，派遣约100名年轻人到英国、荷兰和意大利学习海军科学，但他也认为神职人员中宗教及其他领域的学习水平极低，有必要加强。④

17世纪下半叶，威廉·配第爵士（Sir William Petty）开创了收集社会和教育基础数据的方法。他是牛津大学解剖学教授、格雷沙姆学院音乐教授，也是伦敦皇家学会的创始人。威廉爵士对英国和美国殖民地的信息类别进行了具体

---

① Middendorp J. Academiarum Celebrium Universi Terrarum Orbis Libri VIII [M]. Cologne：Cholin，1562.

② Allen P S. Selections from Erasmus, Principally from His Epistles [M]. 2nd ed. Oxford：Clarendon，1918：68.

③ The Complete Works of Montaigne [M]. Frame D M, trans. Stanford：Stanford University Press，1957：939.

④ Perry J. The State of Russia under the Present Czar [M]. London：Tooke，1716：209-212，216-221. 转引自 Putnam P. Seven Britons in Imperial Russia [M]. Princeton：Princeton University Press，1952：33-36.

说明:"教堂、房屋、平房、学校、济贫院、农场和家庭的数量"① 以及"在英国经常出售的某些精选书籍的数量"②。威廉爵士呼吁对其他地方的高等教育录取的学生、出版的书籍、大学学位以及"(学院)研究员、学者、平民同胞、退休人员、服务人员的数量"等数据进行收集。③ 基于他在英格兰及欧洲的教育经验,威廉爵士显然有信心对宾夕法尼亚州殖民地的教育提出建议。他提出了许多关于印第安人的问题,主要是民族学性质的问题,并对新大陆(the New World)的前沿情况有了清晰的认识。他所写的《关于宾夕法尼亚的一般注意事项》(General Cautions Concerning Pennsylvania)似乎反映了他的主张,即殖民地作为欠发达地区,需要适合的教育。因此,他建议:"不鼓励学习拉丁语和希腊语;不鼓励学习大学知识;但要提倡学习算术、测量和绘画。"④

俄国在整个18世纪期间都引起了欧洲思想家极大的兴趣。路易-勒内·卡雷迪克·拉夏洛泰(Louis-Rene de Caradeuc de La Chalotais)在其《论国民教育》(Essay on National Education,1763)做出了非常大胆的论断,他认为"十年间,俄国在物理学和自然科学方面取得的进步比其他国家在一百年内取得的进步还要大,去看看彼得堡学院(the Academy of Petersburg)的纪念馆就知道了。如果我们不认真考虑改革我们的研究,也许正在全面改革其研究的葡萄牙可能会比我们进步得更快"⑤。显然,比起对俄国的教育情况进行客观的评价,拉夏洛泰更关心的是法国教育能否获得快速改善。他似乎不清楚俄国的进步主要应归功于德国人和其他外国人进行的著作、研究和教学。拉夏洛泰认为"与牛津大学、剑桥大学、莱顿大学和哥廷根大学进行比较,这些大学的基础书籍比我们的好,而我们的学院的方法也有缺陷,我们将看到,德国人和英国人所受的教育必然比法国人好"⑥。

---

① Petty W. The Petty Papers:Some Unpublished Writings of Sir William Petty(Vol.I)[M]. London:Constable,1927:178.

② Petty W. The Petty Papers:Some Unpublished Writings of Sir William Petty(Vol.I)[M]. London:Constable,1927:179.

③ Petty W. The Petty Papers:Some Unpublished Writings of Sir William Petty(Vol.I)[M]. London:Constable,1927:200.

④ Petty W. The Petty Papers:Some Unpublished Writings of Sir William Petty(Vol.I)[M]. London:Constable,1927:114.

⑤ La Chalotais. Essay on National Education[M]// De La Fontainerie. French Liberalism and Education in the Eighteenth Century:The Writings of La Chalotais,Turgot,Diderot,and Condorcet on National Education. New York:McGraw-Hill,1932:63.

⑥ La Chalotais. Essay on National Education[M]// De La Fontainerie. French Liberalism and Education in the Eighteenth Century:The Writings of La Chalotais,Turgot,Diderot,and Condorcet on National Education. New York:McGraw-Hill,1932:64.

还有一位18世纪的法国教育家也关注比较教育。在1792年代表公共教育委员会向国民议会提交的报告中，马奎斯·孔多塞（Marquis de Condorcet）建议成立九所学院，"学院的数量确定为九所，因为通过与英国、意大利和德国的学院数量进行比较，这个数字似乎更符合法国人口的需要"[①]。需要提及的是，孔多塞是一位严肃的数学学者、百科全书出版助理、科学院常务秘书、法国研究院院士、柏林和圣彼得堡学院院士、杜尔哥和伏尔泰的传记作者、革命时期的美国和新共和国的问题与发展评论员。有了这样的资历，当孔多塞大胆地将他的计划描述为"在欧洲范围内首屈一指"时，我们可以认为他清楚地知道自己在说什么。即使他在某种程度上似乎是受到了民族主义的驱使，但他评估"欧洲科学现状"的能力毋庸置疑的。

第二节　比较教育学的现代主义开端

作为一个研究领域，比较教育学的现代主义开端通常可以追溯至19世纪早期和中期的后启蒙时代。特别是来自巴黎的马克-安托万·朱利安进行了开创性的探索，欧洲和美国的教育政策制定者、改革者和管理者如美国的霍瑞思·曼（Horace Mann）、卡尔文·斯陀（Calvin Stowe）、亨利·巴纳德（Henry Barnard）和法国的维克多·库森（Victor Cousin）及英格兰诗人兼督学马修·阿诺德（Matthew Arnold）的论述也为比较教育的发展奠定了基础。这里简要介绍一下马克-安托万·朱利安及其人文主义和改良主义信念。

马克-安托万·朱利安1775年出生于巴黎，父母在人文科学（哲学、语言、文学和古典文学）方面接受过高等教育。年轻时，朱利安曾在雅各宾派和法国国民大会上担任过一段时间的记者，还曾在拿破仑·波拿巴（Napoléon Bonaparte）的手下担任外交官和军队士兵。他游历了欧洲各地，访问了英格兰和苏格兰，并在拿破仑的远征中作为战争专员前往埃及。在一生的大部分时间里，他一直致力于有关教育和教学的研究，并在此基础上撰写了许多专著、论文、报告和备忘录，直到1848年去世。朱利安于1817年发表的《比较教育的研究计划和初步意见》（以下简称《计划》）使他被誉为"比较教育之父"。1819—1830年间，朱利安创办了《百科全书式评论或有关文学、科学、艺术的最杰出成果的理性分析》（*Encyclopedic Review or Reasoned Analysis of the Most Remarkable Productions*

---

① De Condorcet. Report on the General Organization of Public Instruction [M] // De La Fontainerie，op. cit：350.

in Literature, Sciences and the Arts)杂志,并担任主编。除此之外,他还撰写了关于瑞士、比利时和西班牙公共教育的文章。

在朱利安的生平和作品中,我们可以分析出一些因素,这些因素相互结合,对朱利安在推动比较教育科学发展方面的开创性思想产生了影响。朱利安也受到了启蒙运动"现代性范式"思想和精神的熏陶,强调理性/理性主义、经验主义、科学(包括社会科学)主义、普遍主义、世俗主义、进步和民族国家。他对教育科学研究产生兴趣也就毫不奇怪了。

朱利安设想的"教育",尤其是比较教育,是一门类似于比较解剖学的"近乎实证的科学"。他在《计划》一书中解释道:教育,正如所有其他科学和艺术一样,是由事实和观察组成的。因此,对于这门科学来说,似乎有必要像对待其他知识分支那样,收集事实和观察结果,并将其制作成分析图表,使其相互联系,以便进行比较,从中推导出一些原则和明确的法则,从而使教育成为一门近乎实证的科学。对比较解剖学的研究推动了解剖学的发展,同样地,对比较教育学的研究可以提供新的手段来完善教育科学。①

为了使比较教育学成为一门"近乎实证的科学",朱利安制订了下述计划。该计划由两个主要部分组成:① 关于朱利安对欧洲不同国家教育状况的批判性评估的介绍性陈述,以及他自己关于如何改进"不完整"和"有缺陷"的欧洲教育的想法;② 旨在收集"事实和观察结果"和"旨在为比较观察表提供材料"的一系列问题。②

朱利安的比较方法论可以被描述为"经验-演绎"或者"定性的准民族志"。它试图通过一份由六个教育领域的系列问题组成的调查问卷,来收集有关教育和相关问题的数据(用朱利安的话来说是"事实和观察结果")。这六个系列问题包括:① 初等教育和普通教育;② 中等教育和古典教育;③ 高等教育和科学教育;④ 师范教育;⑤ 女童教育;⑥ 与立法和社会机构有关的教育。收集到的"事实和观察结果"将被"制作成分析图表"或"比较观察表",以便进行比较分析并推导出"一些原则和明确的法则,从而使教育成为一门近乎实证的科学"。③

然而,如果我们把朱利安的"教育科学"概念放在启蒙运动后更广泛的"科学"思想历史背景下,并且牢记朱利安的人文文化背景,以及前文提到的朱利安受到了启蒙运动"现代化范式"的思想、精神和文化的熏陶,我们或许可以将他

---

① Fraser S. Jullien's Plan for Comparative Education 1816—1817 [M]. New York: Teachers College, Columbia University, Bureau of Publications, 1964: 31.

② Fraser S. Jullien's Plan for Comparative Education 1816—1817 [M]. New York: Teachers College, Columbia University, Bureau of Publications, 1964.

③ Fraser S. Jullien's Plan for Comparative Education 1816—1817 [M]. New York: Teachers College, Columbia University, Bureau of Publications, 1964: 40.

的比较教育概念理解为"一门近乎实证的科学",但并不是严格术语意义上的实证科学,正如调查问卷的性质和《计划》一书中的比较指标所展现出来的那样。

第三节 国际比较教育中的政策导向和行政改良主义主题

朱利安的《计划》和其余涉及比较和国际教育的著作都是19世纪初期出现的极少数相关论述中的一部分。与朱利安对比较教育学抱有兴趣一样,19世纪的欧洲和美国的改革者以各自国家的教育管理者和政策制定者的身份,对"外国/国际教育"表现出兴趣,在比较教育学历史发展中,他们的主要目的被称之为"教育借鉴"[①]。如上所述,朱利安对比较和国际教育的兴趣在一定程度上优于该术语的内涵,因此也被称为"科学的":通过问卷调查系统地收集可比较的"事实和观察结果",这使比较教育国际主义者可以从中演绎"一些原则和明确的法则,从而使教育成为一门近乎实证的科学"[②]。我们选择法国的维克多·库森,美国的霍瑞思·曼、卡尔文·斯陀和亨利·巴纳德的观点来说明这种以"借鉴"和"改良主义"为目的的比较教育观。

一、法国话语:维克多·库森

维克多·库森(1792—1867)是与朱利安同一时期的人,他和朱利安一样是启蒙运动中自由主义知识分子,但没有证据表明他们两人有过合作或交流。在索邦大学(Sorbonne University)担任哲学教师的职业生涯中,库森被德国哲学尤其是被他自己引入法国的黑格尔唯心主义哲学所吸引。[③] 然而,库森所推崇并试图引入法国的不仅仅是德国哲学。与当代其他欧美思想家和改革家一样,库森认为德国的公共教育非常成功,值得研究,以便效仿其某些特点和做法。因此,在路易·菲利普(Louis Philippe)执政的七月王朝时期(1830—1848),库森是最高公共教育委员会成员,库森也在1840年短期担任了公共教育部部长。就在他从哲学教授转变为哲学家兼管理者和教育政策制定者之后不久,他便前往德国学

---

① Bereday G Z F. Comparative Method in Education [M]. New York:Holt,Rinehart & Winston,1964:7. Noah H J,Eckstein M A. Toward a Science of Comparative Education [M]. London:Macmillan,1969:16-21.

② Fraser S. Jullien's Plan for Comparative Education 1816—1817 [M]. New York:Teachers College,Columbia University,Bureau of Publications,1964:40-41.

③ Brewer W V. Victor Cousin as a Comparative Educator [M]. Teachers College,Columbia University:Teachers College Press,1971:23-24.

习教育机构考察其制度与实践。作为其德国考察之旅的成果，库森撰写了颇具影响力的《关于普鲁士公共教育状况的报告》（*Report on the State of Public Instruction in Prussia*，1831，以下简称《报告》），美国历史学家埃德加·奈特（Edgar. W. Knight）称其为"19 世纪下半叶关于欧洲教育状况的所有报告中最重要的"① 报告。这篇报告的主要部分涉及了库森所认为的可供法国教育借鉴的普鲁士教育的各个方面，用他的话来说就是"我研究的是普鲁士，而我思考的始终是法兰西"②。他在枢密院议员约翰·威廉·苏文（Johann Wilhelm Süvern）提出的一项立法提案中找到了他认为最适合自己的东西，并称之为"1819 年法律"。库森针对普鲁士初等公共教育系统的以下几个方面发表了自己的观点：① 成立、组织和管理"公共教育政府"；② 小学校长的培训、任命、晋升、薪酬和处罚；③ 父母送子女上小学的义务；④ 各地方政府"为小学提供经费"的义务；⑤ "初等教育设立不同等级（或阶段）"，例如小学和市民学校；⑥ 学校课程的内容。③

启蒙运动自由主义改革者库森和他同时代的普鲁士改革者一样，认为建立全国性的公立小学制度是现代法兰西民族国家发展的必需。在日耳曼-普鲁士的初等教育制度和"1819 年法律"中，当时作为高级决策者的库森发现了一个可被用于重组法国教育并形成国家制度的框架。在《报告》中，库森确定了"1819 年法律"中普鲁士教育制度的框架及其相关法律的几个方面并对其进行了评论，据他所说，这些制度框架及法律可以有效地移植到法国。库森用相当多的篇幅论述了形成国家体系的公共教育规定和机制，他将其称作公共教育的"制度"和"政体"。具体而言，他提出了以下几个论点：① 家长有义务将其子女送入小学接受教育；② 地方政府有义务向当地小学提供经费；③ 权力下放的行政结构，根据"1819 年法律……城镇或乡村的每所小学都应有自己的特定管理机构以及自己的特别监管委员会"；④ "以公正合理的方式"维持公共教育与基督教和教会的"古老"和"有益"的结合，但要"始终处于国家以及公共教育和教会事务部长的最高控制之下"。④

库森的《报告》被翻译成英文并在英国和美国出版，给 19 世纪下半叶积极

---

① Knight E W. Reports on European Education by John Griscom, Victor Cousin, Calvin E. Stowe [M]. New York：McGraw-Hill, 1930：117-118.

② Brewer W V. Victor Cousin as a Comparative Educator [M]. Teachers College, Columbia University：Teachers College Press, 1971：50.

③ Knight E W. Reports on European Education by John Griscom, Victor Cousin, Calvin E. Stowe [M]. New York：McGraw-Hill, 1930.

④ Cousin V. Report on the State of Public Instruction in Prussia [M] //Knight E W. Reports on European Education by John Griscom, Victor Cousin, Calvin E. Stowe. New York：McGraw-Hill, 1930：130-155, 189-198.

参与制定全国性初等教育制度的英美教育改革者留下了深刻的印象。① 《报告》在英美产生的影响更多地在于为当时试图建立一个全国性初等教育制度的教育改革提供了一种合法化的力量。在法国，《报告》不仅为初等教育改革提供了合法的理由，还对1833年著名的《基佐法》（Guizot Law）的颁布产生了影响，该法在很大程度上采用了库森的研究观点，以他的《报告》为基础，为法国国家初等教育制度的发展奠定了基础。②

在20世纪60年代出现的关于比较教育学现代主义历史进程的描述中，库森被认为是属于该领域发展史上的"借鉴"③、"教育借鉴"或"选择性文化借鉴"④时期或阶段。同样，沃尔特·文斯·布鲁尔（Walter V. Brewer）在其详细的研究报告《作为比较教育学家的维克多·库森》（Victor Cousin as a Comparative Educator，1971）中，将库森关于普鲁士中学教育的报告描述为"一个明智借鉴的例子"⑤。在比较教育学的现代主义进程中，确实有证据证明这种历史时期划分方式的合理性。布鲁尔引用了库森《报告》中的论断："一个民族真正的伟大并不在于不模仿他人，而在于到处借鉴好的东西，并在为自己所用的同时对它加以完善。"⑥

二、美国话语：霍瑞思·曼、卡尔文·斯陀、亨利·巴纳德

19世纪的美国对欧洲教育尤其是德国/普鲁士、英国和法国的教育兴趣浓厚。这在该世纪上半叶表现突出，尤其体现在19世纪的第二个二十五年间，即美国

---

① Brewer W V. Victor Cousin as a Comparative Educator [M]. Teachers College, Columbia University: Teachers College Press, 1971: 36.

② Brewer W V. Victor Cousin as a Comparative Educator [M]. Teachers College, Columbia University: Teachers College Press, 1971: 116; Halls W D. Society, Schools & Progress in France [M]. Oxford: Pergamon Press, 1965: 20.

③ Bereday G Z F. Comparative Method in Education [M]. New York: Holt, Rinehart & Winston, 1964.

④ Halls W D. Society, Schools & Progress in France [M]. Oxford: Pergamon Press, 1965. Jones P E. Comparative Education: Purpose and Method [M]. St. Lucia, Queensland: University of Queensland Press, 1971.

⑤ Brewer W V. Victor Cousin as a Comparative Educator [M]. Teachers College, Columbia University: Teachers College Press, 1971: 116. Halls W D. Society, Schools & Progress in France [M]. Oxford: Pergamon Press, 1965: 97.

⑥ Brewer W V. Victor Cousin as a Comparative Educator [M]. Teachers College, Columbia University: Teachers College Press, 1971: 116. Halls W D. Society, Schools & Progress in France [M]. Oxford: Pergamon Press, 1965: vii.

公立教育改革活跃时期的初等教育的改革中。在此期间，许多美国学者和教育改革者前往欧洲，寻找有助于他们改善美国教育的思想和实践。在本书中，我们选择了三位有影响力的著名教育改革家：霍瑞思·曼、卡尔文·斯陀和亨利·巴纳德。曼是一位自由主义社会和教育改革家，同时也是一位宗教人道主义者，曾担任马萨诸塞州教育委员会秘书。斯陀是一位古典希腊语和神圣文学教授，也是一位对俄亥俄州教育改革表现出极大兴趣的教育思想家。巴纳德是康涅狄格州的学校主管，曾担任美国的教育专员，多年来一直负责《美国教育杂志》（American Journal of Education）的出版。

与法国的维克多·库森一样，这三位美国人研究欧洲教育主要是出于"改良"的目的：观察能否学习到一些对改善美国教育，尤其是对其初等/基础教育有所帮助的知识。罗伯特·宾汉姆·道恩斯（Robert Bingham Downs）是曼的传记作者之一，他引用曼的著作并写道："外国机构的名人吸引了他的注意力，使他'有一种强烈的渴望想知道这些机构是否在任何方面都优于我们本国的机构；如果发现其中有什么值得借鉴的地方，就将其吸纳进来以供我们进行改进'……对曼来说，最重要的是找到'灯塔'来使我们警觉并找到灯光来指引我们前进。"① 此外，和库森一样，这些美国学者高度赞扬了德国/普鲁士的公立学校教育，尤其是国家在其中的积极作用和对学校教育的治理。他们对普鲁士人在建立巴纳德所说的"真正的国民教育"方面所取得的成功印象深刻，并对普鲁士学校教育的教师和内部教学方面予以好评。② 从政治意识形态的角度来看，霍瑞思·曼、卡尔文·斯陀和亨利·巴纳德可以被描述为自由民主共和主义思想家和社会活动家，他们拥护19世纪"自由共和主义"（也被称为"古典主义"）原则并强调自由、民主和公共教育。

三、历史-哲学-文化和自由人文主义比较话语

进入19世纪下半叶，比较教育话语开始出现不同的认识形式和发展轨迹。诗人、文学评论家和欧洲中心主义人文文化的信徒马修·阿诺德（Matthew Arnold），与美国的黑格尔主义哲学家、教育家和美国教育专员威廉·哈里斯（William T. Harris）遥相呼应，而英国的欧洲中心主义古典人文主义者、历史学家、比较学者和自由主义教育改革者迈克尔·萨德勒（Michael Sadler）则使"历史-哲

---

① Downs R B. Horace Mann: Champion of Public Schools [M]. New York: Twayne, 1974: 88.

② Barnard H. National Education: Systems, Institutions and Statistics of Public Instruction in Different Countries (Part Ⅰ-Europe-German States) [M]. New York: E. Steiger, 1872.

学-文化"学派达到顶峰。这种研究范式在 20 世纪中叶之前一直在比较教育领域占据主导地位。在盎格鲁-撒克逊国家中,马修·阿诺德和迈克尔·萨德勒的思想是 19 世纪新生的"历史-哲学-文化"比较教育话语的最佳例证。

阿诺德认为,国家的行动和管控推动了欧洲大陆,尤其是法国和德国公共/初等教育的巨大发展。他高度赞扬了拿破仑时期由国家建立和管理的法国莱希亚中学。阿诺德在他著名的文章《法国伊顿公学:中产阶级教育与国家》(*A French Eton: Or, Middle Class Education and the State*)中,对图卢兹学院给予了积极的评价,并特别关注该学院的"学习计划"。该计划除了大量的古典内容(拉丁语和希腊语)外,还包括自然科学教学和现代学科(如历史、地理和现代语言),以及"母语"法语的研究。①

同之前的比较教育方面的论述一样,马修·阿诺德作为英国女王陛下的学校督察,考察了欧洲大陆的教育制度,以便获得一些有助于解决英国国内教育问题的知识。但是,与 19 世纪教育管理者和政策制定者以描述性话语为主不同,阿诺德进行的教育观察是有背景的,即把其置于欧洲国家的政治和文化背景中进行解释。从这个角度来看,阿诺德的比较方法可以说是准历史的、自由-人文主义的和文化的,是 20 世纪比较教育学"历史-哲学和自由人文主义"主题的先驱。该主题与迈克尔·萨德勒(Michael Sadler)、艾萨克·康德尔(Isaac L. Kandel)、尼古拉斯·汉斯(Nicholas Hans)、罗伯特·乌利希(Robert Ulich)、弗里德里希·施奈德(Friedrich Schneider)、弗农·马林森(Vernon Mallinson)、基斯·桑迪福(Keith A. P. Sandiford)、亚瑟·亨利·默尔曼(Arthur Henry Moehlman)、约翰·克拉默(John Cramer)、格雷格·布朗(Greg Browne)等密切有关。

第四节 比较教育学中的历史-哲学-文化和自由人文主义主题

萨德勒、康德尔、汉斯和乌利希的历史-哲学和自由人文主义的比较教育研究方法有共性,也有差异。正如下文所分析的那样,这些共性和差异归根于这些比较教育学者的学科/认识论和社会文化背景、所处的时代和地点、职业活动以及提出的问题类型不同。

我们要认识到他们在认识论、意识形态和方法论上的共同点。

(1)比较教育学不是一门经验主义或实证主义的社会科学。它从广义上看是

---

① Nash P. Culture and the State: Matthew Arnold and Continental Education [M]. New York: Teachers College, Columbia University Press, 1966: 113-115.

一门"人文科学"。正如汉斯、康德尔、乌利希和施奈德所解释的那样,与法语中的"Education Comparée"和美式英语中的"comparative education"相比,比较教育一词的含义更接近于德语中的"Vergleichende Erziehungswissenschaft"。它与"比较宗教""比较法律""比较解剖学"等研究相类似,因为"比较不限于当代的实际情况,而是扩展到对当前的法律、宗教或语言体系的起源和演变进行研究"。此外,汉斯认为,德语中的比较教育也包括比较哲学①,并且"比较教育作为一门学科,正好处于人文和科学的中间,与将二者表述包含在内的哲学相类似"②。

(2) 比较教育是一种解释性/诠释性的认识论,旨在"理解"和"解释"国家教育制度如何发展成现在的状态,而不是一种具有预测性或政治导向或实用性/应用性的科学。康德尔、汉斯和乌利希通过对过去的事件进行叙述,并根据他们的判断来研究哪些力量和因素(政治、社会、经济和文化)导致或决定了国家教育系统或其各个方面(结构、政策、实践等)的问题、相似性和差异。一般而言,他们试图证明国家教育制度是社会、政治、经济、文化力量和因素及传统等特定因素独特地组合在一起的结果。因此,他们不太关心概括和理论,而更关心对特定时间和空间上的教育现象进行解释。正如康德尔在他的《比较教育学》(*Comparative Education*,1933)一书中所说的:"这些问题(指教育)的比较方法的主要价值在于对产生这些问题的原因的分析,在于对各种制度之间的差异及其背后的原因的比较,最终为研究尝试性的解决方案服务。"③

(3) 上述内容并不是暗示这些学者把比较教育设想为没有任何工具性、功利性或改良性,只单纯地生产知识的认识论。尽管他们主要是历史学家和知识分子,是"致力于解释教育而不是教育政策制定领域的积极分子",但他们也是历史改良主义者:他们认为,通过研究其他国家的教育制度,可以拥有广泛的哲学视野或态度,形成必要的见解,有助于更好地理解和改善本国的教育。④

(4) 比较教育研究和分析的对象是民族国家和国家教育制度:英国、德国、法国、美国和俄国等。在他们对国家教育制度的解释和说明中,主要目的是解释

---

① Hans N. The Historical Approach to Comparative Education [J]. International Review of Education,1959 (3):299-307.

② Hans N. The Historical Approach to Comparative Education [J]. International Review of Education,1959 (3):299-307.

③ Kandel I L. Comparative Education [M]. Boston:Houghton Mifflin Company,1933:xix.

④ Noah H J, Eckstein M A. Toward a Science of Comparative Education [M]. London:Macmillan,1969:57. Kazamias A M, Massialas B G. Tradition and Change in Education:A Comparative Study [M]. Englewood Cliffs, NJ:Prentice-Hall,1965:3.

和理解国家教育制度是如何发展起来的,以及为什么它们会呈现出这些特点和特性。在对国家教育模式和实践变化的历史解释和说明中,这些历史取向的比较学家认为"民族主义""民族传统""民族政治意识形态""民族性"是决定性因素。正如康德尔在其1933年的研究中指出的那样:"比较教育将毫无意义,除非它试图发现民族主义的含义,因为民族主义为教育制度提供了基础","每个国家的教育制度都属于创造它的这个民族的特点之一,并表现出构成该民族的群体所特有的东西;换言之,每个民族都有自己渴望并应该有的教育制度"。① 早在1900年,萨德勒就说过:"国家教育制度是一个活的东西,是被遗忘的斗争和困难以及很久以前的战斗结果。它包含了一些国家运作涉及的秘密。当它需要进行改革的时候也反映出民族性的缺陷。出于本能,它通常特别强调民族性特别需要训练的部分。"② 1949年,汉斯也宣称:"国家教育制度、国家宪法或民族文学是民族性的外在表现,因此代表了这个民族与其他民族的区别。"③ 同样地,马林森也认为教育是"民族性的一个功能",他将民族性定义为"特定人群特有的、普遍的思想、情感和行为倾向的总和,并在几代人的继承中以或多或少的连续性表现出来"。④

(5)作为一种解释性/诠释性的认识论而不是经验社会科学,比较教育学的数据基础和调查方式更多的是定性的而不是定量的。萨德勒、康德尔和汉斯明确地回避了对教育制度或实际问题的定量统计分析,而是在认识论/知识论的基础上对其进行思考。20世纪初期,萨德勒反对在教育领域进行"纯粹的统计调查",因为必须"根据每个国家的价值体系"来解释教育数据。⑤

(6)萨德勒、康德尔、汉斯、乌利希、马林森,还有他们的前辈马修·阿诺德,是在欧洲古典人文主义教育传统和自由人文主义价值观中成长起来的。在意识形态上,他们都是国际主义者和"自由民主人文主义者",而不是自由放任的自由主义者。而比较教育不仅可以成为改善教育和培养国际主义的积极力量,还可以成为发展自由民主的积极力量。他们的作品充满了"欧洲中心主义"和西方

---

① Kandel I L. Comparative Education [M]. Boston:Houghton Mifflin Company,1933:xxiv.

② Sadler S M. How Far Can We Learn Anything of Practical Value from the Study of Foreign Systems of Education [J]. Reprinted in Comparative Education Review,1964(2):307-314.

③ Hans N. Comparative Education:A Study of Educational Factors and Traditions [M]. London:Routledge& Kegan Paul,1949:9.

④ Mallinson V. An Introduction to the Study of Comparative Education [M]. Melbourne/London/Toronto:William Heinemann,1957:14.

⑤ Holmes B. Problems in Education:A Comparative Approach [M]. New York:Humanities Press,1965:16.

自由民主思想，以及关于政体和国家教育制度、关于民族国家、关于个人和国家的作用，以及关于"自由、平等、博爱"的人文主义价值观。在"启蒙运动"精神的影响下，他们都坚信启蒙和教育可以获得进步。在谈到萨德勒和其他参与在劳动阶层中进行大学推广工作的大学毕业者时，历史学家布莱恩·西蒙（Brian Simon）写道："他们都有一个自由人文主义的观点——教育本身是好的，工人应该能够接受大学所能提供的一切校外教学；教育将使工人们的生活精神化。这意味着要提供一种广泛的、人性化的、全面的，最重要的是，一种公正的教育、一种具有超越性的教育，从而使学生能够超越当时短暂且物质的挣扎。"①

（7）一般来说，这些以历史主义为导向的比较教育学家大多是"理想主义者"；在对教育制度和问题的历史性解释中，他们更加强调思想、理想和形式的力量。显然，他们在任何意识形态和学术意义上都不是马克思主义者。尽管他们在对"力量和因素"进行历史解释的过程中考虑了经济方面，但是他们对经济因素的重视程度相对低于对文化、知识、价值、宗教、精神和意识形态因素的重视程度。康德尔在1956年问道："我们要比较什么？"他又回答道："答案应该是思想、理想和形式的比较。"②

一、艾萨克·康德尔：历史学家、哲学家、人文主义比较教育家

艾萨克·康德尔是一位欧洲犹太裔知识分子，也是欧洲中心主义、自由人文主义文化的支持者，于20世纪初移民到美国，担任大学教授，并作为一位教育界的历史学家-哲学家-比较教育学家享誉国际。他于1933年出版了一本名为《比较教育研究》（*Studies in Comparative Education*）的教育书籍，这是新的教育认识论中具有开创性的文本。康德尔试图界定比较教育的认识论、方法论和意识形态轮廓，确定其主题，并讨论其在现代社会中的价值。比较教育注定会成为教育学的一个里程碑，在随后的几年里康德尔成了这一新兴教育学科的主导人物。20世纪50年代中期，康德尔发表了这本开创性著作的续篇，名为《教育的新时代：比较研究》（*The New Era in Education: A Comparative Study*，1955）。在这本书中，他重申了他的比较教育研究方法，以及比较教育的主题和价值。

康德尔认为比较教育的研究是"跨学科的研究"，"就像教育史一样，实际上可能更强调辅助性研究而不是教育本身"。因此，"就方法论而言，比较教育可以

---

① Simon B. Education and the Labour Movement, 1870-1920 [M]. London: Lawrence & Wishart, 1965: 305.

② Kazamias A M, Schwartz K. Intellectual and Ideological Perspective in Comparative Education: An Interpretation [J]. Comparative Education Review, 1977, 21 (2/3): 153-176.

被认为是教育史研究延续到现在"。① 与他的导师迈克尔·萨德勒相呼应,康德尔进一步解释了他的历史研究方法:

> ……比较教育首先要对构成教育制度的无形的、无法触及的、精神性的和文化力量有所领会;学校之外的因素和力量甚至比学校里面发生的事情更加重要。因此,教育的比较研究必须建立在对学校所反映的社会和政治理想的分析之上……为了理解、领会和评价一个国家教育制度的真正意义,对这个国家的历史和传统、支配其社会组织的力量和态度、决定其发展的政治和经济条件进行了解是至关重要的。②

康德尔是一位理想主义知识分子。在他看来,所比较的更多的是理想、目标、想法和形式。他认为比较教育是教育哲学的一个分支,就其方法论和价值而言,是对思想和形式历史的探索。他写道:

> 因此,比较教育研究的主要贡献在于,如果处理得当,它将涉及"基本原则",并在分析中培养"哲学态度",从而激发对教育问题更清晰的理解。这项研究使教育能够更好地融入本国教育制度的精神和传统中。③

这里有必要对康德尔之前提到的"理解、领会和评价一个国家教育制度的真正意义"的概念进行澄清。作为一个理想主义者,康德尔更加关注形式,而不是构成教育制度的细节。除了对历史和传统、社会、政治、文化和经济等"学校之外的因素和力量"或教育制度运行的政治、经济和文化背景进行研究之外,康德尔和萨德勒一样强调比较教育方法需要对"构成教育制度的无形的、无法触及的、精神性的和文化力量有所领会"。而且,与经验科学家的方法和语言相反,康德尔偶尔会谈论"隐含的意义""真实的意义""本质"。④ 显然,"他的知识取向是当代哲学人文主义者的取向"⑤。

这里有必要评论一下康德尔赋予政治因素的卓越作用,特别是国家在社会运

---

① Kandel I L. The New Era in Education, A Comparative Study [M]. Boston: Houghton Mifflin Company, 1955: 273.

② Kandel I L. Comparative Education [M]. Boston: Houghton Mifflin Company, 1933: xix.

③ Kandel I L. The New Era in Education, A Comparative Study [M]. Boston: Houghton Mifflin Company, 1955: xx.

④ Kandel I L. Comparative Education [M]. Boston: Houghton Mifflin Company, 1933: xix.

⑤ Kazamias A M, Schwartz K. Intellectual and Ideological Perspective in Comparative Education: An Interpretation [J]. Comparative Education Review, 1977, 21 (2/3): 153-176.

作中的作用,尤其是在教育方面的作用。他在 1933 年出版的经典著作《比较教育研究》中提到,比较教育是政治的一个分支,他还更加明确地指出"每个国家都有它应有的教育类型"和"国家如何,学校就如何"。他认为:

> 比较教育专家应该了解不同的政治理论,尤其是国家与个人关系方面……(柏拉图和亚里士多德)很早以前就阐明了这一原则,后来这一原则被表述为"国家是什么样,学校也是什么样"或"你想从国家那里得到什么,你就必须把它放在学校里"。①

康德尔研究方法中的这一要素使他区别于其他历史-哲学-文化和自由人文主义比较教育学家。教育的政治维度一直是大多数现代比较教育学家的认知关注点,但是康德尔是第一个在教育的比较研究中使用"国家"作为背景解释变量的比较教育学家。

二、尼古拉斯·汉斯——历史人文主义方法:"因素分析法"

尼古拉斯·汉斯,一位移民到英国的东欧人,坦言他的思想来源于萨德勒和康德尔。② 在所有"被遗忘的"历史-哲学-文化和自由人文主义的比较教育学先驱中,就研究不同国家教育问题的历史方法而言,汉斯是最具有系统性的一位。与萨德勒、康德尔、乌利希不同的是,汉斯试图从一个特定的概念框架的角度来解释和阐明教育现象和制度。

汉斯框架中的一个关键概念是"因素",因此我们可以将他的方法描述为"因素分析法"。汉斯认为,比较的本质是确定一组构成民族国家面貌或特征的因素,并比较分析这些因素与教育之间的功能关系,或这些因素在创造国家教育制度中产生的影响。比较教育学的主要目的是"从历史的角度对这些因素进行分析研究,并对由此产生的问题的解决方案进行比较"③。在他的经典著作《比较教育:教育的因素和传统研究》(*Comparative Education: A Study of Educational Factors and Traditions*,1949)中,汉斯进一步解释道:

> 国家教育制度和民族政体或民族文学一样都是民族性的外在表现,能够使这个民族得以区别于其他民族。如果我们能够区分和分析历史上

---

① Kandel I L. Comparative Education [M]. Boston: Houghton Mifflin Company, 1933: 274-275.

② Hans N. English Pioneers of Comparative Education [J]. British Journal of Educational Studies, 1952, 1 (1): 56-59.

③ Hans N. Comparative Education: A Study of Educational Factors and Traditions [M]. London: Routledge & Kegan Paul, 1949: 10-11.

创造不同民族的因素，我们就会在界定国家教育制度所依据的原则方面取得很大的进展。①

汉斯的历史研究方法将预先确定的关键因素分为三组：第一组——自然因素，如种族、语言和环境；第二组——宗教因素，如天主教、英国国教和清教；第三组——世俗因素，如人文主义、社会主义和民族主义。对于这些关键因素，汉斯补充说："在第二部分我们增加了一章关于宗教影响的概括性介绍，在第三部分我们将增加一个关于民主和教育的总结性章节。"②

汉斯的因素分析法的一个例证是他对"民族主义"的使用，这个因素在康德尔的历史-哲学方法中也很重要。汉斯认为"民族主义"是一场意义重大且普遍的世俗运动，并用与康德尔类似的语言将其视为"民族性的自然表达"。因素分析法中另一个让我们联想起康德尔的例子是汉斯从"民主"的政治意识形态角度对不同国家的教育进行了比较分析。他区分了以英国和美国为代表的强调政治自由的盎格鲁-撒克逊民主概念和以苏联为代表的强调社会平等的社会主义。

汉斯也将比较教育设想为一门应用学科。他认为，与比较解剖学和比较宗教学不同的是，"比较教育学的目的不仅要比较现有的制度，而且要设想最适合新的社会和经济条件的改革……因此，我们的学科具有功利性的动态特征"。然而，他也认为，作为一门应用学科，比较教育学在很大程度上依赖于"教育哲学所提供的教育概念和目标，以及教育史、社会学和经济学所提供的数据"。③

三、罗伯特·乌利希：人文主义历史学家

与康德尔和汉斯不同，乌利希对不同国家教育的研究方法更多的是历史性的，而不是比较性的。尽管他的著作名为《民族教育：历史视角的比较》（*The Education of Nations: A Comparison in Historical Perspective*，1961），但这本书实际上是一本西方的文化和思想史。在书中，他首先研究了文化运动（如中世纪主义、文艺复兴和宗教改革、理性主义），并将这些运动看作是西方世界和西方文化的历史特征。然后，他对法国、英国、德国和俄国教育制度的发展进行了

---

① Hans N. Comparative Education: A Study of Educational Factors and Traditions [M]. London: Routledge & Kegan Paul, 1949: 9-11.

② Hans N. Comparative Education: A Study of Educational Factors and Traditions [M]. London: Routledge & Kegan Paul, 1949: 16.

③ Hans N. English Pioneers of Comparative Education [J]. British Journal of Educational Studies, 1952, 1 (1): 56-59.

历史性的描述。最后，他对新兴国家的教育问题做了概述，并且断言很多老牌国家就是因为这些问题而消亡的。

乌利希是德国人。虽然他在自己的祖国担任了很高的学术和行政职务，但他并没有向法西斯纳粹政权妥协自己的社会民主主义信仰，而是在 44 岁时离开纳粹德国并移民到美国。与萨德勒、阿诺德和康德尔一样，他受到了以欧洲中心主义为背景的古典人文主义知识和文化传统的熏陶。除了作为美国的大学教授和研究员，他还以学者、教育哲学家、文化历史学家和比较教育学家的身份在国际上享有盛名。

乌利希的人文主义方法有四个维度。首先，乌利希"决定把人牢牢地放在教育的中心位置"；对他来说，人永远是教育的核心，而不是课程、学科、领域、机构或研究。其次，乌利希的方法是"毫无疑问的、彻底的、历史性的；他认为，"如果不理解教育过程的历史背景，就不可能理解教育过程的本质"。据保罗·纳什（Paul Nash）所说，乌利希人文主义方法的第三个维度"在于他在教师的比较教育学中看到了人性相关性"。在这方面，纳什补充说："他（乌利希）把比较教育学的发展视为学者和研究人员进行的一项深奥的活动，他们提出的分析和理论、制作的图表和表格只有他们彼此（有时甚至只有自己）感兴趣"。最后，在纳什的评价中，"乌利希的人文主义方法以强烈的政治价值体系为标志……他是一位终身的社会民主主义者"①。罗伯特·乌利希同时也是一位富有鼓舞性的教师。严格来说，他不是一位比较教育学家，而是一位人文主义历史学家和哲学家，但他启发一些学生——尤其是乔治·贝雷迪（George Bereday）和我——成为具有历史思维的比较学家"。

第五节　比较教育的科学范式

到第二次世界大战结束时，情况发生了变化。教育促进经济发展和民主，教育是个人和社会进步的关键因素，这些成了当时教育话语的中心议题。政策的制定和成功的改革成为首要任务，政治家和学者都在努力寻找应对新需求的方法。

在比较教育学领域，新一代比较教育学家对历史方法越来越不满。他们认为，现行的历史方法在视角上过于宏观，在方向上过于雄心勃勃，在方法上过于

---

① Nash P. A Humanistic Gift from Europe：Robert Ulich's Contribution to Comparative Education [J]. Comparative Education Review，1977，21 (2/3)：147-150.

定性，带有浓厚的主观色彩，而且无论如何都与当时教育要应对改革所带来的问题这一迫切需求无关。① 这一氛围对研究范式的转变是十分有利的。

自然科学和社会科学的快速发展已经提供了一个最有前景的研究范式选择方向。事实上，"对科学日益增长的尊重……影响到了所有的研究分支。尤其是社会科学……对所有的旧有学科都产生了深远的影响"②。例如，在社会学和经济学中，测量技术和数据统计处理方法为论证社会现象的客观性带来了极大的希望，很多学者乐观地认为可以用数学的形式来表达控制社会现象的法则。对许多比较教育学家来说，科学方法的优势及它的解释和预测能力、精确的观察技术、对假设系统和彻底的实证检验、精确的测量、探索和事实调查的方法都是不容忽视的。③ 一大批技术官员、技术顾问、官僚和政治家参与了这个过程，他们对科学方法充满信心，认为这是克服社会经济困难唯一安全的手段。

一、科学范式：目的与法则的问题

在这种乐观主义和美好设想的背景下，20世纪50年代后期出现比较教育学找寻新的科学身份认同这一现象也就不足为奇了。批评者认为，比较教育学获得科学地位的一个基本前提是废除印象主义、主观性、臆想、直觉和预设，这些来源于前辈在历史和哲学方面的工作，因此它们通常与定性、与价值观有关的特性联系在一起。④ 然而，转变远非易事。首先，根据库恩的说法，既有的思想流派或范式永远不会无声无息地自己消亡，因为拥护者已经做好了捍卫它们的准备。⑤

---

① Noah H J, Eckstein M A. Toward a Science of Comparative Education [M]. London：Macmillan, 1969. Kazamias A M. Some Old and New Approaches to Methodology in Comparative Education [J]. Comparative Education Review, 1961, 5 (2)：90-96. Holmes B. Problems in Education：A Comparative Approach [M]. New York：Humanities Press, 1965.

② Davies N. Europe, a History [M]. London：Pimlico, 1997：1076.

③ Noah H J, Eckstein M A. Toward a Science of Comparative Education [M]. London：Macmillan, 1969. Anderson C A. Methodology of Comparative Education [J]. International Review of Education, 1961, 7 (1)：1-23. Holmes B. Problems in Education：A Comparative Approach [M]. New York：Humanities Press, 1965.

④ Templeton R. Some Reflections on the Theory of Comparative Education [J]. Comparative Education Review, 1958, 2 (3)：27-31. Epperson D, Schmuck . The Uses of Social Psychology in Comparative Education [J]. Comparative Education Review, 1963, 6 (1)：182-190. Holmes B. Problems in Education：A Comparative Approach [M]. New York：Humanities Press, 1965.

⑤ Kuhn T. The Structure of Scientific Revolutions [M]. Chicago：Chicago University Press, 1970：7.

其次，对于科学实际上由什么构成，人们的意见还远远没有达成一致，尤其是就社会科学方面而言。因此，20世纪50年代末开始，尤其是60年代，比较教育学的文献集中在比较教育的目的、内容、理论、实践问题，尤其是方法论问题上。

比较教育学的目标发生了重大的转变。在新的范式中，该研究领域保留了其雄心勃勃的目标，即理解和解释教育的运作及其与更广泛的社会背景的关系。然而，"理解和解释"不应再基于比较教育学家的直觉、教养和敏感的头脑，而应基于核心的科学理论，包括经得起详细实证检验的法则和可验证的定量假设。

作为历史范式和科学范式之间的桥梁，贝雷迪在这方面是一个典型的例子。虽然他的方法前面的步骤基本上是为了理解和解释特定的教育现象，但他最终的目的仍然是全面分析。这种分析"研究所有系统得以建立的迫在眉睫的力量，进而形成'规则'或'类型学'，从而使国际间的互相理解得以实现，并使学校与被服务的人民之间的复杂关系得以明晰"①。由于渴望像一些成熟的社会科学，尤其是经济学那样建立法则，科学范式成为比较教育学的主导方法论话语。

然而，就制定规则的必要性达成一致并不意味着就这些规则的性质达成共识。例如，作为一个社会学家，克雷格·安德森（Craig A. Anderson）会谈论"由抽象的社会系统构成的模式，探索本质上没有时间限制并且是永恒的关系"②，而菲利普·福斯特（Philip Foster）会提到存在于"教育机构及其运作的机构矩阵之间"的不变的关系。③ 尽管"从机构特殊性的迷宫中找出普遍性这一长期困难"得以被承认，但安德森——呼应了当时作为社会学主流理论的功能主义所固有的乐观主义和实证主义元素——似乎确信在这个方向上"继续追寻比较教育""有很大的前景"。④ 显然，他对比较教育学的范围和目的的信心是建立在这样的假设之上的：只要适当地使用不断改进的研究方法和技术，这种永恒的和普遍的概括性确实存在，并且可以通过社会学研究得以揭示。

哈罗德·诺亚（Harold Noah）和马克斯·埃克斯坦（Max Eckstein）似乎也相信，比较教育学的最终目的是提供经过充分检验的精练的概括。这些概括被看作是"自变量和因变量之间的函数关系"，以数学命题的形式来表达就是"y 随着

---

① Bereday G Z F. Comparative Method in Education [M]. New York: Holt, Rinehart & Winston, 1964: 23-25.

② Anderson C A, Bowman M J. Education and Economic Development [M]. Chicago: Aldine, 1965: 4.

③ Foster P. Comparative Methodology and the Study of African Education [J]. Comparative Education Review, 1960, 4 (2): 110-117.

④ Anderson C A. Comparative Education over a Quarter Century: Maturity and Challenges [J]. Comparative Education Review, 1977, 21 (2/3): 405-416.

x 的变化而变化"。① 与结构功能主义者一样，他们也在寻找普遍有效的解释，来解释事物是如何存在以及它们实际上是如何运作的，而不是寻找其起因。然而，当意识到这样的一个计划中的困难和共变关系中固有的陷阱时，他们便开始努力强调"函数关系的陈述……不一定指的是因果关系"和"它可能不会揭示从一个因素到另一个因素的影响方向"以及"……x 引起 y 变化的确切机制可能仍未阐明"。② 他们强调需要不断完善解释性命题，每次对事实进行的对比都会暴露这些命题是临时性的和"对所考虑的现象的简单解释"。③ 最后，所有的这些说明都可以解释为什么他们的普遍解释性命题没有被他们赋予"法则"的地位。

而另一位比较教育科学研究方法的杰出拥护者布莱恩·霍姆斯（Brian Holmes）却并非如此。最初，作为一名物理学家的他被灌输了这样的理念：世界，不管是物质的还是社会的，都是由法则控制的；就像爱因斯坦曾经说的那样，"上帝不会掷骰子"。因此，研究比较教育学的学者首先必须认识到控制教育世界的法则的存在。

根据卡尔·波普尔（Karl Popper）的批判二元论，霍姆斯对规范法则和社会学法则进行了区分，将社会学法则界定为："在人类强制实施的规范法则或惯例和超越人类能力的自然法则之间。"他还说，规范法则"是由人制定的，并可以被人接受、拒绝或改变"。④"（它们）代表着人的信仰，是学校运行环境中的一部分"，因此，"如果我们希望知道学校是如何运作的，就必须了解它们"。相应地，"对特定国家建立的……规范法则的研究……是比较教育学家应该解决的任务中最重要的一项"。⑤ 另一方面，社会学法则就像物理学法则一样，"是人为的陈述"，适用于学校系统内外的"社会机构的运作"。⑥ 它们是"假设性的，如果它们是科学的，那么（它们）应该是可反驳的"。最后，"社会学法则不是普遍有效

---

① Noah H J, Eckstein M A. Toward a Science of Comparative Education [M]. London: Macmillan, 1969: 93.

② Noah H J, Eckstein M A. Toward a Science of Comparative Education [M]. London: Macmillan, 1969: 96.

③ Noah H J, Eckstein M A. Toward a Science of Comparative Education [M]. London: Macmillan, 1969: 120.

④ Holmes B. Comparative Education: Some Considerations of Method [M]. London: George Allen & Unwin, 1981: 77.

⑤ Holmes B. Comparative Education: Some Considerations of Method [M]. London: George Allen & Unwin, 1981: 78.

⑥ Holmes B. Comparative Education: Some Considerations of Method [M]. London: George Allen & Unwin, 1981: 80.

的：它们是偶然的"，从这个意义上来说，尽管它们构成了"普遍性或一般性的陈述"，但它们依旧"取决于（它们）所适用的条件"。①

显然，霍姆斯控制教育运行的法则这一观念在许多方面都不同于他的美国同行们（例如安德森、诺亚和埃克斯坦）。首先，他的法则被分为两种截然不同的类型，实际上是将两种不同的知识传统或思想流派编纂在一起：一种是人类中心主义，通过人体现在规范法则上的意志自由来表达；另一种是结构功能，附着于社会学法则中。其次，社会学法则是偶然的，因此它们既不是非历史的，也不是无条件的。现行的传统、环境和条件决定了这些法则的有效性和适用性。物理学中相对论的影响在霍姆斯对社会学法则的认识中是显而易见的，并且进行了公开陈述。

霍姆斯认为比较教育学并不需要那么雄心勃勃。在他看来，比较教育学应该着眼于研究具体的教育问题，在背景中分析、理解它并对它进行解释。通过背景分析，"纯粹的"比较教育学家被期望制定出可反驳的假说（即教育计划改革所依据的假说②），从这些假说中推断出所有合理的预期结果，或换句话说，对政策实施可能产生的结果进行预测。只要预测被验证，问题就得以解决或解释，由此，假说被证实并暂时成为一种社会学法则。霍姆斯对相对论在预测那些后来才被经验证实和解释的现象方面取得的惊人的成功印象深刻，他将预测作为科学的界定标准，由此引发了比较教育学中关于科学方法的争论。

尽管在比较教育学作为一个学术研究领域的目标上存在分歧，但这三种科学思想流派倾向于在该领域的实用性以及其为政策制定者提供合理建议的潜力方面达成一致。霍姆斯认为："作为'纯粹的'科学家，我们应该尝试制定有替代性的政策来仔细分析问题，并消除那些我们认为在特定国家不太成功的政策。作为'应用型'科学家，我们应看看能在多大程度上帮助那些政策负责者实施已被采纳的政策。"③ 毕竟，在霍姆斯的思维方式中，假说或社会学法则等同于教育政策。

二、寻找包容万象的范式的衰落

到了20世纪70年代中期，60年代的比较教育学科学方法失去了吸引力。其吸引力下降可能是由于现实世界和学术界的快速发展。

---

① Holmes B. Comparative Education: Some Considerations of Method [M]. London: George Allen & Unwin, 1981: 78.

② Holmes B. Comparative Education: Some Considerations of Method [M]. London: George Allen & Unwin, 1981: 78.

③ Holmes B. Comparative Education: Some Considerations of Method [M]. London: George Allen & Unwin, 1981: 80.

首先，许多承诺——社会的公正和流动性、无间断的经济增长、消除不发达现象——都未得到兑现：科学的研究和规划未能保证它们所提供的政策建议的正确性和有效性。① 生活中严峻的事实使所有关于科学方法客观、无误和积极特征的浮夸陈述变得不甚可靠，并对其声誉的真正基础造成了破坏。从这点来说，科学的研究方法并不比其他具有替代性的研究方法更适合比较教育学。这也许解释了为什么在接下来的几十年里，有如此多不同的方法和观点在比较教育学中占据了一席之地。

科学研究方法在比较教育学中的至上性下降的第二个原因应从自然科学认识论模式的变化中寻找。物理学中的量子力学范式表明，上帝最终可能会掷骰子；不确定性和无序性或许会取代"法则"的统治，成为当今的自然秩序。如果物理学的这种现象成为现实，那社会科学（如比较教育学）就更不可能做出什么有用的改变了。科学方法不可能在认识论和实践基础上超越其他可替代的方法。

此外，在后现代的氛围中，宏大的理论被贬低为宏大的叙事。这有利于社会科学中新认知领域、新理论和新方法的发展，尽管这些方法具有更多定性、参与性或主观性，但它们还是被赋予了同等的学术地位。因此，比较教育学本身见证了新方法的出现，这些新方法对 20 世纪 60 年代科学范式的主导地位提出了质疑和否定；学者们对新的真理制度进行探索的倾向无疑发挥了作用。到 20 世纪 80 年代，人们已经可以表明："现在比较教育学中有许多的思想流派，但没有一个真正地处于主导地位"②；因此，现在说当前的比较教育学比说比较教育学更为准确。③

比较教育学科学范式的衰落并不意味着它失去了所有的影响力及追随者。毕竟，"总有人支持这样或那样的旧观点"④。对于那些过去曾经很好地服务于利益相关者的范式来说更是如此。从这点来说，协变的、定量的和实证的那种比较教育学一直都在为政治家们服务。他们一再依靠它来合法化并促进其政策的实施。国际教育成就评价协会（The International Association for the Evaluation of Educational Achievement，IEA）研究的长期性和国际学生评估项目（Program for International Student Assessment，PISA）对政策制定的影响证明了这一点。

---

① Húsen T. The School in Question: A Comparative Study of the School and Its Future in Western Societies [M]. Oxford: Oxford University Press, 1982.

② Altbach P. Trends in Comparative Education [J]. Comparative Education Review, 1991, 35 (3): 491-507.

③ Cowen R. Comparing Futures or Comparing Pasts? [J]. Comparative Education, 2000, 36 (3): 333-342.

④ Kuhn T. The Structure of Scientific Revolutions [M]. Chicago: Chicago University Press, 1970: 19.

第六节 国家、教育扩张、发展和全球化理论

教育在现代一直被置于民族国家之中。它的形成取决于国家的内部需求，即为劳动力参与经济活动和公民参与政治做好准备。随着全球化进程对国家自治和国家主权带来挑战，并以各种方式影响着教育，民族国家和正规教育两者的一致性就成了问题。

20世纪的特点是全世界教育机会的扩大。这是教育的世纪，国家在促进公共教育方面起着决定性的作用。然而，在世纪交替之际，削弱国家作用的趋势正在迅速改变教育，尤其是就教育在民主方面起到的作用而言。

一、教育扩张与国家

在过去的30年中，教育扩张引起了韦伯主义者、功能主义者和马克思主义学者的极大关注。尽管他们的分析主要集中在欧洲和北美的经验上，但近些年来他们进行了一些尝试，以审查和解释所谓的第三世界国家教育扩张的模式。

在将世界概念化为一个单一的社会体系时，有人认为其组织和文化环境渗透到了所有国家的各种结构特征中。这种共有文化的关键要素包括：① 共同的国家经济发展目标；② 受过教育的公民，从所有政治角度看都被视为宝贵的资产；③ 认为个人和国家不是静止的，而是可以改变的；④ 在资本主义世界经济的背景下，"发展意味着经济竞争的成功"。因此，这种普遍的教育扩张的原因在于极具特点的当代世界体系，这种特点以相似的方式同时影响所有国家。

二、从民族国家到全球化：一种批判性视角

尽管批判性观点的历史特殊性越来越强，但由于其规范和分析取向，批判性观点总体上还是将民族国家作为政治和教育的中心。然而，全球化概念改变了关于比较教育科学方法的争论焦点，提高了解放政治（emancipatory politics）在教育中的地位。

全球化被定义为"世界范围内社会关系的加强，这种关系把距离很远的两个地方联系在一起，当地的情况被千里之外发生的事件所影响，反之亦然"[①]。除此以外，戴维·赫尔德（David Held）认为全球化是全球经济出现的产物，全球化

---

① Held D. Political Theory Today [M]. Stanford: Stanford University Press, 1991.

扩大了经济单位之间的跨国联系，创造了新的集体决策形式，促进了政府间组织和准超国家机构的发展和跨国通信的加强，并建立了新的区域秩序和军事秩序。全球化进程被认为模糊了国界，改变了民族国家内部及国家之间的团结性，并深刻影响了民族团体和利益团体的身份认同。

描绘世界形势的一个方便的起点是考虑民族国家的地位。民族国家曾经被普遍认为是其公民忠诚性和团结性的自然及主权关注点，但这种国家观念最近在这些构成要素方面受到了挑战。由于生产、贸易、金融和文化的进一步全球化，国家的边界变得更加具有渗透性，甚至可以说所有国家因此失去了对自己财富的完全控制权。随着区域政治联盟和同盟模式的转变，国家的主权进一步受到损害。在次国家层面，国家又会发现自己面临着具有多个基础（地区、语言、宗教、种族、性别等）的团体的蓬勃发展和复兴带来的挑战。所有的这些都在阻碍国家对人民的治理和对领土的管辖。总而言之，现代的国家受到了来自国际和国内两方面的压力，分别是国家边界的争议性和人民团结的变化性。

国家日益国际化仍然是其范围和动态的开放条件。同样，这种国际化和全球化对教育政策、教科书和课程的影响至今仍缺乏实证和理论研究。但也存在例外，在一项关于教师教育改革的八国研究中，托马斯·波普科维茨（Thomas S. Popkewitz）和米格尔·佩雷拉（Miguel A. Pereyra）认为，国际组织如经济合作与发展组织（OECD）和欧洲共同体（European Community）在促进教师教育法规的变革方面发挥着关键作用。[1]

研究世界银行教育贷款规则的乔尔·萨莫夫（Joel Samoff）恰当地讨论了国际组织在全球化和民族国家进程中的作用。他研究了世界银行在教育贷款中的逻辑。按照他的说法，世界银行是资本主义体系中最重要的监管机构之一。萨莫夫令人信服地指出，在追求知识和专长跨国化的智力和金融综合体中，世界银行是一个主要参与者，它利用雇用的专家团体使研究和教育资助紧密结合。世界银行被认为在全球范围内的教育权力和决策网络中发挥着关键作用，它以独特的方式影响着发展中国家关于教育的研究和决策，并通过不同的方式影响着教育的国际话语。首先，也是最重要的，是世界银行委托进行预算充裕的长期研究。正如世界银行的大多数文件中所呈现的那样，这个术语主要基于新古典主义的教育经济，人力资本理论以及应用于教育的公司理论。通过其财务权重和业务范围，世界银行还影响着被认为适当和合法的分析方法（如成本效益分析、投入产出分析

---

[1] Popkewitz T S, Pereyra M A. An Eight Country Study of Reform Practices in Teacher Dducation: An Outline of the Problematic [M] // Popkewitz T S. Changing Patterns of Power: Social Regulation and Teacher Education Reform. Albany: State University of New York Press, 1993.

和回报率),捍卫技术官员的工具理性而不是政治方面和历史方面的政策取向,并对专家认为的对教育投资和发展有用和有必要的假设及研究结果赋予合法性。萨莫夫也认同,在世界银行的研究人员队伍中,存在着多种多样的理论观点。① 但他指出,该组织的逻辑被固定地用于其贷款的背景中,其负责贷款的管理人员的工作与研究人员的理论和实证分析相距甚远。但世界银行的分析逻辑不能被定性为多元化。虽然并非没有紧张和矛盾,但该组织的逻辑还是十分单一。② 同样,在研究世界银行对全世界高等教育的影响时,丹尼尔·斯库格伦斯基(Daniel Schugurensky)认为,世界银行在国际层面上扮演的角色类似于美国的商业圆桌会议在教育改革议程方面扮演的角色。简而言之,在世界银行推行的政策和商业圆桌会议提出的许多新自由主义、新保守主义建议之间存在着一种具有选择性的密切关系。

三、国家社团主义及其理论

在社团主义和依赖性的背景下,公共教育在拉丁美洲国家政治制度的合法化、一体化和现代化过程中发挥着关键作用。虽然依附性观点应该放在广泛的发展流派的背景下,如现代化、后资本主义和互动的政治经济学观点等,但它关注的却是国际资本主义的结构和欠发达经济体自主扩张的资本供应不足等问题。现代化理论侧重于将欠发达国家的社会结构的性质和特征作为欠发展(underdevelopment)的原因。后资本主义理论试图将欠发展解释为发展中国家跨国阶级形成过程的一部分。最后,利用现代政治经济学视角关注国内社会力量相互作用这一观点强调,国内社会经济和政治趋势的复杂相互作用决定了政策结果,坚持认为国内社会经济行为者的经济压力在政策选择和结果的决定过程中处于核心地位。

依附论、依附-发展和受制国等概念为有关拉丁美洲国家性质的讨论定下了基调,通过借鉴政治社团主义的传统,教育政治社会学中的国家社团主义概念被用来研究该地区政治制度的特殊性,尤其是墨西哥教育政策的形成。教育在革命后国家的合法化进程中发挥了基础性作用,并为墨西哥的国家领导权做出了贡献。有人认为,革命后国家的社团主义性质深深地影响了教育政策的组

---

① Samoff J. The Financial Intellectual Complex [C]. Paper Presented at the World Congress of Political Science, Buenos Aires, Argentina, 1992. Samoff J. The Reconstruction of Schooling in Africa [J]. Comparative Education Review, 1993 (37): 181-222.

② Samoff J. The Financial Intellectual Complex [C]. Paper Presented at the World Congress of Political Science, Buenos Aires, Argentina, 1992. Samoff J. The Reconstruction of Schooling in Africa [J]. Comparative Education Review, 1993 (37): 181-222.

织、实施和评估方式，而墨西哥的教育（尤其是成人教育）是补偿性合法化综合计划的一部分。虽然墨西哥的案例可能过于特殊，但可以说是20世纪国家与社会关系模式的历史变化为社团主义规范的广泛实施和社团主义国家的发展创造了条件。

受制国的地位仍然对该地区的民主和公共教育的产生构成问题。虽然我们认为，国家的制度认同对于理解教育在发展和社会变革中发挥的作用至关重要，但依赖或受制国家的概念不仅有助于理解公共政策形成中的矛盾，还有助于理解拉丁美洲国家在外围资本主义背景下所扮演的不同角色和功能。受城市资本主义动态、其自身政治制度中重要的非资本主义（尽管可能是后封建）因素以及执政的政治联盟的制约，该地区民主国家的性质仍然严重阻碍着经济民主化。尽管拉美民主国家在政治上存在缺陷，在禀赋和资源上也有局限性，但该地区的自由主义国家还是试图发展一种公共教育体系，为包括穷人在内的广大民众提供持久的公共教育机会。这一政策的基本原理显然是国家在"教育主权"这一前提下综合形成的。20世纪60年代，随着被压迫者教育学、觉悟启蒙运动（conscientization）和大众化教育概念的出现，这一前提被批判性地扩展和解构了。该地区的争论是：一方面，在新自由主义的政治经济下，系统地从公共教育中撤出资源，是否会对国家的传统教育作用、教育机会平等和教育质量方面的制度表现，以及民主契约的性质产生深刻影响。另一方面，现行的理论和方法以及教育规划的政治技术原理被视为新自由主义主要目标的附属品。国际货币基金组织和世界银行等国际机构对这些目标进行了表达，尽管这些机构附加了政治降级条件，并且具有政策偏好，但该地区的新自由主义国家接受并无条件地实现了这些目标。但鉴于全球化的进程，这些国际政策是否符合民主问责制、国家主权和赋予社区权力的基本概念依然成为问题。关于国家和公共政策性质的问题同样也是关于拉丁美洲公共教育未来的问题。

第七节　全球化时代的世界体系分析和比较教育

到了20世纪60年代末，伊曼纽尔·沃勒斯坦（Immanuel Wallerstein）和他的同事对社会科学以及国际援助机构中关于整个拉丁美洲和加勒比地区、非洲和亚洲欠发达原因的流行理论中包含的基本假设提出了质疑。他们认为，阻碍这些国家发展的不是缺乏资本和专业知识，而是这些处于世界经济外围的国家与北美和欧洲的中心工业化国家之间存在着的非常不平等的关系。在不平等的商品交换过程中，"中心"和"外围"之间接触的时间越长，如果不属于剥削性殖民主义，那么该国家或地区就越有可能处于不发达状态——典型的例子是巴西的东北部贫困地区或海地①，它们曾经是拉丁美洲和加勒比地区最富有的殖民地区，现在却是该地区最贫穷的地区。

沃勒斯坦曾以政治社会学家的身份在非洲生活了十年并撰写了有关非洲的论文，论文题目为《对加纳和科特迪瓦两国民族主义运动兴起中志愿协会所起的作用进行比较》(Comparing the Gold Coast〔Ghana〕and the Ivory Coast in Terms of the Role Voluntary Associations Played in the Rise of the Nationalist Movements in the Two Countries)。②他的研究力求"对当代现实的充分解释，以便……(他)和其他人可以据此采取行动"，他最终得出"所有的分析都必须同时具有历史性和系统性"这一结论。③通过采用这种分析框架，他试图对20世纪60年代末发生的全球剧变做出更充分的描述，并说明如果不对世界资本主义体系进行彻底的结构性改革，这些剧变就可能失败。同时，他还试图通过弥合社会科学中存在于"表意人文主义（ideographic humanism）和法理科学（nomothetic science）"之间的鸿沟（即特定背景下的人类能动性与社会和自然的规范法则之间的鸿沟）来重新构建社会科学的本质。

沃勒斯坦通过分析从1450年到1600年（"漫长的世纪"）资本主义西欧的广阔历史和世界经济的各种周期来构建并完善"依附论"，一些人却批评该理论对"中心"和"外围"关系的看法停滞不前。根据托马斯·克莱顿（ThomasClayton）的说法，沃勒斯坦在这一分析中加入了历史性动态以及世界半边缘国家和地区的概念，因为一些国家在全球经济中的地位会在原有基础上上升或下降。④

一、世界体系分析在比较教育学中的作用

罗伯特·阿诺夫（Robert F. Arnove）的文章对促进教育扩张和改革的机构的运作和结果提出了质疑。他早期的文章只对西方模式是"西方大国的经济和军

---

① Frank G. Capitalism and Underdevelopment in Latin America [M]. New York：Monthly Review Press，1969. Cardoso F H，Falletto E. Dependencia y desarrollo en América Latina [M]. Mexico City：Siglo Ventiuno，1969.

② Wallerstein I. The Development of an Intellectual Position [M]. New York：New Press，2000.

③ Wallerstein I. The Development of an Intellectual Position [M]. New York：New Press，2000.②Clayton T. "Competing Conceptions of Globalization" Revisited：Relocation the Tension Between World-Systems Analysis and Globalization Analyses [J]. Comparative Education Review，2004（48）：274-294.

④ Clayton，T.（2004）. "Competing Conceptions of Globalization" Revisited：Relocation the Tension Between World-Systems Analysis and Globalization Analyses. Comparative Education Review，48，p. 274-294.

事成功的产物"这一说法给予了些许认同。① 他最初不太关注参与发展的主要技术援助机构及财政机构的工作,这些机构在很多情况下强制施加教育政策议程。与此同时,对基于各种形式的直接统治(例如殖民主义)或更间接形式的霸权影响(有时称为"新殖民主义")而形成的不平等的政治和经济关系,没有给予足够的重视。入学模式得到了关注,但对辍学率和毕业率,以及不平等的社会结构如何决定谁来接受与未来收入、权力和地位相关的最高的及最有声望的教育,这些问题没有被深入分析。约翰·梅耶(John W. Meyer)和迈克尔·汉南(Michael T. Hannan)在其《国家发展与世界体系》(*National Development and the World System*)的介绍性章节中,确实提到了国家之间和国家内部的不平等②;后来在梅耶、约翰·博尼(John Boli)、乔治·托马斯(George M. Thomas)和弗朗西斯科·拉米雷斯(Francisco O. Ramirez)的著作中③,博尼和托马斯确切讨论了联合国机构和非政府组织(NGO)在促进教育议程方面的运作,重点是包容和扩大人权。④ 但是,如上所述,世界文化理论学者与强调国家间权力关系的现实主义学者之间有着明显的区别。

政治现实主义学者记录了中心国的霸权势力从非中心地区的强制性或半强制性劳动中抽取剩余劳动力的系统性方式,这种方式会对非中心地区的教育制度造成负面影响。学校教育不是为边缘地区大多数人的利益服务,而是助长了霸权主义者的资本积累。相比之下,梅耶等人认为各种社会发展模式是"由合理化的人设置的,他们的科学和专业权威往往超过他们的权力和资源"⑤。梅耶等人认为,"世界文化对强势但在文化上却温顺的国家行为体进行赞美,推动其扩张并使其趋向标准化"。阿诺夫赞同现实主义学者的观点,认为这些国际金融和技术援助机构——尤其是世界银行(WB)、国际货币基金组织(IMF)、美国国际开发署

---

① Boli J, Ramirez F O. Compulsory Schooling in the Western Cultural Context [M] // Arnove R F, Altbach P G, Kelly G P. Emergent Issues in Education: Comparative Perspectives. Albany, NY: State University of New York Press, 1992: 38.

② Meyer J W, Hannan M T. National Development and the World-System: Educational, Economic, and Political Change, 1950-1970 [M]. Chicago, IL: University of Chicago Press, 1979: 3-16 (Introduction).

③ Ramirez F O, Soysal Y, Shanahan S. The Changing Logic of Political Citizenship: Cross-National Acquisition of Women's Suffrage Rights, 1880-1990 [J]. American Sociological Review, 1997 (61): 735-745.

④ Boli J, Ramirez F O, Thomas G M. World Culture in the World Polity: A Century of Institutional Non-Governmental Organization [J]. American Sociological Review, 1997 (62): 171-190.

⑤ Meyer J W, Boli J, Thomas G M, Ramirez F O. World Society and the Nation-State [J]. American Journal of Sociology, 1997 (103): 144-181.

(USAID)、加拿大国际开发署(CIDA)、日本国际协力机构(JICA)——以及大型慈善基金会,特别是所谓的"进步基金会"(卡耐基、洛克菲勒和福特),以及由它们资助的相关研究机构和发达国家的顶尖大学,都在推动不利于受援国的政策和关系,这些政策和关系基本上只对身处中心国中心城市的主导群体产生有利作用。① 他在文章的结尾指出,世界体系分析如何恢复了比较教育学和国际教育领域关于国际层面的讨论,并为理解教育发展和改革提供了一个框架,比如当时的综合高中、电视等教育技术、开放大学和非正规教育等。他认为,将教育政策举措与国际经济秩序的运作联系起来,有助于"解释为什么在许多情况下,扩张和改革未能影响教育或社会的结构性变化,以及为什么外部引导的教育创新可能有助于国家内部和国家之间现有分层体系的永久化"。阿诺夫并不否认制度主义对跨国文化体系运作的分析的有用性,但他指出,这与沃勒斯坦呼吁建立一门将规范与表意联系起来的更全面的社会科学一样,"世界体系分析不仅开展了宏观分析,将教育机构在一个真正的国际体系中的行动考虑在内,并且增强了我们对学校和教师这一微观体系中变化和冲突根源的理解"。②

二、国际机构和世界体系的再探讨

马丁·卡诺伊(Martin Carnoy)和戴安娜·罗顿(Diana Rhoten)在《比较教育评论》(*Comparative Education Review*)特刊上发表的客座编辑文章《全球化对教育变革的意义》(*What Does Globalization Mean for Educational Change: A Comparative Approach*)中讨论了话语和参与的问题。③ 他们呼吁关注全球化的"意识形态包装"及其"对从跨国范式到国家政策再到地方政策的整体学校教育的影响"。④ 正如他们所指出的,这种意识形态的包装倾向于强调教育体系的经济目标——它如何为一个国家的国际竞争地位做出贡献——而不是强调通过平等对待一个国家的不同种族群体来促进民族凝聚力这样的重要目标。

---

① Arnove R F. Comparative Education and World-Systems Analysis [J]. Comparative Education Review, 1980 (24): 48-62. Arnove R F. (2003). Reframing Comparative Education [M] // Arnove R F, Torres C A. Comparative Education: The Dialectic of the Global and the Local. Lanham, MD: Rowman & Littlefield, 2003: 1-23.

② Arnove R F. Comparative Education and World-Systems Analysis [J]. Comparative Education Review, 1980 (24): 48-62.

③ Carnoy M, Rhoten D. What Does Globalization Mean for Educational Change: A Comparative Approach [J]. Comparative Education Review, 2002 (46): 1-9.

④ Carnoy M, Rhoten D. What Does Globalization Mean for Educational Change: A Comparative Approach [J]. Comparative Education Review, 2002 (46): 1-9.

卡诺伊和罗顿认为，这种意识形态发展进程不仅与全球经济力量联系在一起，而且与"颁布特定教育变革战略的国际机构"联系在一起（阿诺夫于1980年提出的一个观点）。① 这些国际机构的话语与不同层次、类型的教育价值的成本效益和生产功能分析联系在一起，世界银行前教育工作人员斯蒂芬·海尼曼（Stephen P. Heyneman）承认，这一分析框架对更公平和有效的教育政策来说具有严重的局限性和负面影响。②

卡伦·芒迪（Karen Mundy）③ 和菲利普·琼斯（Phillip W. Jones）④ 对主要的国际技术援助和金融机构的工作和机构间关系越来越关注，并将其作为自己学术工作的主题。例如，芒迪对联合国教科文组织如何因为其对终身学习系统的人文取向，失去了其作为制定教育政策方向的主要联合国机构的地位，而被更具经济头脑的世界银行所取代这一历程进行了追溯。⑤ 芒迪认为，联合国教科文组织对教育的看法在1996年已经发生了改变。⑥ 一份名为《教育——财富蕴藏其中》（Learning, The Treasure Within）的报告指出，"技术变革和经济全球化正在迅速侵蚀现有的社会政策、工作结构以及全球公平"。在之前的一篇文章中，芒迪记录了多边主义的意识形态（在普遍的行为原则基础上对三个或三个以上国家之间关系的制度化协调）是如何从涉及教育的"有限再分配"（1945—1965）的主

---

① Carnoy M, Rhoten D. What Does Globalization Mean for Educational Change: A Comparative Approach [J]. Comparative Education Review, 2002 (46): 1-9.

② Heyneman S P. The History and Problems in the Making of Educational Policy at the World Bank 1960—2000 [J]. International Journal of Educational Development, 2003 (23): 315-337.

③ Mundy K. Educational Multilateralism in a Changing World Order: UNESCO, the Limits of the Possible [J]. International Journal of Educational Development, 1999 (19): 27-52. Mundy K, Murphy L. Transnational Advocacy, Global Civil Society? Emerging Evidence from the Field of Education [J]. Comparative Education Review, 2001 (45): 85-126.

④ Jones P. World Bank Financing of Education: Lending, Learning and Development [M]. London, UK: Routledge, 1992. Jones P. United Nations Agencies [M] // Alkin M C. Encyclopedia of Educational Research. 6th ed. New York: Macmillan Reference, 1993: 1450-1459.

⑤ Mundy K. Educational Multilateralism in a Changing World Order: UNESCO, the Limits of the Possible [J]. International Journal of Educational Development, 1999 (19): 27-52.

⑥ Mundy K. Educational Multilateralism in a Changing World Order: UNESCO, the Limits of the Possible [J]. International Journal of Educational Development, 1999 (19): 27-52.

流价值观之一转变为富有争论的价值观①,特别是在南方欠发达国家"要求国家发展的社会福利模式"(20世纪60年代末至70年代末)到当前的"新自由主义防御性和纪律性教育合作形式出现的阶段"。②这一最新阶段的结果进一步侵蚀了教育多边主义的再分配模式。

新兴的全球经济和教育治理结构,现在主要的区域性组织有欧盟(EU)、北美自由贸易区(NAFTA)和亚太经济合作组织(APEC)。③除了这些区域性组织,世界贸易组织(WTO)在教育领域的国际贸易中也获得了优势地位。罗杰·戴尔(Roger Dale)和苏珊·罗伯森(Susan L. Robertson)等人已经分析了这些组织塑造教育系统的机制和过程。戴尔详细说明了八种非传统机制和相关的组织特征,以及它们会对国家政策的外部效应造成的影响。④

为了进一步打开全球化的"黑匣子",罗伯森、泽维尔·博纳尔(Xavier Bonal)和戴尔对服务贸易总协定(GATS)进行了研究。⑤他们提供了一个概念框架和"一套严格的分析类别,使我们能够了解在新的千年中教育所发生的深刻变化"。⑥他们的"教育的多标量治理"模型包括三个方面:①从超国家到国家再到次国家的三种治理尺度;②国家、市场、社区和家庭等治理机构;③由资金、所有权、规定和监管组成的治理活动。⑦正如他们所指出的,1995年,贸易及关税总协定(GATT)被世界贸易组织所取代。即使不是最重要的角色,世贸组织现在也是构建一个"没有壁垒的假想的世界教育体系"的主要参与者,这个教育体系将涉及"教育证书的国际化或知识生产和消费的全球化,但也将影响主

---

① Mundy K. Educational Multilaterialism and World (dis) Order [J]. Comparative Education Review,1998(42):448-478.

② Mundy K. Educational Multilaterialism and World (dis) Order [J]. Comparative Education Review,1998(42):448-478.

③ Dale R,Robertson S L. The Varying Effects of Regional Organization as Subjects of Globalization of Education [J]. Comparative Education Review,2002(46):10-36.

④ Dale R,Robertson S L. The Varying Effects of Regional Organization as Subjects of Globalization of Education [J]. Comparative Education Review,2002(46):10-36.

⑤ Robertson S L,Bonal X,Dale R. GATS and the Dducation Service Industry:The Politics of Scale and Global Re-territorialization [J]. Comparative Education Review,2002(46):472-496.

⑥ Dale R,Robertson S L. The Varying Effects of Regional Organization as Subjects of Globalization of Education [J]. Comparative Education Review,2002(46):10-36.

⑦ Dale R,Robertson S L. The Varying Effects of Regional Organization as Subjects of Globalization of Education [J]. Comparative Education Review,2002(46):10-36.

要由民族国家控制的核心方面"。① 重要的一点是,对许多国家而言,世贸组织不仅仅是"全球资本的工具",而且是许多民族国家渴望加入的组织,"因为他们寻求在全球知识经济中推进自己的国家利益"。②

克莱顿在他的文章《比较教育与世界体系理论的再连接》(*Beyond Mystification: Reconnecting World-System Theory for Comparative Education*)中提出了类似的观点,即需要对民族国家应对全球化尤其是国际教育援助的各种方式进行研究。③ 这些方式涵盖的范围从抵制到欢迎,"身处外围国家的学生、教师、行政人员和政策制定者在不同程度上意识到其行动的影响",这些回应的范围则是从抵制到适应。④ 克莱顿认为,最好将这些行为与霸权、阶级关系和人类能动性的概念联系起来解释。

一个有趣的问题是,一个国家在世界经济中的地位及其规模、资源和政治战略意义如何影响它在应对世界贸易组织政策和法规方面的自主权。加入该组织后,国家对具有国家重要性和文化敏感性的教育领域的控制受到了多大程度的影响?与牙买加这样的岛国或尼加拉瓜这样的贫困国家相比,中国这样的国家会受到何种影响?⑤

(田小红)

---

① Dale R,Robertson S L. The Varying Effects of Regional Organization as Subjects of Globalization of Education [J]. Comparative Education Review,2002 (46):10-36.

② Dale R,Robertson S L. The Varying Effects of Regional Organization as Subjects of Globalization of Education [J]. Comparative Education Review,2002 (46):10-36.

③ Clayton T. Beyond Mystification:Reconnecting World-system Theory for Comparative Education [J]. Comparative Education Review,1998 (42):479-496.

④ Clayton T. Beyond Mystification:Reconnecting World-system Theory for Comparative Education [J]. Comparative Education Review,1998 (42):479-496.

⑤ Zhou M,Shi C. Trends in International Educational Services:Implications for China after Entering WTO [J]. Educational Research for Policy and Practice,2003 (2):41-54.

第二章

比较教育的概念、理论谱系和方法论谱系

第一节 比较教育的概念

一、中国学者对比较教育的界定[①]

我国第一本比较教育专著是 1982 年由王承绪、朱勃和顾明远主编的《比较教育》一书，其中对比较教育的定义强调了采用"比较分析"的方法，研究的对象是"当代外国教育的理论和实践"。"比较教育是用比较分析的方法，研究当代外国教育的理论和实践，找出教育发展的共同规律和发展趋势，以作为改革本国教育的借鉴。"[②] 在这个定义中，比较教育学的研究领域涵盖了教育学的所有内容，为我国以后比较教育学研究领域的多样性和异质性奠定了理论基础，同时这个概念中强调外国的教育理论与实践，这就使得大量地介绍和翻译外国教育文献成了比较教育的主要任务，也在客观上造成了当时比较教育学者就是研究外国当代教育的学者的现象。这个在改革开放初期做出的定义一方面反映了当时我国迫切需要了解外国教育现状，向外国借鉴成功的教育经验，改变我国教育的落后现状的实际需要；另一方面，从学科自身来看，我国比较教育学在当时属于初创时期，缺乏理论体系和概念的支持。

20 世纪 80 年代末，成有信在《比较教育教程》一书中给比较教育学下的定

---

① 田小红. 我国比较教育学的学术生态研究 [D]. 北京：北京师范大学，2009.
② 王承绪，朱勃，顾明远. 比较教育 [M]. 北京：人民教育出版社，1982：17.

义是:"比较教育学是把比较的方法作为它的主要方法,去研究当代不同国家或地区的各种教育理论与教育实践问题,揭示影响它们发展的最主要的条件和因素,找出它们的共同性和差异性并作出比较性评价,探索问题的发展趋势和一般规律,以作为改进本国教育的借鉴的一门教育科学。"① 在这个定义中,强调比较的方法的观念仍在延续,研究的对象仍然是"各种教育理论与教育实践",但是,这已经不同于初期的全盘介绍,而更强调了有针对性地研究教育中的问题。同时,影响教育发展的条件和因素也得到了强调。这一时期,教育辞典对比较教育的界定也体现了问题中心,比较教育学是:"教育科学领域中的一门新兴的独立学科。它是用比较分析的方法,以当代教育问题为中心,研究各国教育的理论和实践(包括教育制度、教育行政、教育内容和教育方法等),揭示它的特点、共同性及其发展规律的科学。"② 80年代末的另一个定义是杨汉青和吴文侃教授在《比较教育学》一书中提出的:"比较教育学是以比较法为主要方法,研究当代世界各国教育的一般规律和特殊规律,揭示教育发展的主要原因及相关关系,探索未来的教育发展趋势的一门教育学科。"③ 这个定义延续了强调比较方法的传统,但是把研究的对象转为了教育规律和揭示教育发展的原因与关系,目的是通过现在探索未来的教育发展趋势,比较教育学在这里相当于是"教育未来学",其功能是预测。

20世纪80年代有代表性的辞书上对比较教育的界定也是大同小异,都是强调比较的方法和将比较的对象界定为整个教育领域,比较的目的是借鉴。"比较教育学是运用比较法对若干国家或地区的现行教育和实践进行分析研究,找出共性与特点,揭示规律,把握发展趋势,吸收经验教训,作为各国教育的借鉴的一门学科。"④ "比较教育学是以教育的整个领域为对象,对各国的教育实践和力量进行比较分析,揭示其共性和个性特征,研究教育发展共同规律和趋势的一门学科。比较教育学的主要任务是:'比较研究各国教育行政制度、学校制度及各级各类教育的优点、特点和存在的问题,吸收有益的经验,以供本国今后教育发展与指定教育发展规划作为借鉴。'"⑤

90年代初,高如峰和张保庆为比较教育学做了如下定义:"比较教育学是教育学的一个分支学科。它通过对不同空间或时间之间教育理论与实践的相似性、差异性以及对其产生影响的各种因素的比较分析,探讨并揭示不同空间及时间之

---

① 成有信. 比较教育教程 [M]. 北京:北京师范大学出版社,1987:13.
② 杭州大学教育系. 教育辞典 [Z]. 南昌:江西教育出版社,1987:50.
③ 杨汉青,吴文侃. 比较教育学 [M]. 北京:人民教育出版社,1989:20.
④ 金哲,姚永抗,陈燮君. 世界新学科总览 [M]. 重庆:重庆出版社,1987:1367.
⑤ 张念宏. 教育百科辞典 [Z]. 北京:中国农业科技出版社,1988:368.

间教育发展的一般原理、规律和趋势。"① 这个概念除了强调比较分析的方法外，把比较的时间从当代延展到了不同时间的教育理论与实践，比较教育学研究的范围进一步扩大，比较的目的除了预测外，已经不再是借鉴了，而是寻求教育的原理和规律了。与此相似，在张念宏主编的《中国教育百科全书》中，对比较教育是这样定义的："比较教育学是以教育的整个领域为对象，对两个以上国家的现行教育进行比较，并把外国教育学包括在内的学科。从教育学专门领域中分化出来的一门学科。它是以比较法为主要方法，研究当代世界各国教育的一般规律与特殊规律，揭示教育发展的主要因素及其相互关系，探索未来教育的发展趋势的一门教育科学。"② 这一时期，顾明远教授在对比较教育进行界定时也突出了因素和关系特征："比较教育学是以比较法为主要方法，研究当代世界各国教育的一般规律与特殊规律，揭示教育发展的主要因素及其相互关系，探索未来教育的发展趋势的一门教育科学。"③

90 年代中期，由于跨文化研究的兴起和比较教育学研究对象自身的特征，文化的因素已进入比较教育学者的视野。在此背景下，冯增俊教授在 1996 年出版的《比较教育学》一书中，给比较教育学下的定义是："比较教育学是一门对不同国家或地区的教育进行跨文化比较研究，探讨教育发展规律及特定表现形式，借鉴有益经验，推动本国本地区以及世界的教育改革和教育研究的科学。"④ 在这个定义中，很明显的变化是在"比较"这一方法前加入了"跨文化"这个限定词，研究的对象仍是整个教育，研究的目的却是之前的所有定义的综合。

随着比较教育论争的进一步深入，比较教育究竟是一个学科还是一个研究领域的问题始终困扰着比较教育学者。顾明远教授和薛理银博士在 1996 年出版的《比较教育导论——教育与国家发展》一书中提出，"比较教育大于一门学科。它是一切愿意贡献教育见解的社会群体的公共领域"；比较教育研究的对象是"教育的整个领域"；对于比较教育方法问题，"任何方法只要有用，都可以成为它的研究方法"；"比较教育是国际（跨文化、民族间）教育交流的论坛"⑤。在这里，论者不愿意纠缠于比较教育是否为一个学科的争论，更强调了在新形势下，比较教育作为教育交流的论坛的作用。

陈时见教授则坚持比较教育学是一门学科，他与钟海青在 2001 年出版的

---

① 高如峰，张保庆. 比较教育学 [M]. 上海：上海外语教育出版社，1992：32.
② 张念宏. 中国教育百科全书 [Z]. 北京：海洋出版社，1991：1022.
③ 顾明远. 中国教育大系：现代教育理论丛编（下）[G]. 武汉：湖北教育出版社，1994：1851.
④ 冯增俊. 比较教育学 [M]. 南京：江苏教育出版社，1996：125.
⑤ 顾明远，薛理银. 比较教育导论——教育与国家发展 [M]. 北京：人民教育出版社，1996：14-15.

《比较教育管理》一书中说:"比较教育是以比较法为基本方法,研究当代世界各国、各地域、各民族的教育理论与教育实践,揭示影响教育的政治、经济、文化、历史、社会等各种因素,探索教育发展的一般规律及趋势,以促进教育的交流与合作、改进现实教育的一门教育科学。"① 而在 2007 年出版的《比较教育导论》一书中,他通过对比较教育概念的历史考察,进一步确定了比较教育是一门学科的观点,他认为:"从发展历程来看,比较教育经过不断的丰富和发展,到今天已经发展成为具有专门的学术群体、研究机构、研究对象、研究方法、研究成果和课程的一个比较成熟的科学体系,是教育科学体系中受到高度重视的一门基础学科。"② 对于比较教育的研究对象,他认为:"比较教育以整个教育理论和实践为其研究对象,重点研究当代世界不同国家、不同地区和不同民族的教育制度和整体性教育问题及其改进的方向和策略。"③ 卢晓中教授从"学术的分类"和"教学的科目"两个角度出发,认为比较教育是一门正在建设和发展中的学科。与众不同的是,他将比较教育学界定为"经验学科":"比较教育学是研究当代世界和不同国家或不同地区的教育现实问题,寻求世界教育发展的共同规律及不同国家或地区的教育差异,以促进和推动教育的改革与发展的经验学科,它也是教育科学的一个分支学科。"④

二、西方学者对比较教育的界定

当前比较教育呈现出欣欣向荣,但是却无边界的状态。它成为几乎所有教育学学者共同耕耘的领域,但与此相对应的是,比较教育没有统一的概念,学者往往是从不同的知识论视角去界定比较教育。从历史来看,比较教育领域主要有三种知识论流派——实证主义、相对主义和结构功能主义,这些不同的流派从不同的视角给比较教育下了定义。

实证主义起源于朱利安的《比较教育的研究计划和初步意见》,朱利安旨在把比较教育建立成一门实证的科学,但苦于缺乏资源,没有实现其设想。到了 20 世纪 50 年代和 60 年代,福斯特、安德森、诺亚、埃克斯坦使实证主义得到了极大发展。1967 年,由胡森(Torsten Husén)主持的国际数学成绩调查项目使实证主义进一步大放异彩。因此,对实证主义来说,比较教育就是"要把比较教育建设成一门科学,就像其他知识分支一样,收集事实和观察资料,并放在分析表

---

① 钟海青,陈时见. 比较教育管理[M]. 南宁:广西教育出版社,2001:5.
② 陈时见. 比较教育导论[M]. 北京:商务印书馆,2007:21.
③ 陈时见. 比较教育导论[M]. 北京:商务印书馆,2007:22-23.
④ 卢晓中. 比较教育学[M]. 北京:人民教育出版社,2005:10.

中，以便它们可以相互关联和比较，从中推断出确定的原则和特定的规则，使教育可以成为一门实证的科学"①。

相对主义的核心概念是"民族性"，乌申斯基（K. D. Ushinsky）详细描述了德国、英国、法国和美国教育的民族性，他认为，"每个国家都有自己独特的国家教育体系，因此，一个国家的教育制度不可能从另一个国家借用"②。乌申斯基可能是第一个将相对主义作为比较教育的认识论立场提出来的人，但英国的迈克尔·萨德勒（Michael Sadler）是最有影响力的相对主义者。萨德勒肯定了民族性的重要性，发展并超越了乌申斯基的观点。萨德勒认为，只有通过比较教育，我们才能抓住自己国家教育的真正本质。在这里，萨德勒提出了一种比较教育的方法：跳出我们自己教育体系的内部运作和外部环境，通过努力"以共情的精神理解"外国教育体系，只有这样，才能深刻理解我们自己的教育系统。英国的马林森（Vernon Mallinson）的著作稍早于美国实证主义的巅峰时期，他极端推崇民族性。相对主义者认为使用科学方法来发现类似规律的原则，然后将其应用于一系列国家或群体是徒劳的，是对教育的文化束缚的毫无根据的扭曲。相对主义者宣称，比较是通过共情的方式，通过对一个群体的历史和文化的深入的理性探索，从而获得洞察力。当比较主义者深入了解别国教育结构和功能背后的社会和文化背景，即相对主义者所称的"因素"和"力量"，就能更好地掌握自己国家的教育结构和功能。

卡扎米亚斯（Kazamias）和马西亚拉斯（Massialas）持历史功能主义的立场，他们认为，应该把教育置于与其他社会和政治机构相互关联的关系中去考察，只有放到社会背景中才能更好地理解教育。③ 历史功能主义是历史和宏观社会学的结合。阿切尔（Margaret Archer）认为，教育与其他社会机构之间的关系普遍地制约着社会互动，并且"教育必须包含关于教育互动的结构条件和独立行动对教育变革的影响的陈述"④。历史功能主义并非与相对主义者截然相反，而是吸收了相对主义中关于社会环境的"因素"与"力量"的内核，再加上实证主义社会学中的结构功能主义理论与方法。因此，历史功能主义承认跨国研究方法的价值，也支持使用"民族性""共情"等概念来研究国际教育。与相对主义不同

---

① Gautherin J. Prospects: The Quarterly Review of Comparative Education [M]. Paris, UNESCO: International Bureau of Education, 1993: 757.

② Piskunov A. K. D. Ushinsky Selected Works [M]. Moscow: Progress Publishers, 1975: 205.

③ Kazamias A, Massialas B G. Comparative Education [M] // Mitzel H E. Encyclopedia of Educational Research. 5th ed. New York: Free Press, 1982: 329.

④ Archer M S. Social Origins of Educational Systems [M]. London: Sage, 1979: 5.

的是，历史功能主义一方面深入考察教育的历史和社会背景，以研究教育与社会背景的相互影响关系，但另一方面，又通过跨国研究，概括出教育理论的普遍性，从而使教育借鉴成为可能。

第二节 比较教育的理论谱系

20世纪60年代之后，社会理论空前繁荣，流派众多，在理论建构模式、理论话语体系以及方法论等方面打破了实证主义社会理论建构的单一化模式，呈现出多元化的倾向。但是各种理论之间并非互不相关，而是呈现出相互交错、相互影响的关系。比较教育学研究在对众多的社会理论进行选择的时候，也更加自由。反映在比较教育学研究的话语体系中，就是比较教育学不再拘于一家之言，而是与理论的不断变革和创造共同发展。比较教育研究开始在自身基本概念的基础上，不断借鉴社会理论的研究成果分析，解释教育实践、指导教育改革，从而建构自身理论框架。因此，比较教育的知识谱系呈现出一幅受相关学科影响的交错的知识图景。"比较教育研究正在编织一种历史学、社会学、政治学等社会科学为基础的交叉网络。"[①]

比较教育学的理论谱系在不同的历史时期有不同的表现。比较教育初创时期，集政治家、教育家、记者于一身的比较教育之父朱利安就强调比较教育与宗教、道德和伦理的关系，意识到社会和政治因素对教育的制约和促进作用。在以经验主义为基础的实证思想的影响下，朱利安认为，教育在本质上与自然科学一样从属于某一规律，应该把教育科学看作一门实证科学，采用观察法、比较法等自然科学的方法来研究各国的教育，从而打破了传统的运用哲学、伦理学等规范学科进行推理和与自然进行类比的教育研究方法。到20世纪前半叶，笼统的"社会和政治因素"得到细化，萨德勒提出了民族性概念以及研究校外事物的主张，康德尔继承了萨德勒的研究传统，提出了民族主义、民族性和"力量与因素"的概念，汉斯综合了萨德勒和康德尔的观点，推导出相应的影响教育的因素，勾画了清晰、具体和合理的因素分析结构，内容涉及生物学、地理学、经济学、宗教、社会学和政治学等。虽然当时这些社会科学还不够成熟，解释力也不强，在方法方面还主要是历史法，但是，相关学科的理论已经成为支撑比较教育研究的理论基础。第二次世界大战过后，欧洲的社会科学取得了前所未有的发展，诺亚和埃克斯坦主张将现代社会科学研究的一般程序引入比较教育研究，以

---

① 朱旭东. 试论西方比较教育研究的社会科学化历史 [J]. 全球教育展望，2001（1）：68.

建立一套科学的比较教育方法体系，但他们反对历史因素的分析。20世纪80年代以后，世界各国纷纷向信息化时代迈进，人类的交往加深，文明的冲突问题、文化的融合问题、"后现代思潮"、"后现代话语"成为热门话题，社会科学向综合和分化两个方面发展，应用性学科涌现，自然科学也发生了颠覆性的重大突破，这一切都使研究的范式和思维的范式发生了巨大的改变，比较教育学与相关学科的关系也进入了一个新的时代。①

对于这幅理论图景，与亚历山大的双向连续体的科学思维方式类似，鲍尔斯通在第八届世界比较教育学会大会上宣读了一篇勾勒出理论框架的论文。该论文对大约60份比较教育研究的文本进行了详细考察，并将从中发现的理论置于一个客观主义与主观主义的横轴连续体和转型导向与均衡导向的纵轴连续体构成的二维领域中（图2-1）。

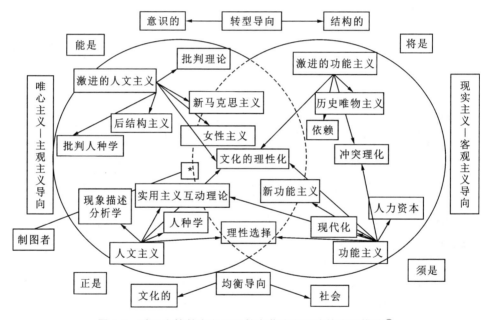

图2-1 对于比较教育和国际教育范式和理论的宏观描绘②

从图2-1可以看出，当前影响比较教育学的理论体系趋向于交结融合，其运动方向是从自己所在的位置向相对立的其他三个方面发展。从时间段来看，这种运动方向是20世纪60年代以后涌现的，产生了一系列相关社会理论。这里的社会理论，就是吉登斯（Anthony Giddes）所指的理论体（a body of theory），"是

---

① 田小红. 我国比较教育学的学术生态研究[D]. 北京：北京师范大学，2009.
② 罗兰德·鲍尔斯通. 比较教育中的空间转换？构建关于差异的社会制图学[C]//于尔根·施瑞尔. 比较教育中的话语形成. 北京：北京大学出版社. 2011：1.

关心人类行为的一切学科所共同分享的。因此，它不仅关联到社会学，而且关联到人类学、经济学、政治学、人口地理和心理学，也就是社会科学的所有领域"①。20世纪60年代是西方社会科学和人文科学发展的重要转折时期。因为从这一时期起，整个西方社会在经济、政治、文化和社会的诸方面都发生了根本的变化，同时，这一变化由于西方社会在全世界范围的政治、经济和文化的"全球化"，西方人的文化、心态、生活方式等也传播到了世界的各个角落，这些社会现实的变化引起了整个人类文化与研究这个社会和文化的社会科学和人文科学的深刻变化。②③

鲍尔斯通展现了理论的运动方向，体现了其流动性。库克（Bradley Cook）、海特（Steven Hite）和爱泼斯坦于2001年开始，对世界比较教育和国际教育学会（Comparative and International Education Society，CIES）的853名成员进行了一项调查，共收到了419份有效问卷，在研究主题方面共收到了550种答案，他们将其归入了75个分类，其中最频繁出现的10大主题是"全球化""教育中的性别""教育与发展""教育公平""多元文化教育、人种和种族""方法论、认识论""变化与改革""经济、小额贷款、私有化""资助、发展"和" 政策、政治、规划"等。④ 这些主题都不是单一的教育主题，而是涉及教育与相关学科或学科群之间的相互关系。比较教育的研究体现了这种变化，卡扎米亚斯（Andreas Kazamias）和施瓦兹（Lara Schwartz）认为这种多样性导致了学科统一性的消解："丧失了内在一致性的知识体系，缺乏这一领域人员所共同认可的原则、准则或研究范式。"⑤ 卢斯特（Val Rust）等认为比较教育期刊上发表的文章不能界定本领域的现状，因此，这种文本统计是有失偏颇的，他们认为，试图通过发表的资料来准确描述"本领域的历史性的定义时刻"是危险的，"许多在比较教育期刊上发表的文章甚至没有认同这一领域，而是仅仅把这些期刊作为他们研究成就的发表渠道而已"⑥。但是，更多的学者表达了积极的看法，他们认为多样性是比较教育的财富。吉本斯（Michael Gibbons）等高度强调近年来发达资本主义经济中

---

① 高宣扬. 当代社会理论（上）[M]. 北京：中国人民大学出版社，2005：67.

② 高宣扬. 当代社会理论（上）[M]. 北京：中国人民大学出版社，2005：4.

③ 田小红. 我国比较教育学的学术生态研究 [D]. 北京：北京师范大学，2009.

④ Cook B J, Hite S J, Epstein E H. Discerning Trends, Contours, and Boundaries in Comparative Education: A Survey of Comparativists and Their Literature [J]. Comparative Education Review, 2004, 48 (2): 123-149.

⑤ Kazamias A, Schwartz L. Introduction [J]. Comparative Education Review (Special Issue on "The State of the Art"), 1977, 21 (2&3): 151-152.

⑥ Rust V, Soumare A, Pescador O, Shibuya M. Research Strategies in Comparative Education [J]. Comparative Education Review, 1999, 43 (1): 86-106.

知识生产的重新组织。纯粹、单一模式的工作已经不如应用的和跨学科的方法重要。① 图 2-1 展现出这种综合主义"整合了社会科学的诸多理论和方法，产生了一些交叉领域，如教育社会学、教育规划、教育人类学、教育经济学以及教育与发展研究"②。多学科性和研究的复杂性是比较教育研究一直不变的内核，1977 年之后，教育的文化维度不断得到认可，当前的主要问题是全球化对世界各国的社会政策和社会各个方面的影响，而比较教育需要面对这些变革对教育带来的挑战。③ 这些不同的分析都体现了当前比较教育研究的一个总体特点，那就是形而上学环境与经验环境的相互作用和整合，上文的科学连续体的思维方式在比较教育理论得到了实际运用。

第三节 比较教育的方法论谱系

比较教育学自创立以来，由于自然科学的重大胜利以及分析哲学的重要成果，在很长一段时间以来实证主义的方法论占据统治地位，一直到现在，实证主义的研究模式也在比较教育研究中占有重要地位。在实证主义的研究范式中，比较教育学研究被称为教育领域的"间接实验法"，其方法论基础也是基于实证主义的研究逻辑。然而与实证主义相反，认为社会科学应该采取批判的方法的观点一直没有中断。对这两种方法论的选择直接影响到社会理论的重建和发展方向。正如德国著名的社会科学家阿佩尔（Karl Apel）所总结的那样，近 150 年来的社会科学方法论的争论实质上是关于说明和理解的方法在社会科学中的地位的问题。④

当代方法论的转折首先源于学者对社会科学与自然科学的区别的强调，这方面的研究成果主要来自芬兰哲学家冯·赖特（Georg Wright）和后期维特根斯坦（Ludwig Wittgenstein）思想的成果，它们的主要特点是认为人类行为的动机和效果的关系不同于自然科学中的"因果说明的演绎律则模式"⑤ 之中所概括的具

---

① King K，McGrath S. The Globalisation of Development Knowledge and Comparative Education [J]. Compare：A Journal of Comparative and International Education，2002，32 (3)：281-284.

② Ninnes P，Mehta S. A Meander through the Maze：Comparative Education and Post-foundational Studies [M] // Ninnes P，Mehta S. Re-imagining Comparative Education：Post-foundational Ideas and Applications for Critical Times. New York：Routledge Falmer，2004：1-18.

③ Crossley M，Jarvis P. Introduction：Continuity, Challenge and Change in Comparative and International Education [J]. Comparative Education，2000，36 (3)：261-265.

④ 田小红. 我国比较教育学的学术生态研究 [D]. 北京：北京师范大学，2009.

⑤ Hempel C. Aspect of Scientific Explanation [M]. New York：The Free Press，1965：354.

有某种客观决定论意义的因果关系。这一方法论转向导致了比较教育研究中对实证的比较方法的怀疑，认为实证方法的逻辑基础是"因果律"，而教育中的很多现象是无法用"因果律"来解释的，因此，必须结合历史与比较来说明和理解不同国家、不同文化中的教育问题和教育现象。同时，被逻辑实证主义和逻辑经验主义从科学领域中否定的形而上学的研究方法，也被重新运用到比较教育的研究之中，如教育公平、和谐社会、价值取向、道德研究等领域，已经重新被形而上学的理论预设打下了烙印。① 对比较教育研究领域的文本分析也说明了这一点。卢斯特等人分析了比较教育领域的三种主要的英文杂志：美国的《比较教育评论》、英国的《比较教育》和《教育发展国际期刊》。1985 年、1987 年、1989 年、1991 年、1993 年和 1995 年，三份杂志共发表了 427 篇文章，研究发现 71.2% 的文章基于质性研究方法，17.3% 的文章采用的是量化研究方法，10.8% 的文章既用量化研究方法又用质性研究方法，0.7% 的文章采用其他研究策略。"比较教育领域普遍的分析研究取向是质性的，这表明比较教育领域倾向于依赖类似的哲学假设。对于现实的本质，比较教育学者趋于把现实看作是主观的、多元的，而非客观单一的。从认识论上讲，比较教育学者倾向于与研究对象互动，而不是以一种独立和疏离于研究对象的方式进行研究。从价值论上看，比较教育学者并不将研究看成是与价值无涉或不带偏见的，相反，他们承认他们的研究是与价值有涉的，其中也包括研究者的偏见。"② 布瑞尔（Gibbon Burrell）和摩根（Gareth Morgan）用简单的二维图（图 2-2）表示了当代社会理论分析的特点，他的"主观"与"客观"、"管制的社会学"和"激进变革的社会学"的划分方式，与科学连续体的思维方式、鲍尔斯通的双环交错图的分析维度一致。

激进变革的社会学

激进的人文主义	激进的结构主义
解释的	功能主义

主观　　　　　　　　　　　　　　　客观

管制的社会学

图 2-2　社会理论分析的四种范式③

---

① 田小红. 我国比较教育学的学术生态研究 [D]. 北京师范大学，2009.

② Rust V D, Soumaré A, Pescador O, Shibuya M. Research Strategies in Comparative Education [J]. Comparative Education Review, 1999, 43 (1): 86-109.

③ Burrell G, Morgan G. Sociological Paradigms and Organizational Analysis [M]. Portsmouth, NH: Heinemann, 1979: 22, 29.

社会理论中的"宏观/微观"的二分法研究取向是和西方哲学思想中的二分法传统紧密相关的。在社会理论方面，马克思的宏观分析取向是非常典型的，他的社会学研究重点是在群体、集体和制度层面。虽然他在对人类意识和行动的宏观分析中，隐含了对于实践过程中的行动的动机的微观分析，但是，在很长一段时间里，马克思的"宏观优先于微观"的研究取向深刻地影响了比较教育学研究。一直以来，比较教育非常关注宏观的教育制度，教育与国家发展，教育与政治、经济、文化等的关系问题，并相信宏观研究的有效性及其对教育和社会的规约作用。马克斯·韦伯（Max Weber）在对人类的行动研究中，总是力图将宏观和微观的取向综合起来，韦伯一生就是不断研究宗教系统、法制系统、政治架构、生产方式等种种行动架构中的非偶然的社会结构。但是，在这些宏观研究中，韦伯也强调个人的、认知的、情感的和道德的才能在响应行动环境需求中的能动性。这一综合的而非二元对立的取向既滋生了比较教育研究中的微观分析方法论，同时也在比较教育研究中形成了宏观研究和微观研究并行，且使一部分研究者更重视微观研究的学术取向，比如比较教育中的课程与教学、学生课堂生活、课堂中的亚文化、师生之间的交往互动等研究在方法论上大量采取的就是微观分析的方法。[①]

在分析层面方面，国家已经不再是唯一的单位。施瑞尔认为，20世纪末，伴随着世界社会的出现，超国家的相互联系和国家内部多样性之间的联系体现为辩证关系，地方化、本土化和全球化之间复杂交织，由此导致了对比较社会科学的目标域和标志性方法的根本质疑，以复杂进化和系统研究为代表的学科，使比较方法建立在复杂因果论和功能对等原则的基础上，呈现出"历史与比较的和解"，社会科学知识体现出瞬时化与多元化特征。[②] 贝磊和托马斯提倡比较教育研究多层次分析，实现对教育现象多层次的、整体的分析。他们设计了有名的贝磊-托马斯立方体（图2-3），把分析的层次分为三维：第一维度为地理/地域层次，分别为世界区域/大洲、国家、州/省、地区、学校、课堂和个体；第二个维度为非地域的人口统计群体，包括种族、宗教、年龄、性别、其他群体和全部人口；第三个维度为教育与社会方面的要素，如课程、教学方法、教育财政、教育管理结构、政治变化、劳动力市场等。他们认为，很多研究都只停留在单一层次，而事实上，教育系统中较高层次的模式与较低层次的模式并不是互不相关，而是相互影响的。尽管研究者由于研究目的和资源的限制，可能会只采取单一层次的分

---

① 田小红. 试论比较教育学与相关"学科"的关系——基于我国比较教育学研究的文献分析[C]. 杭州：中国教育学会比较教育分会第15届学术年会暨庆祝王承绪教授百岁华诞国际学术研讨会，2010.

② 于尔根·施瑞尔. 转型中的比较教育方法论：迈向复杂性的研究[C]//比较教育中的话语形成. 北京：北京大学出版社，2011：4.

析,但是,必须认识到所研究的教育现象上在研究视角上的有限性以及其与其他层次之间的相互影响。

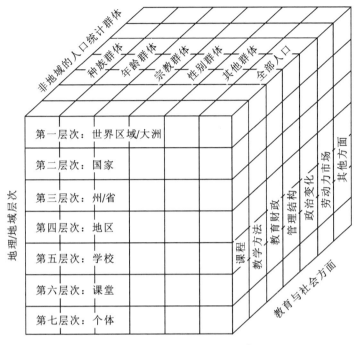

图 2-3 贝磊-托马斯立方体[1]

对于这个框架,梅森(Maria Manzon)谈到了该分类中的概念界定问题,她认为不同地理单位之间的界限是模糊的,且处于动态变化之中:"不同的地理单位并非杂乱无序,而是紧密相连。犹如生态环境,这是一组镶嵌的结构,一层镶嵌于另一层中,环环相扣。不同层次的地理单位之间彼此影响,相互塑造,正如'全球与地方的辩证统一关系'。……对不同空间层次相互联系的理解,有助于我们对教育现象的本质进行更为深刻的理解。"[2]

科学的方法论,长期以来被教条化、单一化和统一化。在自然科学取得压倒性优势地位,而在社会科学还缺乏对社会的解释力的很长一段时期里,实证主义成了自然科学和社会科学都必须遵守的唯一的标准方法论。20世纪60年代以来,

---

[1] Bray M, Thomas M. Levels of Comparison in Educational Studies: Different Insights from Different Literatures and the Value of Multilevel Analysis [J]. Harvard Educational Review, 1995, 65 (3): 472-490.

[2] 玛丽·梅森. 地域比较 [C] // 贝磊, 鲍勃, 梅森. 比较教育研究: 路径与方法. 李梅, 主译. 北京: 北京大学出版社, 2010: 101.

随着科学哲学对这种教条化的标准的严厉批判,科学标准和定义变得灵活、具体、相对化和更基于历史境域,科学方法论本身不再是唯一。美国著名哲学家费耶阿本德(Paul Fayerabend)所说的"怎么做都行",体现了任何方法论都可以应用于科学研究活动的精神。在比较教育学的研究方面,有学者提出,"任何方法只要有用,都可以成为它的研究方法"①。比较教育并不顽固地强调技术层面的比较的方法,而是转而寻求在更抽象层次的比较视野下的各种适合的方法的运用。比较教育学与各种社会学科的联姻或相互借鉴,其本身就是这种方法论思想的体现。诠释学派、现象学派、实用主义学派、批判学派、结构主义学派、系统论学派和女性主义学派②等当代社会理论的七大流派都能在比较教育研究中找到它们的身影。③ 实证主义一统天下的格局受到挑战,自然科学方法论在比较教育研究中不再一枝独秀。从当前的状况可以看出,比较教育学的方法论受到自然科学和人文社会科学理论方法论发展的双重影响,体现为位于科学连续体两端的"经验世界"与"形而上学"的结合。

(田小红)

---

① 顾明远,薛理银.比较教育导论——教育与国家发展[M].北京:人民教育出版社,1996:14.

② May T. Situation Social Theory [M]. Buckingham:Open University Press. 1996:33-67.

③ 田小红.我国比较教育学的学术生态研究[D].北京:北京师范大学,2009.

第三章

中国、美国和印度教育管理体制比较

第一节 教育管理体制概述

教育管理体制是指根据有关法规精神和教育发展需要而建立起来的管理教育事业的机构与制度体系，包括各级各类管理机构的设置、功能作用的规定、运作程序的设定、机构间隶属关系的界定、权责的分配与划定，以及整个体系调节、干预事务的基本行为准则等。① 教育管理活动不仅包括由政府组织实施的教育行政活动，还包括由学校组织实施的学校管理活动，因此教育管理体制包括教育行政体制和学校管理体制，它是保障教育行政与学校管理活动顺利开展的最基本的管理制度。②

教育管理体制可以分为中央集权制与地方分权制、从属制与地方制、专家统治制与非专家统治制等多种类型。具体到某一个国家采用哪种类型的教育管理体制，往往受到其政治和经济等各方面情况影响。同时，全球化时代，国家和地区之间的合作交流增加，国际改革浪潮对具体国家教育管理体制选择和变化的影响也不可忽视。比如，其中一个明显的趋势就是过去偏重中央集权制的国家正在进行放权改革，而过去典型的地方分权制国家则在某些方面把权力收回中央层面。③进入21世纪，西方诸国在教育管理体制方面的新进展主要表现在政府对学校的

---

① 冯大鸣.西方教育管理21世纪进展研究［M］.北京：高等教育出版社，2014：79.
② 袁连生.中国教育改革大系——教育体制与教育财政卷［M］.武汉：湖北教育出版社，2015：94.
③ 赵海侠，郭婧萱.教育管理学［M］.成都：电子科技大学出版社，2017：38-42.

绩效问责透明度有所提高、新体制学校的数量和种类有所增长、校外干预力量的介入和政府技术性服务有所增强几个方面。[①] 当下及未来西方诸国在教育管理体制方面的发展趋势主要体现在管理体制改革的深化与再平衡、学业成就观与学业评估视野的改变、实践导引教育管理研究新主题等。[②]

第二节 中国教育管理体制

一、教育行政体制的现状与发展

（一）教育行政体制的现状

目前我国基础教育实行的是"国务院领导，省、自治区、直辖市人民政府统筹规划，市、县级人民政府具体负责实施的地方负责、分级管理、以县为主"的教育行政体制。[③] 从组织管理体制来看，我国实行中央、省、市、县四级管理体制。从教育分类来看，"基础教育实行由地方负责、分级管理；职业教育逐步建立在国务院领导下，分级管理、地方为主、政府统筹、社会参与的管理体制；高等教育实行中央和省级政府两级管理、分工负责，以省、自治区、直辖市人民政府为主的管理体制"[④]。

教育行政组织机构指的是国家教育行政部门和地方教育行政部门。其中，国家教育行政部门就是教育部，根据主管的教育阶段和教育内容不同，教育部内设办公厅、政策法规司、发展规划司等27个机构（具体机构名单详见教育部相关网页）。[⑤]

地方教育行政部门指的是各级地方人民政府所管辖的教育行政部门，包括省一级的教育厅，直辖市、省辖市和县一级的教育局，乡一级的教育组。这些地方教育行政部门的职能是贯彻执行国家的教育法律、法规等，以及上级教育行政部门的工作指示；负责本地区教育事业发展规划等管理工作；领导本地区各级各类

[①] 冯大鸣. 西方教育管理21世纪进展研究[M]. 北京：高等教育出版社，2014：80-90.

[②] 冯大鸣. 西方教育管理21世纪进展研究[M]. 北京：高等教育出版社，2014：339-353.

[③] 赵海侠, 郭婧萱. 教育管理学[M]. 成都：电子科技大学出版社，2017：42.

[④] 袁连生. 中国教育改革大系——教育体制与教育财政卷[M]. 武汉：湖北教育出版社，2015：95.

[⑤] 教育部司局机构设置[EB/OL]. [2022-06-24]. http://www.moe.gov.cn/s78/.

学校的教育和教学工作。与教育部类似，这些地方教育行政部门也会根据主管的事务设立处、室、科等。

■ （二）教育行政体制的发展

现行的教育行政体制是从 20 世纪 80 年代起逐步确立的，从 1978 年至今大致经历了如下几个阶段。①

1. 全面恢复阶段（1978—1984 年）

1978 年到 1984 年主要是教育事业的恢复与重建阶段，教育行政体制逐步恢复到 20 世纪 60 年代初的"统一领导、分级管理"的基本格局。1979 年，中共中央批转了教育部党组《关于加强高等学校统一领导、分级管理的决定》，同意对高等学校实行统一领导，对口管理。综合性大学、多科性工业大学、高等师范院校由教育部和省、直辖市、自治区教育行政部门管理；工、农、医、财经、艺术、体育等高等院校，由中央或省、直辖市、自治区有关业务部门为主负责管理。1980 年《中共中央、国务院关于普及小学教育若干问题的决定》颁布，提出必须坚持"两条腿走路"的方针，以国家办学为主体，充分调动社队集体、厂矿企业等各方面办学的积极性，还要鼓励群众自筹经费办学。② 这体现了党和政府对原有的"人民教育国家办"的办学体制向"人民教育人民办"的思路转变，为后来基础教育实行"分级办学、分级管理"奠定了基础。③

2. 开启改革阶段（1985—1992 年）

1985 年到 1992 年是基础教育进一步发展和完善"地方负责、分级管理"体制的阶段。1985 年，全国教育工作会议讨论通过了《中共中央关于教育体制改革的决定》，指出"必须从教育体制入手，有系统地进行改革。改革管理体制，在加强宏观管理的同时，坚决实行简政放权，扩大学校的办学自主权；调整教育结构，相应地改革劳动人事制度"④。在这一政策指导下，教育行政体制改革的具体内容包括放权给地方，有步骤地实施九年制义务教育；调整中等教育结构，大力

---

① 于胜刚，王璐. 我国教育行政体制改革三十年历程述评［J］. 现代教育科学（高教研究），2015（5）：139-143.

② 党史回眸［EB/OL］.（2021-12-03）［2022-06-24］. https：//www.thepaper.cn/newsDetail_forward_15687302.

③ 鲍传友，冯小敏. 徘徊在公平与效率之间：中国基础教育管理体制变迁及其价值向度［J］. 教育科学研究，2009（5）：27-33.

④ 中共中央关于教育体制改革的决定［EB/OL］.（2010-12-03）［2022-06-24］. https：//xxgk.seu.edu.cn/2010/1203/c10908a59429/page.htm.

发展职业技术教育;改革高校招生和分配制度,扩大高等学校办学自主权等。在普及九年义务教育的目标之下,中央政府财力物力紧张,实行基础教育由地方负责、分级管理的体制势在必行。这一决定改变了中央过于集权的体制,极大地调动了地方政府和公众特别是广大农民的办学积极性,有助于实现"两基"目标,并为后来进一步划分领导与管理职能和权限奠定了重要基础。①

这一时期"高等教育领域在高等教育办学体制,投资体制,教育行政管理体制,招生、收费和就业制度与高校内部管理体制等五个方面进行了改革,进一步扩大了高校办学自主权;扩大了地方管理高校的权力和责任,增强了省级政府管理大学的积极性和责任感;加大了地方对高校的投入,促进了地方经济社会发展与高等教育之间的联系"②。

这一时期的教育行政体制的改革充分调动了各地办学积极性,但是由于城乡发展不平衡,不发达地区的乡镇政府和农民承担着沉重的教育经费压力,导致区域之间、城乡之间的教育差距扩大。

3. 深化改革阶段(1993—2002 年)

从 1993 年到 2002 年,教育行政体制改革进一步深化,基础教育从"地方负责、分级管理"到"以县为主",高等教育建立"两级管理、分工负责、国家宏观指导省级政府统筹"机制。1993 年中共中央、国务院下发的《中国教育改革和发展纲要》提出要"改革包得过多、统得过死的体制,初步建立起与社会主义市场经济体制和政治体制、科技体制改革相适应的教育新体制"③。该纲要要求办学主体实现多元化,"改革政府包揽办学的格局,逐步建立以政府办学为主、社会各界共同办学的体制"④。1995 年《教育法》颁布,对中央政府和地方政府在教育发展管理上的职责权限做出了明确规定,"国务院和地方各级人民政府根据分级管理、分工负责的原则,领导和管理教育工作"⑤。2001 年《国务院关于基础教育

---

① 苏君阳,傅添.权力视域中教育改革应注意的问题[J].北京师范大学学报(社会科学版),2011(2):27-34.

② 于胜刚,王璐.我国教育行政体制改革三十年历程述评[J].现代教育科学(高教研究),2015(5):139-143.

③ 中国教育改革和发展纲要[EB/OL].(2010-07-19)[2022-06-24].https://www.edu.cn/zhong_guo_jiao_yu/zheng_ce_gs_gui/zheng_ce_wen_jian/zong_he/201007/t20100719_497964_5.shtml.

④ 中国教育改革和发展纲要[EB/OL].(2010-07-19)[2022-06-24].https://www.edu.cn/zhong_guo_jiao_yu/zheng_ce_gs_gui/zheng_ce_wen_jian/zong_he/201007/t20100719_497964_5.shtml.

⑤ 中华人民共和国教育法[EB/OL].(2005-05-25)[2022-06-24].http://www.gov.cn/banshi/2005-05/25/content_918.htm.

改革与发展的决定》颁布,明确了农村义务教育"实行在国务院领导下,由地方政府负责、分级管理、以县为主的体制"①,要求中央和各级政府要加大财政转移支付力度。管理以县为主、投入分级负担的政策对于解决中国区域之间、城乡之间发展不平衡问题具有现实意义。

这一时期高等教育体制改革"主要是解决政府与高校、中央与地方、国家教委与中央各业务部门之间的关系,逐步建立政府宏观宏观管理、学校面向社会自主办学的体制"②。在政府与高校关系问题上,改革方向是逐步扩大高校办学自主权;在中央与地方关系问题上,改革方向是逐步扩大省级政府的教育决策权和统筹权;在国家教委与中央各业务部门的关系上,改革方向是不断调整布局,实现省级政府管理和地方中央共建体制。1998年《中华人民共和国高等教育法》颁布,以法律形式进一步规定了如何处理各主体之间的关系与权力。"国务院教育行政部门主管全国高等教育工作,管理由国务院确定的主要为全国培养人才的高等学校。国务院其他有关部门在国务院规定的职责范围内,负责有关的高等教育工作。省、自治区、直辖市人民政府统筹协调本行政区域内的高等教育事业,管理主要为地方培养人才和国务院授权管理的高等学校。"③这些措施有助于缓解原有行政体制存在的条块分割问题,加大地方的统筹力度。

4. 纵深发展阶段(2003年至今)

2003年至今我国教育行政体制进入改革继续深化期。"基础教育方面,逐步建立公共问责机制,市场机制有限介入,开始建立并完善省、市、县各级政府和各级学校的绩效标准以及农村义务教育经费投入保障机制。高等教育阶段突出管理体制改革这个重点和难点。"④ 2006年全国人大常委会通过了新修订的《中华人民共和国义务教育法》,在强调以县为主的管理体制基础上,突出了"义务教育经费投入实行国务院和地方各级人民政府根据职责共同负担,省、自治区、直辖

---

① 国务院关于基础教育改革与发展的决定[EB/OL]. (2001-05-29)[2022-06-24]. http://www.moe.gov.cn/jyb_xxgk/moe_1777/moe_1778/201412/t20141217_181775.html.

② 中国教育改革和发展纲要[EB/OL]. (2010-07-19)[2022-06-24]. https://www.edu.cn/zhong_guo_jiao_yu/zheng_ce_gs_gui/zheng_ce_wen_jian/zong_he/201007/t20100719_497964_2.shtml.

③ 中华人民共和国高等教育法[EB/OL]. (2005-05-25)[2022-06-24]. http://www.gov.cn/banshi/2005-05/25/content_927.htm.

④ 于胜刚,王璐. 我国教育行政体制改革三十年历程述评[J]. 现代教育科学(高教研究),2015(5):139-143.

市人民政府负责统筹落实的体制"①,实现了"人民教育人民办"到"义务教育政府办"的转变②。2010 年《国家中长期教育改革和发展规划纲要（2010—2020 年）》要求"健全统筹有力、权责明确的教育管理体制。中央政府负责统一领导和管理国家教育事业，制定发展规划、方针政策和基本标准，优化学科专业、类型、层次结构和区域布局。整体部署教育改革试验，统筹区域协调发展。地方政府负责落实国家方针政策，开展教育改革试验，根据职责分工负责区域内教育改革、发展和稳定"③。除此之外，鼓励第三方机构参与管理，比如"成立教育咨询委员会……完善监测评估体系，定期发布监测评估报告……完善教育问责机制……培育专业教育服务机构。完善教育中介组织的准入、资助、监管和行业自律制度。积极发挥行业协会、专业学会、基金会等各类社会组织在教育公共治理中的作用"④。

二、学校管理体制的现状与发展

（一）学校管理体制的现状

学校包括幼儿园、小学、初中、高中、大学，学校管理体制不由学校自身决定，而是取决于学校所处的教育阶段的性质以及国家对其做出的规定。目前，我国基础教育（幼儿园、小学、初中、高中）实行的是校长（园长）负责制，高等教育（大学）实行的是学校基层党组织领导下的校长负责制。

（二）幼儿园与中小学管理体制的发展

改革开放后我国幼儿园与中小学管理体制大致经历了以下几个阶段。⑤

---

① 中华人民共和国义务教育法［EB/OL］.［2022-06-24］. http：//www.gov.cn/guoqing/2021-10/29/content_5647617.htm.

② 于胜刚，王璐. 我国教育行政体制改革三十年历程述评［J］. 现代教育科学（高教研究），2015（5）：139-143.

③ 国家中长期教育改革和发展规划纲要（2010—2020 年）［EB/OL］.（2010-07-29）［2022-06-24］. http：//www.moe.gov.cn/srcsite/A01/s7048/201007/t20100729_171904.html.

④ 国家中长期教育改革和发展规划纲要（2010—2020 年）［EB/OL］.（2010-07-29）［2022-06-24］. http：//www.moe.gov.cn/srcsite/A01/s7048/201007/t20100729_171904.html.

⑤ 袁连生. 中国教育改革大系——教育体制与教育财政卷［M］. 武汉：湖北教育出版社，2015：95-105.

1. 分轨制改革阶段（1978—1984 年）

1985 年之前，我国的幼儿园与中小学实行的是不同的管理体制。根据 1978 年教育部修订并重新颁布的《全日制小学暂行工作条例（试行草案）》与《全日制中学暂行工作条例（试行草案）》，中小学实行的是党支部领导下的校长分工负责制。中小学由党支部统一领导学校的各方面工作，学校的一切重大问题必须经过党支部讨论决定。党支部统领教育教学工作、思想政治工作和党建工作，中小学校长是学校的行政负责人，负责组织学校层面具体活动的组织。这一时期成立了校长领导下的校务会议。中学一般设教导处和总务处，规模小的中学设教导主任和事务员。小学一般设教导主任，规模大的小学增设总务主任或事务员。

幼儿园在"文化大革命"期间受到的影响相对较小，因此仍沿用之前的管理体制，实行的是上级党委与教育行政部门领导下的园长负责制，并通过 1979 年教育部颁发的《城市幼儿园工作条例》予以了进一步的确认。与中小学相比，幼儿园的管理体制更加强调上级的领导，并且是上级党委与教育行政部门的双重领导。幼儿园与中小学的学校管理体制差别使得幼儿园管理存在重心过高和决策程序复杂困难等问题。

2. 校（园）长负责制建立与实施时期（1985—2010 年）

党支部领导下的校长分工负责制弊端逐渐暴露，1985 年《中共中央关于教育体制改革的决定》颁布，中小学逐步实行校长负责制，指出"学校中的党组织要从过去那种包揽一切的状态中解脱出来"[①]。1987 年《国家教委关于进一步加强对企事业中小学领导的意见》指出，企业办学，要给学校以较多的办学自主权，逐步实行校长负责制。1993 年《中国教育改革和发展纲要》指出在"中等及中等以下各类学校实行校长负责制"[②]。从 1995 年到 2006 年，先后有《中华人民共和国教育法》《小学管理规程》等相关文件对中小学校长负责制进行了进一步的规定和强调。

1989 年，国家教委颁布《幼儿园工作规程（试行）》，明确规定了幼儿园实行园长负责制，在设置者与教育行政部门的领导下，依据规程负责领导全园工作。同年 8 月，国务院批准国家教委发布的《幼儿园管理条例》，规定幼儿园园长负责幼儿园工作，并负责聘任教师、保育员、医师、保健员以及其他人员。

---

① 中共中央关于教育体制改革的决定 [EB/OL]. (2010-12-03) [2022-06-24]. https://xxgk.seu.edu.cn/2010/1203/c10908a59429/page.htm.

② 中国教育改革和发展纲要 [EB/OL]. (2010-07-19) [2022-06-24]. https://www.edu.cn/zhong_guo_jiao_yu/zheng_ce_gs_gui/zheng_ce_wen_jian/zong_he/201007/t20100719_497964_2.shtml.

3. 深化校长负责制改革时期（2010年至今）

2010年《国家中长期教育改革和发展规划纲要（2010—2020年）》实施，要求实现学校自主管理，探索多样化的学校管理体制，"建设依法办学、自主管理、民主监督、社会参与的现代学校制度，构建政府、学校、社会之间的新型关系"①。纲要实施以来，我国各地中小学采取了一系列措施来完善校长负责制，包括取消校长行政级别、加快学校内部组织机构改革过程、设立家长与社区代表参与学校管理的有效机制等。

■（三）高等学校管理体制改革

改革开放后，我国高等学校管理体制改革大致经历了以下几个阶段。②

1. 党委领导下的校长分工负责制时期（1978—1984年）

1978年，教育部召开全国教育工作会议，颁布重新修订的《全国重点高等学校暂行工作条例（试行草案）》，确定"高等学校的领导体制是党委领导下的校长分工负责制……高等学校的校长是国家任命的学校行政负责人，对外代表学校，对内主持学校的经常工作。高等学校设副校长若干人，协助校长分工领导教学、科学研究、后勤等方面的工作……系是按照学科性质设置的教学行政组织，实行系党总支委员会（或分党委）领导下的系主任分工负责制"③。此举取消了20世纪60年代以来实行的校务委员会制度，同时增设了学术委员会制度。校务委员会撤销容易出现校长一个人说了算的问题，不利于保障与提升学校管理决策的质量。教育部党组在1984年下发《关于高等学校试行设立校务委员会的通知》，逐步恢复了校务委员会的角色。

党委领导的校长分工负责制保障了党委在学校组织中的核心地位，但容易出现以党代政的问题；强化了学校分管领导的责任，但容易产生各自为政的问题。

2. 校长负责制时期（1985—1992年）

1985年，国家颁布《中共中央关于教育体制改革的决定》，指出高等学校管

---

① 国家中长期教育改革和发展规划纲要（2010—2020年）[EB/OL].（2010-07-29）[2022-06-24]. http://www.moe.gov.cn/srcsite/A01/s7048/201007/t20100729_171904.html.

② 袁连生. 中国教育改革大系——教育体制与教育财政卷[M]. 武汉：湖北教育出版社，2015：95-105.

③ 教育部. 全国重点高等学校暂行工作条例（试行草案）[M]. 合肥：合肥工业大学翻印，1978：18.

理体制改革的方向是"逐步实行校长负责制,有条件的学校要设立由校长主持的、人数不多的、有威信的校务委员会作为审议机构。要建立和健全以教师为主体的教职工代表大会制度"①。1988年,国家教委发布《关于高等学校逐步推行校长负责制的意见》,明确规定在高等学校内部实行校长负责制,校长负责制在全国高等学校内部逐步确立起来。

校长负责制确立了校长在学校组织中的领导地位的合法性,但是容易削弱党组织在学校中的地位,使得学校组织内部的思想工作与组织工作难以得到有效的开展。

3. 党委领导下的校长负责制(1993—2010年)

1989年,国家教委召开全国高等教育工作会议,提出要把校长负责制置于党委领导下的主张。1993年,中共中央组织部、中共中央宣传部、国家教委联合发布《关于新形势下加强和改进高等学校党的建设和思想政治工作的若干意见》,指出高等学校"原则上实行党委领导下的校长负责制"②。此后,党委在学校中的领导权得到了进一步的扩大。除经上级党组织批准的少数高校还实行校长负责制以外,其他的学校均开始了党委领导下的校长负责制建设。1996年,中共中央印发了《中国共产党普通高等学校基层组织工作条例》,对高等学校的管理体制又做出了进一步的明确规定:所有公立高等学校统一实行党委领导下的校长负责制,由校党委统一领导学校的工作。1998年,《中华人民共和国高等教育法》颁布与实施,规定"国家举办的高等学校实行中国共产党高等学校基层委员会领导下的校长负责制"③。

党委领导下的校长负责制,是在特定的政治背景下建立起来的一种领导体制,对于恢复与加强党委在学校组织中的核心领导地位起到了非常重要的作用。

4. 深化党委领导下的校长负责制时期(2010年至今)

2010年,国家颁布实施《国家中长期教育改革和发展规划纲要(2010—2020年)》,把教育管理体制改革确定为今后教育改革的一项重要任务,指出改革方向是"公办高等学校要坚持和完善党委领导下的校长负责制。健全议事规则与决

---

① 中共中央关于教育体制改革的决定[EB/OL].(2010-12-03)[2022-06-24]. https://xxgk.seu.edu.cn/2010/1203/c10908a59429/page.htm.

② 关于新形势下加强和改进高等学校党的建设和思想政治工作的若干意见[EB/OL].(2010-04-11)[2022-09-14]. http://zzb.huel.edu.cn/info/1063/1481.htm.

③ 中华人民共和国高等教育法[EB/OL].(2019-01-07)[2022-06-24]. http://www.npc.gov.cn/npc/c30834/201901/9df07167324c4a34bf6c44700fafa753.shtml.

策程序，依法落实党委、校长职权"① 等。2012 年，教育部下发了《关于推进试点学院改革的指导意见》，明确在北京大学等 17 所高校设立试点学院，重点是改革人才招录与选拔方式以及人才培养模式，同时也把完善学院内部治理结构作为一项重要内容，"支持试点学院改革院长选拔任用制度，试行教授委员会选举提名院长的办法"②。

目前我国高等学校内部都在积极完善党委领导下的校长负责制，一些高校已经制定或修改了学校章程，规范了议事规则与决策程序，促进了学术委员会、教授在学校管理中作用的发挥，扩大了教职工和学生参与学校管理的范围。

三、教育管理体制改革中的问题

我国教育管理体制改革的总体目标和思路是实行基础教育由地方负责、分级管理的原则，基础教育管理权属于地方；同时在国家统一的教育方针和计划的指导下，扩大高等学校的办学自主权。③ 目前还存在以下几个问题。

第一，政府教育管理职能转变不够，缺乏有效监督。权力过于集中和过于分散都不利于教育的发展，目前仍存在权力重新分配进程迟缓、服从关系没有改变的现象。基础教育方面放权由地方负责，但是政府在投入方面缺位，加大了城乡差异和地区差异。制衡校长权力的民主监督机制不完善，党支部和教代会的监督机制发挥作用有限。高等教育仍存在政府直接管理和间接管理界限不清、管制大于服务等问题。教育行政体制改革应该以健全公共财政制度为依托，界定政府管理不同类型教育的职责界限，基础教育阶段政府应主要关注保障公平竞争和资源分配，高等教育阶段政府应主要关注制定标准和规范，实施督查和评估。

第二，管理规章制度混乱，政策落实不力。目前国家颁布了很多有关学校自主管理的法律法规，但因为相关的实施细则缺乏，政策可操作性不强，无法对政策实施效果进行客观评价，从而减弱了政策效果。比如法律规定高校具有办学自主权，包括设置和调整学科、专业等，但在实践中，办学过程中诸多环节的决定权仍然在教育行政部门而非高校。教育行政体制改革应加强制度和法规建设，不

---

① 国家中长期教育改革和发展规划纲要（2010—2020 年）[EB/OL].（2010-07-29）[2022-06-24]. http://www.moe.gov.cn/srcsite/A01/s7048/201007/t20100729_171904.html.

② 《教育部关于推进试点学院改革的指导意见》提出的 24 项支持性政策措施 [EB/OL]. [2022-06-24]. http://www.moe.gov.cn/s78/A08/A08_ztzl/s7327/s7331/201304/t20130418_150829.html.

③ 袁连生. 中国教育改革大系——教育体制与教育财政卷 [M]. 武汉：湖北教育出版社，2015：95.

仅应关注政策的制定，更应关注政策的执行和评价，保证改革的可持续性，实施有效的监督。

第三，教育行政组织缺乏活力，地方主动创新不足。我国教育组织机构管理中仍存在上级指挥下级、下级仅对上级负责的现象。这种管理模式凸显的是权力的运用，忽视了各级行政部门的决策自主权和对下负责的问题，容易形成效率低下和创新不足的局面。同时，对于教育行政组织之外的第三方机构和社会力量关注不够，缺乏中介组织参与到教育治理的法制环境中来。教育行政体制改革应进一步落实分级管理、分工负责的政策，进一步把教育服务职能从政府的教育管理职能中剥离出来，鼓励专业组织和社会力量积极参与教育发展。

第三节 美国教育管理体制

一、教育行政体制的现状与发展

（一）教育行政体制的现状

美国实行联邦、州、学区三级管理体制。联邦教育部的机构设置由智囊机构和职能机构组成。智囊机构包括政府间关系教育顾问委员会和联邦各部、署际教育事务联席委员会，分别起到评价联邦政策并向公众报告以及研究并协调教育活动的作用。职能机构则依据教育事务分为初中等教育司、双语教育和少数民族语言事务司、中学后教育司、职业教育与成人教育司、特殊教育与恢复就业资格服务司、教育研究与改进司、公民权利司、立法与公共教育司、私立教育司等。[①]在教育管理过程中，联邦教育部主要职权包括联邦经费管理、教育研究管理以及一个州不能单独承担的教育服务。联邦教育部无权干预各州的具体教育事务，联邦政府则通过教育拨款和联邦最高法院教育判决来实现其对教育的支配权力。

美国各州对教育事业的行政管理体制大体相同，均有一个由选举产生的或由指定人选组成的州教育委员会（州教育董事会），其主要职权包括：州教育厅人事管理，州教育机构预算管理，公立学校教育大纲及质量标准，州教育政策和教育计划的制订、实施和评价，授权开展研究项目，代表本州处理与其他州和联邦政府相关的教育事务。"州教育厅是州教育委员会的办事机构，也是管理本州公

[①] 李帅军. 美国教育行政管理体制的考察与分析[J]. 外国中小学教育，2003（6）：12-15.

共教育的最高行政机关……内部机构由行政部门、课程设置和教学领导部门、执行计划及审议部门、实地服务部门、法律部门、公共及政府政策部门、特别计划部门等组成。"①

每个州下设若干学区，一般按照乡、镇、市等行政单位划分，学区设教育委员会，行使实际的教育管理权。"学区拥有相对独立的财政权、人事权、课程权，负责设立和管理地方公立中小学、征收筹集地方教育经费并编定预算、制定地方教育政策及计划、甄选与任用地方教育人员及裁决地方教育上的纠纷、选择中小学教材与教科书、制定地方教育人员的薪俸及福利制度并负责执行、为地方教育人员提供在职进修教育、视导地方教育、考核地方教育人员等。"② 按照层次来划分，学区有基层学区和中间教育服务区。基层学区是直接管理学校的地方公共团体，由各州设置，主要负责制订教育计划、编制教育预算、征收教育税、管理教职员人事、维修校舍、购买教材教具、提供校车等。中间教育服务区在州监督下对所管辖地区的基层学区进行监督指导，属于州教育厅的一个分支，但其性质是独立的服务机构，主要为小规模基层学区提供服务，收集各基层学区情况向州教育厅报告，分配州政府下达经费。③ 按照类型来划分，学区有三类，第一类是与普通行政区域一致的学区，第二类是转为教育管理而划分的学区，第三类是部分州与地方学区之间的中间学区。无论哪一种学区，其管理权与一般的公共行政都是分开的。公共行政不得随意干涉教育管理，学区与同级的行政机构之间权力关系相对比较弱。这样做主要是为了保障教育事业能够超脱于政治之外，较好地保证了教育管理权的独立和高效运作，便于区域内教育管理事务的协调和教育政策的有效实施。④

美国的高等教育管理可以分为两个部分，即"官方对高等教育的管理和非官方对高等教育的管理"⑤。官方对高等教育的管理机构包括联邦、州和地方，包括行政、司法和立法三方面力量。联邦层面主要通过联邦教育部、联邦司法部门的教育相关判决和联邦立法部门的教育相关法律对高等教育产生影响。联邦政府具体的调控手段包括拨款、立法、评估认证、科研投入和颁发指导性文件等，但这

---

① 李帅军. 美国教育行政管理体制的考察与分析 [J]. 外国中小学教育，2003（6）：12-15.

② 谢文全. 比较教育行政 [M]. 台北：五南图书出版公司，1985：78.

③ 李帅军. 美国教育行政管理体制的考察与分析 [J]. 外国中小学教育，2003（6）：12-15.

④ 鲍传友，何岩. 美法教育行政体制中的学区：比较与启示 [J]. 国家教育行政学院学报，2011（6）：89-95.

⑤ 刘勤勇. 论美国立体式高等教育管理体制 [J]. 高等教育研究，2000（2）：107-110.

些都不是直接管理权。① 相比之下，州政府拥有更大的管理权，多数高校都是由所在州政府同意、划拨土地、协调款项而建立的。"州立院校通常由州高等教育委员会批准其建校主要规章，并为新建院校发放许可证。大部分州要规定可授予学位的公立院校的课程标准和师资资格。"② 非官方对高等教育的管理，指"半官方的、民间的团体组织对高等教育实施的监督、控制或影响"③，可以分为外部集团和内部集团两种类型。外部集团指的是资助集团和政治集团，资助集团通过建立教育基金会采用资助的方式实现对政府决策和高校发展的影响。资助范围包括新课程计划、教学资料、调查、报告、建议等。内部集团指的是各种职业工会和协会以及专业评估机构。比如6个地区性高等学校质量评估机构、美国教师联合会、全国教育协会、美国教育理事会等。借助以上横纵交错的行政体制，美国形成了"立体式的高等教育管理体制"④，这种管理体制具有管理社会化、分权制衡和管理法制化的特征。可以说，美国高校既不是独立自治也不是政府垄断经营，而是代表各方利益。

（二）教育行政体制的发展

1. 分散管理时期（建国至20世纪70年代）

美国的政治体制采取三权分立原则，即立法权、司法权和行政权分离，这为美国各州分权管理的政治体制提供了法律依据，也对美国教育管理体制的形成与发展产生了深刻影响。"美国具有分散的殖民地居民自治传统和自己管理教育的传统，因此建国后很长一段时间内，既没有专门的、权力集中的联邦教育部，也没有联邦制定的全国性教育规划。"⑤ 1866年，俄亥俄州国会议员加菲德（James A·Garfield）提出在联邦设立教育部，负责收集各州和各地区教育发展的统计资料，交流全国教育组织、领导、学制和教学情报。1867年，联邦政府设教育部，但在反对派强大压力之下于1869年降为联邦内政部的教育司，成为负责调查统计的闲散部门。1929年，教育司改为联邦教育局，隶属于内政部联邦安全总署。1953年，联邦安全总署升级为联邦卫生、教育和福利部，教育局变成该部所属的

---

① 徐文. 美国私立高等教育管理体制的特点及启示 [J]. 教育与职业，2000（8）：55-57.
② 谷贤林. 美国私立高等教育管理体制成因探析 [J]. 外国教育研究，1999（3）：33-36.
③ 刘勤勇. 论美国立体式高等教育管理体制 [J]. 高等教育研究，2000（2）：107-110.
④ 刘勤勇. 论美国立体式高等教育管理体制 [J]. 高等教育研究，2000（2）：107-110.
⑤ 李帅军. 均权化：发达国家教育行政管理的趋势与特点 [J]. 教育评论，2003（1）：97-99.

联邦教育总署,包含初等教育、中等教育、高等教育、学校行政、附属性设施、调查出版、国际教育关系等八个司。①

美国建国后,曾有许多政治家坚持高等教育国有化的主张,但是受到独立战争以来根深蒂固的州权思想影响,创办国立大学的设想没有实现,联邦政府无法直接管理大学。是否要有国立大学的争论一直持续到19世纪,各个州开始兴建自己管理的大学。从此,在美国出现了由州管理的公立大学和拥有自主权的私立大学并行发展局面。②

2. 三级管理、地方分权（20 世纪 70 年代至 20 世纪末）

20 世纪 70 年代后期,联邦政府的教育项目增多,联邦对各级教育拨款都由联邦教育总署负责合理分配,这样联邦教育总署对教育事业控制的广度和深度大大增加。美国上下各界要求成立教育部的呼声很高,1979 年,总统卡特签署法案成立了联邦教育部,并最终形成联邦、州和学区三级管理体制,如图 3-1 所示。

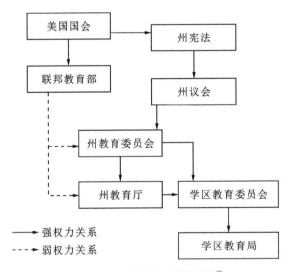

图 3-1 美国教育行政体制图③

---

① 李帅军. 美国教育行政管理体制的考察与分析 [J]. 外国中小学教育, 2003 (6): 12-15.
② 谷贤林. 美国私立高等教育管理体制成因探析 [J]. 外国教育研究, 1999 (3): 33-36.
③ 鲍传友, 何岩. 美法教育行政体制中的学区: 比较与启示 [J]. 国家教育行政学院学报, 2011 (6): 89-95.

最终形成的三级教育行政体制具备四个方面的特征。① 从权力分配来看，美国教育行政体制是典型的、彻底的地方分权制。教育是地方和公众的事业，应由地方公共团体独立自主地经营和管理。从教育行政与一般行政的关系来看，美国教育行政体制是独立型。各州教育委员会不是州议会的下属委员会，不用直接向州政府负责，具有相对独立性。地方教育行政的情况与州类似，但独立性更大。从教育行政领导者、决策者的素质方面来看，美国教育行政体制是外行内行结合型。州议会、州长、州教育委员会都是政策制定者，但多数不是教育专家。但州和学区的教育行政首脑必须是教育专家并具有行政管理经验。从教育行政内部职权划分方面看，美国教育行政体制是决策和执行两权分离的首长负责制。州教育委员会负责制定初等、中等教育的政策，州教育厅负责执行这些政策。州教育厅长是州教育厅的首席行政官，负责指挥、监督厅内行政人员执行州教育委员会的决策。

1983年，"美国教育质量提高委员会"在对普通教育质量现状进行调查后，发表了《国家在危机中》的报告，对美国普通教育水平的落后状况表示了担忧，要求"州和地方官员要切实负起教育经费和学校管理方面的主要责任"，而联邦政府"应力求把行政负担和干预减少到最小限度"。② 然而20世纪80年代的改革被认为没有关注学校机构及其管理方法，改革效果不佳。90年代，美国政府加强基础教育改革的呼声不减。1991年，布什总统签发《美国2000年教育战略》，旨在彻底改变美国中小学教育模式，把教育管理权下放，"以学校为基础进行教育改革"。随后的克林顿政府也仍把教育行政管理权下放作为改革方向之一。③

具备以上特点的美国教育行政体制与美国政权性质、政体形式相一致，但是也逐渐暴露明显弊端。彻底的地方分权导致各地各自为政，教育发展不平衡，教育机会不均等。在这样的背景下，美国于20世纪末，开始实施一系列针对教育管理体制的改革。

3. 权力上移、均权化改革（20世纪末至2014年）

20世纪末以来，美国基础教育行政管理体制经历了从典型的地方分权制向均权化转变的趋势，即"教育行政权力上移，从以地方学区为主过渡到在联邦、州和学区之间的均衡分配"④。其中2001年《不让一个孩子掉队》法案（以下简称

---

① 李帅军. 美国教育行政管理体制的考察与分析［J］. 外国中小学教育，2003（6）：12-15.

② 方展画. 美国联邦政府与当代美国教育改革［J］. 外国教育动态，1990（2）：33-36.

③ 陈大超. 美国的校本管理与我国的校长负责制［J］. 中国教育学刊，2002（4）：52-55.

④ 陈永明. 发达国家教育管理体制的改革［J］. 比较教育研究，2004（1）：2-66.

NCLB 法案）的实施具有重要意义。在此之前，美国联邦对基础教育的控制权很弱，主要通过教育立法和教育经费拨款等间接方式对州和学区产生影响。NCLB 法案之后，联邦政府的拨款力度大大加强，同时确立了问责机制和评价机制，其在基础教育领域的影响力和话语权得到了显著扩张。①

根据 NCLB 法案，各州要建立科学可行的学术标准和相应评价体系，学区和公立学校必须接受州的问责。NCLB 法案以标准为基础、以结果为导向，以提高所有学生成绩为目标，为联邦教育改革提供了明确指导标准。同时，"联邦政府的教育经费拨款增加了近 25%，且逐年递增。除了问责、评价和拨款，联邦政府还关注数据库系统建设和科学调查，增设研究机构，加强对教育的科研、统计和评估工作"②。借助以上措施，尽管时至今日联邦对教育仍然是间接干预的管理方式，但其话语权与 NCLB 法案之前相比，已经大大加强，开始主导美国基础教育改革和发展的方向。

在变革后的教育行政体制中，州成为最重要的一级，成为问责制的实施主体。与传统行政体制中州的角色相比，选择和采用课程内容标准，确定年度进度目标，设定年度考核目标，设定学术标准和考评体系，对管理者和教师进行绩效考核等是它新增的职能。③ 为了弥补传统行政体制中基础教育经费主要依赖地方税收导致的区域和城乡差异，州政府在地方教育拨款中的地位显得更加重要。学校教育经费中学区拨款和州拨款的比重从 20 世纪 20 年代的 83.2% 和 16.5% 变成 2005 年的 35.1% 和 45.6%。④

与联邦和州的权力扩张相比，改革前曾是重要教育管理主体的学区，其教育行政管理权和决策权大大缩小，它一方面受到联邦和州的严重制约，另一方面要向学校让渡权力。在 NCLB 法案确立的问责制中，学校是基本的教育产出分析单位和问责对象。学区逐渐成为教育政策的执行者和学校的辅助支持者。学区地位衰落、其角色边缘化的主要原因有几点。首先是标准化数据体系的建立使得各学校之间的比较更方便可行，包括学生成绩差异、教师质量、学校效能等，在这样

---

① 傅添. 论 NCLB 法案以来美国教育行政管理体制的改革趋势 [J]. 外国教育研究，2012（2）：106-112.

② 傅添. 论 NCLB 法案以来美国教育行政管理体制的改革趋势 [J]. 外国教育研究，2012（2）：106-112.

③ Hamilton L S, Stecher B M, Marsh J A, et al. Standards-based Accountability under No Child Left Behind: Experiences of Teachers and Administrators in Three States [M]. Santa Monica: RAND, 2007: 19.

④ Odden A R, Picus L O. School Finance: A Policy Perspective [M]. New York: McGraw-Hill, 2008: 6. U.S. Department of Education. 10 Facts about K-12 Education Funding [EB/OL]. [2022-06-24]. http://www2.ed.gov/about/overview/fed/10facts/index.html.

的评价环境中,学校迫切需要有更多的自主权来应对外部需求。第二是学区受制于州的统一学术标准,难以得到家长和社区的支持。第三是学区不断合并,数量建设而规模增加,州感受到来自庞大学区的压力,有动力增加对它的控制。第四是学区合并后"地方性"丧失,地方自主渐渐失去意义,州的控制阻力减少。

4. 还权与松绑(2015年至今)

2015年,《每一个学生成功法案》(以下简称ESSA)正式签署,它被视为对NCLB法案的反思和调整。经过十多年的推行,NCLB法案确实在一定程度上提升了美国基础教育的质量,但其严格的问责制和标准化考试一直以来引起不少争论,质疑者认为考核与惩罚措施密切相连,NCLB法案因此成了学校日常工作的指挥棒。"ESSA试图采用州设计制度简化现有联邦考核的项目数量,同时把控制和问责基础教育的权力归还给州和地方。"① 虽然州和地方仍需向联邦政府提交问责计划,但地方教育部门有权在不违背联邦法案精神的前提下自主设计问责计划。这种权力的再次下放提高了州教育机构在基础教育事业中的话语权和主导地位,被认为"代表了最近25年来联邦政府对于地方教育控制权的最大转移",同时也意味着"一个问责时代的终结,即联邦政府采取咄咄逼人的方式试图控制公立学校的时代的终结,教育的控制权重新回到州的地方学区"。②

二、学校管理体制的现状与发展

(一)学校管理体制的现状

在以标准化为基础、结果为导向的教育改革中,与学区式微相反的是,学校一改过去被忽视的状态,作为问责主体的重要性凸显。过去,学校被认为是将政治观点、政策理念和教育资源传递、转达到具体的教育实践中去的媒介③,现在学校则承担了学区过去具备的教育管理代表权和参与权,成为地方一级的代表。④各种形式的校本管理是学校主体地位提升的主要表现。

---

① 刘宝存,张伟. 还权与松绑:美国基础教育改革的新风向——《每一个学生成功法案》述评[J]. 中国德育,2016(11):10-15.

② President Obama Signs Into Law a Rewrite of No Child Left Behind [N]. The New York Time,2015-12-10(3).

③ Wong K K,Nicotera A. Successful Schools and Educational Accountability:Concepts and Skills to Meet Leadership Challenges [M]. Boston:Pearson Education,2007:65.

④ 傅添. 论NCLB法案以来美国教育行政管理体制的改革趋势[J]. 外国教育研究,2012(2):106-112.

20世纪80年代，以后现代主义、现代组织理论和权变管理等理论为基础，校本管理从美国兴起，后来波及大部分发达国家和地区，其主要特点是中小学作为决策主体，构建学校与外部和学校内部的新型关系。① 戴维把校本管理概括为两个要素，即学校自主和共同决策。② 学校自主指的是构建学校与外部行政体制关系时，让学校拥有更多自主权，包括财政权、人事权和课程权。共同决策指的是在构建学校内部各利益相关者关系时，让教师、家长和社区成员参与学校决策，包括经费使用、人员聘用、课程编制等。在组织结构上这种共同决策体现在校本管理委员会成员由教师、家长、社区成员甚至学生代表组成。

美国大学实行的是"系—学院—大学"三级管理模式，其中系和院是学术管理的重心。③ 系的权力分散，有明显的集体管理特征，每个教师都有参与学术事务的决策权。系主任既要向一个或几个校官员负责，又要向同层次的同事负责。系一层拥有教师聘任和提升权，同时还有课程设置、学位颁发、学术活动开展等权力。学院一般包括文理学院、专业学院和研究生院。院长一般由大学最高官员任命，具有行政官员的地位，负责全院学术管理，在教师解聘上具有较大影响力。学院同时还拥有教授团体，行政官员与教授团体是一种分工联合关系，前者控制预算，后者监督课程，学生工作则是二者联合管理，这种复杂交织的现象被称为"学者团体的官僚化同盟"④。大学这一级的权力结构体现在董事会、大学校长和评议会三个方面。董事会负责确定高校的大政方针、选举校长等重大事项，不介入高校日常事务管理。校长由董事会推选，受董事会委托管理各项事务，负责预算、学生、学术等各方面事务。评议会又称教授会，是教授团体参与学校管理的主要渠道，拥有制定学术政策与规章制度和管理学术事务的权力。

私立高校内部管理既不是教授治校也不是学生治校，而是如美国学者所说是"世俗人士"治校。⑤ 与17、18世纪欧洲大学拥有大量土地、房产、捐款、政府拨款和其他无形资产的情况不同，第一批美国大学完全由社会创造，因此高校一开始就与社会保持密切联系。与欧洲大学先有教师社群再有大学不同，美国高等

---

① 王铁群．借鉴校本管理完善校长负责制 [J]．教书育人，2003 (12)：5-6.

② David J L．Synthesis of Research on School-Based Management [J]．Educational Leadership，1989，46 (8)：45-53.

③ 朱博群，冯景新．美国高校内部管理模式及其对我国的启示 [J]．长春工业大学学报 (高教研究版)，2009 (1)：119-120.

④ 朱博群，冯景新．美国高校内部管理模式及其对我国的启示 [J]．长春工业大学学报 (高教研究版)，2009 (1)：119-120.

⑤ 丹尼尔·布尔斯廷．美国人：开拓历程 [M]．北京：生活·读书·新知三联书店，1993：202.

教育首先建立的是学院，然后教师社群才逐渐形成。可见，由校外人士组成董事会管理高等学校是由美国国情决定的。[①]

■ (二) 中小学管理体制的发展

美国基础教育改革分别经历了 20 世纪 80 年代的校本管理、20 世纪 90 年代的特许学校和 21 世纪的特许学区 "三个里程"[②]。

1. 校本管理萌芽阶段 (20 世纪 70 年代至 80 年代中期)

校本管理最早出现是 1971 年提出的 "校本管理发展" 和 1973 年佛罗里达地方学校提交的教育报告中，该报告旨在建立 "以学校为中心的管理机构"[③]。1979 年，佛罗里达州通过法律，政府拨款在学校层面建立咨询委员会，加利福尼亚州也有相关法律涉及委员会设立和父母参与。萌芽时期的校本管理具有学校自愿实施、学校享有特权、学校拥有人事权和财权等特点。[④]

2. 校本管理发展阶段 (20 世纪 80 年代后期至 20 世纪末)

20 世纪 80 年代后期开始，各地学区积极实施校本管理。到 1991 年美国有千余个学区在实验各种形式的校本管理，最大的 8 个城市学区中有 7 个处于实施校本管理的不同阶段。到了 90 年代中期，校本管理已经成为美国中小学教育管理的主流方法。发展时期的校本管理具有委员会权力更加明确和具体、委员会成员参与培训、校本课程处于核心地位等特点。[⑤]

经过前面两个阶段的发展，美国中小学实际上形成了三种校本管理的模式。[⑥] 行政控制型管理模式的决策权掌握在校长手中，增加学校决策权实际上意味着增加校长的决策权，以美国佛罗里达州的戴德县和肯塔基州为代表。专业控制型管理模式的决策权掌握在教师手中，目标是更好地运用教师的专业知识做出决策，以洛杉矶、哥伦比亚等地区的城市为代表。社区控制型校本管理决策权主要在社区和家长手中，目标是最大限度满足消费者需求，以芝加哥为代表。

---

① 谷贤林. 美国私立高等教育管理体制成因探析 [J]. 外国教育研究, 1999 (3): 33-36.
② 冯大鸣, 赵中建. 美国学区管理体制改革的第三里程——特许学区的产生原因、运作特征及经验评析 [J]. 教育发展研究, 2004 (4): 36-39.
③ 曾雄军. 美国校本管理运动探究 [J]. 国家教育行政学院学报, 2003 (1): 93-98.
④ Murphy J, Beck L G. School-based Management as School Reform: Taking Stock [M]. Thousand Oaks, Ca: Corwin Press, 1995.
⑤ Herman J J, Herman J L. School-based Management: Current Thinking and Practice [M]. Springfield, IL: Charles C Thomas, 1993: 20.
⑥ 曾雄军. 美国校本管理运动探究 [J]. 国家教育行政学院学报, 2003 (1): 93-98.

3. 校本管理多样化阶段（20世纪90年代至今）

进入20世纪90年代后，各种形式的教育管理改革持续在学区和学校层面展开。其中，特许学校最为集中地体现了校本管理的理念。这种新型的公立学校由公共教育经费支持，由教师团体、社区组织、企业集团或教师个人申请开办并管理。特许学校在相当程度上独立于学区的领导和管理，但同时也要承担相应的责任，未达到预先商定的目标，政府有权中止经费资助。从1992年明尼苏达第一所特许学校开始，特许学校快速发展，到1999年已经达到1484所。由私营管理公司通过承包方式管理公立学校并对学校事务负责是20世纪90年代开始的改革实践。位于明尼苏达州的"教育选择公司"开创了美国公校私营的先河。虽然它的尝试未能获得成功，但这种公立私营的管理形式推动了美国的教育改革。①

由于传统的学区未能给特许学校提供适宜的生存环境，21世纪后美国又出现了特许学区，即全部由特许学校组成的学区。特许学区没有严格的地理界线，不一定按照行政地域划分，而是把地理位置相近的特许学校从传统学区中单列出来，由一个新的管理实体统一管理。在特许学区中，学区中心办主要扮演特许学校开办的把门者、联系校外服务商的中介者、提供专业服务的供应者、办学状况的评估者等角色。②

学区组合管理模式是一种通过改变学校管理结构寻求提高薄弱学校学生成绩的新模式。辖区学校可包括传统学校、磁石学校、特许学校等。学区组合模式具有严格的分级问责与支持系统，目标是开办优质学校满足学生选择需求，建立了更加公平合理的教育经费拨付机制，确立了公开透明的关闭学校标准和程序。经由芝加哥、新奥尔良、纽约市等地试水后，到2013年，实行该模式的学区已增至35个，成为美国城市学区管理改革的一个重要趋势。③

■（三）高校管理体制的发展

1. 从"象牙塔"到"知识工厂"管理模式的过渡阶段（殖民地时期）

西方现代意义上的大学发端于11世纪的欧洲，这个时期的大学是作为社会和经济主流之外的一种崇高文化共同体而存在，被称为脱离现实生活的"象牙塔"。在管理方面，中世纪大学具有内部自治权、独立审判权等。行会性质的组

---

① 赵中建. 近年来美国学校管理改革述评[J]. 教育研究，2001（5）：75-79.
② 冯大鸣，赵中建. 美国学区管理体制改革的第三里程——特许学区的产生原因、运作特征及经验评析[J]. 教育发展研究，2004（4）：36-39.
③ 郑莉，徐江. 学区组合管理：美国城区学校管理新模式[J]. 上海教育科研，2014（4）：36-39.

织方式是其内部管理组织和学术组织的基本形式,少数人控制着大学运转,管理着大学事务,享受着言论自由。18世纪英国工业革命后,现代研究型大学、技术学院和研究所纷纷创立,大学的管理也随着20世纪初泰勒的科学管理思想开始采用工厂管理模式。[①] 美国殖民地时期的学院正是处于"象牙塔"到"知识工厂"管理模式的过渡阶段。

2. "知识工厂"管理模式阶段（美国独立至19世纪末）

这一阶段具体又可以分为两个阶段：一个是美国独立到南北战争爆发前,初步显露"知识工厂"特征阶段,以弗吉尼亚大学为标志的州立大学兴起。二是南北战争后,"知识工厂"管理模式全面发展并最终形成,研究生教育及专业教育开始发展,以约翰·霍普金斯大学为代表。[②]

3. "超级市场"管理模式阶段（20世纪初至20世纪末）

20世纪初美国的大学向着两个不同的方向发展,一个方向强调科学研究和高深学问,另一个方向则倡导为社会生产服务。以创立于1848年的威斯康星大学为代表,服务于"教育顾客"的理念促使美国大学形成以市场为导向、定位于公共服务的"超级市场"管理模式。20世纪70年代,美国高等教育出现资金匮乏、生源短缺、师资老龄化、权力真空等问题,80年代美国高等教育开始进行全面改革,主要包括确立校长权威、开辟筹措资金渠道、广开生源门路、加强师资队伍建设等。[③] 这个时期美国高校管理主要特征包括以下几个方面。[④]

第一,国家和政府加大了对大学的管理权力。大学在具有更大自治权的同时日益成为由国家主办、资助和依法管理的社会机构。国家和政府主要通过拨款等经济手段、制定法律法规等法律手段、人事制度等行政手段、学术评估等学术手段影响大学的管理和发展。定位于公共服务的大学无法忽视社会政治和经济状况,大学管理从单一结构走向多维结构、从封闭走向开放。

第二,大学管理日益民主化与科学化。一些大学采取的是分权管理模式,各校园、各学院和各职能部门都有独立的管理权力。另一些大学采取的是分级管理

[①] 程晋宽. 从"象牙塔",到"知识工厂",再到"超级市场"——论大学管理模式的转变 [J]. 教育与现代化,2006 (4):46-52.

[②] 余承海,程晋宽. 从"超级市场"到"专卖店"——美国高校管理模式的新趋向 [J]. 大学教育科学,2009 (5):34-38.

[③] 周晓健. 美国高等学校管理的改革对我国高校管理的启示 [J]. 江西科技师范学院学报,2004 (5):7-11.

[④] 程晋宽. 从"象牙塔",到"知识工厂",再到"超级市场"——论大学管理模式的转变 [J]. 教育与现代化,2006 (4):46-52.

模式，形成了董事会、校长、评议会、教授会互相关联，学术权力与行政权力相互制约的管理机制。

第三，建立多种咨询和协调机构，更好地服务于"教育顾客"。为了改善和加强大学与社会的关系，一些大学建立了社区服务部、公共关系部、对外联络部等机构。为了管理好大学内部事务，多数大学都建立了多种多样的咨询和协调机构，比如注册、学生档案、职业指导等，这使得大学成为社区的教育、研究、培训、咨询和成果推广中心。

4. "专卖店"管理模式阶段（21世纪至今）

进入21世纪，美国的高校管理继续步入"专卖店"管理模式。20世纪90年代以来，美国高等教育的发展形势已经发生了巨大变化，从成长型产业转变为成熟型产业。联邦政府和州政府大大缩减对高等教育的投入，迫使高校缩减重叠和冗余部门，更具专业化和独立性，从提供全面服务的"超级市场"转向具有专业特色的"专卖店"，更注重树立自己的教育品牌。作为"专卖店"的高校其管理主要有以下特征：消费者成分日趋复杂，服务更加高效便捷和便宜，网络教育异军突起等。[1]

三、教育管理体制改革中的问题

首先，校本管理效果存疑。校本管理的预期优点包括激发学校内部改革和发展动力、提高决策水平、增强学校成员的主人翁意识、促进社会民主进步等。[2]但是有学者对校本管理是否在这些方面实现了预期的优点提出质疑，比如：是否提高了学生的学业水平；当学校委员会拥有决策权时，学校能否有效运转；校长忙于教学之外的事情是否有利于学校发展。[3]

其次，高校组织结构改革蕴藏弊端和危险。作为超级市场的大学，其管理特征是松散联结的"有组织的无政府主义"[4]。具体表现在大学管理目标不确定、管理计划和技术不明确、管理人员流动使大学组织处于无序状态。某些高校为了追

---

[1] 余承海，程晋宽. 从"超级市场"到"专卖店"——美国高校管理模式的新趋向 [J]. 大学教育科学，2009（5）：34-38.

[2] 黄崴. 校本管理：理念与策略 [R]. 中国教育学会教育管理分会年会交流论文，2001：4-6.

[3] Sackney L E, Dibski D J. School-based Management：A Critical Perspective [J]. Educational Management and Administration，1994，22（2）：104-111.

[4] Cohen M D, March J G. Leadership and Ambiguity：The American College President [M]. New York：McGraw-Hill，1986.

求收益可能建立一些与教师兴趣或利益相冲突的研究中心，收效不佳甚至带来负面影响。单纯面向市场的结构改革也会削弱大学的公共服务属性，导致某些领域人才短缺等负面影响。如果改革仅追求把教师和学术部门的潜力最大化，而不注意它可能对高校现存文化、价值观、办学使命等方面的影响，改革极有可能以失败告终。①

第四节　印度教育管理体制

一、教育行政体制的现状与发展

（一）教育行政体制的现状

印度继承了英国的中央政府和地方政府合作管理教育体制，具体由中央、邦、地方和学校四级组成。② 中央教育行政部门是人力资源开发部，负责颁布、推行教育计划及改革，制定各级各类教育治理政策，负责教育涉外联系合作。人力资源开发部也是中央层面实施高等教育管理的主要部门，直接管理几所重点大学，其中的教育司下设若干局，大学和高等教育局负责管理高等教育。印度现任总统是所有国立大学的视察员，有权根据法律视察国立大学的一切事务。③

邦级教育行政部门一般称为邦教育部，或文化教育部和普通教育部。各邦都有"邦长"和"首席部长"两套领导班子。④ "邦长"是象征性的各邦最高领导，担任邦立大学的校长或视察员，主要代表印度总统和中央政府对邦立大学进行监督⑤，一般状态下不参与直接领导邦行政事务。邦教育部主要承担中小学教育管理，具体包括教育计划、评价标准、教师管理、考试标准等，同时它也是中央与地方之间沟通的桥梁。除了邦教育部，相关的农业部、卫生部监管本邦的农业教

---

① 乔连全. 美国高校组织管理改革的动向与启示［J］. 大学教育科学，2011（2）：91-96.
② 王建梁，赵鹤. 从"管理"到"治理"：印度独立以来教育治理的演变、特色及问题［J］. 华中师范大学学报（人文社会科学版），2019，58（4）：161-169.
③ 刘淑华，陈雪纯. 20世纪90年代以来的印度公立高等教育问责体系的建构［J］. 外国教育研究，2019，46（2）：105-115.
④ 安双宏. 印度地方教育管理探析［J］. 黑河学院学报，2010，1（1）：81-84.
⑤ 王丽娜. 印度高等教育管理研究［D］. 兰州：西北师范大学，2001：7-17.

育和卫生教育。大部分高等院校由地方政府管理，中小学教育主要归地方政府管辖。① 中央政府在中小学教育管理上长期采取放任政策，主要由一级行政区（邦、中央直辖区、首都地区）自主推行普及义务教育。② 县教育委员会和县学校委员会主要负责全县普通教育计划的制订和执行，并对辖区内的学校进行管理，比如教师、设备、活动、课本、校服、午餐、校舍、运动场等具体事务。地区教育管理的最基层单位是"学校联合体"，发挥视导作用。高等教育由各邦教育局负责，下设专门管理高等教育的职能部门。各邦政府依据宪法制定本邦的教育计划、法规，管理邦立大学，协调各邦教育发展以及中央与邦的关系，贯彻中央教育咨询委员会的政策或决定等。同时，邦一级设有与联邦一级相对应的教育研究和咨询机构。各类专业院校则由相应的专业团体或业务部门来管理，如印度技术教育学会、印度医学学会等。③

私立高等教育一直是印度独立后高等教育体系的重要组成部分。印度私立高等教育的行政管理体制具有印度高等教育行政管理体制的分权性，附属自筹经费学院和私立大学的准入管理主要由邦政府管理，自筹经费"相当于大学的机构"主要由中央政府负责。但在实际管理活动中，中央层面的管理乏力，邦政府往往比中央政府拥有更多的直接权力。④

除了从中央到地方的教育行政体系，印度教育治理还有一个重要的部分就是以政策咨询为主要任务的"半行政机构"和社会力量。"半行政机构"是依法成立的自治机构，其政策具有一定的行政效力，它们主要发挥的作用包括政策咨询、标准制定、教育督导等。其中，"大学拨款委员会是协调和维持高等教育发展的法定机构，它的主要责任是向大学提供拨款和维持大学的学术标准。全国教育研究与培训委员会负责向人力资源开发部提供纲领和政策性建议，提高教学质量，协调政府、大学以及其他机构之间的关系，保持与国际组织的联系等"⑤。全印技术教育委员会的职责包括"审批高等技术院校设立与新专业的开办，为高等技术院校制定规范与标准，通过对高等技术院校或专业的认证，确保高等技术教育高质量地发展"⑥。社会力量主要是指村教育委员会、家长、企业、非政府组织、民间智库团队等。市场和社会方面参与高等教育管理主要体现在企业领导层

---

① 安双宏．印度地方教育管理探析［J］．黑河学院学报，2010，1（1）：81-84.
② 安双宏．印度基础教育发展热点问题评析［J］．教育发展研究，2010（4）：72-75.
③ 王丽娜．印度高等教育管理研究［D］．兰州：西北师范大学，2001：7-17.
④ 吴媛媛．印度私立高等教育行政管理体制研究［D］．金华：浙江师范大学，2013：24.
⑤ 李梅芳．印度高等教育的管理及对中国的启示［D］．昆明：云南大学，2009.
⑥ 吴媛媛．印度私立高等教育行政管理体制研究［D］．金华：浙江师范大学，2013：25-26.

对高校进行评估并提出意见，企业专家参与高校课程设计、参与教学或教学指导，第三方组织和新闻媒体通过发布报告和舆论监督等形式对高等教育机构问责。①

除了上述协调机构之外，对印度高等教育能产生影响的机构还有中央教育咨询理事会、大学副校长大会、各邦教育部长大会、远程教育委员会等。这些机构有的与大学拨款委员会有良好的工作关系，有的与大学拨款委员会没有有效合作，其他各机构间的合作也很少。② 同时，"大学拨款委员会下设的国家评估认证委员会（National Assessment and Accreditation Council，简称 NAAC）和全印技术教育委员会下设的国家认证委员会（National Board of Accreditation，简称 NBA）是印度权威的质量保障机构"③。

■（二）教育行政体制的发展

1947 年，印度取得国家独立，教育逐渐从"管理"走向"治理"，各主体参与和权力配置经过了几个阶段的调整和变革。④

1. 治理框架初步确立（1947—1975 年）

这一时期，印度逐步形成了在中央政府统一指导下，以各邦为主的教育管理体制，基本构建起今天印度从中央到地方的教育行政体系。

1950 年，印度颁布宪法，确定印度成为一个由各邦组成的联邦制国家，在中央和各邦建立议会形式的政府。在教育管理权力方面，宪法规定中央与地方共同管理。⑤ 中央政府的主要责任是协调高等教育和技术教育的标准，各邦和中央直辖区主要针对初等和中等教育，有权决定自己的教育结构，有权确定课程和教材，以及根据自己的规章制度对教育进行管理。同时，这一时期印度还成立了中央教育咨询理事会、大学拨款委员会、教育研究与培训委员会等，这些机构成为印度教育治理的组成部分。

印度独立之前，大学都是公立的，附属于大学的学院则绝大多数是民间创办。印度独立之初，政府选择对私立学院进行"公立化"（或称"国有化"），即

---

① 刘淑华，陈雪纯. 20 世纪 90 年代以来的印度公立高等教育问责体系的建构 [J]. 外国教育研究，2019，46（2）：105-115.

② 安双宏. 印度政府对高等教育的管理 [J]. 比较教育研究，2006（8）：35-38.

③ 陈雪纯. 20 世纪 90 年代以来的印度高等教育问责制研究 [D]. 杭州：浙江大学，2018.

④ 王建梁，赵鹤. 从"管理"到"治理"：印度独立以来教育治理的演变、特色及问题 [J]. 华中师范大学学报（人文社会科学版），2019，58（4）：161-169.

⑤ 吴媛媛. 印度私立高等教育行政管理体制研究 [D]. 金华：浙江师范大学，2013.

中央和地方政府对私立学院进行直接资助，实行政府拨款资助制度，使其成为受助私立学院。① 与政府资助相伴而生的是政府管制的加强，比如对招生标准和收费标准进行规定。国有化政策和管制政策遭到私立高教机构和教会群体的抵制，再加上政府财力有限，政府对私立高等教育的国有化并不彻底，这也催生了赞助费学院的兴起。由于缺乏中央统一政策，该类高校仍存在质量和公平问题。②

2. 权力拉锯博弈期（1976—1991 年）

前一时期的发展为印度教育治理体系搭建了基本框架，这一时期主要的变化是中央和地方权力的拉锯博弈。20 世纪 70 年代以前，印度各邦具有较大的教育自主管理权限，教育归属权主要归属于邦政府而不是中央政府，中央政府权力较弱，权力下放明显。但是独立之后印度的教育发展始终不尽人意，地方各邦财力不足成为大家诟病的根源之一，提高中央政府的管理权呼声越来越高。1976 年宪法修正案中提出"把由各邦控制的教育事业归入宪法中央与邦的《并行条例》，并使中央与各邦在制定教育政策方面地位平等，但由中央制定全国性的教育政策，在颁布与教育有关的立法上中央比邦拥有更大的权力"③。这表明印度政府有意强化中央政府对教育的管理权④，也形成了中央和各邦共同管理高等教育的体制。中央政府具备对各邦发号施令和推行政策的权力。尽管从理论上来说，中央与地方合作管理的体制可以避免中央集权或地方分权造成的弊端，但是，传统和多党制的影响在印度由来已久，地方政府在教育管理中的关键性作用很难改变⑤。于是，1986 年，印度政府经议会通过新的《国家教育政策》，开始构建"中央—地方"合作伙伴关系。在这种关系中，中央政府的主要职责在于进行人力资源规划与开发，原有的教育部等四个部门合并为人力资源开发部，确保教育质量。地方层面，邦是教育管理的主体，同时分权到县，使其成为执行普及初等义务教育和加强成人教育的基本计划单位。这样，中央集权再次弱化，各邦权力提高，重新回到地方分权为主的状态。⑥

---

① 安双宏，王占军. 印度高等教育私营化：进退两难的战略抉择 [J]. 比较教育研究，2014（2）：77-81.

② 吴媛媛. 印度私立高等教育行政管理体制研究 [D]. 金华：浙江师范大学，2013：15-16.

③ 王长纯. 世界教育大系——印度教育 [M]. 长春：吉林教育出版社，2000：101.

④ 吴媛媛. 印度私立高等教育行政管理体制研究 [D]. 金华：浙江师范大学，2013.

⑤ 安双宏. 印度地方教育管理探析 [J]. 黑河学院学报，2010，1（1）：81-84.

⑥ 王建梁，赵鹤. 从"管理"到"治理"：印度独立以来教育治理的演变、特色及问题 [J]. 华中师范大学学报（人文社会科学版），2019，58（4）：161-169.

这一时期印度高等教育领域开始"私有化"改革，中央和邦政府对私立学院的资助都开始减少，以营利为目的的私立学院迅猛发展，这类纯私立的学院被称为"自筹经费学院"①。"政府增加公立高等教育机构学生的教育成本分担份额，鼓励私立受助学院转型为自筹经费学院，鼓励举办自筹经费学院，鼓励'相当于大学的机构'自筹经费，鼓励创办私立大学等。"②

3. 共治格局基本形成期（1992年至今）

1992年，印度人力资源开发部颁布了《国家教育政策》和《行动计划》，在明确印度教育分权治理路径的基础上，对社会力量参与教育治理给予了更多关注，倡导组建村教育委员会；强调在保证公立高校自由和自治权的同时，应对公立高校加强问责。同时，由于高等教育入学人数增多而政府公共拨款减少，政府之外的利益相关者更多参与到印度高等教育成本分担中，在问责制管理中扮演重要角色。③

1994年，印度各邦和直辖区的教育部门负责人举行讨论会，重点讨论了"全民教育"和教育分权管理等问题，指出社区、地方政府、中央政府需要协调统一和共同行动，之前一直缺位的社会力量逐步加入并占据重要位置。要形成"合作共治"，除了中央及各邦的合作，教育管理的权力将更多分配到村教育委员会、家长等群体手中，他们参与地方基础教育和中等教育的计划制订和学生学业成就评价等。④

20世纪90年代，印度私立高等教育得到跨越式发展，但由于缺乏全国统一的法规政策，私立高等教育发展过程中的无序、混乱等问题日益突出，往往要通过司法干预的途径解决。⑤ 1993年后，许多邦开始减少对附属私立受助学院的补助，附属私立受助学院转制为自筹经费学院。一些附属自筹经费学院不满于大学附属制，寻求更多的办学自主权，呼吁建立私立大学。20世纪90年代以来，中央政府通过将私立学院升格为"相当于大学的机构"，缓解私立大学中央立法的

---

① 安双宏，王占军. 印度高等教育私营化：进退两难的战略抉择 [J]. 比较教育研究，2014（2）：77-81.

② 吴媛媛. 印度私立高等教育行政管理体制研究 [D]. 金华：浙江师范大学，2013：16-17.

③ 刘淑华，陈雪纯. 20世纪90年代以来的印度公立高等教育问责体系的建构 [J]. 外国教育研究，2019，46（2）：105-115.

④ 王建梁，赵鹤. 从"管理"到"治理"：印度独立以来教育治理的演变、特色及问题 [J]. 华中师范大学学报（人文社会科学版），2019，58（4）：161-169.

⑤ 吴媛媛. 印度私立高等教育行政管理体制研究 [D]. 金华：浙江师范大学，2013：16-17.

压力。与之前被授予该名号的学院属于国家资助的公立性质不同,这一时期开始出现自筹经费性质的"相当于大学的机构"。直到 21 世纪印度才出现私立大学,最终形成了以自筹经费学院、自筹经费"相当于大学的机构"和私立大学为主要类型的印度私立高等教育体系。①

二、学校管理体制的现状与发展

(一)基础教育学校管理体制现状

印度私立学校基础设施好,生师比更低,教育质量更高,教师培训次数更多,所以尽管公立学校不收费,但由于教学效果差,父母更愿意把孩子送到私立学校。为了满足适龄儿童上学的需要,印度政府采用 PPP(public-private partnership,公私合作)管理模式解决教育预算不足问题。在 PPP 这种公私合作管理模式中,公方为政府部门,私方为一个企业或多个企业,也可能是一个或多个公办实体。公私双方要签订长期合作合同,公方授权民营机构代替政府建设、运营或管理基础设施,根据合同规定的服务标准,定期给私方划拨约定的款项。印度基础教育 PPP 管理模式主要分为四类。第一类是私营慈善机构办学;第二类是转移学校管理权,政府部门授予私营实体权力,让私营实体管理和运营公立学校,或管理公立学校的某些方面;第三类是提供代金券以及向私营学校购买教育服务,政府根据人群贫困程度和学校的招生情况设计代金券,父母可以把代金券用于公立学校或私立学校;第四类是政府帮助内涵建设,包括课程设置、教学方法、管理技巧培训等。

在 PPP 管理模式中,私营实体承担初期的资金需求,政府资金压力减少。同时,私营实体管理更有效、工作效率更高,成本也更低。目前,在亚洲发展银行和世界银行的帮助下,PPP 管理模式为印度提供教师和培训教师,也在学校的管理上、教学质量评估和学生评估上提供服务。②

(二)高等学校管理体制现状

高等学校的内部管理可以分为大学管理和学院管理两层。大学层面主要通过大学委员会、大学行政委员会和大学学术委员会三个机构来实施管理。

---

① 吴媛媛. 印度私立高等教育行政管理体制研究 [D]. 金华:浙江师范大学,2013:18-21.
② 石水海. 印度基础教育 PPP 管理模式研究 [J]. 教学与管理,2013(12):86-88.

大学委员会是高校的最高权力机构，主要负责大学与社会公众之间的联系，帮助大学筹集资金，制定大学活动总方针和总政策。其成员包括大学和大学所属学院的教师代表、大学团体代表、毕业生代表、赠款人及其他团体代表。

大学行政委员会是大学的主要行政机构，由副校长任主席，主要管理学校的日常行政工作，负责制定、修改或废除学校组织章程和条例，经上级主管大学机构或大学校长的批准后实施。[①] 其成员包括副校长、附属学院院长等大学委员会选举的成员，以及上级主管大学机构的视察员和大学校长指定的成员。[②] 邦立大学则还包括邦教育局长或有关的教育局长。

大学学术委员会是大学首要的学术机构，负责制定、协调、管理和监督学校的学术政策。其成员由副校长及其助理、教务长、图书管理学专家、科研部领导人、学院院长、大学及学院教师等组成。除此之外，印度高校还有其他机构分别负责职工福利、学生福利、财务等工作，其决定都需提交大学行政委员会批准。

学院层面主要负责教学工作。学院可以分为大学学院和附属学院。大学学院由大学评议会设立并维持，直接受大学的控制和管理。附属学院负责大学的教学和考试，在招生政策、财政计划等方面不具有自主权，受到严格控制。附属学院内部设有管理委员会，负责任命学员的院长、教师及其他员工。院长集行政权力、学术权力于一身。[③]

■ （三）高等学校管理体制发展

1. 附属学院为主时期（1849—1946 年）

1849 年，印度完成沦为英国殖民地，出于殖民统治的需要，殖民当局不断采取措施在印度推进现代教育。1854 年，《伍德教育急件》（以下简称《急件》）颁布并由东印度公司负责具体实施，英国殖民教育制度在印度正式确立。《急件》建议以伦敦大学为模式，在加尔各答、马德拉斯和孟买各建立一所大学。这些大学有很多附属学院，附属学院和中学主要提供考试、颁发证书和授予学位等服务，而包括教学和科研在内的高等教育主要在各专门学校完成。附属学院制成为独立前印度高等教育的主要类型。[④]

---

① 杨云云. 印度附属学院的发展对我国独立学院的启示 [D]. 石家庄：河北师范大学，2011：14.

② 伍海云. 印度附属学院的治理及其对我国独立学院治理的意义借鉴 [J]. 外国教育研究，2008，35（11）：53-58.

③ 王丽娜. 印度高等教育管理研究 [D]. 兰州：西北师范大学，2001：7-17.

④ 王丽娜. 印度高等教育管理研究 [D]. 兰州：西北师范大学，2001：3-7.

2. 分类型分层次管理时期（1947 年至今）

承袭英国高等教育的附属制度，独立后的印度高等教育主要由大学和学院构成。印度的大学包括附属性大学、单一制大学和联合大学三种类型。随着高等教育的发展，不同类型之间也出现了某种程度的混合。附属性大学有许多附属学院，大学向各附属学院规定课程、举行考试和授予学位。单一制大学负责本科教学和研究工作。联合大学是大学与学院合作进行教学。①

20 世纪 90 年代后印度私立高等教育快速发展。其管理体制具有"分层"特征，主要体现在私立高教机构的"自主性"的分层上。私立大学与自筹经费"相当于大学的机构"比附属自筹经费学院拥有更多的办学自主权，"前者有权制定教学/师资/设施标准、教学大纲，有权颁发学位证书。附属自筹经费学院处于附属地位，在学院的准入、教学/师资/设施标准、教学大纲、考试和学位证书颁发等方面受到附属大学的管理与制约"②。但是自筹经费学院比公立性质的附属学院拥有更多的财政独立权。分层管理机制有助于多维度突破承袭于殖民地时期的大学附属制对印度高等教育的束缚。

三、教育管理体制改革中的问题

第一，中央和地方合作不畅，管理部门权责不清。印度教育行政体制改革中权力分配多次调整，加上政党政治的弊端和社会各种复杂因素制约，导致中央和地方政府的合作不畅，政出多门、条块分割，中央和地方政府在管理高等教育过程中经常"各执己见"，难以有效进行全国性改革。③ 除了不同党派执政的中央和地方政府，地方基层管理单位内部也存在这样的问题。④ 这些问题对基础教育的负面影响尤为明显，比如阻碍统一学制的实行和教育的均衡发展等。同时，当教育治理中过分重视中央级别的计划时，自上而下的体系有可能导致"半行政机构"出现过分控制各邦教育行政工作的情况。⑤

第二，治理水平不均衡，地区之间差距大。虽然权职分配细致，但各邦内、

---

① 王丽娜. 印度高等教育管理研究 [D]. 兰州：西北师范大学，2001：7-17.

② 吴媛媛. 印度私立高等教育行政管理体制研究 [D]. 金华：浙江师范大学，2013：31-33.

③ 安双宏. 印度地方教育管理探析 [J]. 黑河学院学报，2010，1（1）：81-84.

④ 王建梁，赵鹤. 从"管理"到"治理"：印度独立以来教育治理的演变、特色及问题 [J]. 华中师范大学学报（人文社会科学版），2019，58（4）：161-169.

⑤ 科奇哈. 印度的宪法和教育 [M] // 瞿葆奎. 教育学文集：印度、埃及、巴西教育改革. 北京：人民教育出版社，1991：177-193.

各地区发展水平差异较大,与高等教育相比,印度的基础教育仍相对落后且发展不均衡。1950年,印度宪法提出要在10年内普及8年初等义务教育,但该目标迟迟未能实现,直到2010年《儿童免费义务教育权利法》生效才实现。除了普及进程慢,长期以来中央政府对中小学教育管理的放任政策导致义务教育进程高度依赖学校所在邦的发展状况,邦与邦之间在教育普及率和教育质量上形成巨大差异。

第三,高校缺乏自主权,内部管理机制不畅。中央和各邦政府严格控制高校,大学多层机构设置与复杂人事关系都使高校缺乏自主权,同时大学对学院也有严格控制。"2000年以后,虽然在许多邦,私立学院的数量超过了公立学院,在某些学科领域甚至占据绝对优势地位,但是私立学院的办学自主权仍然非常有限,它们在课程设置、年度考试和学位授予等方面都受到母体大学的限制。"[1] 为了提高学院自主权,印度政府努力发展自治学院,使附属学院在学校的学术、管理、财政等方面具有更多自由,大学只负责一般的监督管理和学位授予。自治学院的发展有助于发挥学院积极性,但在改革过程中受到阻碍。大学委员会管理中存在的主要问题是规模庞大、主要成员属于非学术人员、受到各种政治势力的影响,最终难以制定有利于大学发展的建设性政策或者制定出的政策难以贯彻执行。[2]

第五节 中国、美国、印度三国教育管理体制比较

从教育管理体制的分类来看,上述三个国家分别代表了不同的类型。中国的教育管理体制更偏重于中央集权制,美国更偏重于地方分权制,印度则采用了中央和地方合作的体制。在具有各自特点的同时,这三个国家的教育管理体制改革也呈现了一些共同的趋势,即权力在中央和地方之间的流动与均衡。具体到教育行政体制和学校管理体制的现状及其发展,三个国家的共同点可以总结如下。

第一,中央和地方是教育行政体制的基本结构,两者的关系是教育行政体制改革的核心。尽管具体行政层级结构不同,中、美、印三国的教育行政体制大致都可以分为中央组织结构和地方组织机构两大类。中国教育行政体制中代表中央的是教育部,代表地方的是各级地方政府管辖的教育行政部门,两者的组织结构具有高度的相似性,根据主管内容分为不同的部门或科室。改革开放之后,中国

---

[1] 安双宏,王占军.印度高等教育私营化:进退两难的战略抉择[J].比较教育研究,2014(2):77-81.

[2] 王丽娜.印度高等教育管理研究[D].兰州:西北师范大学,2001:7-17.

教育行政体制改革经历了从中央向地方的放权，又适当调整集中的过程，目前稳定在基础教育行政体制以县为主、高等教育行政体制由中央和省级两级管理的状态。美国教育行政体制中代表中央的是联邦教育部，代表地方的是州教育委员会，两者的组织结构也具有一定的相似性，根据主管内容分为不同部门。建国之后美国教育行政体制经历了从分散到地方分权为主的三级管理，再到权力上移的均权化改革，最后权力向州和学区回归。目前的行政体制仍以分权为主，但与地方分权为主时期相比，联邦政府的话语权确实得到了强化。印度教育行政体制中代表中央的组织机构是人力资源开发部，代表地方的是邦教育部。国家独立之后，印度教育行政体制经历了从中央地方共同管理到权力博弈，最终形成多方共治的格局。

第二，学校在教育管理体制中的作用凸显，学校是否拥有足够的自主地位仍是教育管理体制改革面临的重要挑战。中国从1985年开始建立学校自主办学治校的新体制，逐步实现校长（园长）负责制，不断扩大高等学校办学自主权。这就意味着学校党组织从包办一切的状态中解脱出来。2010年中国开始探索现代学校制度，实现学校自主管理，但是在实践中仍存在政府管理职能转变不够、政策落实不力等问题。校本管理理念于20世纪80年代在美国兴起，校本管理成为美国学校主体地位提升的主要表现，但校本管理是否实现了预期优点仍受质疑。美国高校虽不是政府"垄断经营"，但也并非完全的"独立自治"，在代表各方利益的同时日益受到单纯面向市场的结构改革带来的负面影响。印度不同类别私立高等教育机构的差别主要在于"自主性"程度不同，目前高校缺乏自主权仍是印度高等教育发展的主要障碍。

除了以上两个方面，中、美、印的教育管理体制存在诸多差别，具体如下。

首先，公私关系在教育管理体制发展中的角色不同。中国教育管理体制长期以来以各级政府为主导，尽管1993年政府提出让市场因素进一步介入体制改革，但目前第三方机构和社会力量参与度仍然不足。目前中国的民办教育主要集中在基础教育阶段，除了幼儿园阶段，民办教育在整个教育体系中的比例仍然十分有限，而且民办教育分类管理在实践中仍面临很多挑战。美国在基础教育管理体制中有通过私营管理公司承包管理公立学校的改革实践，在高等教育领域于19世纪就形成了州管理的公立大学和拥有自主权的私立大学并行发展的局面，现在私立大学在人才培养质量等方面也是更胜一筹，在高等教育中扮演着重要角色。印度的教育行政体系中，自治机构和社会力量是重要组成部分。基础教育中私立学校质量更高，政府采用公私合营的方式解决教育预算不足的问题。20世纪70年代末80年代初印度就开始进行高等教育私有化改革，但是到21世纪初才出现具有充分自主权的私立大学，私立学院的办学自主权仍然有限，自治学院的改革也受到阻碍。

其次，教育管理体制发展和改革的主要矛盾不同。中国教育管理体制发展和改革的主要矛盾在基础教育阶段主要是不同级别政府之间的管理权力分配的问题，历史的经验表明权力过于集中或者过于分散都不利于教育的发展；在高等教育阶段主要是教育行政体制与一般行政体制、教育行政部门与高校之间缺乏相互独立性的问题，历史上曾出现过短暂的相对独立的校长负责制，但是为了有效开展思想工作和组织工作，教育行政体制与一般行政体制之间、教育行政部门与高校之间仍有较强的依附关系，去行政化和高校办学自主权的落实仍不理想。美国则对教育管理彻底分权体制的弊端已达成广泛共识，教育管理体制发展和改革的主要矛盾在于联邦政府通过何种方式实现权力的适度集中。以 NCLB 法案为标志，美国教育行政部门对学校的干预策略从强调投入和方法变为强调结果和产出，质量问责的权力集中在联邦层面。以 ESSA 为标志，权力再次回归州和地方，联邦政府只在更有限的范围内进行监管。印度教育管理体制的问题从表面上看是中央和地方的关系不畅，但其深层次矛盾是多党制政治带来的各种弊端，导致政出多门、条块分割，影响了基础教育实现学制统一和均衡发展，也阻碍了高等教育的全国性改革。

（张玉婷）

第四章

芬兰、中国和乌干达的义务教育比较

芬兰是欧洲发达国家,中国是世界上最大的发展中国家,乌干达是非洲欠发达国家。这三个国家的国情存在着很大的不同,在义务教育普及与发展的过程、所取得的成就或面临的问题及其原因等方面也存在着很大的差异。对这三国普及义务教育的探讨,不仅可以了解这三个国家义务教育的发展情况,而且可以认识这三个国家义务教育普及与发展的经验以及面临的挑战,从而为经济和教育落后的国家如何更好地发展本国义务教育提供一些有益的启示。

第一节 芬兰的义务教育

芬兰全称芬兰共和国,位于欧洲北部,与瑞典、挪威、俄罗斯接壤,有"千湖之国"之称。芬兰是一个高度发达的资本主义国家,也是一个高度工业化、自由化的市场经济体。芬兰是欧盟成员国之一,但人均 GDP 远高于欧盟平均水平,与其邻国瑞典相当。2019 年芬兰人均国内生产总值为 4.36 万欧元。[①] 芬兰虽然人口仅有 500 多万,但在基础教育上却处于国际领先水平。特别是 2000 年以来,芬兰基础教育在"国际学生能力评估项目"(以下简称 PISA)测试中的卓越表现,引起了全球教育界的高度关注。

---

① 外交部. 芬兰国家概况 [EB/OL]. [2020-06-11] https://www.fmprc.gov.cn/web/gjhdq_676201/gj_676203/oz_678770/1206_679210/1206x0_679212/.

一、芬兰义务教育的发展

芬兰公共教育体系主要包括三个教育阶段,第一阶段是小学和初中教育,小学为 1—6 年级,初中为 7—9 年级,该阶段即通常意义上的基础教育,也是芬兰的义务教育阶段;第二阶段是普通高中和中等职业教育,两者并行,学制均为 3 年;第三阶段是普通高等教育和高等职业教育,接受普通高等教育的学生将会进入大学,接受高等职业教育的学生则进入多科技术学院,大学修业年限在 3~6 年不等,多科技术学院的修业年限一般是 3.5 年或 4 年。而在各个阶段的教育中均提供职业培训和成人教育的机会。

现将芬兰义务教育的历史发展简要介绍如下。

芬兰在 1917 年独立之后要求为 7 至 16 岁的所有儿童提供免费教育。二战以前,芬兰的教育采用的是双轨学制。分轨发生在小学四年级,这一次分轨将决定学生以后是踏入职业教育的道路还是学术教育的道路。进入职业教育轨道的学生将接受为期 2 年的职业教育,而进入学术教育轨道的学生将在通过一次测试后进入学费昂贵的文法学校学习。1939—1945 年,芬兰被纳粹德国占领。由于战争的破坏,芬兰的经济遭受重创,整个国家处于瘫痪状态,学校系统也破坏殆尽。二战结束后,芬兰开始进行教育重建工作。战后的教育系统从 7 岁开始,并在 11 岁时进行一次考试,考试成绩合格的同学继续在中学读书,学生最早可以在 15 岁时离开学校。那些没有进入中学的学生可以学习更多实用的技术。这在事实上仍然延续了双轨学制。尽管芬兰政府战后提出了促进学校全面和平等发展,促使普通和职业科目相互关联,以及帮助边远地区的学校实现标准化发展的改革,但这些改革在实施过程中遇到了多重阻力。1950 年左右,芬兰大部分学生只能接受六年初等教育,只有那些生活在乡镇或者城市的学生才有机会进一步接受中等教育。

1960 年,芬兰成立了第三个教育改革委员会,该委员会极力在芬兰推行综合学校模式,为所有学生提供 1—9 年级的学校教育。① 1968 年,芬兰议会以绝对多数通过了《学制法案》,要求在全国推行之前在部分地区实施的实验性改革——综合学校改革。② 新的综合学校为所有儿童提供平等的九年基础学校教育机会,禁止因为学生的年龄、居住地、经济地位、性别和语言等方面的差异而存在歧视。基础教育阶段,国家不实施分流教育,而是创造一个面向所有学生都能参加的九年制基础学校,即市民学校和初中合并形成一个完整的初中教育阶段,学制

---

① 康建朝,李栋.芬兰基础教育[M].上海:同济大学出版社.2015:31.
② 洪健峰.芬兰基础教育改革研究[D].金华:浙江师范大学,2012.

三年；小学阶段学制六年。普通高中分离出来，自成一体；职业学院升级为大学教育中的一种，普通高中毕业的学生既可选择传统的大学，也可选择职业学院。改革后的学制由原来两极、具有二元选择性的特点演变为一种综合性的体制，体现了平等的原则，学生可以就近免费上任何一所自己选择的学校，不论公立还是私立。新学制于1972年开始从芬兰北部和东部的偏远农村地区实施，到1977年在芬兰南部全部实施。综合学校改革于1978年完成，所有适龄儿童都要完成九年义务基础教育。1983年，《综合学校法案》颁布，新法案中规定残疾学生也要包括在义务教育（基础学校）范围内。由此，特殊教育迅速发展起来。

芬兰的义务教育主要在综合学校完成。综合学校的建设和发展为芬兰义务教育的成功奠定了重要的基础。综合学校由芬兰政府通过立法进行指导。综合学校既开设国家课程，也开设地方课程。综合学校一般由地方市政府组织，由税收支持，对所有学生免费。芬兰所有的综合学校教师都要求有硕士学位。教授1—6年级的班级教师必须是师范专业毕业，教授7—9年级的科任教师必须是自己所教专业毕业。学生通常在1—6年级由同一个教师任教，这样教师能够很好地了解学生，并且能够根据他们的需要开展教学。在综合学校中，教师负责评估学生在学校的进步情况，所有的分数都由教师评定，没有全国性的考试。综合学校还特别重视对学生学业的支持和帮助。学生顾问会与学生讨论学习方法和进一步的学习。他们还提供择业指导。学生心理教师和学校社会工作者会帮助遇到问题的学生。教师可以为学生提供短期的补习教育。学习和集中注意力有困难的学生接受特殊需要的教育。特殊需要小组的人数比普通班级要少。[①] 教师还要与家长保持联系，他们安排与学生父母见面，并向父母提供学生学习方面的信息。许多学校提供网络系统与家长保持联系。综合学校还提供额外的教育，即所谓的"10年级"。这是给学生提供机会提高他们的成绩，并决定他们对哪个领域的学习感兴趣。学生在获得综合学校的证书后可以申请第10年级的学习，10年级通常持续一年。[②]

20世纪90年代，随着科学技术的发展，国家间的竞争日益激烈。面对新的人才培养的挑战，为了巩固义务教育的成果，芬兰全国教育委员会在1998年颁布了《基础教育法》，强调基础教育的一贯性和连续性[③]，规定应根据学生的年龄和能力提供教育，以促进所有学生的健康成长和发展。《基础教育法》还规定了

---

① The Finnish Education System [EB/OL]. [2020-06-11]. https：//www.infofinland.fi/en/living-in-finland/education/the-finnish-education-system.

② Comprehensive Education [EB/OL]. [2020-06-11]. https：//www.infofinland.fi/en/living-in-finland/education/child-education/comprehensive-education.

③ 王岚.21世纪以来芬兰基础教育课程改革及其启示［J］.吉林省教育学院学报（上旬），2016（1）：110-112.

学生在学校上学的最短和最长时间，鼓励跨学科主题的学习，并鼓励学生形成良好的基本能力。进入 21 世纪以来，芬兰对本国基础教育核心课程进行了改革，一方面强调国家的标准与指导，加强国家对教育的统一要求；另一方面赋予地方、学校和教师对于选修科目、教学形式等方面较大的自主权。芬兰义务教育非常重视学生独立思考和对自己的学习负责等能力的培养。在 2014 年颁布实施的《国家基础教育核心课程》中，芬兰特别关注对学生进行七个核心能力的培养，这七个核心能力是：① 思考与学会学习；② 文化素养与互动表达；③ 管理日常生活，照顾自己和他人；④ 多元读写能力；⑤ 信息通信技术能力；⑥ 职业能力与创业素养；⑦ 参与构建可持续发展的未来。[①]

二、芬兰义务教育的成功经验

在 2000 年首届 PISA 测试数据公布之前，芬兰的基础教育没有什么名气，也未在国际上引起关注。二战结束后，当时的芬兰教育水平相对较为落后，教育系统培养的人才无法满足现代工业社会的需求。直至 20 世纪 80 年代，芬兰的教育很少引起全球教育界的关注。在国际学业测试中，芬兰只有 10 岁左右儿童在阅读素养方面表现得不错[②]，除此之外，其他教育方面的指标远远不如美国、德国等。20 世纪 60 年代至 2000 年之间，芬兰在国际教育成就评价协会（International Association for the Evaluation of Educational Achievement，IEA）组织了一系列评估，成绩如表 4-1 所示，可以看出，芬兰除了 9 岁和 14 岁学生的阅读素养名列前茅之外，在前后期测试中数学和科学素养都处于中等，并没有特别优异之处。

表 4-1 20 世纪 60 年代至 2000 年芬兰学生在若干国际学生评价项目中的排名情况[③]

IEA 评价项目	评价对象	参评国家数量	芬兰排名
首届国际数学成绩评价（1962—1967）	13 岁学生及高中毕业生	12	中等
首届科学成绩评价（1967—1973）	10 岁、14 岁学生及高中毕业生	18	中等

---

① Soby M. Finnish education system [EB/OL]. [2020-06-11]. https://www.idunn.no/file/pdf/66781940/finnish_education_system.pdf.
② 康建朝，李栋. 芬兰基础教育 [M]. 上海：同济大学出版社. 2015：77.
③ Sahlberg P. Finnish Lessons: What Can the World Learn from Educational Change in Finland [M]. New York: Teacher College Press, 2011: 50.

续表

IEA 评价项目	评价对象	参评国家数量	芬兰排名
首届阅读理解能力评价（1967—1973）	10 岁、14 岁学生及高中毕业生	14	中等（仅一个测试模块排名第三）
第二届数学成绩评价（1977—1981）	13 岁学生及高中毕业生	19（13 岁学生），15（高中毕业生）	中等
第二届科学成绩评价（1980—1987）	小学毕业生、初中毕业生及高中毕业生	23	小学毕业生成绩排名较高，初中毕业生和高中毕业生排名中等
第二届写作能力评价（1980—1988）	小学毕业生、初中毕业生及高中毕业生	14	中等
第二届阅读素养评价（1980—1988）	9 岁和 14 岁学生	32	优异
第三届数学和科学成绩评价（1995—2007）	4 年级和 8 年级学生	45，1995 年 38，1999 年 50，2003 年 59，2007 年	芬兰仅 1999 年参加，排名中等偏上
第三届阅读素养进步性评价（2001—2006）	4 年级学生和 8 年级学生	35，2001 年 45，2006 年	未参加

但是，自从 2000 年 PISA 第一轮测试实施以来，芬兰学生连续 3 次取得骄人的成绩，在所有三个读写能力领域都名列榜首。PISA 测试进一步的分析结果表明，在参与测试的国家或地区中，芬兰学生之间的学业成就差异最小，校际差异最小，学生家长的社会经济地位对学生学业表现的影响最小。[①] 这引起了国际社会对芬兰教育制度的特别关注。

虽然在随后的 PISA 测试中芬兰学生的成绩没有维持第一，但依然表现不俗。芬兰义务教育的成功并非一蹴而就，它经历了一系列的转变和改革过程。芬兰义

---

① Kupiainen S, Hautamäki J, Karjalainen T. The Finnish Education System and PISA [R]. Ministry of Education Publications，Finland，2009.

务教育的成功受众多因素影响,其成功的经验值得其他国家思考。芬兰义务教育成功的经验主要有以下几个方面。

(一)高度重视教育的发展

在芬兰,教育被视为全民参与的头等大事。芬兰政府认为每个人都有受教育的权利;在教育经费上,多年来,芬兰的教育投入占GDP的比重都在6%以上,教育开支在政府预算中位列第二,仅次于社会福利支出。[①] 由于国家对教育投入充足,芬兰九年义务教育阶段学费全免,教材和学习材料也是免费,同时为学生提供免费午餐。芬兰对教育的重视还表现在对教师的要求上,芬兰所有教师都要求具备硕士学位,是值得信任的专业人员。同时,芬兰重视对移民和少数民族学生的教育和照顾;不安排全国性的统一考试和评价,而是注重对学生的日常评价和反馈。此外,芬兰重视学生在教育过程中的特殊需要和个人兴趣等。[②] 芬兰为所有学生提供同样高质量的、公共资助的综合学校,不仅为学生提供优秀的教学,而且为学生提供咨询、健康、营养和特殊教育服务,为学生综合素质的全面发展创造了良好的环境。

(二)追求教育的公平与质量均衡发展

"兼顾公平、追求卓越"一直是芬兰基础教育理念的核心之一,让每个人都接受公平的、高质量的教育始终是芬兰教育努力的方向。教育公平和质量两者兼顾的原则体现了芬兰教育政策在追求公平和卓越上两者达到了很好的平衡。芬兰《基础教育法》第628条规定,九年义务教育的培养目标之一是进一步保证整个国家教育上的足够公平。芬兰政府规定义务教育阶段的学生在其居住地就近入学,不择校制给居住在不同地区的学生提供了均等、高质量的教育机会。[③] 教育机会均等的概念不仅指每个适龄儿童在童年早期和基础教育阶段都能获得平等的教育机会,还包括那些有特殊需要的学生以及处于危机边缘的学生也有机会获得相应的学习支持。[④] 基于追求教育公平的价值取向,芬兰承担义务教育的综合学校对所有学生一视同仁,坚持不设重点班,不把学生分成三六九等;同时不办重

---

① 顾娇妮,夏惠贤.芬兰《2011—2016年教育和研究发展规划》述评[J].中小学信息技术教育,2015(4):72-75.

② Finnish National Agency for Education. Finnish Education in a Nutshell [EB/OL]. [2019-06-17]. https://www.oph.fi/english/education_system/historical_overview.

③ 张玉秀.世界全民教育的新质量观[D].北京:北京师范大学,2008.

④ 顾娇妮,夏惠贤.芬兰《2011—2016年教育和研究发展规划》述评[J].中小学信息技术教育,2015(4):72-75.

点校，不给学校排名次，不开办大量的私立学校与公立学校竞争，不鼓励家长择校。正是由于芬兰政府和民众对教育公平的不懈追求和长期努力，综合学校无论是在师资配置还是硬件设施方面，均得到均衡发展。由于各学校教学质量相差不大，家长自然也就没有必要再为孩子择校。师资的均衡加上生源的均衡，进一步促进了学校发展的均衡。①

■（三）建设高质量的教师队伍

芬兰PISA研究团队把高质量的师资队伍和义务教育阶段的综合学校制度，作为芬兰连续三次在PISA中取得优异成绩的一个重要原因。② 从20世纪70年代起，芬兰教师教育已经基本实现大学化。1968年，国家教育委员会规定所有接受教师培训课程的人都要求具有高中学历，这样他们才可以继续学习为期四年的培训课程，最终获得教育硕士学位。在此规定下，所有教师培训都将在大学内进行。1971年，《教师培训法》明确规定将所有教师培训起始学历都提升至大学水平。1982年，只有10%的教师被选中接受教师培训计划，这意味着教师培训质量良好，从而进一步巩固了社会大众对芬兰教师的尊重。③ 优质的教师培训是芬兰教育体系的一大优势，教师培训计划的申请人数远远超过大学的配额。所有受培训的教师都能获取硕士学位，这种课程的学习保证了他们以后的教学中会培养出高能力的学生。而想要获得教师职业的硕士学位必须经过两轮测试：第一次测试是根据论文或中学教师的资格水平进行的测试，然后这些教师将继续接受申请人测试，即在实践中模拟教师的角色，学校会对他们的写作能力和实践能力进行测试。在进入教师岗位后，芬兰政府赋予教师在选择教学方法、教科书方面的自主权，教师自由地利用各自所掌握的知识和具备的能力进行教学活动。高水平的教师队伍为培养出高水平的学生奠定了坚实的基础。

■（四）集权和分权的有效配合

芬兰教育一直在权力分配的道路上进行"钟摆式"的改革，努力寻找集权和分权之间的平衡点。④ 芬兰义务教育以全国性课程大纲为指导，全国性的课程大纲把握了课程教学的整体方向，而各个地方又可以充分发挥当地的主观能动性，

---

① 徐双荣，旭东英.论芬兰的学制改革[J].教育评论，2010（2）：166-168.

② 张瑞海.芬兰义务教育成功经验探析[C]//中国教育学会中青年教育理论工作者分会第18届学术年会论文集，2009：296-300.

③ Chung J. An Investigation of Reasons for Finland's Success in PISA [D]. Oxford：University of Oxford，2008.

④ 康建朝，李栋.芬兰基础教育[M].上海：同济大学出版社.2015：100.

更有效地为当地学生的学习和发展提供服务；各级部门在各自的职责范围内相互调整和配合，权责分明，避免了因相互扯皮而造成的效率低下和教育质量下滑。20世纪六七十年代，芬兰的义务教育高度集权，地方和学校自主权薄弱，严重影响和限制了地方和学校的自由发展。80年代，受新自由主义的影响，芬兰教育开始放权。在1994年和2004年的两次重要课程改革中，芬兰国家课程标准均涉及教育权分配的问题。在最新的《国家核心课程改革2014》中，芬兰政府强调了地方课程对国家课程的补充作用。[1]地方政府以及学校需要根据国家核心课程编制属于自己的更详细的课程。在地方课程中，需要包括国家核心课程中规定的目标和内容，同时也必须考虑到教育提供者——地方政府有关的其他因素。地方课程必须确定自己的价值观、基本原则以及教育和教学目标，解决语言课程和地方课程的课时分配，协调家庭和有特殊需要或属于不同语言和文化群体的学生与学校教学之间的合作问题。[2] 芬兰基础教育管理集权与分权的有机结合，既保证了学校教育教学的质量要求，缩小了学校之间的差距，又有效地调动了地方和学校办学的积极性和灵活性。

■ （五）坚持独特的发展道路

20世纪90年代以来，在全球教育变革的背景下，芬兰仍然坚持本国义务教育的发展道路。许多国家强调教学与学习的标准化，针对学校、教师和学生设定明确的要求和标准，以及事先规定学业成就期望，以此提高教育质量和促进教育公平，也便于开展评价和收集相关数据。但是，芬兰依旧坚持教学和学习的个性化。在芬兰，国家层面只提供相对笼统的课程框架，地方和学校在此基础上自主编排课程，鼓励地方和学校围绕国家整体教育目标探索不同的教育教学方式，并针对有特殊需要的学生制订个性化的学习计划。在其他国家注重学生对基本知识的学习，增强学生在读、写、算等方面的基本知识与技能，并相应地增加知识性科目的教学时间时，芬兰则鼓励学生进行创造性学习，学校教育注重学生在知识、个性、道德素养、创造力等方面的全面发展。在面对课程标准化、根据商业化思维或模式来改革教育、以标准化测试作为问责和控制手段的趋势时，芬兰依

---

[1] National Core Curriculum—a Basis for Basic Education Instruction［EB/OL］.［2019-06-25］. eurydice _ - _ psingle _ structure _ education _ integrated _ primary _ and _ lower _ secondary _ educationp _ - _ 2019-01-11. pdf

[2] National Core Curriculum—a Basis for Basic Education Instruction［EB/OL］.［2019-06-25］. eurydice _ - _ psingle _ structure _ education _ integrated _ primary _ and _ lower _ secondary _ educationp _ - _ 2019-01-11. pdf

旧坚持课程的灵活性，根据以往经验和传统习惯来改革教育，倡导责任共担和信任文化。① 面对全球教育变革的浪潮，芬兰没有一味盲从，而是始终坚持和选择适合自己国家的教育发展道路，基础教育以培养综合能力为导向，重视学生情感、认知技能和社会技能以及终身学习能力的发展。

■ （六）良好的学校福利和办学条件

芬兰属于典型的高福利社会，学制中出现的各类教育均免学费。年级越低，国家给予的补助越多。例如，学生居住地距离学校超过 5 公里，将由学校支付交通费。学生的健康发展离不开良好的学校福利和优美健康的学校环境。芬兰的教育系统为学生提供健康、饮食和安全等方面的福利，尤其是饮食方面，义务教育阶段的饮食是免费的，但却非常健康和丰富。学校的伙食通常由典型的芬兰食物组成。一顿好的学校餐包括热乎乎的主菜、面包、蔬菜、牛奶和饮用水。芬兰学校的环境十分优美，教室、走廊、礼堂和大厅等场所都十分干净，而且各种设施配备齐全，加上北欧特有的美丽风光，学生们很是喜欢和享受学习的环境。② 当然，这些良好的学校福利和办学条件与芬兰国家经济发达以及政府对教育的重视是分不开的。

第二节　中国的义务教育

中华人民共和国成立于 1949 年 10 月 1 日，位于亚洲东部，太平洋西岸，陆地面积约 960 万平方千米，东部和南部大陆海岸线 1.8 万多千米，内海和边海的水域面积约 470 多万平方千米。中国有 56 个民族，是一个多民族、多语言、多方言、多文字的国家。国家通用语言文字是普通话和规范汉字。全国大陆总人口 14 亿多人（2019 年），人均国内生产总值 70892 元人民币（2019 年）。③ 目前，中国是世界第二大经济体、世界第一大工业国。

---

① Sahlberg P. Finnish Lessons：What Can the World Learn from Educational Change in Finland [M]. New York：Teacher College Press，2011：103.

② Finnish National Agency for Education. Education in Finland [EB/OL]. [2019-06-25]. https：//www. oph. fi/download/175015 _ education _ in _ Finland. pdf.

③ 中华人民共和国中央人民政府. 中华人民共和国 2019 年国民经济和社会发展统计公报 [EB/OL]．[2020-06-11]．http：//www. gov. cn/xinwen/2020-02/28/content _ 5484361. htm.

一、中国义务教育的发展

中华人民共和国成立之初即高度重视教育工作。中国的普及教育是在当时国家处于"一穷二白"的状态下进行的。经过70多年的努力和发展,中国义务教育在数量和质量上都取得了出色的成绩。中国义务教育的发展主要经历了以下几个阶段。

■（一）建国初期初等教育的发展（1949—1957年）

1949年9月,中国人民政治协商会议在通过的《共同纲领》中将中华人民共和国教育的性质确定为"新民主主义的,即民族的、科学的、大众的文化教育"。《共同纲领》明确提出要有计划、有步骤地实行普及教育,以适应革命工作和建设工作的广泛需要。在《共同纲领》的指导之下,全国上下开始有计划地开展各级各类的教育工作。1951年召开的第一次全国初等教育工作会议和第一次全国师范教育会议,对教育工作的开展制订了详细的任务,要求在10年之内争取全国学龄儿童基本上全部入学,5年之内争取全国学龄儿童80%入学,5年之内,东北、华北、华东、中南四个地区应争取85%~90%的学龄儿童入学,西北和西南争取65%~70%的学龄儿童入学。并提出5年内培养百万名小学教师。这是新中国提出的第一个普及小学教育的计划。

1956年,教育部明确将"普及义务教育,使新生一代人人受到国民必须受的教育"作为国民教育工作的三大任务之一,要求7年内基本扫除文盲,7年内在全国基本普及义务教育。这是新中国提出的第二个普及小学教育的计划。1957年,中共中央文教小组又召开了省市文教听证会议,会议提出力争在第二个五年计划期间普及小学教育。从1949年到1957年,小学教育的普及有了很大的发展。1949年全国有小学学校34.68万所,在校生2439.1万人,到1957年,小学学校增长到54.73万所,增长了3.3%,在校学生达到6428.3万人,增长了25.8%。[①] 这一时期的小学教育没有达到普及,但是与建国初时相比,1957年的小学教育还是有了进步。

■（二）"大跃进"及"调整"时期初等教育的发展（1958—1965年）

1958年,我国进入了第二个五年计划时期,中国竖起了"总路线、大跃进和人民公社"三面红旗,在"左"倾错误思想的影响下出现了教育的"大跃进"。

---

① 郭福昌,吴德刚.教育改革发展论[M].石家庄:河北教育出版社,1996:80.

1958年9月，中共中央、国务院发布《关于教育工作的指示》，要求3～5年基本扫除文盲，普及小学教育，15年普及高等教育。提出完成这一教育工作的基本原则和途径是"两条腿走路"，即国家办学和群众办学并举。在当时"大跃进"的风潮之下，全国小学和学生的数量都呈现快速上涨趋势。但是，由于当时的社会生产力不足以支撑这一快速的发展，教育在数量上快速增长的同时，在质量上出现了严重问题。

1961年，中国政府对存在的问题进行调整，提出当前文教工作必须贯彻"调整、巩固、充实、提高"的方针。教育盲目发展的势头得到了控制。1964年，经国务院批准，教育部召开全国教育厅长和教育局长会议。会议要求进一步贯彻"两条腿走路"的方针，逐步推行"两种教育制度"，提出在第二个五年计划期间，要积极发展小学教育，特别是简易小学，解决农村儿童入学问题。① 1965年，教育部召开全国农村半农半读教育工作会议，要求农村在举办全日制小学和全日制初中的同时，大力发展耕读小学和农业小学，逐步形成全日制教育和半日制教育两种教育制度。1964年，全国小学106.6万所，在校小学生9294.5万人，学龄儿童入学率达到71.1%，到1965年，全国小学学校达168.19万所，在校小学生达11620.9万人。② 这一时期的小学学校虽然走了一段弯路，但是经过国家的及时调整，整个小学教育还是呈缓慢发展的趋势。

■ （三）"文革"时期初等教育的停滞（1966—1977年）

在基础教育领域，"文革"初期在极"左"思潮影响下，建国17年来教育建设的成果被全盘否定。教育事业瘫痪，教育工作者也遭受到了迫害。1971年，《全国教育工作会议纪要》再次提出，要在1971到1975年第四个五年计划期间普及小学五年教育，有条件地区普及七年教育。③ 教育事业一度出现了脱离现实的膨胀发展。整体而言，"文革"时期整个国家教育事业的发展都遭受了严重破坏，教育事业呈停滞不前的状态。

■ （四）改革开放初期初等教育的恢复（1978—1985年）

1978年党的十一届三中全会之后，我国社会经过解放思想和"拨乱反正"，进入了以经济建设为中心、不断扩大改革开放的新阶段。社会的新变化为普及教育的恢复和发展提供了基本条件和保障。1980年12月，中共中央、国务院《关

---

① 黄庆华. 我国农村义务教育投入的经济学分析 [D]. 重庆：西南农业大学，2005.
② 彭泽平，姚琳，黄娥. 新中国义务教育普及与发展：历程与经验 [J]. 西南大学学报（社会科学版），2016，42（5）：74-83.
③ 黄庆华. 我国农村义务教育投入的经济学分析 [D]. 重庆：西南农业大学，2005.

于普及小学教育若干问题的决定》指出，由于工作上的种种失误，特别是"文革"的破坏，目前五年制小学尚未普及，新文盲继续大量产生，这种情况跟经济发展对人才培养的要求很不适应，同建设现代化的、高度文明的社会主义强国的要求很不适应；决定提出20世纪80年代在全国基本实现普及小学教育的历史任务。

1982年12月，全国人大通过的《中华人民共和国宪法》第19条规定：国家举办各种学校，普及初等义务教育。1983年5月，中共中央、国务院《关于加强和改革农村学校教育若干问题的通知》提出，初等教育是培养现代化建设人才的奠基工程，必须坚决执行1980年12月中共中央、国务院《关于普及小学教育若干问题的决定》，力争2000年前在我国，除少数山高林深、人口特别稀少的地区，基本普及初等教育。1983年8月，教育部又发出了《关于普及初等教育基本要求的暂行规定的通知》，该文件提出，普及初等教育必须从我国实际出发，坚持统一性和多样性相结合原则。1985年5月，中共中央发布了《关于教育体制改革的决定》，明确提出要"有步骤地实行九年制义务教育"，拟将全国分为三类地区，因地制宜地推进"普九"工作的开展。文件强调指出，"现在，我们完全有必要也有可能把实现九年制义务教育当作关系民族素质提高和国家兴旺发达的一件大事，突出地提出来"，并建议制定《中华人民共和国义务教育法》（以下简称《义务教育法》），提出了该法案的制定原则。[①]

■（五）《义务教育法》颁布至20世纪末期义务教育的发展（1986—2000年）

1986年4月，《义务教育法》发布，于7月1日正式实施。《义务教育法》对儿童入学的年龄，接受义务教育的年限、权利、义务等做出了明文规定，同时也对国家、社会、学校、家长在义务教育方面的权利和义务及法律责任提出了明确的规定。为了贯彻和落实《义务教育法》，1986年9月，国务院办公厅批转了《关于实施〈义务教育法〉若干问题的意见》；1992年3月，经国务院批准，国家教委又正式发布了《中华人民共和国义务教育法实施细则》，对义务教育管理体制、实施步骤、办学条件、实施保障、管理等做了进一步的规定。这一时期我国义务教育基本上实现了初等教育普及的目标。

1993年2月，中共中央、国务院印发了《中国教育改革和发展纲要》，明确提出在20世纪90年代实现基本普及九年义务教育、基本扫除青壮年文盲的目标。1994年召开了全国教育工作会议，为我国义务教育的发展绘制了更为具体的宏图，提出了积极进取、实事求是、分区规划、分类指导、分步实施的原则。随

---

① 彭泽平，姚琳，黄娥. 新中国义务教育普及与发展：历程与经验[J]. 西南大学学报（社会科学版），2016，42（5）：74-83.

后，国务院、国家教委先后发布了《关于〈中国教育改革和发展纲要〉的实施意见》《关于在 90 年代基本普及九年制义务教育和基本扫除青壮年文盲的实施意见》《普及义务教育评估验收暂行办法》等文件，对"基本普九"的具体要求、目标、步骤、实施方式、评估验收等做出明确规定。1995 年 3 月，全国人大通过了《中华人民共和国教育法》，该法第 18 条、第 57 条对义务教育的权利、义务以及经费来源加以明晰，我国义务教育法律体系得以形成。1997 年，党的十五大报告进一步明确提出，要切实把教育摆在优先发展的战略地位；尊师重教，加强师资队伍建设；发挥各方面的积极性，大力普及九年义务教育、扫除青壮年文盲。这一阶段，由于政府在实施义务教育上的财力不足，政府还采取鼓励民间资本办学和社会捐助办学等多项措施扶持义务教育，特别是贫困和落后地区义务教育的发展，以求达到完成普及义务教育的目标。到 2000 年，我国基本实现了"两基"目标，我国的义务教育取得了前所未有的成绩。

(六) 21 世纪以来义务教育的发展（2001 年至今）

2000 年我国虽然基本实现了普及九年义务教育的目标，但是在农村地区和西部地区义务教育的普及仍然存在着较大的问题。进入 21 世纪之后，我国农村地区和西部地区的义务教育普及成为政府关注的重点。2001 年 5 月，国务院发布了《关于基础教育改革和发展的决定》，强调农村义务教育"实行在国务院领导下，由地方政府负责，分级管理、以县为主的体制"。2002 年 4 月，国务院办公厅颁布了《关于完善农村义务教育管理体制的通知》，对各级政府的义务教育责任、农村义务教育经费保障体制等做了明确规定。2003 年 9 月，国务院颁布了《关于进一步加强农村教育工作的决定》；同年 12 月，国家科教领导小组会议又审议通过了教育部等多部门联合制定的《国家西部地区"两基"攻坚计划（2004—2007 年）》，决定成立国家西部地区"两基"攻坚领导小组。[①] 2003 年底，教育部启动了《义务教育法》的修订工作。经过近三年的努力，2006 年 6 月新修订的《义务教育法》公布（于同年 9 月 1 日开始施行）。新修订的《义务教育法》对学生、学校、教师、教学、经费保障、法律责任等做了全面规定。

随着我国义务教育普及任务的完成，教育公平和质量问题日益成为政府和社会高度关注的问题。2005 年 5 月，教育部颁布的《关于进一步推进义务教育均衡发展的若干意见》明确要求要逐步实现义务教育的均衡发展。2010 年 1 月，教育部印发了《关于贯彻落实科学发展观进一步推进义务教育均衡发展的意见》，强调将推进均衡发展作为义务教育改革与发展的重要任务。2015 年 8 月，国务院发

---

① 王慧，梁雯娟. 新中国普及义务教育政策的沿革与反思 [J]. 河北师范大学学报（教育科学版），2015（3）：31-38.

布的《关于加快发展民族教育的决定》中再次明确提出均衡发展义务教育,强调大力推进民族地区义务教育学校标准化建设,全面改善贫困地区义务教育薄弱学校基本办学条件,缩小城乡差距和校际差距。①

为了实现义务教育的均衡发展,我国政府不断加大对义务教育特别是农村和贫困地区义务教育的投入。2005年12月,国务院颁布了《关于深化农村义务教育经费保障机制改革的通知》。2006年新修订颁布的《义务教育法》明确规定,义务教育经费投入实行国务院和地方各级人民政府负责统筹落实的体制。农村义务教育所需经费,由各级人民政府根据国务院的规定分项目、按比例负担。2015年11月,国务院印发了《关于进一步完善城乡义务教育经费保障机制的通知》,明确要求从2016年春季学期开始统一城乡义务教育学校生均公用经费基准定额,从2017年春季学期开始统一城乡义务教育学生"两免一补"政策。②经过各级政府的努力,我国义务教育的普及与发展无论在数量上还是在质量上都取得了举世瞩目的进步,这从新中国成立后小学在校生和净入学率、初中在校生和毛入学率的情况即可见一斑,如图4-1和图4-2所示。

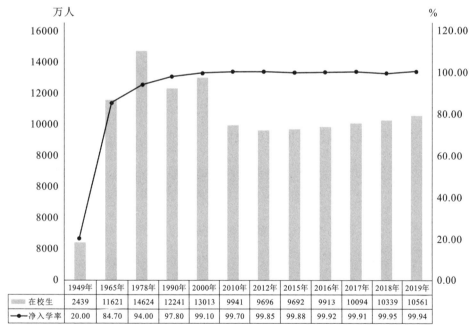

图4-1 新中国成立后小学在校生和净入学率

---

① 王慧,梁雯娟.新中国普及义务教育政策的沿革与反思[J].河北师范大学学报(教育科学版),2015(3):31-38.

② 彭泽平,姚琳,黄娥.新中国义务教育普及与发展:历程与经验[J].西南大学学报(社会科学版),2016,42(5):74-83.

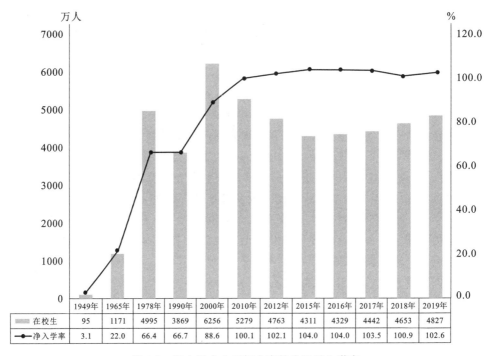

图 4-2　新中国成立后初中在校生和毛入学率

资料来源：中华人民共和国教育部网站

二、中国普及义务教育取得的成就

新中国成立后，经过 70 多年的发展，我国义务教育的普及与发展取得了令人瞩目的成就。新中国普及义务教育所取得的成就主要表现在以下几个方面。①②

（一）普及义务教育发展的进程很快

中国 1986 年颁布了《义务教育法》，开始实施九年制义务教育。与世界上很多发达国家相比，中国普及义务教育在起步时间上晚了很多。世界主要发达国家普及义务教育的时间多在 19 世纪 70 年代前后。例如，英国 1870 年颁布《福斯特法案》，实施义务教育；德国 1872 年通过《普通学校法》，实施义务教育；法国

---

① 柳海民，王澍. 中国义务教育实施 30 年：成就、价值与展望 [J]. 北京大学教育评论，2016，14（4）：175-184.

② 彭泽平，姚琳，黄娥. 新中国义务教育普及与发展：历程与经验 [J]. 西南大学学报（社会科学版），2016，42（5）：74-83.

1882年颁布《费里法案》，实施义务教育；日本1872年文部省制定了《教育令》，实施义务教育；美国则是从1852年马萨诸塞州政府颁布《强迫就读法》开始实施义务教育。①

中国政府在普及义务教育的决策方面虽然起步较晚，但推行的进程很快。1986年义务教育立法后，全国迅速进入"普九"实施阶段。各省、自治区、直辖市根据《义务教育法》，结合本地区的实际，制定了具体实施办法。各级政府部门着手落实义务教育的实施，"普九"工作在全国各地迅速展开。到2000年，全国普及九年义务教育的地区人口覆盖率达到85%②，全国累计有11个省市已按照要求实现"两基"任务，全国2863个县中有2385个实现了"两基"验收目标，占总县数的83.3%。小学学龄儿童入学率达99.1%，比1990年增加了1.3个百分点；小学生辍学率为0.55%，比1990年降低了1.81个百分点。全国初中毛入学率达到88.6%。义务教育阶段师资和办学条件也得到了较大改善。小学教师的学历合格率提升至96.9%，初中教师的学历合格率上升到87%。全国普通中小学校舍建筑面积比1990年大大增加，达113402平方米。③ 中国从1986年开始实施义务教育到2011年全面实现普及九年义务教育的目标仅用了26年，创造了世界普及义务教育的奇迹。

■（二）推行义务教育的力度很大

从新中国成立到"文化大革命"发生之前的这段时期，是我国义务教育发展的奠基时期。这一时期形成的"两条腿走路"的教育思想、城市教育优先供给和重点学校制度的实施形成了义务教育非均衡发展的基本格局，造成历史欠账，使得今天义务教育均衡发展困难重重，步履维艰。④ 中国是世界上人口最多的发展中国家，实施义务教育面临着许多困难，属于"穷国办大教育"。这些困难包括社会存在着重男轻女的观念；中国地域广大，经济发展不平衡，贫穷地区的学生入学困难；国家财政比较困难，难以保障义务教育所需的全部资金，校舍、教师工资、学校设备等都受到制约；中小学师资力量不足，水平不高，队伍不稳，等等。

---

① 柳海民，王澍．中国义务教育实施30年：成就、价值与展望[J]．北京大学教育评论，2016，14（4）：175-184．

② 祝志芬．中国义务教育福利制度的发展及其完善研究[D]．武汉：华中科技大学，2011．

③ 彭泽平，姚琳，黄娥．新中国义务教育普及与发展：历程与经验[J]．西南大学学报（社会科学版），2016，42（5）：74-83．

④ 王星霞．义务教育发展政策变迁：制度分析与政策创新[J]．河南大学学报（社会科学版），2017（2）：109-117．

虽然中国实施义务教育面临着诸多困难，但是在实施义务教育过程中推行的力度很大。我国政府高度重视义务教育的普及与发展，提出"科教兴国"战略，把教育事业放在国家经济和社会发展中的战略地位。政府在财政上对义务教育重点投入，优先发展义务教育；同时强化对义务教育实施情况的督导和检查，确保"普九"目标的实现。经过政府的努力，到 2000 年我国普及义务教育的预期目标基本实现。进入 21 世纪以来，我国政府不断加大财政扶持力度，进一步巩固普及义务教育的成果，重点解决义务教育发展中的均衡发展和质量提高等突出问题。2018 年，中国政府规定，要通过优化财政支出结构和推进教育领域中央与地方财政事权和支出责任划分改革，使得国家财政性教育经费支出占国内生产总值比例一般不低于 4%，确保一般公共预算教育支出逐年只增不减，确保按在校学生人数平均的一般公共预算教育支出逐年只增不减。[①] 这些措施进一步明确了国家教育优先发展的战略地位，并使优先发展教育在财政资金投入上得到了制度性的保障。

■（三）普及义务教育取得的成效很好

中国自 1986 年颁布和实施《义务教育法》开始，到 2011 年，全国所有省级行政区、所有县级行政单位全部通过了普及九年制义务教育和扫除青壮年文盲的国家验收，人口覆盖率达到 100%，青壮年文盲率下降到 1.08%，中国用了 26 年时间完成了普及义务教育的目标。义务教育目标的全面实现为提高中华民族的整体国民素质，为中国现代化经济建设和社会发展，以及为中国从人口大国向人口强国转变奠定了坚实的人才基础。中国普及义务教育取得的成效非常显著，主要表现在以下几个方面。

一是过程落实成效显著。中国义务教育的实施实行因地制宜、分步推进的模式：先考虑地区之间经济发展的不均衡，再重点突破，最后全面实现九年制义务教育。中国农村地区的义务教育普及是中国实施义务教育的重点（农村人口占全国人口的大多数）和难点（农村地区在观念、经济、交通、师资、校舍、设备等方面较为落后）。因此，在义务教育普及艰难的农村地区（特别是偏远农村），国家先后出台了国家贫困地区义务教育工程、国家贫困地区义务教育助学金、免费教科书专项经费、农村中小学教师工资专项、中小学危房改造工程、农村中小学现代远程教育工程、农村寄宿制学校教育工程等一系列重要措施[②]，保证了农村

---

① 国务院办公厅关于进一步调整优化结构提高教育经费使用效益的意见［EB/OL］.［2018-08-27］. http://www.gov.cn/zhengce/content/2018-08/27/content_5316874.htm.

② 柳海民，王澍. 中国义务教育实施30年：成就、价值与展望［J］. 北京大学教育评论，2016，14（4）：175-184.

落后地区九年义务教育目标的实现,从而保证了从整体上实现全国普及义务教育的目标。

二是义务教育的办学条件不断得到改进和完善。2017年,我国义务教育学校建筑面积共136095.2万平方米,其中小学阶段比1987年净增长36336.2万平方米,危房比例下降到0.7%。教学设施设备不断改善,促进了广大中小学教学手段的现代化。按照国家的有关要求,各省、自治区、直辖市制定了中小学仪器配备相关标准,保障九年义务教育全日制中小学音体美教学器材的配备。① 面积达标学校比例、体育器械配备达标学校比例、音乐器材配备达标学校比例、美术器材配备达标学校比例、教学自然(理科)实验仪器达标学校比例显著上升。21世纪以来,我国中小学信息化配置水平持续提高。2003—2017年,小学每百名学生拥有计算机数上涨441.92%,初中每百名学生拥有计算机数上涨435.31%,义务教育阶段计算机数量达2039.67万台,其中小学每百名学生拥有计算机台数约12台,初中每百名学生拥有计算机台数约18台。② 与此同时,我国还实施了农村中小学现代远程教育工程、中小学"三通两平台"重大工程、教学点数字教育资源全覆盖项目等系列项目,极大地改善了义务教育学校信息化基础设施。

三是师资队伍建设成效显著。1998年我国公布了《面向21世纪教育振兴行动计划》,针对教师学历标准提出"2010年前后,具备条件的地区力争使小学和初中专任教师的学历分别提升到专科和本科层次"的目标,促进了教师学历结构的优化升级。③ 2010年7月颁布的《国家中长期教育改革和发展规划纲要(2010—2020年)》提出了"均衡配置教师资源"的要求。④ 这一要求促进了我国义务教育阶段专任教师生师比、超出规定学历教师比例以及优质教师比例的区域差距和城乡差距逐渐缩小。

四是教育质量不断提高。中国作为后发的现代化国家,在实现了每个适龄儿童"有学上"的基础上,进一步关注使学生能够"上好学",不断提高义务教育的质量。特别是21世纪以来,我国政府把教育公平作为教育政策的重要内容,强调义务教育的均衡发展,缩小了城乡之间教育的差距。经过近20年的努力,

---

① 陈坤,秦玉友.农村义务教育投入体制70年:价值路向与前瞻——基于新中国成立以来政策文本的分析[J].教育学报,2019,15(1):56-66.

② 彭泽平,姚琳,黄娥.新中国义务教育普及与发展:历程与经验[J].西南大学学报(社会科学版),2016,42(5):74-83.

③ 张辉蓉,盛雅琦,罗敏.我国义务教育均衡发展40年:回眸与反思——基于数据分析的视角[J].西南大学学报(社会科学版),2019,45(1):72-80.

④ 闫莎莎,李青,赵呈领.免费师范生教育技术技能培养研究——以"网络信息获取与分析利用"实验教学为例[C]//第十五届全国计算机辅助教育(CBE)学会年会论文集,2012:423-429.

我国义务教育均衡发展不断向前推进，义务教育的区域均衡、城乡均衡、结构均衡、校际均衡等都有了明显进步。通过有效的资源配置，广大农村地区的学生也能接受到高质量的义务教育，极大地提高了落后地区的义务教育质量。

三、中国普及义务教育的经验

改革开放以来中国政治稳定，经济快速发展，这为中国教育的普及与发展提供了重要的条件和保证，而教育的普及与发展又为国家培养了大量的人才，为经济社会发展提供了重要的智力支持。教育与国家社会经济发展之间形成了良性循环的关系：一方面，教育普及为科学技术和经济发展提供了大量高素质人才和劳动者；另一方面，经济的增长不仅扩大了人们对教育的需求，而且为教育普及提供了坚实的物质基础，为高质素的劳动力提供了更多的就业机会和岗位。就义务教育而言，中国普及九年义务教育取得巨大成就的主要经验有以下几个方面。

■（一）国家高度重视义务教育的普及与发展

新中国成立以来，义务教育取得的历史性成就与中国政府的高度重视和正确领导密不可分。尤其是改革开放以来，中国政府强调义务教育在整个国民经济和社会发展中的基础性、先导性、全局性作用，重视义务教育在整个教育事业和国民素质提高中的基础地位[①]，将普及义务教育放在教育工作的"重中之重"的战略地位，强调义务教育是"科教兴国"战略的奠基工程，对义务教育采取优先发展的战略并采取了很多有力措施发展义务教育。中央政府明确了各级政府在普及和发展义务教育中的职责，建立和健全了义务教育经费保障制度，不断完善义务教育办学和管理体制，制定了普及义务教育的验收评估制度，明晰了自身对义务教育的财政责任。中国政府对义务教育的重视为普及和发展义务教育明确了方向，使得全国能够集中各种资源努力实现这一宏伟目标。

■（二）不断加强教师队伍建设

历史上，中国有着尊师重教的悠久传统。"百年大计，教育为本；教育大计，教师为本。"新中国成立之后，特别是改革开放以来，我国政府通过恢复教师的政治地位、提高教师的经济地位、建立优秀教师奖励制度等措施，极大地提高了广大教师的工作积极性，使我国义务教育阶段教师的整体素质有了很大提高。

---

① 彭泽平，姚琳，黄娥. 新中国义务教育普及与发展：历程与经验[J]. 西南大学学报（社会科学版），2016，42（5）：74-83.

1993年颁布的《中华人民共和国教师法》，明确规定了教师的权利和义务，特别是规定了教师的平均工资水平应当不低于当地公务员的平均工资水平。1995年，国务院颁布《教师资格条例》，对教师从教的资格做出了明确规定和要求。2011年，教育部开展中小学和幼儿园教师资格考试制度改革，目的在于提升教师队伍整体素质，吸引优秀人才从教。① 2010年，我国开始实施"中小学教师国家级培训计划"。这些措施帮助教师处于终身教育与学习化社会进程之中，促进了教师个人素质的不断提升。② 21世纪以来，为进一步提高我国义务教育师资队伍整体素质，优化师资队伍结构，完善教师管理体制机制，不断提高农村教师职业的吸引力，中国政府又通过推行师范生免费教育、构建现代教师教育体系、创新教师培养培训机制模式、创新教师管理体制机制等多种方式，全面加强义务教育师资队伍建设。③ 中小学教师水平和能力的不断提升，有力地促进了中国义务教育质量的提高。中国中小学学生在国际各项评估中的优良表现，与中国不断加强教师队伍建设并取得积极效果密不可分。

（三）大力推进义务教育法制建设

改革开放以来，我国政府高度重视依法治国和依法治教，大力推进教育法律体系建设。1986年通过的《义务教育法》是建国之后颁布实施的第一部教育成文法，该法使义务教育有了专门的法律保障，使我国义务教育走上了依法治教的道路。1992年以来，中国政府又先后制定了《中华人民共和国义务教育法实施细则》《中华人民共和国教师法》《中华人民共和国教育法》《中华人民共和国未成年人保护法》等法律法规，全面规范义务教育的实施，较好地巩固了我国义务教育制度的法律基础。2006年通过了新修订的《中华人民共和国义务教育法》，对义务教育经费保障机制、"以县为主"的管理体制、教师的地位与待遇、实施素质教育、促进义务教育均衡发展等多方面做了明确规定。依法治教、以法促教是国际教育发展的共同经验，是教育现代化的重要内容和标志。我国义务教育法律法规体系从无到有，从不完善到逐渐完善，不仅为中国义务教育的发展提供了坚实的法律保障④，而且有力地促进了中国教育现代化的进程。

---

① 田娟. 改革开放40年我国基础教育质量观的演进与反思——基于国家教育政策文本的分析[C]//全国教育哲学专业委员会第十九届学术年会论文集，2018：122-128.

② 柳海民，王澍. 中国义务教育实施30年：成就、价值与展望[J]. 北京大学教育评论，2016，14（4）：175-184.

③ 彭泽平，姚琳，黄娥. 新中国义务教育普及与发展：历程与经验[J]. 西南大学学报（社会科学版），2016，42（5）：74-83.

④ 彭泽平，姚琳，黄娥. 新中国义务教育普及与发展：历程与经验[J]. 西南大学学报（社会科学版），2016，42（5）：74-83.

(四)根据国情逐步推进义务教育的普及与发展

我国是一个人口众多、经济发展地区之间差异较大的国家。我国在实施义务教育过程中充分考虑了地区经济发展的不平衡,分地区、有步骤地实施义务教育,强调义务教育的实施和普及程度要因地制宜,将全国大致划分为东部沿海发达地区、中部内陆中等发达地区和西部不发达地区三类地区,先普及初等教育,然后基本普及九年义务教育,最后实现全面普及九年义务教育。"分区规划、分类指导、分步实施的原则"成为我国普及和发展义务教育的基本准则,这种实事求是的态度兼顾了义务教育的普及与提高、数量与质量、规模与公平之间的关系。根据国家不同地区之间的差异逐步推进义务教育,有利于先进地区带动落后地区、落后地区向先进地区学习,最终实现整体追求的目标。例如,中国实施义务教育面临的最严峻的问题之一是经费短缺。在筹措教育经费方面,从新中国成立到改革开放之初,已经基本形成了多渠道筹措教育经费的格局。除了财政预算内教育拨款是义务教育投资的主渠道外,在不同时期根据国情积极通过不同的渠道筹措教育经费,例如,城市教育费附加和农村教育费附加,义务教育杂费(即在国家财力不足以提供免费义务教育时,由个人负担部分成本),以及通过校办产业、勤工俭学和社会服务以及社会捐赠等渠道筹集办学经费用于义务教育,有力地促进了义务教育的发展。

(五)努力推动义务教育均衡发展

21世纪以来,随着我国经济和社会的不断发展,我国政府更加关注义务教育发展中存在的不平衡和不公平问题,明确将义务教育的均衡和公平发展作为我国新时期义务教育发展的战略目标并加以切实推进。近20年来,我国政府采取了加大对义务教育的投入,大力改善贫困、落后地区和农村义务教育学校的办学条件,提升农村义务教育师资质量,强化对特殊群体平等接受义务教育的保障等多种举措,使我国义务教育均衡发展取得了重要进展。[1] 例如,调整城镇内部教育布局,增加教育用地,重点解决城镇学校大班额的问题;调整农村教育布局,合理"撤点并校",重点解决农村小规模学校的发展问题;提高城镇地区义务教育体系的开放性与包容性,进一步完善以输入地政府管理为主、以全日制公办中小学为主的政策,确保进城务工人员随迁子女在城镇地区接受更为优质、更加均衡的义务教育;加强幼小衔接、小初衔接,解决学生不能很好地适应下一阶段学习

---

[1] 彭泽平,姚琳,黄娥.新中国义务教育普及与发展:历程与经验[J].西南大学学报(社会科学版),2016,42(5):74-83.

的问题，使义务教育成为一个相互联系、相互开放、相互衔接、相互依存的整体。①

第三节 乌干达的义务教育

乌干达曾为英国保护国，1962年独立。1967年废除封建王国，建立乌干达共和国。乌干达人口4725万（2022年）。全国约有65个民族。按语言划分，有班图人、尼罗人、尼罗—闪米特人和苏丹人四大族群。每个族群由若干民族组成。乌干达官方语言为英语和斯瓦希里语，通用卢干达语等地方语言。居民主要信奉天主教（占总人口45%）、基督教新教（40%）、伊斯兰教（11%），其余信奉东正教和原始拜物教。因长期遭受殖民统治，乌干达经济、文化和教育发展缓慢，国民收入主要依靠农业。人均国内生产总值仅为964.2美元（2022年）。② 建国后，乌干达秉承维护国家统一、独立自主和社会公正的教育原则，要求加强基础教育，提高公民的知识与技能，以培养公民具有民族自豪感，能为国家承担义务为教育目标。但是，由于乌干达在独立后政治冲突不断、政局动荡不安等原因，乌干达基础教育的发展极其缓慢和落后，直到20世纪80年代后期基础教育才得到较快的恢复和发展。21世纪以来，尽管乌干达义务教育的普及取得了一定的成效，但仍然面临着诸多的困难和挑战，在数量和质量上都有待提高。

一、乌干达义务教育的发展

乌干达公共教育是7-4-2-3体系，即7年小学、4年初中、2年高中和3年或3年以上的大学。乌干达自1997年起实行免费教育制度，政府为全国每户四个孩子提供免费小学教育。乌干达义务教育的发展历程如下。

（一）独立后至20世纪80年代义务教育陷入困境

乌干达在1962年独立之前，学校教育以宗主国英国教育制度为蓝本。独立以后，乌干达的教育事业发展仍然极其缓慢。乌干达独立后28年，文盲率仍高

---

① 褚宏启，曹昌健. 中国义务教育2030：关键问题与重点工作 [J]. 人民教育，2016 (9)：32-35.
② 外交部. 乌干达概况 [EB/OL]. [2023-6-11]. https://www.fmprc.gov.cn/web/gjhdq_676201/gj_676203/fz_677316/1206_678622/1206x0_678624/.

达45％，适龄儿童的入学率只有65％。① 尤其是在1979年至1985年期间，该国受政治动乱等因素的影响，包括教育在内的经济和社会基础设施遭到严重破坏。许多在20世纪60年代启动、得到英国和联合国援助的教育计划和项目因为援助者失去对阿明总统的军人政府的信任而中止。学校建设在整个20世纪70年代几乎停滞。② 教育部门的预算从1971年占GDP的3.4％下降到1985年的1.4％。1985年，乌干达初等教育毛入学率只有50％。与其他撒哈拉沙漠以南的新独立国家不同，乌干达在独立后没有经历教育的扩张。1980年乌干达的初等教育毛入学率与1970年相当，只有50％。在阿明专制统治被推翻以后，乌干达在教育方面开始追赶非洲大陆其他国家。1995年，乌干达的初等教育毛入学率达到73％，但是仍落后于撒哈拉沙漠以南非洲国家的平均水平。③

乌干达中等教育的发展轨迹基本类似。1960年至1980年，其毛入学率从3％上升到5％，1985年为10％。由于公共教育投入严重不足，家庭承担了中小学教育的主要费用。不仅如此，乌干达基础教育的设施和设备也极为落后，许多小学生只能在临时性建筑中上课，固定的校舍缺少维护，大多数学校几乎没有教科书、教师指导用书以及其他重要的教学材料。同时教师薪资很低，缺少训练，士气低落。各级教育部门缺少有效的管理、沟通和规划，腐败现象严重。④ 因此，在国家独立后的20多年里乌干达义务教育所取得的进展非常有限，几乎处于停滞状态。

■ （二） 20世纪80年代之后义务教育的重建

1986年，乌干达全国抵抗运动组织上台执政后，把发展教育确定为提供人力资源以保证国家可持续发展的一个核心战略。1987年，乌干达政府成立教育政策检讨委员会（Education Policy Review Commission，EPRC）以评价现行教育体制，制定改进措施以提高教育质量，使教育更加切合实际，实现全民教育。该委员会于1989年建议乌干达最迟在2000年普及初等教育。为了大幅度提高教育相关数量教育质量，该委员会制定了许多新的战略，包括：设计评价学生之适当方法；改进对教师的任用，为教师提供更多的援助，包括职前与在职培训；改善书籍及其他学习材料的供应；完善教育系统的管理；加强教育与社区相联系；重新分配财政及物质资源等。⑤

---

① 姆藩加. 乌干达初等教育体制的发展［J］. 涂勇，译. 外国教育资料，1992（3）：80-81.
② 孙侃. 乌干达教育分权改革研究［D］. 金华：浙江师范大学，2014.
③ Ministry of Education and Sports. The Education and Sports Sector Annual Performance Report［EB/OL］.［2019-06-19］. http：//www.education.go.ug/files/downloads/ESSAPR％20％202012-13.pdf.
④ 孙侃. 乌干达教育分权改革研究［D］. 金华：浙江师范大学，2014.
⑤ 姆藩加. 乌干达初等教育体制的发展［J］. 涂勇，译. 外国教育资料，1992（3）：80-81.

1992年，乌干达政府积极响应1990年《世界全民教育宣言》所确定的千年发展目标，在教育政策检讨委员会报告的基础上发表了《教育白皮书》，重申了普及初等教育的重要性。1997年1月，当选后的穆塞韦尼总统宣布乌干达开始实施免费初等教育。该政策规定，政府要为每个家庭最多四个孩子提供免费教育。随后，乌干达政府开始推行"普及初等教育"（Universal Primary Education，UPE）计划，以落实这一政策。"普及初等教育"计划的主要目标包括以下几个方面。[①]

（1）让学习者能够获得基本的教育，这种教育既符合学习者的需求，又满足国家的目标；

（2）使教育变得公平，以消除差异和不平等；

（3）建立、提供和保持优质教育，以此作为推进人力资源发展的基础；

（4）保证大多数乌干达人能够承受得起教育；

（5）提供最低限度的必要设施和资源，使每一个孩子能进入并留在学校，直至完成初等教育；

（6）通过让每一个人掌握基本的技能和知识，实现减贫的目标。

"普及初等教育"计划的实施是乌干达实现普及初等教育的一个重要突破。但是由于该计划是穆塞韦尼总统急于履行其竞选时的承诺而制订出台的，这一计划的实施不仅显得匆忙，而且带有明显的政治性。这项计划仅仅被视为是实现乌干达经济、社会和政治目标的一个工具。在这种情况下，"普及初等教育"计划难以保证所提供的教育达到其所规定的公平、优质和适切性等目标。实际上，其主要目标是提供最低限度的必要设施和资源，使学龄儿童能够进入学校并继续上学，直到他们完成初级阶段的教育。尽管如此，乌干达初等教育的普及至少在数量上还是取得了重要的进展。

为了落实1992年《教育白皮书》所规划的教育政策，乌干达政府还制订了"教育战略投资计划（1998—2003）"（Education Strategic Investment Plan 1998—2003，ESIP）。该计划涉及的目标主要有六个方面：扩大教育机会、提升教育质量、提高教育公平性、加强公共部门与私营部门的合作、加强中央政府的作用、提高地区和地方政府的能力。在这些目标中，普及初等教育是主要目标。例如，该计划提出，到2003年要实现初等教育的普及，保证小学毕业生有机会接受中等职业教育；实现并维持更高的小学毕业生升入中学的升学率；支持扩大基础教育的公共投入，其中用于初等教育的预算不得低于教育经费总预算的65%，从而保障能够高质量地普及初等教育。

2004年，乌干达教育与运动部制定了"教育部门战略规划（2004—2015）"

[①] Aguti J N, Fraser W J. The Challenges of Universal Primary Education in Uganda Through Distance Education Programmes [J]. Africa Education Review，2005（1）：91-108.

(Education Sector Strategic Plan 2004—2015，ESSP)，以接替 1998—2003 年的"教育战略投资计划"。该规划的目标是建立一个灵活的基础教育体系，实现包括处境不利儿童在内的所有适龄儿童普遍参与和公平参与基础教育，降低家庭的教育成本，消除阻碍女童入学的文化障碍，增加和改进小学设备和设施；解决许多乌干达儿童在小学没有获得必要的读、写、算知识和基本生活技能问题，改革教学过程，加强教学力量，提高教育质量。

二、乌干达普及义务教育的成就与面临的挑战

20 世纪 80 年代末以来，乌干达经过几十年的努力，在普及义务教育方面取得了较为明显的成就。这些成就主要表现在以下几个方面。

■（一）儿童接受初等教育的机会明显增加，办学条件不断改善

1997 年，乌干达实施"普及初等教育"计划，并在事实上取消了所有小学生的学费。与此同时，为了令学生有学可上，乌干达政府开展了学校硬件建设，大幅度增加了教室的数量。例如，到 1999 年底，乌干达为 94 个普及小学教育的地区建造了 4000 间教室，到 2001 年底，共完成了 6321 间教室的建设，两年内增加了 2321 间教室。学校的数量也呈现出不断增长的态势，小学总数从 2002 年的 13332 所，增长到 2016 年的 19718 所。因此，在实施"普及初等教育"计划之后，乌干达初等教育入学人数迅速地从 1996 年的 3068625 人猛增到 1997 年的 5303564 人，毛入学率从 1996 年的 77% 跃升到 1997 年的 137%，净入学率从 1996 年的 57% 提高到 1997 年的 85%。到 2016 年，小学在校生人数达到 8655924 人，毛入学率为 115%，净入学率为 96%（2015 年小学生在校总人数为 8264317 人，毛入学率为 109%，净入学率为 93.7%）。[①]

经过近二十年的努力，乌干达初等教育基本实现了"千年发展目标"所规定的普及初等教育的要求。近年来，乌干达初等教育的基本情况见表 4-2。小学入学人数的迅猛增长与政府实施免费初等教育政策密不可分。一方面，在实施免费初等教育之后，政府开办了许多学校，使得以前大量无法上学的学龄儿童有学可上；另一方面，免除学费之后，过去由于家庭无法承受教育费用而无法上学的学生也可以进入学校上学。

---

① Ministry of Education and Sports. The Education and Sports Sector Annual Performance Report [EB/OL]. [2019-06-19]. http：//www.education.go.ug/files/downloads/ESSAPR%20%202016-17.pdf.

表 4-2　2002—2016 年乌干达小学、学生入学和教师情况表

指标	2002	2003	2004	2005	2006	2007	2008	2009	2010	2011	2012	2013	2014	2015	2016
学校总数	13332	13353	13371	13576	14385	14728	15962	17127	17865	16684	17682	18079	18408	18889	19718
总入学数	7354153	7633314	7377292	7223879	7362938	7537971	7963979	8297780	8374648	8098177	8328640	8459720	8326155	8264317	8655924
男孩	3721135	3872589	3732928	3642568	3692242	3779338	3987160	4150037	4179248	4039734	4157932	4219523	4157517	4122663	4294473
女孩	3633018	3760725	3644364	3581311	3670692	3758633	3976819	4147743	4195400	4058443	4170708	4240197	4168638	4141654	4361451
女孩占入学数的百分比	49%	49%	49%	50%	50%	50%	50%	50%	50%	50%	50.1%	50.1%	50.1%	50.1%	50.3%
教师总数	139484	145587	147242	144832	150135	152086	159516	168376	172403	169503	170652	185548	191217	192566	202617

资料来源:Ministry of Education and Sports. Education and Sports Sector Fact Sheet 2002—2016[EB/OL].[2019-06-19]. http://www.education.go.ug/files/downloads/FACT%20%20%20SHEET%202016.pdf.

■ （二）小学教师数量逐步增长，为提高初等教育质量提供了重要保障

在过去的几十年里，乌干达政府朝着扩大小学入学人数迈出了一大步。显然，如果要吸引儿童入学并留住他们以取得有意义的学习成果，必须努力提高教育质量。而足够数量的教师是保障初等教育质量的重要前提。随着小学入学人数的增加，对教师的需求也在相应地增长。为了应对这一需求，乌干达政府将培训更多的小学教师作为普及初等教育改革的内容之一，对小学教师教育进行调整，努力增加受过培训和再培训的教师数量，提高教师的教学能力和水平。在1995年至1999年间，乌干达有7800名在职教师接受了培训和提高教师资格证书培训。此外，还有3023名中学毕业生参加了职前课程教师教育并已顺利完成培训。经过多年的努力，乌干达小学教师数量从2002年的139484人逐步增长到2016年的202617人。小学生三年级的识字率从2003年的34.3%上升到2015年的60.2%，六年级的识字率从2003年的20.5%上升到2015年的52.6%。①

尽管教师数量在一定程度上增加了，但仍然存在由于教师数量太少而无法应对在校儿童人数过多这一问题。事实上，乌干达小学的师生比在不断恶化，1996年师生比是1∶38，到1999年降低至1∶64。此外，未经训练的教师数量尽管已经大大减少，但在教师总数中所占的比例仍然很高。例如，1989年只有52.2%的教师接受过培训，而2001年相应的数字则为75%。这意味着，实际上仍然有25%的小学教师没有受过培训。面对这一严峻的事实，乌干达政府先后执行了多个小学教师培训项目。例如，通过远程教育手段执行的穆本德教师教育综合项目（Mubende Integrated Teacher Education Project，MITEP）和北部教师教育综合项目（The Northern Integrated Teacher Education Project，NITEP）等，为乌干达培训了大批小学教师，为普及小学教育计划的顺利实施提供了重要的师资力量。② 在2016至2017财政年度，乌干达教育和体育部继续优先推行多项措施以协助培训小学教师，使他们具有主动学习的能力；为他们提供充足的设施和学习资料；提供可以用当地语言讲授和学习的课程，以及以教师和学生的知识与经验为基础的相关课程，支持建立一种不仅鼓励学习，而且关注性别平等的学习环境，从而达到提高小学教育质量的目标。③

---

① Ministry of Education and Sports. Education and Sports Sector Fact Sheet 2002—2016 [EB/OL]. [2019-06-19]. http://www.education.go.ug/files/downloads/FACT%20%20%20SHEET%202016.pdf.

② Aguti J N, Fraser W J. The Challenges of Universal primary Education in Uganda Through Distance Education Programmes [J]. Africa Education Review, 2005 (1): 91-108.

③ Ministry of Education and Sports. The Education and Sports Sector Annual Performance Report [EB/OL]. [2019-06-19]. http://www.education.go.ug/files/downloads/ESSAPR%20%202016-17.pdf.

■ （三）初等教育发展更加公平，弱势人群初等教育得到明显改善

乌干达政府在普及初等教育过程中还非常重视解决女童和学习困难儿童等弱势人群入学不平等问题。乌干达政府在"普及初等教育"计划中提出了"使教育变得公平，以消除差异和不平等"的政策目标，强调女孩应享有与男孩平等的教育机会[1]，要在小学入学率和保留率等方面促进性别平等。乌干达政府通过启动国家女童教育战略和女童教育促进计划等项目，在提高女童入学方面取得了很大进步。从表4-2中可以看出，2002年乌干达女童占小学生入学人数的比例为49%，2005年为50%，2012年之后女童入学人数甚至还略多于男童入学人数。因此可以说乌干达已经实现了小学入学机会的性别平等。乌干达政府还通过教室平等计划、小学教育补充机会计划、课堂建设补助金计划、儿童友好学校等多个项目，改善学校的卫生设施，增加女厕所，增加为学生提供的课本和课桌椅，增加女教师的数量，解决学校中存在的性暴力和性骚扰等问题，为女生创造更安全和更和谐的学习环境。这些措施明显降低了女生的辍学率，提高了女生的在学率和毕业率，逐步缩小了教育中的性别差距。[2]

在弱势人群初等教育方面，近年来乌干达政府在多份涉及普及初等教育的文件中对学习困难儿童的教育问题给予了关注。如，2006年实施的学习困难儿童的基础教育政策（Basic Education Policy for Educationally Disadvantaged Children 2006），这项政策要求：为无法接受正规学校教育而失学的儿童提供切实可行的基础教育补习课程，使正规的学校教育方法更适合学习困难儿童；加强和协调正在实施的项目中的现有伙伴关系，为学习困难学生提供基础教育；审查和协调现有的政策，重点解决好学习困难儿童的受教育权利问题。这一政策2011年进行了修改，重新命名为"非正式教育政策"[3]。此外，乌干达还存在着许多因艾滋病失去了父母双方或一方而被列为艾滋病孤儿的情况。例如，2007年乌干达有近18%的小学儿童是艾滋病孤儿。这些孤儿不仅比非孤儿入学更加困难，而且也更容易在学习上落后和辍学。乌干达教育和体育部在多份涉及普及初等教育的政策

---

① 李宇萍. 恩格斯的家庭思想及其人学意义 [D]. 漳州：闽南师范大学，2020.

② Muhwezi D K. Gender Sensitive Educational Policy and Practice：a Uganda Case Study [EB/OL]. [2019-06-19]. http：//citeseerx. ist. psu. edu/ viewdoc/download? doi＝10. 1. 1. 474. 3231&rep＝rep1&type＝pdf.

③ Ministry of Education and Sports. Ducation Sector Laws，Policies，Investment Plans，Regulations，Strategies，and Programmes [EB/OL]．[2019-06-19]. http：//www. education. go. ug/files/downloads/Policies%20and%20Regulations. pdf.

和项目中也提出相关对策,以帮助解决这些孤儿在初等教育中存在的问题并取得了一定的进步。①

尽管乌干达普及初等教育经过几十年的努力取得了相当的成就,但是,由于乌干达仍然是世界上最贫穷落后的国家之一,经济的落后直接制约了教育的普及与发展。虽然乌干达政府出台了许多普及初等教育的政策和落实这些政策的项目,但实施的免费初等教育免除的仅仅是学生的学费,学生使用的书本费、水电费、午餐费、制服费等其他费用仍然需要学生家庭承担,因此乌干达在实施这些政策和项目时实际上往往是"心有余而力不足",难以取得预期的效果。例如,2016至2017财政年度,乌干达教育和体育部获批的教育总预算(包括外部援助)为27474.6万乌干达先令(2019年6月1美元可以兑换3700多乌干达先令),仅比2015至2016财政年度增长了0.9%,政府用于教育和体育部的总经费占国民生产总值的2.94%(2015至2016年财政年度为2.39%)。乌干达经济落后和教育财政投入不足,由此产生的教育问题包括:家庭教育负担过重;学生辍学率居高不下(5年级的在学率为61.6%,7年级仅为32%);毕业率过低(7年级的毕业率为61.5%);师生比过高(1:43);识字率虽然逐步提高,但总体教育质量仍然较低;教育发展的不均衡和不平等,等等。② 这些问题难以在短期内得到根本的改变。这些问题和挑战要求乌干达政府把本国的人力资源、社会资源和经济资源整合起来,促使学生家庭与地方社会组织(包括公共的、私营的和非政府组织)形成合作伙伴关系,把有限的财政和经济资源用于获取和积累长期的、积极的经济与社会收益。同时,乌干达教育部门需要继续采取措施以加强对小学的监管,改善学校学习环境,提升学校领导力以及提供基础设施,从而使普及初等教育不仅是在数量上达到"千年发展目标"的要求,而且在教育质量和均衡发展方面也要有明显的改进。

结　　语

芬兰、中国和乌干达三国义务教育的普及历程都经历了一个从不完善到完善、从不充足到较为充足、从不全面到较为全面的发展过程。尽管普及义务教育

---

① Sewamala F M, Wang S H, Karimli L, et al. Strengthening Universal Primary Education in Uganda: The Potential Role of an Asset-based Development Policy [J]. International Journal of Educational Development, 2011, 31 (5): 466-471.

② Ministry of Education and Sports. The Education and Sports Sector Annual Performance Report [EB/OL]. [2019-06-19]. http://www.education.go.ug/files/down loads/ESSA-PR%20%202016-17.pdf.

目标的实现因国情不同所经历的时间及所取得的成果具有较大的差异,但没有哪个国家义务教育的普及可以一蹴而就。芬兰是世界上发达且人口较少的国家,其义务教育制度、学生入学率、义务教育课程设置、师资力量和学校设施与学生福利等都发展得更成熟。芬兰义务教育在体系上完全融入国家终身教育体系之中,是一种灵活而又系统的义务教育模式。中国是世界上最大的和人口最多的发展中国家,其义务教育在较短的时间内实现了普及目标之后,开始转向教育的公平和均衡发展并取得了明显的进展。中国义务教育正在走向内涵式发展道路,并成为国家正在构建的终身教育体系的一部分。乌干达是世界上非常贫穷、人口规模中等的国家,其义务教育的普及面临着更多的困难和挑战,在数量和质量上都有待提高。

从义务教育的定义来看,义务教育是指依照法律规定,适龄儿童和少年必须接受的,国家、社会、学校、家庭必须予以保证的基础教育。义务教育处于每个国家教育体系的基础阶段,是每个适龄儿童将来成长为合格国民所必须接受的最低限度的教育。因此,在当今世界,无论是发达国家,还是发展中国家,或者是贫穷国家,义务教育的本质属性决定了其对于国家、民族和国民都至关重要。义务教育的本质属性还决定了实施义务教育的主体应该是政府,政府担负着普及义务教育的主要责任。世界各国实施义务教育的实际情况表明,政府以法律形式确定一定年限基础教育的公共性,进而在全体适龄少年儿童中实现教育普及,这已经成为义务教育最具有普遍性的特定内涵。[①] 同时,社会各方面包括每个家庭也必须为实现普及义务教育的目标而协同努力。只有社会各界共同努力,义务教育的普及与发展才能真正实现。

中国作为发展中国家,在普及义务教育的起始阶段,国家经济也比较落后,学校数量、软硬件设施、师资力量等方面也面临着很多难以想象的困难。在中国政府的高度重视和坚强有力的领导下,在全国各族人民的大力协同和支持下,中国普及义务教育克服了重重困难,在较短的时间内实现了预期的目标,取得了令世界瞩目的成就,创造了人类教育史上的奇迹。中国普及义务教育的许多做法和经验,如中国政府对普及义务教育的重视、根据国情逐步推进义务教育的普及、加强中小学师资队伍建设等,值得包括乌干达在内的许多其他发展中国家借鉴和学习。不仅如此,事实上,中国基础教育的成功也引起了一些发达国家的注意和学习,这从另一个侧面也证明了中国义务教育的成功经验值得关注和研究。

(於荣)

---

① 国家教育发展研究中心教育思想研究室.调整教育政策促进义务教育的改革与发展[J].教育研究,1996(12):14-22.

第五章

中国、美国、英国和韩国高等教育大众化比较

20世纪70年代,马丁·特罗(Martin Trow)在总结了西方若干工业化国家高等教育发展历程的基础上,提出高等教育发展三阶段论:以高等教育毛入学率为基准,在15%以下为精英高等教育阶段,15%~50%以内为大众化高等教育阶段,50%以上为普及化高等教育阶段。事实上,高等教育大众化是一个"量"与"质"统一的概念。"量"的增长指的是适龄青年高等学校入学率要达到15%~50%;"质"的变化包括教育理念的改变、教育功能的扩大、培养目标和教育模式的多样化、课程设置、教学方式与方法、入学条件、管理方式以及高等教育与社会的关系等一系列变化。

以马丁·特罗的高等教育大众化发展阶段理论为依据,比较中国、美国、英国和韩国四国高等教育大众化发展,主要基于以下考虑:中国是目前世界上最大的发展中国家,美国作为当今高等教育最为发达的国家,英国作为近代高等教育的发源地之一,韩国作为亚洲仅次于日本和新加坡的第三个发达国家,它们的高等教育大众化发展对其他国家有极大的借鉴和指导意义。从发展历程上看,美国是世界上最早进入高等教育大众化的国家,其教育大众化完成于20世纪50年代到70年代,在高等教育的普及大众化道路上深刻地影响了世界上其他国家的教育发展之路。[1] 而英国也在20世纪80年代末90年代初开始步入高等教育大众化阶段。韩国也是在20世纪80年代进入高等教育的准大众化阶段。[2] 中国则是由于起步晚、人口基数大,在2002年高等教育毛入学率才达到15%,高等教育从

---

[1] 周婷. 我国高等教育大众化问题的研究分析 [J]. 读与写(教育教学刊),2015,12(6):70,107.

[2] 于蕾. 韩国高等教育大众化的发展历程及其特征分析 [J]. 湖北广播电视大学学报,2012,32(1):127-128.

精英阶段进入大众化阶段。因此，考察四国的高等教育大众化能够更加全面地把握高等教育大众化进程及其困境和取向。

第一节 中、美、英、韩高等教育大众化发展进程比较

没有比较就难有鉴别。然而，要在高等教育大众化方面，从与美、英、韩三个重要发达国家的比较中吸取经验，就需要首先对这些国家高等教育大众化的历史发展进程进行概述，然后再通过与他们分别进行比较分析，探明我国与这三个发达国家在高等教育大众化发展过程中的异同。这便于为后续分析各国高等教育大众化的动因及其优点、不足等奠定基础。

一、中、美、英、韩高等教育大众化的历史发展进程概述

（一）中国高等教育大众化的历史发展进程

高等教育大众化是高等教育质量普遍提升的过程和标准，就 1999 年的情况来看，中国高等教育除了规模上的扩招之外，还制定了《中华人民共和国高等教育法》，实施了"985 工程"等。以此为起点，中国高等教育开始了明显区别于之前阶段的量与质的变化。

在规模扩张的带动下，中国高等教育大众化进程进入了跨越式发展时期。1999 年 1 月，国务院正式批转《面向 21 世纪教育振兴行动计划》，提出"高等教育规模有较大扩展，入学率接近 15%"的目标；1999 年 6 月颁布实施的《中共中央国务院关于深化教育改革全面推进素质教育的决定》提出"到 2010 年，中国同龄人口的高等教育入学率要从现在的百分之九提高到百分之十五左右"的目标。1999 年，普通高校招生人数年增长率是 1994 年至 1998 年年增长率的 15 倍，这一年成为建国以来高校招生数量最多、增幅最大、发展最快的一年。由于大规模扩招，1999 年至 2002 年末，高等教育入学率短短几年就达到了原本计划 10 年左右达到的目标。2002 年，中国的高等教育毛入学率就达到了 15% 的目标。[①] 2008 年，全国各类高等教育总规模达到 2907 万人，高等教育毛入学率达到 23.3%，我国成为规模上世界第一的高等教育大国。

---

① 陈至立. 学习贯彻十六大精神，全面开创教育工作新局面——在 2003 年度教育工作会议上的讲话 [J]. 中国高教研究，2003（1）：3-11.

■ （二）美国高等教育大众化的历史发展进程

美国综合实力一直处于世界领先地位，这不仅仅是因为美国是全球军事、经济、科技方面的超级大国，更是因为其高等教育。1950 年，美国高等教育毛入学率达到 14.3%，1955 年达到 17.7%，美国高等教育从精英教育走向大众化。这一时期美国的高校面临着扩大招生与提高学术质量双重压力。同期，初级学院向社区学院转型，社区学院职业教育取代转学教育成为学院办学的主要职能，在《加州高等教育总体规划》带领下美国各州形成高等学校分类发展策略[1]，再加上美国其他诸多法规制度先后出台，这些都促进了美国高等教育大众化的发展，同时降低了本科高等教育招生压力，使得美国高等教育大众化过程中各类高校能各具特色地稳定健康发展。

■ （三）英国高等教育大众化的历史发展进程

英国高等教育大众化经历了三个阶段，即萌芽期，加速、调整、再加速期，匀速发展期。英国高等教育大众化的这三个阶段的发展与每一个时期的高等教育政策有着密不可分的关系。

从 1828 年到 20 世纪 50 年代末是英国高等教育大众化萌芽期。具体表现为：高等教育机构的增加，受教育对象的增多，实用性学科开始受到重视。在一定程度上还促进了 19 世纪后半期城市学院的兴建，"至 20 世纪初英格兰地区凡是 30 万以上人口的城市都建立了城市学院或大学"[2]。在受教育对象方面，作为"英国历史上第一所纯世俗的高等教育机构"，至 19 世纪后期，牛津大学等古典大学也逐步开设了自然科学方面的相关课程。但"一百年的时间，入学率上升了 10 倍，但也只有 4.5% 左右"[3]。从 20 世纪 60 年代初到 20 世纪 90 年代末，是英国高等教育大众化加速、调整、再加速期。这段时期的特点具体表现为 60 年代高校入学人数的猛增，到 1980 年度，高等教育全日制学生人数为 51.63 万人。[4] 从 2000 年开始，英国高等教育大众化进入匀速发展期。具体表现为高等教育入学人数规模趋于稳定，高等教育入学率维持在 40% 至 50% 之间。

---

[1] 万秀兰. 美国社区学院的改革与发展研究 [M]. 北京：人民教育出版社，2003.
[2] 易红郡. 战后英国高等教育政策研究 [M]. 长沙：湖南师范大学出版社，2012：11.
[3] 朱镜人. 英国高等教育的数量发展和质量监控 [J]. 安徽教育学院学报，2002，20(5)：86-89.
[4] 迈克尔·夏托克. 高等教育的结构和管理 [M]. 王义端，译. 上海：华东师范大学出版社，1987：115.

(四)韩国高等教育大众化的历史发展进程

自 20 世纪下半叶开始,伴随着韩国经济的逐步发展,韩国政府适时推出有利于高等教育发展的政策、法规、举措,韩国高等教育得以快速发展。韩国高等教育的发展大体可分为以下五个阶段:膨胀混乱期、整顿控制期、改革试验期、改革与扩充期以及自律化、多样化与特色化期。韩国在 1980 年高等教育毛入学率达 14.7%,进入高等教育的准大众化阶段。若用韩国高等教育的在校生人数及其年增长率来表示韩国高等教育规模的扩张速度和发展道路的形态,韩国高等教育大众化以 20 世纪 60 年代末为分界线,在这之前是自由发展阶段,而后面则是较为平稳的增长,如图 5-1、图 5-2 所示。

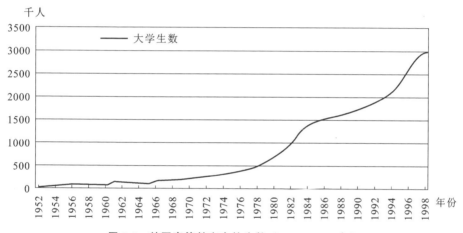

图 5-1　韩国高等教育在校生数(1952—1998 年)

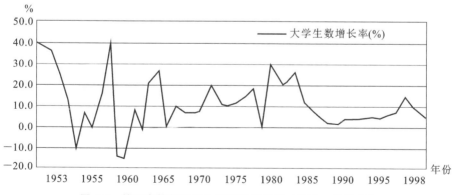

图 5-2　韩国高等教育学生数的年增长率(1952—1998 年)

多样化高等教育体系既是韩国高等教育大众化发展的特征,也是其高等教育大众化形成发展的保障。从私立学校数量及私立学校在校学生数来看,民间的办学力量一直是韩国高等教育大众化的主要动力。① 韩国私立高等教育发展取得如此成就，主要是国家给予了极大的支持和帮助。

二、中、美、英、韩高等教育大众化的历史发展进程的比较

（一）中英高等教育大众化进程的比较

英国传统观念认为，高等教育的学术水平和声誉是与教育的规模和费用相联系的。在一些人看来，规模越大，人均费用必然越低，这样就会出现廉价的教育，而廉价的教育势必会影响教育的质量。因此，一直到了20世纪中期，世界高等教育大发展之时，英国才开始重视高等教育大众化。虽然由于历史、政党政治、文化传统等诸多因素的局限，精英主义教育始终阻碍着英国高等教育向大众化迈进，但是，由于政府的积极参与与鼓励，尤其是工党上台后对教育民主化的关注，对高等教育大众化进程的资助和监督不曾怠慢，从总体看来，英国高等教育大众化还是取得了相当大的成就。

相比之下，中国高等教育大众化进度较快。我国1999年颁布了《面向21世纪教育振兴行动计划》，提出到2010年，中国高等教育规模要有较大发展，高等教育入学率应接近15%，若干所高校和一批重点学科进入或接近世界一流水平。而中国的高校扩招却在2004年就超过了高等教育大众化的国际标准，达到了19%。

（二）中美高等教育大众化进程的比较

1. 高等学校的层次结构比较

高等教育的层次结构，即整个高等教育系统中不同级别（专科、本科、研究生等）教育的组合状态。自1999年开始扩大招生以来，我国普通高校和成人高校招生数都急剧上升，但不同级别学校的上升趋势也有区别，从图5-3可以看到，普通高等教育中综合性大学的招生数是不断上升的，专科教育上升并不明显，成人高等教育反而呈现下降态势。这种状况表明中国高等教育的层次结构比较单一。

美国在高等教育大众化进程中，高等院校中四年制大学入学绝对人数有所增长，但其在高等院校招生总数中所占的比例明显下降（见图5-4）；而两年制社区学校在大众化进程中发挥着较为重要的作用，因为社区学校以"人人能入学，为人人服务"为宗旨，特别适合大众化需要，所以在招生总数中所占比例越来越高。

---

① 谢作栩．韩国高等教育大众化的发展历程与特征［J］．外国教育研究，2002（1）：6-9．

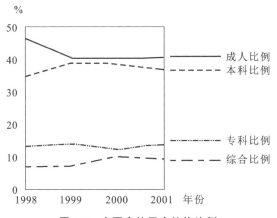

图 5-3 中国高校层次结构比例

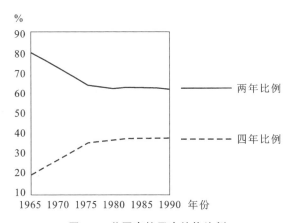

图 5-4 美国高校层次结构比例

2. 高等学校规模比较

中国高等学校的规模在 20 世纪 90 年代末短短几年内迅速发展起来。到 2001 年，普通高校平均规模达到 5870 人，生师比高达 22∶1，美国普通高校平均规模从 1950 年到 1980 年由 1437 人发展到 3958 人，1980 年生师比为 12∶1。[1]中美比较而言，中国普通高校规模发展过快、过大，不可避免导致师资队伍、教学设施、设备、信息等资源方面的配置相对滞后，因此对高等教育质量产生了一定的冲击。

---

[1] 彭正霞，田东平，朱继洲. 中美高等教育大众化的比较研究 [J]. 西安电子科技大学学报（社会科学版），2005 (4)：98-102.

■ （三）中韩高等教育大众化进程的比较

中国高等教育在发展前期没有受到足够的重视，发展道路坎坷。随后，经过国家的大力扶持，加之经济增长，教育条件得以改善，高等教育的发展不断得到重视，其大众化也迎来了春天。韩国的高等教育发展起步较早。在二战结束后，韩国对于高等教育的发展的重视，以及经济科技等多方面的发展对于人才的需求的提高，使高等教育进一步得到了发展，私立的大学也得到了国家的大力支持。由中韩高等教育发展可见，国家及政府在高等教育的发展中，有着至关重要的作用。毫无疑问，国家的支持才是高等教育大众化不断发展的首要动力。另外，经济发展、科技发展以及它们带来的产业结构化都能增加人才的需求，促进高等教育的发展。而其他的动因则依托于不同的国情。在韩国高等教育发展中，私立学校扮演着极为重要的部分。韩国依靠着众多优异的私立学校而不断发展，而中国则是以公立高校为主。

第二节 中、美、英、韩高等教育大众化动因比较

高等教育迅速扩张的原因是多方面的，这既是社会政治经济文化发展的需要，也是高等教育自身发展的需要。在二战爆发前的几十年间，西方各国适龄人口的毛入学率仅维持在 3%～5%。然而战后各国政治和经济等多方因素发生的巨大变化和相互作用使社会对教育的需求发生了转变。高中教育已不能满足社会和人们对教育的需求，更多的人产生了接受更高层教育的需求，这种需求导致了始于 20 世纪 60 年代的高等教育系统的迅速扩张。

一、经济、科技需求

二战后，世界各国为了促进本国经济的快速恢复，占据大国地位，开始重视高素质人才的培养。高等教育成为国家发展的重中之重。随着工业革命进一步发展，大学成为新的服务资源。由于技术、人口结构及全球化的不断发展，就业市场正在经历快速而深刻的变化，劳动力市场两极分化严重，以高水平认知和社会情感技能或以非标准化任务为特征的工作需求增加，而具有高常规内容的工作正在不同程度上被自动化取代。

二战后，美国经济迅速发展为世界第一，同时随着在 20 世纪 50 年代初，以原子能、计算机、空间技术和自动化为标志的第三次科技革命的兴起，科学技术

在生产中的作用日益加强，社会对高素质、高技能劳动力的需求急剧扩大，但与之相对的却是劳动力的供需不平衡现象越发严重。单纯以体力劳动和重复性工作为主的劳动者数量居多，处于供过于求的境地，而要求创新能力和快速适应日益复杂的工作环境的职位却招不到人。为了缓解劳动力供需不平衡问题，降低失业率，美国政府开始扩大高等教育招生规模，旨在提高劳动力的素质，适应社会经济的发展。[①]

两次世界大战也让英国深知科学技术对战争胜利起着至关重要的作用。当时，人们普遍认为，高科技人才是国家兴亡的关键，只有培养高科技人才，发展科学教育，才能让英国保持强大。"受此影响，虽然英国高等教育的受教育人群有所增加，但增加幅度依然很低。"[②] 使人群大幅增加的主要因素是英国出台的政策。其中，又以1944年颁布的《巴特勒教育法》影响为最大。在该法的保障和各方积极的配合下，英国高等教育才初步开始发展。作为曾经工业革命时期的第一大国，英国政府和群众也深刻认识到了经济发展和科技发展的重要性，而发展这两方面最重要的就是教育。

韩国高等教育大众化发展，明显受经济影响较大。朝鲜战争结束后，韩国政局趋于稳定，经济开始恢复，高等教育也得到长足的发展。到20世纪60年代，韩国经济发展进入低谷，高等教育发展随之受挫。大学生大半"毕业即失业"。韩国不得不整顿高等教育，不仅缩减文科，增加理科，还为适应外向型经济发展的需要，新建了一批五年制高等专科学校和两年制的初级学院。韩国该时期对高等教育结构和层次的调整，不仅降低了20世纪50年代放任发展的消极影响，还加强了高等教育与经济社会的联系，为以后重振高等教育奠定了基础。20世纪70年代，韩国适时转向发展重工业，经济重新焕发生机。该时期对高技能人才的需求促使韩国继续改革高等教育体制，扩大高等教育规模，大力发展职业教育、成人教育和继续教育。1980年，韩国高等教育毛入学率达14.7%，进入大众化教育阶段。[③]

中国从经济大国变为经济强国，必须走高等教育大众化发展之路。改革开放以来，中国经济迅速发展，综合国力显著增强。有学者对我国建国后的高等教育大众化进程进行深入研究，指出和发达国家相比，当前中国经济发展主要依靠廉

---

① 张艳. 从精英到大众：美国高等教育大众化体系的形成 [J]. 赤峰学院学报（自然科学版），2012，28（2）：136-138.

② 白瑞. 英国高等教育大众化经验及借鉴价值 [J]. 兵团教育学院学报，2017，27（1）：52-56.

③ 谢作栩. 韩国高等教育大众化的发展历程与特征 [J]. 外国教育研究，2002（1）：6-9.

价劳动力和资金的拉动,其中科学技术贡献率不到 40%。① 我国技术技能人才仅占全体就业人员的 22%,高层次技术技能人才数量占技术技能人才的比重不足 30%,而发达国家高技能人才占技能劳动者总量的平均比例达到了 35%,初级、中级、高级技能人才的比例大致在 15∶50∶35,我国高技能人才比例与其还存在较大差距。②③ 高等教育作为培养社会急需的高素质人才的主要途径,其大众化程度是扩大我国高素质人才储备的关键所在。

二、政治需求

高等教育的迅速扩大也存在一些政治方面的因素。对美国来说,战后一个阶段里美国适逢高等院校入学适龄人口高峰;大量为战争做出贡献的军人退伍需要工作;民主化趋势愈加明显,人们要求更多的自由、平等和参与权利。美国在 1944 年颁布了《军人权利法案》,旨在维护战后军人的合法权益,帮助其快速融入并适应社会,成为社会所需要的人才。这改变了美国人民的高等教育观,扩大了高等教育规模,推动了美国高等教育大众化的进程。

一直以来,英国政府都积极地参与到英国高等教育大众化进程中。在英国高等教育大众化的发展历程中,政府所制定的政策法规起到了关键作用。对其影响最大的诸如 1945 年的《帕西报告》(*The Percy Report*),1946 年的《巴洛报告》(*The Barlow Report*),1963 年的《罗宾斯报告》(*The Robbins Report*)。这些教育法案在英国教育史上具有里程碑式的意义,为英国高等教育大众化的发展奠定了法律基础,极大地推动了英国高等教育大众化的发展。随后的《1988 年教育改革法》(*The Education Reform Act 1988*)为英国高等教育大众化的发展勾勒了蓝图,在这之后的许多政策法规的内容都是基于此法案制定的。④

韩国高等教育大众化进程,既有国际政局变化的影子,又明显存在国内新政实施的烙印。一方面,二战后,韩国经济落后、社会动荡,因自顾不暇而放任高等教育的发展。美国乘虚而入,取代日本对韩国高等教育进行控制,也同时施之以自由发展的政策。这激发了民间长期受压抑的办学热情,促使私立高等教育蓬

---

① 杨德广,张瑞田.60 年来中国高等教育大众化进程[J].现代大学教育,2009(6):27-32,112.

② 卢志米.产业结构升级背景下高技能人才培养的对策研究[J].中国高教研究,2014(2):85-89.

③ 杨德广,张瑞田.60 年来中国高等教育大众化进程[J].现代大学教育,2009(6):27-32,112.

④ 白瑞.英国高等教育大众化经验及借鉴价值[J].兵团教育学院学报,2017,27(1):52-56.

勃发展。1952年，韩国高校达49所（私立高校37所），学生4.6万人，比1945年增长了近5倍。① 另一方面，韩国《教育法》《汉城大学设置令》《大学生延期服兵役法》等政策、法律也极大地加快了其高等教育大众化的步伐。例如，1950年2月韩国颁布《大学生延期服兵役法》，导致在朝鲜战争期间许多青年为躲避服兵役而进入高校学习，从而促进了高等教育的发展，尤其是私立高等教育的发展。②

中国高等教育大众化也特别得益于改革开放政策。早在1982年，邓小平就提出教育和科学的重要性，同时在党的十二大首次将教育确定为今后社会主义现代化建设的重点之一，此后数十年始终坚持贯彻这一理念。技术的颠覆式创新在全球范围内掀起第四次工业革命发展浪潮，也正在改变世界经济格局，个体具备发展所需的技能、终身学习的能力以及在工作和社会中最大程度发挥技能的价值是一个国家拥有更高生产效能、更高创新能力和更高社会信任度的重要条件，更是人民生活质量得以改善的前提。推动高等教育大众化成为不可阻挡的潮流。

三、文化需求

文化对高等教育大众化的动因则更为直接，美国和中国的文化需求都对教育有更强的正面推动影响。

美国文化的主要内容是强调个人价值，追求民主自由，强调通过个人奋斗、个人自我实践，追求个人价值的最终实现。教育则是个人得到快速适应社会能力的主要途径。滕大春先生在《美国教育史》中指出，美国传统文化中对自由平等理想的追求、实用主义的价值取向、开放的思想以及宗教信仰等都影响着美国高等教育的发展，使其具有自身的发展特色，同时对美国高等教育大众化的到来起到了很大的促进作用。③

英国的精英主义根源已久。16世纪英国教育开始实行双轨制：一轨属于精英教育，通向高等教育；一轨属于普通劳动人民子女的教育，通向职业技术教育。这就奠定了英国教育不平等的根源。牛津、剑桥大学作为绅士文化传统的代表，在很长一段时间内脱离实际社会生活，追求单纯的学术价值。这种教育上的不平等造成英国社会阶级固化，学术教育与技术教育相斥，更造成了英国技能人才的

---

① B.R.米特切若.世界历史统计（Ⅱ）——日本、亚洲、非洲[M].东京：原书房，1984.

② 米红，李晶.战后韩国高等教育大众化与普及化动力透析[J].理工高教研究，2008（4）：1-4.

③ 王璐.从文化视角透视美国高等教育大众化进程[J].比较教育研究，2002（5）：6-9.

严重缺乏。随着高等教育大众化和社会经济政治变革，人们开始意识到人人受教育的重要性，精英教育并不能适应生产力发展的客观需要。英国政府开始认识到经济社会需培养更多的技术人才。但历史悠久的精英主义文化对英国的影响是巨大且深远的，整个社会对接受过良好的学术教育、风度翩翩的绅士的认可度明显高于技术技能人才，而在二战过后，英国深刻地认识到了科技教育的重要性和技术应用对实用型人才的需求，在美国的榜样作用下，英国的文化需求开始转变。

韩国受中国古代儒家思想的影响颇深，历来都非常重视教育的发展。1975年到1985年，在政府财政连年出现大幅度赤字的情况下，教育经费占韩国政府财政支出的比例却由1975年的13.1%上升到1985年的16.9%。[①]

中国高等教育大众化也有深厚的文化土壤。中国对于知识文化的渴求在传统文化中就很清晰地体现出来了。从以前的科举制度、选贤举能中，我们都能看出，只有知识才能让个人、国家、社会发展起来。建设学习型社会，树立科学人才观，是我国在当前国内外形势下提出的符合发展要求的新的政策导向。

中、美、英、韩四国的高等教育大众化动因整体上来看是一样的，主要都是由于经济、科技、政治、文化需要来推动、促进高等教育大众化。这四方面与教育是相互促进的，教育的发展可以推动经济、科技、政治、文化的发展，而这四方面的发展又能给教育带来更好的条件和更大众、更普及的发展。

不过，中、美、英、韩起主导作用的动因不同。对于美国来说，在其自由民主的文化氛围下，经济和科技发展起到了决定性作用，政府更多的是辅助性作用。而英国，因为其传统精英教育的深刻影响，加之英国没有在工业革命的时候建立起高等教育体系，其后期主要是靠政府的重视才将高等教育大众化推动下去。对于韩国而言，其高等教育大众化的发展，是在受东方儒家文化和西方实用主义的双重影响下，通过大力发展私立高等教育来推动的。对于中国，更多的是平衡发展，多方面相互促进。由于中国的高等教育大众化进程明显慢于美、英两国，所以可以借鉴很多别的国家的经验，且中国的特色社会主义让政治和经济能够更好地协调来推动高等教育大众化，加上中国独特的文化氛围，多个方面的因素共同影响，呈现的是"1+1>2"的效果。

第三节　中、美、英、韩高等教育大众化的优点与不足

二战之后，各国陆续实现高等教育大众化。由于社会发展条件与教育制度的

---

① 张开芬，王雪燕. 韩国高等教育大众化对我国高等教育发展的启示 [J]. 现代教育科学，2008（5）：56-58.

差异，各国实现高等教育大众化的途径大不相同，也各有各的优势与不足。探究与比较美国、英国、韩国和中国在高等教育大众化阶段的经验与教训，不仅能够更好地理解世界高等教育大众化的发展趋势，还能防微杜渐，扬长避短，提供有效举措促进高等教育大众化的发展。

一、美国高等教育大众化的经验

美国是高等教育大众化起步最早、发展最顺畅的国家，尤其是在二战之后，其高等教育大众化的特点彰显出来。美国高等教育大众化之所以快速发展，离不开以下几大举措。

■ （一）高等教育立法完善

1944年的《军人权利法案》，改变了美国高等教育受教人群结构；1958年9月《国防教育法》由艾森豪威尔总统正式批准生效，为美国的教育改革确定了方向，指明了道路；1963年，美国联邦政府颁布了《高等教育设施资助法》，为提升高等教育质量奠定了基础；1965年，《高等教育法》正式实施，为美国高等教育的发展与改革提供了源源不断的动力。[①] 诸多法案的颁布促进了美国高等教育大众化稳健、高速的发展，并为高等教育大众化的发展提供了强有力的支持和充足的保障。

■ （二）高等教育投入力度大

美国政府从高等教育进入大众化阶段以来持续加大对高等教育经费的投入。尤其在二战后，美国联邦政府、州立政府、地方政府的共同资助成了高等教育经费的主要投入方式。经费呈现逐年递增趋势。除此之外，美国还通过颁布各种法案加大对高等教育经费的投入力度。目前中国高等教育投入主要依靠政府财政补贴和学生学费，一方面我们要根据实际，加大财政对教育的投入，另一方面，则要进一步加强对教育投入的管理，保证教育经费被合理使用。同时，还要积极引进民间资本、地方支持，助推高等教育发展。

■ （三）高等教育结构完善

美国高等教育结构的特点主要有丰富的学校类型、兴起的社区学院、发展研究生教育等。"美国高等教育大众化的发展进程中，新型的、多样性的高等教育

---

① 刘亮亮. 二战后美国联邦教育项目管理发展研究［D］. 保定：河北大学，2020.

学府为适应大众化的需求，起到了至关重要的作用。美国高等教育多样性的发展使得其满足了社会发展的需要，能更好地服务于社会，服务于国家。"[1] 我国可以参考美国社区学院等形式，进一步扩大成人教育，以更有效地促进国民素质的提高，为高等教育打基础，同时，考虑实际情况，进一步发展研究生教育，发展更完备的高等教育体系。

美国经验表明，完善高等教育立法、加大投入、完善高等教育结构，合理扩大受教育人群，不仅有利于高等教育的大众化，还有利于持续促进经济社会的进步。正是这些因素使得美国在推进高等教育大众化的过程中，"既保持了较高的规模增长速度，又使结构和质量得到了持续的优化和提升"[2]。

二、英国高等教育大众化的经验与教训

（一）经验：克服困难，发展公立高等教育

英国高等教育一贯以"保守"闻名于世[3]与美国人相比，英国人一直保留着精英高等教育阶段形成的一整套教育传统。面对高等教育大众化，英国人表现出了他们所特有的保守与谨慎。由于对高等教育规模的扩大心存疑虑，英国直至1963年才在《罗宾斯报告》提出了"为所有愿意接受高等教育，并且学习能力和学业成绩合格者提供高等教育的机会"的原则[4]。此后，迫于社会对高层次人才的需求不断上升，英国开始重视高等教育的大众化发展。1964年，英国宣布实行高等教育双重制，然而结果不尽如人意，英国高等教育双重制的实施未能建立起市场需要的新型高等教育机构，而且，由于高等教育的发展过分倚重政府的投入，而政府投入资金又跟不上学生的增长速度，导致了生均教育资源减少，教育质量下降，高等教育毛入学率长期在20%～30%之间徘徊。[5]

面对这一系列挑战，英国政府加强了对高等教育的管理。由于公共高等教育相对大学具有显著的优势，英国政府在地方上大力发展公共高等教育。从20世

---

[1] 白瑞. 美国高等教育大众化经验及借鉴价值 [J]. 湖北第二师范学院学报，2017，34 (5)：101-106.

[2] 王晓辉，董泽芳. 中美高等教育大众化发展模式的比较与思考 [J]. 湖南社会科学，2013 (6)：278-281.

[3] 吴迪. 美、英、日高等教育大众化的共性特征及启示 [J]. 徐州教育学院学报，2004 (4)：4-6.

[4] 任琪. 美、英、日高等教育大众化模式比较研究 [J]. 成功（教育），2008 (8)：191.

[5] 吴迪. 美、英、日高等教育大众化的共性特征及启示 [J]. 徐州教育学院学报，2004 (4)：4-6.

纪60年代中期开始，英国政府对高等教育领域做了重要改革，使得高等教育学生入学率显著增长。① 不过，最重要的改革为1992年英国政府颁布的《继续教育与高等教育法》。这个法案明确终结了"双重制"，以立法的形式对1991年5月提出的《高等教育：一个新的框架》白皮书进行了确认，英国建立单一的高等教育体制，并对多科技术学院进行评估，评估合格的晋升为大学，这使得公共高等教育机构与自治大学的地位平等，拥有了办学自主权。英国政府还撤销了全国学位授予委员会，改革大学拨款制度等。由此，英国高等教育正式进入了大众化阶段。②

■（二）教训：双重结构与经费问题

高等教育大众化进程中曾出现两大问题，即双重结构问题与经费问题。

1. 双重结构问题

"双重制"结构即把英国高等教育划分为两部分："自治部门"的大学和"公共部门"的非大学。③ 起初，"双重制"的高等教育结构是为了应对经济危机，满足日益增加的大众化教育需要而采取的改革措施，一度对英国高等教育大众化发展有着举足轻重的作用。首先，它扩大了英国高等教育的规模；其次，它节省了高等教育经费；第三，它满足了各类学习者的需求。④ 但"双重制"本身存在着天然的弊端，如教育界线划分不清、大学与学院地位差别较大、缺乏法律保障等，随着其推进而越来越多地暴露出来，最终，英国政府于1992年废除了"双重制"，建立起统一的高等教育体制。

2. 经费问题

经费问题一度制约着英国高等教育大众化的发展。在大众化初期，英国高等教育的经费主要依靠私人捐助和政府补贴。然而，私人捐助毕竟有限，而且并不稳定，受个人经济情况影响较大，无法给高等教育带来大量且持续的经费补助；政府虽然在前期通过设立拨款委员会对高等教育进行补助，有专门的拨款委员会负责大学的拨款等相关事项，但后期受经济危机以及战争的影响，政府已经无力

---

① 白瑞. 英国高等教育大众化经验及借鉴价值 [J]. 兵团教育学院学报，2017，27（1）：52-56.

② 白瑞. 英国高等教育大众化经验及借鉴价值 [J]. 兵团教育学院学报，2017，27（1）：52-56.

③ 白瑞. 英国高等教育大众化经验及借鉴价值 [J]. 兵团教育学院学报，2017，27（1）：52-56.

④ 白瑞. 英国高等教育大众化经验及借鉴价值 [J]. 兵团教育学院学报，2017，27（1）：52-56.

承担高等教育的巨额补助,开始不断削减经费,以致出现诸多问题。

三、韩国高等教育大众化的经验与问题

(一)经验:完善法律有利于保障高等教育发展

"韩国是世界公认的高等教育发展速度最快的国家,也是世界上高等教育普及率最高的国家之一,被公认为现代化后进国家追赶先进国家的典型代表。"[1] 在推进高等教育大众化的进程中,韩国在法律法规建设方面的工作尤为出色,进行了一系列革新步骤[2],"颁布了多部有关高等教育的专项法规:如《汉城大学设置令》(1946年),《教育法》(1949年),《大学生延期服兵役法》(1950年),《学术振兴法》(1979年),《大学教育自主化方案》(1995年),《虚拟大学法》(1997年),《高等教育法》(1998年),《终身教育法》(1999年),等等"[3],用适时、完备的法律法规引导、规范、调控和保障高等教育的发展需要。这为教育事业的健康发展提供了保障,并为实现高等教育的大众化和普及化做好了坚实的铺垫。此外,韩国采取自上而下的国家监督体系和自下而上的民众监督体系,两种体系相互配合,监督各种法规,从而为高等教育的发展撑起防护伞。[4]

此外,韩国政府在推进其高等教育国际化方面给予的政策支持也非常值得称道。在韩国高校的国际化宣传和扩张中,韩国政府不仅鼓励教育人力资源部和外交部等政府机构及其派出机构给予积极支持,还鼓励各种民间组织和企业等积极参与。在国际化发展的战略上,韩国政府充分重视互惠互利的原则和均衡发展的原则,一方面通过国际教育交流学习海外的经验,另一方面通过交流活动输出韩国的文化;一方面通过海外合作办学分摊教育成本,另一方面通过办学项目引来海外生源;一方面通过国际化竞争促进高校向特色化发展,另一方面通过特色化发展提升韩国高等教育在国际教育市场的吸引力。考虑之周到可谓可圈可点。[5]

(二)问题:大学办学质量和国际竞争力有待提高

在过去 30 年间,虽然韩国高等教育的学校数量和受益人口都实现了激增,然而规模的超常规扩张带来的副作用也是不可避免的。"实现大众化后,韩国却

---

[1] 郭丽. 韩国现代高等教育分析与思考 [D]. 扬州:扬州大学,2006.
[2] 郭丽. 韩国现代高等教育分析与思考 [D]. 扬州:扬州大学,2006.
[3] 赵伟伟. 论韩国的高等教育热 [J]. 佳木斯教育学院学报,2012(6):127-128.
[4] 赵伟伟. 论韩国的高等教育热 [J]. 佳木斯教育学院学报,2012(6):127-128.
[5] 郭丽. 韩国现代高等教育分析与思考 [D]. 扬州:扬州大学,2006.

面临着一系列阻碍高等教育可持续发展的严峻问题,如办学质量偏低、竞争力不强、大学自律能力的欠缺,高等教育财政结构脆弱,以及高校生存危机等。"① 在大学教育方面,同样存在以教科书为中心的教育、人才培养未满足社会经济发展的需求、重视教育为经济社会发展服务,以及"人格化教育"缺失等问题,制约其办学质量。② 生师比持续走高、生均校园面积持续走低、国家经费投入长期偏低等问题制约高等教育办学环境的发展;毕业生质量遭到社会批评、学术研究水平缺乏国际竞争力则暴露出高等教育办学质量不高的状况。③

因此,提高大学办学质量和国际竞争力便成为韩国高等教育进入大众化之后改革的首要任务。④ "为解决这些问题,韩国政府树立教育先行的高等教育发展观,围绕提高质量这一中心,采取扩大大学自主权,推行特色化办学等措施保障高等教育的可持续发展,并取得了显著的成效。"⑤

四、中国高等教育大众化的成就与不足

(一)成就

中国的高等教育大众化是在经济基础比较薄弱、政府投入不足的前提下实现的跨越式发展,中国是 21 世纪高等教育发展速度最快的国家并成功跻身世界高等教育大国之列。中国高等教育的跨越式发展表现在两个方面:一是时间上的跨越;二是经济上的跨越。⑥ 自 1999 年高等教育扩招以来,每年的招生数和高等教育毛入学率都在不断提高:2003 年高等教育毛入学率达到 17%;2013 年高等教育毛入学率已达 34.5%。通过扩招,中国在很短的时间内实现了高等教育大众化,这种趋势为社会成员提供了相对均等的教育机会。⑦ 这在一定程度上促进了

---

① 刘炳. 大众化条件下韩国高等教育可持续发展的问题与经验 [J]. 复旦教育论坛,2006 (5):77-80.

② 刘炳. 大众化条件下韩国高等教育可持续发展的问题与经验 [J]. 复旦教育论坛,2006 (5):77-80.

③ 朴正龙. 韩国高等教育大众化的发展历程及其启示研究 [D]. 长春:东北师范大学,2007.

④ 刘炳. 大众化条件下韩国高等教育可持续发展的问题与经验 [J]. 复旦教育论坛,2006 (5):77-80.

⑤ 刘炳. 大众化条件下韩国高等教育可持续发展的问题与经验 [J]. 复旦教育论坛,2006 (5):77-80.

⑥ 王胜今,赵俊芳. 我国高等教育大众化十年盘点与省思 [J]. 高等教育研究,2009,30 (4):25-33.

⑦ 周婷. 我国高等教育大众化问题的研究分析 [J]. 读与写(教育教学刊),2015,12 (6):70,107.

社会公平，实现了高等教育大国的发展战略，引领并推动了社会发展。中国高等教育大众化成就主要表现在以下几个方面：① 提高入学率，满足了大众需求。中国高等教育通过非间断性发展，在一定程度上实现了高等教育的机会均等，改善了高等教育领域的社会公平。又由于高等教育的强大"增值"作用，其已成为社会个体生存发展的内在需求。② 培养了大批人才，推动了社会进步。通常情况下，高等教育主要通过创新知识与培养新人两条途径为社会各子系统提供服务，引领并促进社会发展。首先，在人才培养上，自 2001 年至 2007 年，中国普通高校共为社会输送数以千万计的各类人才。其次，高等教育为社会发展提供理论与技术支持，有效促进了社会进步与经济发展。③ 民办高等教育得到发展。20 世纪 90 年代末，随着高等教育大众化的积极推进，面对国家对高等教育投入不足的总体情况，民办普通高等教育的社会地位得以凸显。2002 年 12 月，人大会议通过《中华人民共和国民办教育促进法》，表明国家对民办高等教育的重视以及民办高校在高等教育大众化进程中的地位和作用。这在客观上加速了民办高等教育的发展与繁荣。④ 进入了高等教育大国的行列。在高等教育大众化的推动下，中国高等教育得到迅猛发展，发展为高等教育大国，为未来迈向高等教育强国奠定坚实基础。[①]

■（二）不足

与发达国家相比，中国高等教育大众化推进的时间较短，情况更加复杂，任务更加艰巨，还需要克服国家经济实力不足、高等教育基数过大等众多困难。[②]

1. 经费投入跟不上大众化的进程

高等教育经费投入是高等教育得以快速发展的基本保障，随着高等教育规模和职能的扩展，高等教育经费投入也在不断增加。1998 年高等教育毛入学率为 8％，当时我国人均 GDP 是 821 美元；2002 年高等教育毛入学率达到 15％时，人均 GDP 是 1135 元；2006 年强调降低扩招速度时，人均 GDP 是 2070 美元；2013 年高等教育毛入学率为 34.5％，人均 GDP 为 6629 美元。相比较而言，在中国高等教育大众化发展的进程中，高等教育投入水平较低。

---

① 周婷. 我国高等教育大众化问题的研究分析 [J]. 读与写（教育教学刊），2015，12（6）：70，107.

② 王胜今，赵俊芳. 我国高等教育大众化十年盘点与省思 [J]. 高等教育研究，2009，30（4）：25-33.

2. 办学理念、制度建设跟不上大众化的进程

近些年，中国将发展正规的四年制大学作为高等教育大众化的重点，忽视了职业院校、成人高校、城市及社区高校等高等教育机构的重要性，导致院校层次和人才结构出现严重的不协调和过分单一等问题。此外，院校地方分布的不均衡也是一个重要的问题。高等院校在布局上集中于一些大型城市，如北京、上海、南京等，而一些小城市缺少地方性高等教育资源，使得当地的高等教育需求得不到满足，未能给当地人民提供多元化的和适宜便捷的学习选择。[①]

3. 教育质量、教师队伍建设跟不上大众化的进程

高校扩招后，教育质量出现严重下降，其中有宏观管理体制的问题、相关法律不完善的问题、各高校有限的教育资源不堪重负的问题等。如果这些问题不解决，有可能导致高等教育的大众化徒有虚名。高校学生快速增长，但生师比过高，使教师在工作上力不从心，导致教育质量下滑。1998年全国普通高校专任教师共40.72万人，2013年增至1483.7万人，增幅为35.4%。但高校生师比由1998年的11.6：1增加到2013年的17.71：1。此外，教师的专业素养也满足不了大众化进程的需求，大批教师是随着高校的升格而"升格"，从学历构成来看，2013年，全国高校教师中有研究生学历的仅占74.53%。高校教师的专业结构也不够合理。如外语、高等数学这样的基础课，以及经济学、金融、会计等热门专业出现教师短缺现象。

此外，质量监控体系也存在一定的问题。高等教育大众化不能为了大众化而大众化，需要重视"质"的变化。但目前中国高等教育质量标准结构体系不够健全，多元高等教育质量保障机制不够完善。[②]

综合来看，发展高等教育大众化，应特别注意在发展教育规模的同时兼顾教学质量，注意与社会的联系。而从美、英、韩、中四国的高等教育大众化实际来看，有两个方面的工作尤为重要。其一，是要逐步建立完善的教育法律体系，用适时、完备的法律引导高等教育发展的进程，以法律法规保障教育投入、确保教育质量、调整教学结构。其二，重视教育经费投入的必要性，一方面不断加大对高等教育的投入，确保经费被实打实地用于高等教育；另一方面，也可以适当发动民间资本，构建国家—地方—社会三个层次的联合保障投入机制，促进高等教育大众化快速、平稳、有序、高效发展。

---

① 周婷.我国高等教育大众化问题的研究分析［J］.读与写（教育教学刊），2015，12（6）：70，107.

② 周婷.我国高等教育大众化问题的研究分析［J］.读与写（教育教学刊），2015，12（6）：70，107.

第四节 中、美、英、韩高等教育大众化的困境与取向

随着社会经济的发展,各国高等教育日益大众化、普及化,如何正确把握高等教育发展取向至关重要。从中、美、英、韩四国的高等教育大众化的困境与取向这两个方面进行分析,便于总结不同国家地区高等教育大众化困境与取向的异同,加深对高等教育大众化的认识。

一、中国、美国、英国、韩国高等教育大众化的困境

虽然中、美、英、韩四国高等教育大众化发展基础、发展模式不大相同,但这四国在不同阶段都经历着因高等教育大众化带来的困境,包括经济、政治、文化等诸多方面。

(一)中国

1. 经济困境

中国高等教育大众化进一步发展的主要瓶颈之一就是不断增长的高等教育经费需求与政府支持高等教育有限的财力之间的矛盾。由于中国人口多,地区差距大,经济还欠发达,很多方面还在继续完善。除了教育事业以外,社会保障资金短缺、基础设施薄弱,都需要财政大规模资金投入。[①] 大幅度增加高等教育拨款难度很大,原因是每年财政资金的竞争非常激烈。例如相较于高等教育,义务教育的经费短缺更加严重,更需要政府投入,在这种情况下,政府大量增加高等教育支出是不现实的。

除此之外,中国居民背负着沉重的高等教育学费负担。现在一个大学生一年的学费、住宿费、生活费、学习用品等支出至少需要 8000 元,很多农村和城镇居民当年收入维持基本生活后的剩余不能负担一个大学生的支出。[②]

2. 质量困境

中国各高校在运行机制、管理体制等方面存在巨大差异,但评估体系却非常

[①] 董莉. 合并与扩招背景下的高等学校教学管理改革的研究 [D]. 哈尔滨:哈尔滨工业大学,2006.

[②] 张开芬,王雪燕. 韩国高等教育大众化对我国高等教育发展的启示 [J]. 现代教育科学(高教研究),2008(3):56-58.

单一，评估主体主要是政府，并只以研究型大学或者精英型大学为标准评估所有高校。这使许多高校在人才培养上有模仿名牌大学的人才培养模式的倾向，这使得人才培养重心上移，培养目标趋同，脱离本校实际，人才输出与社会需求脱节，人才培养的特色性和针对性得不到彰显。在这种情况下，如果缺少多样化的质量评估，必然会造成"千校一面"和人才结构严重失衡，不利于高等学校的个性化发展。

（二）美国

1. 经济困境

二战后，美国的财政情况经常困扰着其高等教育大众化的进程。20世纪70年代后，西方经济普遍不景气，美国政府对支付包括教育在内的各种庞大的公共开支感到力不从心，削减高等教育经费成为普遍做法。多渠道筹措经费成为了美国摆脱财政危机、充实高校实力的常用做法。例如，1992年，美国高等教育经费中的46%来自非政府拨款。"谁出钱，谁点唱。"政府资助高等教育的经费不足，使得政府政策日益难以在高等院校贯彻。

2. 质量困境

至第二次世界大战时，美国已基本实现了高等教育的大众化。此后又经过战后的迅速发展，美国是世界上最早进入高等教育普及化阶段的国家，然而，数量与质量发展并不均衡。二战后，美国高等教育面临的质量问题前所未有，因此重视高等教育质量势在必行。目前，美国高等教育质量下滑的趋势已被初步遏止。[1] 与数量和质量的矛盾相对应，美国高等教育中还存在公平与效益之间的冲突。高等教育数量的发展，能够在一定程度上推动高等教育公平化发展。然而，数量的发展并不能带来高效益，高等教育质量下滑、毕业生就业困难以及所得到的回报低等问题还在不断地困扰着美国高等教育。[2]

（三）英国

1. 经济困境

英国在高等教育大众化初期的资金补助主要是私人捐助和政府补贴，但私人

---

[1] 张婷妹，佟丞. 美国高等教育发展中的价值抉择困境概述[J]. 河北大学学报（哲学社会科学版），2006，31(4)：64-68.

[2] 孙羽迪. 美国高等教育经费来源及启示[J]. 现代教育管理，2009(7)：98-100.

财力有限,所以无法对高等教育投入过多资金,政府对高等教育的补助是通过设立拨款委员会进行的。① 但由于经济危机以及战争的影响,英国政府连年削减高等教育经费来补贴中等教育,给本就发展滞后的高等教育贴上了"一层厚厚的痂"。

由于连年缩减高等教育经费,给英国的高等教育带来了一些严重后果:入学学生减少、毕业生失业、高校师资质量下降、资源匮乏、制度僵化、学校设施落后,等等。②

2. 质量困境

英国高等教育在大众化发展过程中也出现了质量保障问题。例如,随着学生数量的急剧增加,教育资源紧缺,这对高等教育质量造成了威胁。另外,对于那些新建立的高等学校,人们也担心其质量能否得到保证。为此,1965年,英国建立"双轨制"高等教育体制:享有高度自治的大学,自己负责制定学术标准和保证教育质量,不接受外部评审;其他学校由学位授予委员会负责监督其教学质量和学位授予,以保证其学位和大学学位有可比性。"双轨制"体制使得多科技术学院和其他学校在与大学的竞争中处于不利境地,多年来一直存在着争论,受到批评。③

(四)韩国

1. 经济困境

韩国政府十分重视教育,对高等教育更是大力投入。但公立和私立院校的经费来源差别很大。政府拨款主要集中于国立、公立大学,2002年,占全国高校总数83%的私立院校从政府那里得到不足其全部办学经费的5%。私立大学办学主要依靠学生的学费,以1990年为例,私立大学办学经费中学费占78.3%。政府一年对教育财政的投资占国民生产总值的3.8%,而韩国人民一年支付的私人教育费则相当于国民生产总值的7%。

韩国高等教育这种过分依赖私人教育费用的模式,虽然在大学供不应求的阶段并不成为其发展的限制,但在韩国进入老龄化社会时,入学人数下降使得大学

---

① 白瑞. 英国高等教育大众化经验及借鉴价值[J]. 兵团教育学院学报,2017,27(1):52-56.

② 张婷妹,佟丞. 美国高等教育发展中的价值抉择困境概述[J]. 河北大学学报(哲学社会科学版),2006,31(4):64-68.

③ 霍利生. 英国高等教育大众化及标准探析[J]. 中国冶金教育,2014(5):89-92.

招生人数减少,学生缴纳学费减少,这使各大高校处于严重的财政危机之中,韩国大学特别是私立大学随时都有破产的可能。

2. 质量困境

韩国高等教育在规模和数量上取得了巨大的成就,但其办学质量、教育水平却没有得到相应的提高。正如韩国教育改革委员会在一份报告中所说的:"过去韩国的教育达到了令世人刮目相看的量的发展,成了国家发展的原动力。但是大学的痼疾,人性以及道德教育的丧失、国际竞争力的减弱、教育现场活力的丧失、教育投资的不足等问题,使教育在质量上大大下降。不治愈这样的教育病理现象,就不能期待国家的发展。"以大学科研能力指标(SCI)为例,1977年度韩国大学(SCI)在世界仅排行第17位,按百分比计算,韩国大学的科研总量占美国的3.9%、英国的13.8%、日本的15.2%、德国的15.5%。同时,韩国高等教育还存在着以教科书为中心、人才培养与地方经济社会发展脱节、过于强调教育为经济社会发展服务,以及"人格化教育"缺失等问题。

二、中、美、英、韩四国高等教育大众化的取向

■ (一)中国——扩大高校办学自主权,走特色化发展道路

《中华人民共和国高等教育法》明确规定"高等学校应当面向社会,依法自主办学"。然而,在具体操作中,高校办学自主权仍然受到多方面的限制:招生方面,高校招生必须通过招生办,不能直接面向社会招收学生;教师评聘方面,作为最了解教师能力的学校仍然无权评审认定教师的专业技术职务。

然而,扩大高校办学自主权是高等教育稳步健康发展的必然趋势。政府对高校要有的放矢地进行宏观管理,适当放权,让高校自行管理内部事务。当高校拥有了实际意义上的办学自主权,就要客观准确地自我定位,办出自己的特色,要根据自身的现实基础和实际情况,结合区域发展特色,为地方经济社会发展培养急需人才,开展具有地域特色的科学研究,实现真正的高质量自主管理和发展。

■ (二)美国——大学继续朝自治和多样化方向发展

高度自治是美国大学的突出特点,高等院校不受政府管控,使得美国高等教育大众化的发展十分迅速。美国的大学自治并非从一开始就有的,而是经过学校的不断努力,加上美国的法律条款保护,最终使得高等院校具有自治权。

学校自治权主要体现在四个方面:经费自由、办学自由、招生自由、学术自

由。自治权赋予美国高等教育学府如下权利：高等院校有权决定学费收费标准、奖学金等项目，经费来源有权自主掌控，如接受民间团体或个人的捐赠等；获得大学或学院资质的学校都有权利自行任命教授，这种任命无须通过政府审核；高等院校有权自拟招生简章和计划，并有权自由选择学生；课程设置也是由学校自行决定。除此之外，美国教育分权的管理体制也给了高等教育极大的自治性。然而这种自治也受一定的约束：学校所有的行为活动都应在美国宪法及其他法律法规的规定下合理、合法实施。

此外，美国是一个多元化的社会，高等院校也受到这种社会背景的影响，呈现出多样性。如，学校类型的多样性、经费来源的多样性、学生群体的多样性等。[①] 纵览世界各国情况，为学生和家长提供日益多样化的选择已经成为高等教育发展的趋势，美国作为高等教育强国仍然在引领这一趋势。

■（三）英国——大力发展开放大学

开放大学最早是英国工党于1969年创设的"空中大学"，后改为开放大学。开放大学是独特的大学体制，旨在给民众提供更多的受教育机会，而无须参加入学考试。开放大学体现了人人平等，为每个人提供了学习的机会，每个人都可以自己选择学习时间、学习地点，无须到指定时间、地点学习。

开放大学以其对人的开放、地点的开放、时间的开放、理念的开放等作为其办学理念。一方面开放大学的开放性使得生源不断增加；另一方面，其开放性的办学理念、课程设置等为生源不断地增加提供了基础保障。开放大学的发展加快了英国高等教育民主化和公平化的进程，使得更多的民众投入到学习中来，为英国高等教育大众化铺平了道路。[②]

■（四）韩国——扩大自主性，推行特色化办学

1. 扩大大学办学自主性

韩国大学改革重点是从政府主导向着大学自主办学方向转变。历届政府都颁布相应法案为大学自主办学权加强法律保障，从1995年的《大学教育自主化方案》到1998年的《高等教育法》，一系列法案逐步放开对大学办学的限制，从教

---

① 白瑞. 美国高等教育大众化经验及借鉴价值 [J]. 湖北第二师范学院学报，2017，34 (5)：101-106.

② 白瑞. 英国高等教育大众化经验及借鉴价值 [J]. 兵团教育学院学报，2017，27 (1)：52-56.

职工招募、学生招生、学位授予等方面,全方位授予大学自主权,力求推动大学的快速发展。

2. 推行办学特色化,加强国际化教育

韩国政府高等教育改革的重点之一就是办学的多样化、特色化。近年来,政府实施了"选择性重点资助"的原则,根据大学的不同类型,政府的资助政策也不同。韩国大学类型有研究型大学、教学型大学、职教型大学等,不同类型大学承担的责任也不同,这种多元的、特色化的办学模式提高了韩国高等教育的灵活性与适应性。同时,通过签署双边教育交流协议、与国外大学建立交流与合作关系,以及积极开展留学生教育等方式加强国际学术交流与合作,提高了韩国大学的国际化水平。[①]

无论是发达国家还是发展中国家,高等教育大众化始终受到经济的影响。综合各国困境情况,都存在着教育经费不足、教学质量下降等相似的问题,但各自的原因和程度因各国历史背景或者政治经济体制的不同而异。由马克思经济理论可知,经济危机是资本主义国家周期性爆发的经济困境问题,而社会主义的中国,教育遭遇的经济困境是由于经济发展不平衡、不充分,分配不均衡引起的。至于教学质量困境方面,每个国家都有因大众化迅速发展、学校数量骤增而引起的教学质量下降的经历。由于美、英、韩三国很早完成高等教育大众化,所以其现阶段的质量问题也转向了不同方面。美国转向为教学公平问题,英国是对大众化教育的教学质量不信任,韩国则是出现了"人格化教育"缺失的问题,中国由于2019年刚刚完成高等教育大众化,目前主要问题还是由于高等教育跟不上大众化需求造成的。

就各国的高等教育大众化取向而言,大方向上都采取扩大学校自主权、推进教学多元化的举措。中国和韩国都是扩大学校自主权,但由于政治经济体制和大众化进程的差异,中国学校的自主权范围明显比韩国小一点。美国赋予了大学学校自主权,英国则是开设开放大学。中国实事求是,走特色发展路线;美国因其多元化多种族的特点走多元道路;英国则是在其基础上通过法律法规巩固成果;韩国走国际化路线。各国的取向都是贴合本国国情的,各有侧重和交叉。

(张燕军)

---

① 于蕾. 韩国高等教育大众化的发展历程及其特征分析 [J]. 湖北广播电视大学学报,2012,32(1):127-128.

第六章

中国、英国和坦桑尼亚教师教育比较

教师教育是教育质量的核心。越来越多的国家意识到教师教育在培养优质教师和通过持续的专业发展拓宽他们的知识基础方面所发挥的作用,教师教育已经成为全球许多国家的重要改革议程之一。强大的教师教育有助于改善一个国家的整体教育系统,而薄弱的教师教育则有可能使教育系统崩溃。正是考虑到这一点,世界各国都在尽力修复和维持强大的教师教育系统。

虽然教师教育在全球范围内似乎都在朝向类似的目标迈进,但基于不同的社会经济、历史和政治因素,很多国家的教师教育发展呈现出不同的特点,也处于不同的发展阶段。同时,教师教育本身也是一个复杂的体系,简单地说,包括教师的职前教育、入职、在职专业发展等持续终身的过程,还有教师管理战略以及相应的有效支持系统。具体来说,在教师教育内部最重要的领域包括:职前教师教育招生标准、职前教师教育培养质量(课程等)、入职培训、教师专业发展、质量保证体系以及与之相结合的教师绩效评估、激励等管理政策。

考虑到各国教师教育发展程度不一,本章节选择了比较典型的三个代表国家的教师教育体系进行概述。英国代表着发达国家教师教育发展的一般性趋势,中国作为新兴国家,其教师教育的特色与经验开始得到世界其他国家的关注。坦桑尼亚的教师教育体系代表着诸多非洲国家的教师教育发展现状。同时,英国还是坦桑尼亚的前宗主国,对坦桑尼亚的教师教育政策影响深远。限于字数,本章节无法涉及教师教育中的所有方面,因而只对这三个国家在职前教师教育、教师在职发展以及教师质量保障三个较为重要的方面进行论述。希望通过比较,可以清晰地看到各国教师教育发展的历史轨迹和前进方向。

第一节 中国的教师教育

一、职前教师教育

改革开放之初，中国的师范教育延续了新中国成立以来所形成的三级结构：中等师范教育、专科师范教育和本科师范教育。20世纪末，随着教师市场供需矛盾的逐步缓和、教师合格率的不断提升，以及基础教育和高等教育的快速发展，中国的师范教育也经历了资源整合、结构调整和层次提升的历程。[①] 师范教育的三级结构逐步过渡为二级结构：中等师范学院升格为高等师范专科学校，专科师范学校升格为本科师范院校。目前，师范教育形成了以师范大学/学院为核心，综合大学参与其中的格局。截至2020年，中国共有各级各类学校53.71万所，专任教师1792.97万人[②]，是全世界规模最大的教育系统之一。

（一）师范教育招生

选拔优秀学生进入师范教育是高质量教育系统的普遍特点。在中国，师范生进入大学的标准仍然主要依据高考成绩。在中国不断探索推进素质教育改革的进程中，考试招生制度的变革也变得越来越迫切。2011年，中国政府发布《国家中长期教育改革和发展规划纲要（2010—2020年）》（以下简称《纲要》）。《纲要》指出："以考试招生制度改革为突破口，克服一考定终身的弊端，推进素质教育实施和创新人才培养"；"普通高等学校本科招生以统一入学考试为基本方式，结合学业水平考试和综合素质评价，择优录取"[③]。为响应国家教育改革号召，浙江省于2011年在浙江工业大学和杭州师范大学试点"三位一体"综合评价录取招生改革。所谓"三位一体"综合评价录取制度，指的是将学生学业水平测试、综合素质测试（由高校组织）和高考成绩以一定比例合成综合成绩，最终按综合成绩择优录取。对于师范专业来说，此举能够在一定程度上选拔"乐教""适教"

[①] 梅新林. 中国教师教育30年[M]. 北京：中国社会科学出版社，2008：271-273.
[②] 教育部. 2020年全国教育事业发展统计公报[EB/OL].（2021-08-27）[2021-12-25］. http：//www.moe.gov.cn/jyb_sjzl/sjzl_fztjgb/202108/t20210827_555004.html.
[③] 国家中长期教育改革和发展规划纲要工作小组办公室. 国家中长期教育改革和发展规划纲要（2010—2020年）[EB/OL].（2010-07-29）[2021-12-14］. http：//www-moe-gov-cn.vpn.sdnu.edu.cn/srcsite/A01/s7048/201007/t20100729_171904.html.

的优秀学生就读师范类专业。2012 年，浙江进一步推进高考、会考、校考"三位一体"招生考试，增加了综合测试环节，重点考查考生的师范专业技能和素养。①从初步的研究结果来看，高校"三位一体"综合评价录取的学生总体上在大学期间展现的综合素质和专业素质更高。②

（二）课程安排

随着时代的进步，对教师的角色要求越来越高、越来越多样化。相应地，随着教师培养目标的变化，师范专业的课程也需要进行相应的调整。为了加强教师教育的规范，提高教师培养质量，2011 年，中国教育部颁布了《教师教育课程标准（试行）》，该标准提出优化教师教育课程结构：以"三个面向"为指导，构建体现先进教育思想、开放兼容的教师教育课程体系；适应基础教育改革发展，遵循教师成长规律，科学设置师范教育类专业公共基础课程、学科专业课程和教师教育课程，学科理论与教育实践紧密结合，教育实践课程不少于一个学期，具体如表 6-1 所示。按照《教师教育课程标准（试行）》的学习领域、建议模块和学分要求，制定有针对性的幼儿园、小学和中学教师教育课程方案，保证新入职教师基本适应基础教育新课程的需要。③根据师范专业认证标准的最新要求，以"学生中心、产出导向"为基本专业认证理念，培养具有"践行师德""学会教学""学会育人""学会发展"的新时代教师。④ 这种定位不仅要求新时代教师要掌握一定的知识、具备一定的能力，还要能够彰显一定的师德情怀和学会不断的自我发展，整合了知识本位、能力本位和个人本位等三种价值取向。⑤

---

① 周跃良，黄晓. 浙江省师范教育体系改革与教师培养质量保障 [J]. 中国教师，2016 (24)：72-76.

② 李云星，姜洪友，卢程佳，陈天云，张振良，楼英伟，李伟建. 高校"三位一体"综合评价录取质量与公平的个案研究 [J]. 华东师范大学学报（教育科学版），2018，36（3）：41-56，167.

③ 教育部. 教育部关于大力推进教师教育课程改革的意见 [EB/OL]. （2011-10-08）[2022-01-09]. http：//www.moe.gov.cn/srcsite/A10/s6991/201110/t20111008_145604.html.

④ 教育部. 普通高等学校师范类专业认证实施办法（暂行）[EB/OL]. （2017-10-26）[2022-01-09]. http：//www.moe.gov.cn/srcsite/A10/s7011/201711/t20171106_318535.html.

⑤ 万东升，赵倩. "新师范"背景下教师教育课程改革进展与反思——以 15 所地方师范院校人才培养方案为例 [J]. 黑龙江高教研究，2021，39（11）：113-117.

表 6-1 《教师教育课程标准（试行）》课程要求

学习领域	建议模块	学分要求		
		三年制专科	五年制专科	四年制本科
1. 儿童发展与学习	儿童发展；小学生认知与学习等	最低必修学分20学分	最低必修学分26学分	最低必修学分24学分
2. 小学教育基础	教育哲学；课程设计与评价；有效教学；学校教育发展；班级管理；学校组织与管理；教育政策法规等			
3. 小学学科教育与活动指导	小学学科课程标准与教材研究；小学学科教学设计；小学跨学科教育；小学综合实践活动等			
4. 心理健康与道德教育	小学生心理辅导；小学生品德发展与道德教育等			
5. 职业道德与专业发展	教师职业道德；教育研究方法；教师专业发展；现代教育技术应用；教师语言；书写技能等			
6. 教育实践	教育见习；教育实习	18周	18周	18周
教师教育课程最低总学分数（含选修课程）		28学分+18周	35学分+18周	32学分+18周

说明：

（1）1学分相当于学生在教师指导下进行课程学习18课时，并经考核合格。

（2）学习领域是每个学习者都必修的；建议模块供教师教育机构或学习者选择或组合，可以是必修也可以是选修；每个学习领域或模块的学分数由教师教育机构按相关规定自主确定。

资料来源：教育部．教育部关于大力推进教师教育课程改革的意见［EB/OL］．（2011-10-08）［2022-01-09］．http://www.moe.gov.cn/srcsite/A10/s6991/201110/t20111008_145604.html.

各职前教师培养机构根据此标准，形成自己的教师教育课程。一般来说，教师教育课程包括以下几个部分：通识课程，如政治、英语、体育、创新创业以及各高等院校开设的多元化的选修课程；教育类课程，包括教育学、心理学、哲学、教育史、社会学等教育学基本理论课程；学科知识课程，主修学科的相关知识；教学理论包括学科教学等课程；教育实习。

中国有尊师重道的传统，教师自古就享有崇高的地位，承担传道授业解惑职责的同时，也被要求成为道德楷模。"学为人师，行为世范"便是师范教育的一个最好的注解。这种传统也深刻地体现在当代的师范教育课程体系之中。在诸多政府颁布的教师教育政策文本中，师德都被放在了首要位置。特别是在2018年教育部等五个部委联合发布的《教师教育振兴行动计划（2018—2022年）》中，要求落实师德教育新要求，增强师德教育实效性，加强师德养成教育，细化落实到教师教育课程，引导教师以德立身、以德立学、以德施教、以德育德。①

此外，教学实习也是教师教育课程的一个重要组成部分，强化实践教学是提高师范生教育教学能力的主要手段。国家规定的实习标准是不少于6个月。以浙江省为例，浙江师范大学提出师范生教学技能竞赛，得到浙江省教育厅的支持并推广到全省的师范院校。浙江省教育厅41号文件明确要求各高校要切实加强实践教学环节，建立完善的见习、实习、研习一体化实践教学课程体系，制定并实施师范生实践教学规程，切实落实师范生到中小学校教育实践不少于一个学期的制度，完善教育实习驻队指导制度。②在实习环节，师范生培养院校同中小学之间的紧密合作是保障实习成效的重要一环。为了进一步加强教育实习的质量，基于早期浙江省在中小学设立的教师发展学校（Teacher Development School，PDS），浙江省明确教育行政部门、中小学和高校在教师教育中的责任，从而在制度上保障了师范生的培养质量。③

二、在职教师培训

近年来，当代世界基础教育改革关注的焦点，已从教学与课程等局部层面的变革转向了更加关注学校教育整体的革新。在这种学校变革理念转变的背景下，教师发展范式也发生着转变。教师的职前培养和在职培训从以前的分离到逐渐成为有机的整体，师范教育一词逐渐被更具有综合性的"教师教育"概念所取代。与此同时，从美国开始兴起的教师专业化运动，越来越强调教师终身学习的重要性，同时也注重从教师个体学习转向通过教师专业共同体来促进教师学习。④

---

① 教育部等五部门.教师教育振兴行动计划（2018—2022年）[EB/OL].（2018-03-22）[2022-01-09]. http：//www.moe.gov.cn/srcsite/A10/s7034/201803/t20180323_331063.html.

② 周跃良，黄晓.浙江省师范教育体系改革与教师培养质量保障[J].中国教师，2016（24）：72-76.

③ 黄晓，张飘洒.成绩、问题与省思：走向协同的浙江省教师发展学校建设[J].教师教育研究，2019，31（5）：23-30.

④ 朱旭东，裴淼.教师学习模式研究：中国的经验[M].北京：北京师范大学出版社，2017：1.

20世纪80年代，中国政府即提出了建立全国性的教师在职教育体系的目标。1985年，《中共中央关于教育体制改革的决定》提出必须对现有的教师进行认真的培训和考核，把发展师范教育和培训在职教师作为发展教育事业的战略措施。这促进了全国大规模在职教师培训工作的开展。当然，这一阶段教师在职培训的重点是以学历补偿教育为重点。因为当时中小学教师队伍中存在大量学历不合格的教师，因此中国在1983—1989年进行了以中小学教师学历补偿教育为重点的继续教育培训，基本目标是通过继续教育使当时不具备合格学历的或不能胜任教学的教师能够胜任教学工作，并取得合格证书或合格学历。这一阶段的继续教育使教师在知识和技能等很多方面的水平得到了不同程度的发展，从根本上改变了10年前许多教师不能胜任教学的局面。[①]

■（一）以高等院校为主的培养模式

随着我国教师在职培训的发展，基本形成了高等院校及教师进修学校、教研系统、远程教育系统和校本培训等为主的职后培训系统。其中师范院校和其他高校越来越成为教师培训的主要力量。[②] 这些高校拥有较好的培训资源，长期从事教师培训，经验丰富。从这个层面上讲，高校开展教师培训也进一步加强了高校同中小学之间的联系和合作，有利于进一步加强职前和职后教师培训一体化，同时提升培训质量。

一方面，通过国家的政策支持，我国逐步建立起了完善的在职教师培训体系，一系列国家级、省级教师培训计划如"国培计划"的实施，直接推动了师范院校在内的开展教师培养的高校越来越多地参与到教师在职培训中去。另一方面，随着承担师资培育的高校越来越多地参与教师培训，其与中小学一线联系得更加紧密，同时将其与教师未来入职、在职培训进行连接，从而形成实践层面的一体化态势。

■（二）独具特色的教研制度

中国特色的教研制度被认为是推动基础教育改革从理念走向行动的重要因素

---

① 朱旭东. 中国教育改革开放40年：教师教育卷[M]. 北京：北京师范大学出版社，2019：229.

② 朱旭东. 中国教育改革开放40年：教师教育卷[M]. 北京：北京师范大学出版社，2019：229.

之一①，是撬动中国基础教育的支点②。中国上海在首次参加国际学生评估项目（PISA）即夺得榜首后，中国教育发展经验获得的国际关注，其中独具特色的教研制度被认为是提升教师教学质量的重要方式之一。③

教研组织最早可以追溯到清末，以张伯苓为代表，为储备师资人才，与王寅皆、林墨青、严修发起成立普通学社，每星期六在第一小学堂集合开会，组织讨论教育问题。张伯苓、严修还创办了天津教员研究所，每周末集合天津各小学堂教师研究改进课程和教学方法。同期，天津教师还开展"批评会"。④ 这些是早期比较典型的教师学习研究组织。新中国成立之后，教研组织的系统建立是学习苏联经验的产物。同时也是为了适应当时中国中小学教育发展需求，是在研究、指导解决我国中小学教育教学问题的过程中不断完善和发展起来的，是中国特色社会主义教学管理制度的重要组成部分。经过不断地建设与完善，我国教研制度已形成了一套比较成熟、行之有效的省市县校多级教研体系，造就了一支教学经验丰富、学术造诣较深、管理指导能力较强的教研员队伍。⑤

在学校内部，教研一般有三种运作方式：教研组、备课组和年级组。教研组由教授相同或类似科目的教师组成。他们讨论在该科目教学中遇到的问题，并分享他们的经验。在大型学校中，每个年级由许多平行班组成，教研内容被划分到备课组，以便共同准备教案。学校通常也有年级组，同一年级的教师聚集在一起交流、分享经验。教研活动包括备课、听课和评价同事的课、分享教育经验、讨论教学问题、进行研究和学习新的教学技术和技能。根据一项对上海初中校长的调查，在44%的学校中，校本教研组织每周组织一次专业发展活动；在52%的学校中，这些小组每周组织两次活动。⑥

基于学校的教研制度在中国尤为重要。与其他很多国家的文化不同的是，教

---

① 项贤明. 基础教育课程改革如何从理念转化为行动——基于我国70年中小学课程改革历史的回顾与分析 [J]. 课程·教材·教法, 2019, 39 (10): 41-51.

② 梁威，卢立涛，黄冬芳. 撬动中国基础教育的支点：中国特色教研制度发展研究 [M]. 北京：教育科学出版社，2011：1.

③ Liang X, Kidwai H, Zhang M, et al. How Shanghai does It: Insights and Lessons from the Highest-ranking Education System in the World [M]. Washington D.C.: World Bank Publications, 2016: 40-43.

④ 胡艳. 教研组织百年历程与中国教师的现代化 [J]. 教师发展研究, 2018, 2 (4): 107-117.

⑤ 梁威，卢立涛，黄冬芳. 撬动中国基础教育的支点：中国特色教研制度发展研究 [M]. 北京：教育科学出版社，2011：5-6.

⑥ Liang X, Kidwai H, Zhang M, et al. How Shanghai does It: Insights and Lessons from the Highest-ranking Education System in the World [M]. Washington D C.: World Bank Publications, 2016: 40-42.

学在中国不是一种私人活动,而是可以开放给所有同行的。因此,中国的课堂是公开的,听评课是学校日常开展教学交流和学习活动最频繁的方式之一。在学校层面,教研组作为一种学习型组织,教师在多样化的教研活动中主要扮演着领导者、任务承担者、协调者和智多星等多重角色,不同的角色使教师的教研活动得以产生成效,并在教、研结合的互动中提升教师的教育教学素养。① 其中,校长扮演着重要的教学领导职责。

正是意识到了教研制度对中国教育发展的重要支撑作用,2019 年,教育部颁布了《关于加强和改进新时代基础教育教研工作的意见》,该意见指出要进一步完善国家、省、市、县、校五级教研工作体系,同时强化校本教研。②

三、教师教育质量保障

经过二十年的规模扩张和转型升级,中国的师范教育进入了新的发展阶段,走内涵式的发展道路已经成为当前中国教师教育改革发展的核心议题。③ 在这个过程中,中国逐渐完成了从师范专业认证标准、教师资格标准到教师专业标准的建构,这些标准构成了中小学教师从培养、入职到岗位发展、贯穿终身的标准系统。④ 这种强调质量的教师教育发展突出表现在:在职前教师培训上开展师范专业认证工作,开展全国统一的教师资格证考试制度,提高教师准入标准。

■ (一)师范专业认证

在师范专业认证实施之前,中国的教师教育体系没有一个保障教师教育质量的基准,教师培养和培训机构有无序之嫌,教师培养和培训计划没有标准约束。⑤ 为了解决这一问题,2014 年教育部颁布了《师范类专业认证标准》,并决定在江苏、广西开展试点。2015 年江苏出台学前教育、小学教育和中学教育等三个师范专业认证标准,2016 年该省的淮阴师范学院率先接受小学教育专业认证。基于省

---

① 朱旭东,裴淼. 教师学习模式研究:中国的经验 [M]. 北京:北京师范大学出版社,2017:232.

② 教育部. 教育部关于加强和改进新时代基础教育教研工作的意见 [EB/OL]. (2019-11-25). http://www.moe.gov.cn/srcsite/A06/s3321/201911/t20191128_409950.html.

③ 王勇. 专业认证背景下师范院校内部质量保障体系构建研究 [J]. 中国高等教育,2019(7):39-40.

④ 张松祥. 我国师范专业认证需要关注的若干问题及其对策研究 [J]. 教育发展研究,2017,37(Z2):38-44.

⑤ 朱旭东. 论我国教师教育体系的重建 [J]. 教师教育研究,2009,21(6):1-9.

级试点工作的经验,2017 年初教育部宣布从当年开始对全国的师范专业进行认证。①

教育部旨在通过师范专业认证推进师范专业人才培养质量的不断提升。根据教育部颁布的学前、小学和中学专业认证标准,其特点表现在:突出师范特色、多方参与、产出导向和持续改进。②在专业认证背景下,高等院校在很大程度上对自身师范生培养过程进行了一次系统地、彻底地梳理和审查,专业认证对于提升师范人才培养质量、达到认证标准起到至关重要的作用。

■ (二)教师资格证制度

在教师资格证全国统考前,中国的教师资格考试一直被诟病流于形式:考试内容聚焦于传统师范教育课程"老三门"(教育学、公共心理学、学科教学法);师范生可以凭借在校所修的教育学和心理学成绩申请教师资格证,非师范生可以通过参加教师资格考试培训,不用付出太大的努力亦可获得教师资格证。③这不仅脱离了教师的工作实际与真实问题,而且也无形中降低了教师准入的门槛,影响了教师的社会声誉和质量。从 2011 年教师资格证全国统考试点开始后,考试分为笔试和面试,笔试科目有综合素质、教育知识与能力和学科知识与教学能力等,涉及的学科知识有教师职业道德、教育学、教育心理学、教育法规概论、教学技能理论与实践、职业道德规范与专业标准解读、学生与团队管理概论等,考查内容较统考前更科学。④

值得一提的是,新的教师资格证制度包括面试部分,面试分为结构化面试和试讲等多种方式,表明教育部门开始更加注重对教师实践应用能力的考查。这有助于师范院校强化师范生的实训和教育实践应用能力的培养,从而有利于培养真正具有从教能力的人才。⑤

当然,改革后的教师资格证制度仍然存在很多问题,而且与发达国家的教师资格证制度相比,需要进一步加强证书分类的多样性、针对性,特别是建立教师资格考试、认定与培养的一体化进程。⑥

---

① 张松祥.我国师范专业认证需要关注的若干问题及其对策研究[J].教育发展研究,2017,37(Z2):38-44.

② 王勇.专业认证背景下师范院校内部质量保障体系构建研究[J].中国高等教育,2019(7):39-40.

③ 梁结玲.从职业准入规范反思教师资格证国考[J].黑龙江高教研究,2015(9):6-9.

④ 梁结玲.从职业准入规范反思教师资格证国考[J].黑龙江高教研究,2015(9):6-9.

⑤ 教师资格证国考能考出高素质的教师队伍吗?[J].教育与教学研究,2017,31(8):91-129.

⑥ 陈勇,鲍秀秀,汤君婷.中小学教师资格证制度发展的经验与启示——以美、德、英、日四国为例[J].外国中小学教育,2018(6):67-71.

第二节 坦桑尼亚的教师教育

一、职前教师教育

与其他很多非洲国家一样,坦桑尼亚培养学前、小学教师和初中教师的主力是教师培训学院(Teacher Training College),类似于中国以前的师范专科学校。高中教师由大学培养本科层次的毕业生,具体路径见图6-1。目前,小学教师培养为两年制,招收的是初中四年级的毕业生,培养小学全科教师,毕业考试合格颁发相应的证书(certificate)。初中教师培养分为两类,均为专科(diploma),一种是三年制,招收初中毕业生;一种是两年制,招收高中毕业生。三年制的专业是为解决坦桑尼亚在科学、农业、计算机科学和商学科目上的教师短缺而定制,主要招收初中毕业生,前两年修习高中科目,最后一年集中学习教学知识和技能。2020年坦桑尼亚教育研究院对小学教师职前课程进行了修订,在加拿大援助的教师教育支持项目(Teacher Education Support Project,TESP)的资助下,将之前两年的证书课程升级为3年的专科课程,但截至2021年仍未正式实施。

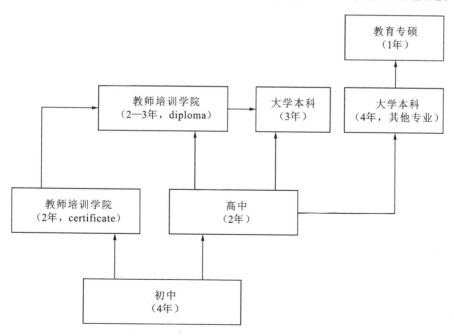

图6-1 坦桑尼亚职前教师培养路径图

截至 2019 年，坦桑尼亚共有公立教师培训学院 35 所，私立 85 所[①]，主要培养学前、小学和初中老师。鉴于较多的私立机构也提供师范教育，坦桑尼亚政府决定建立教师专业委员会（Teacher Professional Board），以规范教师教育的发展，并确保对师范教育标准进行监管。但在本章节撰写过程中，该委员会尚未完全成立。坦桑尼亚大学委员会、教育和科技部的高等教育局负责监督各大学履行其培养本科生和研究生教师的职责。教育部的教师教育司负责管理全国的教师培训学院。

（一）招生录取标准

与其他许多非洲国家一样，坦桑尼亚的教师职业很难吸引到优秀的中学毕业生。与其他行业相比，教师培训学院更多时候接收的是成绩中等偏下的中学/高中毕业生。例如，2011 年坦桑尼亚进入教师教育证书项目的师范生中，没有学生的成绩属于第Ⅰ段，不到 15% 的人属于第Ⅱ段，其余 85% 的人基本上是属于第Ⅲ段和第Ⅳ段中的下游（坦桑尼亚成绩等级评定见表 6-2）。这与进入专科和本科师范专业的学生成绩类似。而且，有时候还会在职前教师教育项目中发现有中等教育证书考试不合格的学生。一项对教师培训学院的研究发现，在 2010/2011 年和 2011/2012 年期间，超过三分之二的专科师范生低于最低要求。[②]

表 6-2 坦桑尼亚中等教育毕业考试的成绩等级换算表

成绩分段	初中四年级总绩点[③]	高中二年级总绩点[④]	等级
Ⅰ	7—17	3—9	优秀
Ⅱ	18—21	10—12	良好
Ⅲ	22—25	13—17	好
Ⅳ	26—33	18—19	及格
0	34—35	20—21	不及格

资料来源：National Examination Council of Tanzania（NECTA）. Award Scheme for National Assessment / Examination Results Using the total Scores（Division）[EB/OL] [2021-05-02]. https://necta. go. tz/files/bango%20viwango%20Division. pdf.

---

① MoEST. Education Sector Performance Report for Financial Year 2018/19 [R]. Dodoma：MoEST，2019：41.

② Mgaiwa S J. Emerging Fundamental Issues of Teacher Education in Tanzania：A Reflection of Practices [J]. Educational Process：International Journal（EDUPIJ），2018，7（4）：246-264.

③ 由中等教育毕业证书考试中的 7 个最高分相加。

④ 由高中毕业会考三门主要科目的考试成绩相加。

教师培训学院的录取标准分别在 2009 年和 2016 年得到修订，表明对师范生的招生录取标准有所提升。从 2009/2010 学年开始，两年制的教师证书培训课程的基本要求是通过中等教育证书考试（Certificate of Secondary Education Examination，CSEE）的考生成绩最低为第Ⅳ段 27 分，而之前的最低入学资格为第Ⅳ段 28 分。此外，英语和数学科目的学分合格是进入教师培训学院，特别是公立学院的优先选择。从 2016/2017 学年开始，证书课程的入学资格从第Ⅳ段 27 分提高到至少要达到第Ⅲ段，并在中等教育证书考试中至少有两门主要科目达到良好水平。同样，专科课程的入学资格也提高到至少进入第Ⅲ段，并在两门主要教学科目中达到良好水平。尽管坦桑尼亚教育部门提高了进入教师培训学院的标准，但对于一个希望培养出高质量劳动力并能够在世界知识经济舞台上竞争的国家来说，这一标准仍然很低。[①]

在本科层次，2005 年之前，坦桑尼亚职前教师的培养时间为四年。随后，对教师的大量需求导致培训时间缩短了一年。因此，这一级别的职前教师培训在培养上分成了两大类：第一类教师是培养教师教育者，专攻专业课程，学术科目课程较少；第二类教师准备在中学任教，学习更多的学术科目，专业课程相对较少。然而，与其他职业相比，这两类教师的入门资格相对较低。[②]

■（二）课程安排

除了大学开设的本科师范专业由大学委员会负责批准与认证之外，教师培训学院的课程由教育研究院（Tanzania Institute of Education，TIE）统一设置，教师培训学院按照这一课程标准来具体实施。通过这一课程标准可以发现，坦桑尼亚小学教师培训培养的是全科教师，针对小学的所有教学科目，分为学科知识和学科教学知识。除此之外，还有基本的教学论和公共基础课如英语交流技能、信息通信技术等，如表 6-3 所示。教育实习每年一次，每次 8 周，共 16 周。

事实上，对于此课程安排，教师培训学院基本上处于被动实施的状态。从课程安排本身来看，两年的时间要完成如此多的科目，对教师教育者和学生来说都是一个挑战。此外，实习作为职前教师教育中的重要环节，从幼儿园到高中教师

---

① Mgaiwa S J. Emerging Fundamental Issues of Teacher Education in Tanzania：A Reflection of Practices [J]. Educational Process：International Journal（EDUPIJ），2018，7（4）：246-264.

② Mgaiwa S J. Emerging Fundamental Issues of Teacher Education in Tanzania：A Reflection of Practices [J]. Educational Process：International Journal（EDUPIJ），2018，7（4）：246-264.

的培养，实习时间都为 16 周。这种时间安排很难满足学生的实践需求，因此对培养效果也会产生负面影响。

表 6-3　坦桑尼亚小学教师职前培训课程安排表

课程名称	每周教学时间（小时）	课程目标
教学论	2	掌握了解儿童行为的知识和技能，建立对儿童友好的环境，并提供指导和咨询； 了解坦桑尼亚教育的历史、指导初等教育实践和管理的理念和哲学； 掌握衡量学生成绩、发现教育问题和如何解决问题所需的研究、评估和评价技能； 了解影响教学过程规划和实施的各种理论和实践
英语交流技能	2	促进师范生在各种不同情境下对英语的认识和使用
信息通信技术	2	让师范生接触到获取知识和信息的现代技术
公民 学科知识 学科教学	1	让师范生了解国家和国际层面的政治、社会和经济发展情况及问题的一般知识
	2	让师范生了解公民课的互动教学方法、备课技巧以及各种学习理论和资源材料的应用
技术与实例	1	让师范生接触各种技术和媒体，并掌握在教学过程中使用这些技术的技能
职业技能 学科知识 学科教学	2	加强师范生对本学科知识的掌握
	2	接触互动式的教学方法、教学准备的技巧和各种学习理论的应用
宗教	1	促进坦桑尼亚社会可以接受的个人价值观、规范、态度和道德
历史 学科知识 学科教学	2	加强师范生对历史科目的掌握
	2	让师范生了解互动式教学方法、教学准备的技巧以及各种学习理论在历史教学中的应用

续表

课程名称	每周教学时间（小时）	课程目标
地理 学科知识 学科教学	2	加强师范生对地理学科知识的掌握
	2	让师范生了解互动式教学方法、教学准备的技巧以及各种学习理论在地理教学中的应用
英语 学科知识 学科教学	2	加强师范生对英语学科知识的掌握
	3	让师范生了解互动式教学方法、教学准备的技巧以及各种学习理论在英语教学中的应用
ICT 在教学中的应用	2	让师范生了解互动式教学方法、教学准备的技巧以及各种学习理论在信息通信技术教学中的应用
道德与体育 学科知识 学科教学	2	让师范生掌握该科目的学科知识
	2	让师范生了解互动式教学方法、教学准备的技巧以及各种学习理论在道德和体育教学中的应用
数学 学科知识 学科教学	2	促进师范生对数学学科知识的掌握
	3	让师范生了解互动式教学方法、教学准备的技巧以及各种学习理论在数学教学中的应用
斯瓦希里语 学科知识 学科教学	2	促进师范生对斯瓦希里语学科知识的掌握
	3	让师范生了解互动式教学方法、教学准备的技巧以及各种学习理论在斯瓦希里语教学中的应用
科学 学科知识 学科教学	2	促进师范生对科学学科知识的掌握
	3	让师范生了解互动式教学方法、教学准备的技巧以及各种学习理论在科学教学中的应用
法语 学科知识 学科教学	1	促进师范生对法语学科知识的掌握
	2	让师范生了解互动式教学方法、教学准备的技巧以及各种学习理论在法语教学中的应用

资料来源：MoEVT and TIE. Curriculum for Certificate in Teacher Education Programmes in Tanzania [R]. Dar es Salaam：TIE, Edition of 2013：15-17.

二、教师在职培训

坦桑尼亚政府虽然出台过不少教师在职培训的相关文件，如 2008 年的《教师发展管理战略》(*Teacher Development Management Strategy*)、小学教师在职教师培训发展战略2009—2013(*In-service Education and Training Strategy for Primary School Teachers*)以及2017年的《国家在职教师持续专业发展框架》(*National Framework for Continuous Professional Development for Practicing Teachers*),该框架旨在为在职教师提供持续专业发展的统一战略,从而提高坦桑尼亚的教育质量。这些文件尽管都将促进教师专业成长作为优先目标,但实际上并没有落实。

更多时候,教师们参加的是各种临时性的在职培训,但这些培训的方式往往偏讲授,其致命弱点在于:要求学生从事体验、探究和解决知识问题、进行合作,但是教师自己作为被培训者的时候,却完全被剥夺开展这种学习的机会。[①]教师教学理念和认知态度的实质性转变需要一个渐进的过程,而这产生于课堂践行为成功提升学生学习结果之后。[②] 也正是因此,几次孤立的培训很难改变教师原有观念,也很难实现教师专业发展的目的。经济合作与发展组织通过对65个国家教师教育体系的考察,发现最有效的专业发展项目是在一个持续的时间段里提供高质量的、提升教师的教学知识和技能的专业学习,不连贯的一次性培训的作用是非常有限的。比如芬兰、韩国、加拿大等表现优异的国家,均将教师教育置于非常重要的位置,主要表现在重视职前培养,向教师提供校本的专业发展。[③]

截至2019年10月,坦桑尼亚有100多个国内国外组织提供教师专业发展相关培训。对这些不同组织提供的专业发展项目进行梳理,可以发现以下特点。首先,项目覆盖的地区不均衡。大多数项目是在城市地区实施的,而农村地区则鲜少涉及。在职培养项目主要覆盖的一些地区包括达累斯萨拉姆、乞力马扎罗、阿鲁莎、多多马、姆万扎、卡盖拉和姆贝亚。在这些城市内部,覆盖面也是不均衡的,有经常受益于教师专业发展项目和完全没有参与教师专业发展项目两种群体。其次,教师专业发展项目的提供者之间存在着工作和资源的重复。不同的机构即使在同一领域工作,也似乎没有合作。例如,如果其中一个组织开发了可以共享的教师专业发展材料,那么另一个组织就没有必要在同一领域投入资源。相反,其他组织可以利用现有资源开展其他活动,包括将项目推广到其他领域。然而,现实是每个组织都按照自己的工作方式开展工作。最后,坦桑尼亚的教师专业发展项目缺乏组织与协调。虽然坦桑尼亚教育研究院(TIE)在成立之初就被赋予了协调教师在职培训的责任,但似乎缺少实现这一使命的指导方针。因此,

---

[①] 顾小清,祝智庭. 教师专业发展的实现模式[J]. 中国电化教育,2005(3):5-8.

[②] Clarke D, Hollingsworth H. Elaborating a Model of Teacher Professional Growth [J]. Teaching and Teacher Education,2002,18(8):947-967.

[③] Schleicher A. Building a High-Quality Teaching Profession: Lessons from Around the World [R]. Paris:OECD,2011.

尽管不同的组织为促进坦桑尼亚的教师专业发展做出了诸多的努力，但仍需要一个有效的协调机制来取得更好的效果。[①]

在过去的10年间，坦桑尼亚的教师在职培训主要由各个援助机构承担，从培训的组织方式上，主要包括四种：一是规模相对较大的标准化培训，奉行的是一刀切（one-size fits all）的哲学，这些短期的培训课程通常采用面对面的层叠模式（cascade model）将培训一级一级地传递给教师；二是校本教师专业发展，以学校或某一联片区域（cluster）为基本单位，建立教师学习共同体，一起集中交流和学习；三是远程学习体系，主要通过两种方式，一种是利用传统的打印材料以及相应的CD和DVD来支持学生教师，第二种是通过使用ICT（如广播、手机、在线学习）来进行培训活动；四是自主式的专业发展，教师根据自己的需求，利用可获得的资源自己学习。当然，这四种方式通常是混合使用。

比较有影响力的有日本国际协力机构（Japan International Cooperation Agency，JICA）在坦桑尼亚开展的中等教育科学和数学教师在职培训项目（In-Service Training of Secondary School Science and Mathematics Teachers），以及近5年各援助机构合力开展的小学低年级教师培训（针对算术、阅读和写作三个科目）。

以日本援助的培训为例，JICA从2009年开始同坦桑尼亚教育部合作开展中学数学和科学教师培训，日本负责提供资金支持，坦桑尼亚教育部负责培训的具体实施。第一阶段为试点，一般三年为一个阶段，每个阶段的培训分为三个周期（three cycles），每年开展一个周期的培训，每个周期的培训时间为10天左右。一般参与的教师要完成三个周期的培训。由于第一阶段的试点取得了积极的影响，第二阶段的在职培训（2013—2016）覆盖了坦桑尼亚全境的30个行政区。[②] 培训的课程主要包括学科教学知识（教学中的重难点）、教学法（探究式学习方法、活动的组织、课例研究、教学评价等）。贯穿培训的核心是日本的持续改善（KAIZEN）管理模式，通过计划、实施、观察和提高（Plan，Do，See and Improve，简称PDSI）来开展课例研究，不断改善课堂教学。各行政区的培训者接受了国家培训者的培训后再来培训当地的教师，这些培训者都是非常优秀的中学一线教师。培训的场地一般选择当地一所条件稍好（空间大、有实验室等）的中学作为培训中心，因此这也是一种非常具有成本效益的校本式培训。较为遗憾的

---

① Komba S C，Mwakabenga R J. Teacher Professional Development in Tanzania：Challenges and Opportunities［M］//Educational Leadership. IntechOpen，2019：3-4.

② 目标是提高中学生在科学和数学科目上的有效学习，Form 2（初中二年级）和Form 4（初中四年级）的国家考试通过率增加2%，同时巩固中等教育科学和数学教师传授优质能力基础课程的能力。

是，由于JICA在坦桑尼亚工作重点的转移，第二阶段的培训结束后，日本目前不再继续开展数学和科学教师培训。

校本培训近年来被认为是非常具有成本效益且更有效的教师专业发展模式。2011年，在联合国儿童基金会（UNICEF）的支持下，坦桑尼亚正式开始在7个地区开展校本教师发展试点项目。项目实施期为6个月，主要采用混合式的方法：由教师培训学院的教师提供一周的住校课程，随后被培训教师返回各自的学校，在数学、英语和教学法上进行自学。相比传统的大学或学院本位的培训，校本培训更具成本效益，在学校环境中开展活动也为教师提供了便利，同时有利于教师将新学习的内容融入课堂实践中。[1]由英国支持的坦桑尼亚教育质量改进项目也在坦桑尼亚部分地区实施校本专业发展项目。在该项目下，英国为坦桑尼亚开发了大量的教师学习材料，每个学校指派一位资深教师作为校本培训的负责人，并要求学校定期开展教师学习活动。但是对其校本专业发展项目进行评估后发现，校本培训模式的实施面临着一些在设计阶段就可以预见到的挑战，如在体制上缺乏对教师参与校本培训的激励、教师抱怨没有津贴、校本活动的时间很难协调与安排等。[2]综上，由这些援助组织开展的校本培训最终都很难扎根于学校的土壤之中，暴露出来的根本问题是坦桑尼亚教师管理体制上的问题，特别是教师激励和问责方面。如果不解决好这个问题，不管坦桑尼亚颁布多少份教师专业发展政策文件、实施多少个教师专业发展项目，也很难真正实现教师专业发展的可持续性。

三、教师教育质量保障

同很多非洲国家一样，坦桑尼亚的教师培养主要由专门的教师培训学院和大学里的教育学院承担。由于两者的分管上级单位不同，因而各自的管理和质量保障的要求也有所区别。

对于教师培训学院来说，学生需要通过国家考试委员会组织的资格考试，合格后方可毕业，或等待国家分配，或直接进入就业市场。大学的本科师范专业学生只需按照获得学位的基本要求，完成每门课程的考核即可算作合格的准教师。虽然不同机构承担不同级别的教师培养任务，但是在实际的学校环境里，大学本科师范毕业生在小学和初中任教，教师培训学院毕业生在高中任教的情况也屡见不鲜，这主要是根据师资短缺情况来分配。

---

[1] Hardman F, Hardman J, Dachi H, et al. Implementing School-Based Teacher Development in Tanzania [J]. Professional Development in Education, 2015, 41 (4): 602-623.

[2] Ruddle N, Rawle G. EQUIP-Tanzania Impact Evaluation Final Endline Report [R]. Oxford: Oxford Policy Management, 2020: iv.

教师培训学院由教育和科技部教师教育司负责,对教师培训学院的质量监督也被纳入全国统一的学校教育质量保障框架。根据这一保障框架,质量保障官员主要考查的方面包括:学习者的成果;教学质量(能够促进学习和评估);课程质量(满足学习者需求);领导和管理的质量(学习、人员和资源三方面);学校环境的质量及其对福利、健康和安全的影响;社区参与。①大学的所有专业由国家大学委员会负责监督和认证,这就导致了教师职前培养没有统一的专业标准,在很大程度上造成了准教师的水平参差不齐,这不仅有损教师的专业性,也是对教学和学生的不负责任。这对教师地位本就不高的坦桑尼亚来说,更是一种打击。

第三节 英国的教师教育

英国的全称为大不列颠及北爱尔兰联合王国(United Kingdom of Great Britain and Northern Ireland),由英格兰(England)、苏格兰(Scotland)、威尔士(Wales)和北爱尔兰(Northern Ireland)四部分组成。由于历史原因,在教师教育领域,英国事实上实行的是"一国四制",即英格兰、苏格兰、威尔士和北爱尔兰分别各自负责各自管辖范围内的教师教育事务。②虽然早在19世纪师范学院就已经在英国出现,但教师教育的改革在20世纪90年代才开始加强。

一、职前教师教育

目前,英国职前教师教育主要有三种模式:高等教育机构主导的模式、中小学主导的模式和其他模式。其中,高等教育机构主导的模式是主体,中小学主导的模式在整个职前教师教育中的比重在逐渐上升,其他模式是英国职前教师教育体系的有益补充和积极探索。③自20世纪80年代以来,英国高校的教育研究生证书课程(The Postgraduate Certificate in Education,PGCE)和教育学士学位课程(Bachelor of Education,BEd)是中小学师资培养的主要途径,学生修业合格后获得PGCE或BEd证书,同时获得合格教师资格(Qualified Teacher Status,QTS)。④

---

① MoEST. School Quality Assurance Handbook [R]. Dodoma:MoEST,2017:15.
② 朱剑. 英国职前教师教育质量保证体系研究 [M]. 北京:教育科学出版社,2021:28-29.
③ 朱剑. 英国职前教师教育质量保证体系研究 [M]. 北京:教育科学出版社,2021:31.
④ 徐文秀,刘学智. 英国教师教育改革三十年:背景、历程与启示 [J]. 现代教育管理,2019(8):117-122.

■ (一) 招生录取标准

师范生的生源质量被英国置于非常重要的地位。英国四地都有其官方的师范生招生录取标准，与此同时，各培养高校也会在官方标准的基础上进行一定程度的拔高。

以英格兰的小学教育专业为例。根据英格兰的官方标准，申请者在普通中等教育证书数学和英语考试上应达到 C 级或相当水平，对于申请研究生层次的师范专业的申请者而言，他们必须获得英国高等教育机构颁发的第一学位或相当水平的学位，同时必须参加面试，来判断他们是否真正适合从事教学工作等。英格兰的高校在此基础上，根据不同专业方向也提出了更多具体的要求。比如曼彻斯特城市大学本科层次的教学教育专业入学要求，对于中等教育证书考试成绩的要求是数学、英语和科学（人类生物学除外）考试中至少获得 C 级，所有申请者必须通过合格教师资格技能测试的计算与阅读能力部分，还需通过面试考核等。[①]

总的来说，英国各地高校的职前教师教育入学标准均不同程度地超越了官方标准，这是提高生源质量的一个有效举措。应当说，官方标准和高校标准的协同作用可以共同坚守师范生生源的质量底线，为整个职前教师教育质量保证体系夯实基础。[②]

■ (二) 职前教育的课程

英国职前教师教育的课程主要有两类：一是教育学士学位课程，面向高中毕业生开设，学科教育与专业教育同时进行，主要为幼儿园、小学培养师资；二是教育研究生证书教育课程，主要是已取得学士学位后教育证书课程，学制 1 年，面向已取得学科学士学位、欲从事教学工作的本科毕业生专门进行专业教育的课程。[③]

以伦敦大学教育学院的小学教育研究生证书教育课程为例。初等 PGCE 课程是培养未来能够为 5—11 岁儿童授课的师范生。该课程主要有三种类型：小学教育 PGCE 课程、小学数学 PGCE 课程（Specialist Mathematics full-time）以及培养成为幼儿园至小学 1—2 年级教师的 PGCE 课程（EYFS/KS1 full-time）。三类课程均要求修满 60 个学分，培养时间为一年。小学数学 PGCE 课程培养主要分为三个模块。第一个模块为培养师范生对于小学核心课程教与学的能力（Learn-

---

[①] 朱剑. 英国职前教师教育质量保证体系研究 [M]. 北京：教育科学出版社, 2021: 112-127.

[②] 朱剑. 英国职前教师教育质量保证体系研究 [M]. 北京：教育科学出版社, 2021: 137.

[③] 谌启标. 教师教育大学化的国际比较研究 [M]. 福州：福建教育出版社, 2008: 70.

ing and Teaching Through the Core Subjects in the Primary Context)。该模块共有 30 个学分,旨在培养学生对专业教学实践问题的把握,理解学生的学习过程,有能力在教学等工作中独立地、创造性地应用所学知识。该模块的考核标准是一篇 5000 字的论文,以及参与学习和教学课程的情况。第二模块为专业实习(Professional Practice),专业实习主要关注学生的教学实践情况,是所有教师教育课程的必要组成部分。该模块的内容包括在伦敦大学教育研究院以及与合作小学里面进行实地教学。第三个模块为小学课程专业修习(Primary Subject Specialism)。该模块也是 30 个学分,是对第一个模块的补充和提高,主要是针对所选的小学教学科目将其学科知识应用到实际的学校工作中去。数学专业就会被要求必须完成数学专业学习单元,然后通过一个教师研究项目来实现学习目标。该模块的考核标准是针对自己的研究成果进行展示并接受口头测验。[①②]

从以上案例可以发现,英国 PGCE 课程设置的核心特点是理论课程与实践课程的融合,注重教学实习的层次性,从浅入深,虽然英国小学教师的培养目标主要仍是成为全科教师,但我们可以看到,在伦敦大学教育学院的 PGCE 课程中事实上越来越重视教学实践和学科知识,这也完全体现了英国《教师标准(2011)》的具体要求。

二、在职教师教育

英国教师专业发展也经历了逐步完善的过程,尤其是进入 21 世纪,通过为教师提供量身定制的专业发展机会来维护教师队伍的稳定性,成为英国政府的优先事项。其中有两份重要的政策文件为教师专业发展奠定根基:一是 2001 年苏格兰政府发布的《21 世纪教师专业》,该协议重新确认了教师专业发展的重要性,并规定教师每年额外参与培训时间最高为 35 个小时,且每位教师都应做好年度专业发展计划和个人参与专业发展活动的记录;第二份文件是 2010 年英国教育部发布的学习教育白皮书《教学的重要性》,这是联合政府执政后颁布的第一个全国性教育报告,为教师教育规划了新的蓝图,特别是再次强调了教师专业发展的重要性,并承诺给所有教师提供支援。[③]

---

① University of London, Institute of Education. Primary (Specialist Mathematics full-time) PGCE [EB/OL]. (2021-09-28) [2022-01-12]. https://www.ucl.ac.uk/prospective-students/graduate/teacher-training-programmes/primary-specialist-mathematics-full-time-pgce.

② 任怡. 英国大学职前教师教育 PGCE 课程设置及特点——以伦敦大学教育研究院为例 [J]. 教育与教学研究, 2015, 29 (2): 39-42, 46.

③ 郭瑞迎, 牛梦虎. 英国教师持续性专业发展:背景、内涵及发展趋势 [J]. 教师教育研究, 2019, 31 (6): 108-113, 128.

最近的关于教师专业发展的重要政策是 2016 年英国教育部发布的《教师专业发展标准》（*Standard for Teachers' Professional Development*）以及相应的《教师专业发展标准——给学校领导、教师和教师专业发展提供者的应用指南》，提出教师专业发展的要求，并从教师、学校领导和教师专业发展提供者的角度分别给出了促进教师专业发展的指导性意见。① 该标准基于多项实证研究，认为有效的教师专业发展应该具备以下要求：教师专业发展应该以改善和评估学生成绩为重点；专业发展应以强有力的证据和专业知识为基础；教师专业发展应包括合作和来自专家的指导；专业发展活动应长期可持续。而以上这些要求落实到位需要学校层面的支持，因而要求学校领导必须优先考虑教师专业发展。② 以上说明英国教育部对教师专业发展提出了更高的有效性要求。

除此之外，英国还对每一个阶段的教师职业生涯发展提供专门的指导框架。特别值得一提的是对初任教师的支持。初任教师处于从学生转换到教师角色这样一个关键时间点，为帮助他们适应学校和教学环境，需要向初任教师提供恰当的专业支持和指导。2019 年初，英国教育部出台了《中小学初任教师职业发展框架》，拟在 2020 年试点基础上全面推广。该框架涵盖高期待、儿童如何学习、学科和课程、课堂实践、教学调整、评估、学生行为管理、教师专业行为 8 个要点，旨在为中小学初任教师提供基于证据的优质教学支持。③

2021 年 7 月，英国教育部发布了《提供世界一流的教师发展》（*Delivering World Class Teacher Development*）的政策文件，该文件指出教师发展改革将通过强有力的实践证据为教师职业生涯的整个过程提供支持、培训和发展，包括职前培训、初任教师、成熟教师以及学校领导不同的职业阶段。④ 此次改革应该说是最近几年英国在教师教育领域改革的集大成者，真正服务于教师的终身发展。与此次改革同时进行的一项革新是，英国决定在英格兰建立一个新的教学研究院

---

① 宁莹莹. 英国教师专业发展标准的形成、特点及启示 [J]. 教学与管理，2018（21）：119-121.

② UK Department for Education. Standard for Teachers' Professional Development：Implementation Guidance for School Leaders，Teachers，and Organisations that Offer Professional Development for Teachers [EB/OL]. [2022-01-12]. https：//assets. publishing. service. gov. uk/government/uploads/system/uploads/attachment_data/file/537031/160712_-_PD_Expert_Group_Guidance. pdf.

③ 黄志军，李凯. 为初任教师提供基于证据的优质教学支持——英国《中小学初任教师职业发展框架》探析 [J]. 比较教育学报，2020（4）：124-135.

④ UK Department for Education. Delivering World Class Teacher Development [EB/OL]. [2022-01-13]. https：//assets. publishing. service. gov. uk/government/uploads/system/uploads/attachment_data/file/991390/Delivering_World-Class_Teacher_Development. pdf.

(Institute of Teaching),为教师和学校领导在整个职业生涯中提供专业培训和发展。该研究院也是世界上第一家承担此类功能的机构。①

三、教师教育质量保障

英国对教师教育质量的关注突出体现在职前教师教育专业认证和督导上。

职前教师教育专业认证制度指的是通过对开展职前教师教育的机构或专业进行认证,确保这些机构或专业符合政府提出的质量要求。尽管英伦四地的职前教师教育认证制度不尽相同,但都是为职前教师教育质量保驾护航。以英格兰为例,在英格兰,职前教师教育认证包括对准职前教师教育提供者的认证以及对已获得认证资格的职前教师教育提供者的持续认证。准职前教师教育机构认证标准包括招生与筛选、合作、专业与学科、师范生评价、质量保证和财政管理6个一级维度和24个二级维度。获得认证资格得以开设职前教师教育专业之后,英格兰地区的职前教师教育提供者还需要获得全国教学与领导力学院的后续持续认证。根据全国教学与领导力学院发布的英格兰职前教师教育的认证标准,包括入学标准、培养标准和管理与质量保障标准3个一级指标。在培养标准中,对师范生的课程、教学、实习等做出了规定,例如,四年制本科师范专业在幼儿园、中小学或继续教育机构的培养时间至少为160天。②

除了对职前教师教育进行认证之外,英国还有专门的职前教师教育的督导制度,对职前教师教育提供过程性的质量保障。督导制度在英国拥有悠久的历史,很多被英国殖民的非洲国家包括坦桑尼亚都继承了这一教育督导制度,职前教师教育机构也被纳入教育督导的范围之内。但随着对师范教育的愈发重视,英国形成了独立的职前教师教育督导制度。

2012年英国发布了《职前教师教育督导手册》,主要包括职前教师教育督导的法律基础和行动框架、教育督导人员在督导期间所采取的行动和督导人员对督导结果的判断标准等。③ 2018年该手册得到修订,2020年,英国教育、儿童服务和技能标准办公室(Office for Standards in Education, Children's Services and Skills, Ofsted)颁布了最新的《职前教师教育督导框架和手册》。督导有两个核

---

① UK Department for Education & The Rt Hon Nick Gibb MP. New Institute of Teaching Set to be Established [EB/OL]. (2021-01-02) [2022-01-13]. https://www.gov.uk/government/news/new-institute-of-teaching-set-to-be-established.

② 朱剑. 英国职前教师教育质量保证体系研究 [M]. 北京:教育科学出版社,2021:81-110.

③ 朱剑. 英国职前教师教育质量保证体系研究 [M]. 北京:教育科学出版社,2021:138-146.

心标准：一是职前教师教育机构的教育和培训质量，二是职前教师教育的领导与管理。[①]与 2012 年的督导标准相比，最新的督导框架摒弃了之前包含的职前教师教育结果比如学业完成率、就业率等量化指标，转而更加关注职前教师教育机构在课程、教学、实习、评价等方面的设置以及实施情况，特别是学生是否将所学应用于实践等方面。

除了职前教师教育，对于教师专业发展，英国教育部也日益关注其活动开展质量。特别是近年来颁布的《教师专业发展标准》，强调以实证为基础，提出教师专业发展有效性的标准，该文件是提升教师专业发展质量的重要举措。

结　语

通过比较上述三个国家的教师教育体系，可以发现这三个国家正好处于教师教育发展的不同阶梯上。英国代表着发达国家教师教育体系的一般特征：教师学历不断提升，教师教育规范化、体系化。中国正在努力提升职前教师培训质量，并逐步完善体系化的教师在职培训体系，不断提高教师地位；坦桑尼亚像很多发展中国家一样，政府还未将教师教育置于优先发展的重要位置，职前和在职教师教育仍然是割裂的概念。总的来说，这三个国家之间有着诸多可以相互学习和借鉴的地方。

一、加强职前教师教育与中小学之间的联系

职前教师教育的质量越来越受到世界各国的关注。职前教师培养中，在幼儿园、中小学的实践环节是实践师范生所学的理论知识、保障师范生培养达到专业标准的重要一环。在中国，师范生培养高校承担着主要的职前和在职培训任务，尽管 2016 年的《教育部关于加强师范生教育实践的意见》提出，"在师范生培养方案中设置足量的教育实践课程，以教育见习、实习和研习为主要模块，构建包括师德体验、教学实践、班级管理实践、教研实践等全方位的教育实践内容体系，切实落实师范生教育实践累计不少于 1 个学期制度"，但实际的落实情况有

---

① Office for Standards in Education, Children's Services and Skills. Initial Teacher Education (ITE) Inspection Framework and Handbook [EB/OL]. (2020-06-24) [2022-01-14]. https://www.gov.uk/government/publications/initial-teacher-education-ite-inspection-framework-and-handbook/initial-teacher-education-ite-inspection-framework-and-handbook.

待进一步考查。①相比英国在职前教师教育上的多元化，特别是以中小学为主导的培养模式，可以发现发达国家在教育实践方面已经有了多样且稳定的模式，这从前文的 PGCE 课程也可发现，其职前教师教育机构与中小学之间建立了紧密的合作关系。当然，英国这种以中小学为主导的教师培养模式的前提是中小学与大学建立稳定的伙伴关系。②这是目前中国正在努力的重要方向。

而对于坦桑尼亚来说，尽管在教师培训学院的发展过程中建立了相应的附属学校，这些附属学校本身应当承担教育实习以及教学实验的功能。但实际上，附属学校和教师培训学院，任何一方都没有动力去主动搭建这样的合作桥梁。可以说，阻碍教师教育质量发展的一个重要原因就是坦桑尼亚不重视职前教师教育机构与中小学之间的伙伴关系。这固然与职前教师教育机构与中小学都面临着严峻的资源短缺问题有关，但要让职前教师教育机构与中小学都意识到合作才能共赢，需要政府出面统筹安排并提供相应的资源和专业支持。

二、发挥教师学习共同体的重要作用

来自英国和中国的教师教育发展经验，以及一些在非洲国家的实地研究证据也表明，通过同伴学习，辅以专业指导，是一种比较有效的教师专业发展方式。③英国结合最新的实证研究证据，在其《教师专业发展标准》中指出，有效的教师专业发展的措施之一就是加强以促进学生学习为目的的教师合作，加上外部的专业指导。④

从本质上来说，中国特色的教研组就是一种教师学习共同体，教师在这个共同体里互相听课、交流与学习，是中国教师教育发展过程中重要的制度安排。基于 2009 年和 2012 年上海在 PISA 中的优异表现，中国的教育发展引起了诸多国家的兴趣。在英国政府的主动磋商下，中英数学教师交流项目（England-Shang-

---

① 教育部.教育部关于加强师范生教育实践的意见[EB/OL].（2016-03-21）[2022-01-12］．http：//www.moe.gov.cn/srcsite/A10/s7011/201604/t20160407_237042.html.

② 胡夏君.校本教师培养模式之变革——来自英国的经验[J].福建教育，2013（22）：22-23.

③ Jung H, Kwauk C, Nuran A, et al. Lesson Study: Scaling up Peer-to-peer Learning for Teachers In Zambia [M]. Washington D C.: Brookings, 2016.

④ UK Department for Education. Standard for Teachers' Professional Development: Implementation Guidance for School Leaders, Teachers, and Organisations that Offer Professional Development for Teachers [EB/OL]. [2022-01-12]. https://assets.publishing.service.gov.uk/government/uploads/system/uploads/attachment_data/file/537 031/160712_-_PD_Expert_Group_Guidance.pdf.

hai Mathematics Teacher Exchange Program）于 2014 年开始实施。自项目开始实施后，英国参与交流的学校发生了积极的变化：其中之一便是中国教师在英国的公开课和数学教研活动等方式对英国传统的教育观念产生一定的"刺激"，并促使英国对参与交流的学校和更广泛的英国小学数学教育实践进行反思。①

在坦桑尼亚，不论是政府机构还是援助机构，都在探索一种有效的教师专业发展模式。2020 年坦桑尼亚政府通过了《国家教师可持续专业发展框架》，该框架提出了开展教师可持续专业发展的多种方式，包括开放学习和远程学习，特别强调了以校本专业发展为基础的模式。基于援助机构在坦桑尼亚的多年尝试，校本培训的确具有成本效益，如果有相应制度保障还能实现可持续性。但对于坦桑尼亚来说，保证校本专业发展成功的前提是地方教育官员以及校长对教师专业发展理念的认同并采取相应的措施，特别是校长要充分发挥其作为教学领导的职责，为校本培训中教师的互相学习提供相应的专业和资源支持。

三、建立完善的教师教育质量保障制度

英国和中国都建立起了职前教师教育专业认证、教师准入标准（资格证）和教师专业标准等从职前、入职到职后，覆盖教师终身发展的质量保障体系。英国更进一步，从初任教师开始到教师专业发展都有清晰的职业发展路径和明确的标准框架。处于各个职业生涯阶段的教师是否达到这些标准，是各种质量保障措施如教育督导的重点考查方向。也就说，标准建立之后，如何将其标准运用到实际的教师质量提升中去，是考查一国政府教育政策的实施能力的重要指标。

对于坦桑尼亚来说，缺乏相应的教师教育质量保障体系是目前影响其教师质量的重要因素之一。在坦桑尼亚实施免费义务教育的背景之下，如何解决教师短缺问题成为政府的工作重点。对教师质量的关注散见于对学前和小学职前教师教育课程的修订，以及各援助机构对教师专业发展的支持等，这些举措对于教师教育质量的提升当然是有帮助的，但过于碎片化，很难对教师教育整体形成综合性的有力影响。因而，坦桑尼亚政府在教师教育领域的当务之急是需要认识到教师教育一体化的发展趋势，对职前、入职、职后等教师发展的不同阶段进行统筹安排，并建立保障教师教育质量的独立体系，而不是将其置于中小学教育的督导框架之下。

（徐倩）

---

① 袁慧，黄兴丰. 中英数学教师交流项目的影响与思考 [J]. 外国中小学教育，2018 (11)：44-52.

第七章

德国、澳大利亚与中国的职业教育改革与发展比较

德国、澳大利亚、中国分别处于三个不同的大洲,三个国家的职业教育体系各具特色。中国是世界上人口最多的国家,中国的职业教育规模也最大。从20世纪80年代开始,中国职业教育在改革开放的大潮下,取得了举世瞩目的成就,建立起了具有中国特色的职业教育体系。四十多年来,中国职业教育占据了中国教育的"半壁江山",培养了数以亿计的高技能人才和劳动大军,为中国经济发展、科技进步、家庭脱贫做出了积极贡献,为中国一跃而成为世界制造业大国奠定了坚实的人力基础。德国的职业教育发展历史悠久且影响广泛,尤其是它的"双元制"职业教育在全世界都产生了广泛影响,甚至被认为是二战后德国经济迅速崛起的"秘密武器","德国制造"中很多知名品牌至今畅销不衰,德国产业工人的敬业精神、职业道德为世界所称道。澳大利亚的职业教育当属"后起之秀",它的TAFE(Technical and Further Education)教育模式起于20世纪80年代,兴于21世纪,其主要推手是澳大利亚政府自20世纪90年代起大打"教育国际化"这副牌。TAFE教育是澳大利亚向海外推销的教育品牌之一。下面分别从三国职业教育的发展或变化轨迹、主要特征、国际影响等层面进行比较和分析。

第一节 德国"双元制"职业教育

德国的"双元制"起源于中世纪的手工业学徒培训,真正形成是在19世纪中后期。二战以后,德国经济在很短时间内就恢复到战前水平,"双元制"被认为是战后德国经济迅速崛起的"秘密武器",后被越来越多的国家学习和效仿。

实践证明,"双元制"是一种运转灵活、优势互补的卓越职业教育人才培养模式,成为德国职业教育的一张"名片",在世界范围内产生了广泛影响。本节内容从分析德国"双元制"的内在含义、"双元制"的主体职能定位、"双元制"的实施过程特点出发,推论出"双元制"对发展中国家的启示意义。

一、"双元制"的构成要件

何谓"双元制（dual-system）"?简单地讲,就是具有"校企合作"特征的一种职业教育模式。"双元"是指"学校"与"企业"、"学生"与"学徒"之间的主体关系。但是,作为一种职业教育范式,它的实施和实现过程需要一种安全高效的保障体系,这种保障体系的构成要件如下。

（一）运行机制

"双元制"的运行过程首先需要得到政府、企业和学校、家庭之间的相互支持和互相配合,缺一不可；其次,需要良好的社会环境,包括：经济环境、产业结构、文化认同、法律框架等；第三,需要对"双元制"的实施环节和步骤有一个明确的界定,否则有可能与普通的校企合作趋同。比如,学员要申请学徒,首先应该怎么办？如何处理企业学徒与职业学校课程学习之间的先后关系？什么情况下才能认定他（她）的学生和学徒双重身份？只有在他（她）完成学习和培训后,所产生的结果是预期的、理想的,才能说这个运行机制是良好的。

（二）法律体系

为了保障"双元制"的顺畅运行,德国在经过长时间甚至上百年的经验积累后,建立了比较完善的职业教育法律体系。这种体系包括：联邦政府层面,如《职业教育法》《手工业条例》《职业培训法》和《实训教师资格条例》等基本法和专门法；其次是各州教育立法等。这些法律、法规效力界定明确,起到了相互协调,规范具体的职业教育实践,促进职业教育健康有序发展的作用。

（三）管理体制

联邦政府下设职业教育研究所,负责联邦层面的职业教育发展调研、经费预算管理及对参与"双元制"企业学徒培训的监管,州教育部负责对本州辖区内职业学校的管理,包括运行经费预算、设施设备投入等,各行业协会主要负责本行业所属诸多企业开展职业培训的具体事务指导和检查。

（四）投入机制

根据联邦职业教育法，德国的职业教育经费由联邦政府、州政府和企业共同负担，职业学校的办学经费则由各州和地方政府共同承担，比如，教职工工资、退休后的养老金等人事费用通常是由州政府承担。职工培训、学徒培训经费通常都由企业自己承担，而政府则以免税及奖励的形式给予补助。

（五）质量监督

与很多发展中国家不一样的是，德国的行业协会很发达、很健全，而且历史悠久、自主性强、政府干预少，这可能恰恰是"双元制"得以健康实施的关键一环。据统计，德国有480个行业协会，这些行业协会都设有职业培训委员会（VTCs），负责本行业的培训质量监督。培训委员会成员既有学校教师，也有敢于直言的工会代表。此外，"双元制"项目考核、学徒成绩认定及证书发放等均由行业协会负责。

二、"双元制"实施的主体定位

"双元制"实施过程中涉及联邦政府和州教育部、雇主和行业协会、职工和工会、学校和教师、学生（学徒）等多个主体，各主体在权责划分、职能分工和功能发挥等角色定位上各司其职、各得其所。

（一）联邦政府和州教育部

联邦政府所设的职业教育研究所规模很大，代表联邦政府实施对职业教育的管理职能，比如职业教育法律法规的修订、联邦政府下拨的职业教育经费的审批和监察等。职业学校管辖权由所在州教育部负责，职业学校的课程建设、办学经费、教学设施投入、人事费等均由州政府或市政府承担。

（二）雇主和行业协会

学徒在企业期间的津贴以及企业内所聘师傅的薪水均由企业负责。支付的标准、时间和期限等均在合同中明文规定。根据培训条例，提供学徒岗位的企业还需组织制定学徒培训方案。所有雇主须加入地方行业协会。行业协会的主要职能包括：对企业是否具备提供学徒资格的认定、学徒结业考核和证书颁发、企业培训师的资格认定及考核、学徒合同纠纷仲裁等。

（三）工会和工人

与行业协会一样，德国的工会组织也十分健全，而且在企业声誉、职工权益保护等方面发挥着积极作用。一旦出现劳资纠纷，一般经由工会出面，多半都能得到妥善和及时的解决。学徒工作为"准工人"，在企业期间的合法权益也同样受到保护。若有雇主违反培训合同、虐待学徒等将被列入"黑名单"。

（四）学校和教师

职业学校的主要任务是负责学徒的文化课、专业课教学。同时，学校有义务与学徒所在企业达成共识，合理安排学徒的学习时间。学生的学业成绩考查、资格证书的发放则由各行业协会负责。德国职业学校的教师进门难、要求严，待遇也高，享受公务员待遇。比如，从事理论课教学的教师学历起点为本科，而且需要有至少两年的企业工作经验，正式到校任教后还需经过两年的试用期，试用期结束通过考核后方可终身雇用。在德国，很少有教师因为违反教学纪律而被开除。一是因为教师的待遇比较高，二是教师选拔过程比较严格和规范，只有比较优秀者才能进入教师队伍。

（五）学生和学徒

获得"双元制"学培身份的学员，需是实科中学或主要中学的毕业生。这些学生因为不想继续读大学，所以就选择当学徒，早点就业。按照德国法律规定，申请学徒者需先同有学徒岗位的企业签订培训合同，然后再到职业学校申请入学登记，前者往往要等很长时间。只有当拿到与企业的培训合同、职业学校的学籍申请时，他（她）才拥有了"学生"和"学徒"的双重身份，需要到两个不同场所完成学习。其时间分配一般是这样：一周五天中，1～2天在学校，3～4天在企业，总共需要3～3.5年甚至更长时间才能完成全部学徒课程和实习任务。

三、"双元制"实施环境及对发展中国家的启示

"双元制"是在一个有着健全的行业协会和工会、法规制度和行政体制都十分完善的高度工业化的国家里发育成功的，它深深扎根于德国的经济发展水平、产业政策、文化等社会要素中，显示了它的独特个性。揭示这些个性的存在，以期得到适合发展中国家借鉴的经验是十分必要的。

（一）投资渠道畅通，经费投入高

德国"双元制"的投资渠道有国家财政资助、国家专项基金和企业资助三种。国家专项基金是根据法律规定，向所有企业收取的一定比例的教育费，所有企业都须交纳。而这些经费"取之于民，用之于民"，用于资助提供学徒岗位的企业、奖励学徒培训质量优秀的企业，以及运营跨企业的培训中心。通过国家基金的形式，有利于激发企业参与职业教育和职业培训的积极性。其实，"双元制"培训中的很大一部分经费是由企业提供的。比如企业培训中心的建立、培训设备的购置、实训师工资、学徒津贴等均需企业承担。显然，这种模式适合效益好的大中型企业，中小企业很难有这样的投入。但是在德国，小型企业如果送工人或学徒到其他企业培训，亦需按比例支付培训费用等，没有免费的"蛋糕"。

高投入是"双元制"实施的另一个必要条件。据统计，早在1990/1991年度，"双元制"的单位投入费用就高达21000美元/人，相当于当时德国人均GNP（国民生产总值）的90%。在绝大部分发展中国家，由于高投入和私营企业主不支持，政府要么承担全部费用，要么实行高学费。为此，早在20世纪90年代，世界银行就对其他一些国家在推行"双元制"过程中的生均实际投入进行过调研统计。具体见表7-1。

表7-1 1990/1991年度不同国家"双元制"生均投入费用比较[①]

国家	生均实际或应该投入费用（美元）			相当于人均GNP比例
	企业职业培训	学校职业教育	总费用	
德国	17700	3300	21000	90%
韩国	14500	2700	17200	230%
印尼	1900	350	2250	310%
埃及	2350	400	2750	420%

综上，与德国在"双元制"方面的投入相比，其他国家在生均投入方面都要低很多，高成本、高投入无疑是广大发展中国家在实施"双元制"培训过程中难以逾越的障碍。这也一定程度上解释了"双元制"在很多发展中国家"变味"的原因。

---

① Gill I, Dar A. Germany's Dual System: Lessons for Low and Middle Income Countries [R]. Worldbank: Germany Country Study (Summary), 1996: 3.

■ (二) 企业规模较大,产业结构合理

从世界职业教育的发展轨迹看,职业教育与经济之间的内在关系一般表现为企业规模越大、技术水平越高、生产的社会化程度越高,职业教育就越发展、功能越显著,社会力量参与办学的积极性就会越高。[①]反之,则亦然。

这从世界银行一项关于德国不同规模企业参与"双元制"的情况调查中可以得到佐证,如表 7-2 所示。

表 7-2 从德国的企业规模看雇主参与"双元制"的积极性[②]

企业规模	提供学徒岗位的企业比例	学员完成学徒计划的比例
5~9 人	35.0%	56%
10~49 人	59.0%	64%
50~99 人	78.0%	69%
100~499 人	91.0%	73%
500~1000 人	99.5%	82%
1000 人以上	99.6%	87%

对于绝大多数发展中国家而言,先进制造业和现代服务业在三大产业领域中的占比相对较低,劳动力主要集中在中小企业,而这些企业通常不能提供或只能提供较少的学徒岗位,且质量也很难保证,所以说"双元制"很难在发展中国家大面积推广。

■ (三) 行业协会完善,学徒培训先于学校职业教育

从德国职业教育发展历史轨迹看,德国社会是先有企业学徒,后出现职业学校,也就是说是在行业协会及学徒培训相当完善的情况下,德国的职业学校教育才大规模出现的。直到 19 世纪后半叶,英国产业革命已经进入尾声,德国现代意义上的职业学校才开始出现,因此职业学校可以视为传统学徒制和行业协会发展到一定程度的"伴生物"。

但在很多发展中国家,往往是先有了公共的职业教育体系后,政府再通过加

[①] 陈明昆. 德国"双元制"多元分析及对发展中国家的启示 [J]. 职业技术教育,2006,27 (1):82-85.

[②] Gill I, Dar A. Germany's Dual System: Lessons for Low and Middle Income Countries [R]. Worldbank: Germany Country Study (Summary),1996:4.

一个学徒计划,谓之"双元制","双元"的顺序通常被颠倒了,有其形而无其神,所以学校与企业的合作往往很难融合或者持久。

■ (四)质量保障体系完善

在德国,"双元制"的质量被奉为至上。这从五个方面可以体现:一是企业与学徒签订十分规范且内容详细的学徒合同,明确双方的权利和义务,并按合同计划严格执行;二是注重对学徒的岗位技能培养,"双元制"人才培养的主要目标是一线技术工人,"双元制"毕业的学员无论是在原学徒企业还是到相关企业就业,均需能够做到"无缝对接";三是让学员德智体全面发展"双元制"培养出来的学生之所以很受雇主欢迎,是因为职业学校在学生培养方面,除了专业课程教学外,还十分注重对学生职业道德和职业精神的培养;四是从政策上激励和制度上保障企业、行业协会、工会和个人等社会力量的共同参与;五是职业学校师资队伍素质高,德国已经形成了一套严格的符合职业教育规律的职教师资队伍选拔机制及建设制度,在教师的学历与资历、专职和兼职、培训和进修、品德和技能,以及绩效考核等方面均做了严格规定。但发展中国家职业教育面临的最普遍问题是师资队伍素质不高,尤其是专业技能、技术专家型教师短缺,教师队伍中很多人缺少企业工作经历,导致在课堂教学时只能"照本宣科"。

■ (五)学徒自主、企业自愿原则

在德国,政府一般不干预办学过程,参与"双元制"的企业和学校都有充分自主权,政府只是起到一个中间人的协调作用,企业和学校做不了、做不好的事情才由政府出面。企业愿不愿意提供学徒岗位,以及提供多少岗位,完全由雇主及雇主委员会决定,政府可以号召但不会干预。反观一些发展中国家,在实施"双元制"过程中,往往采取一些强制性措施,如规定较高的税收、分配刚性的培训需求等。对于广大发展中国家而言,如何借鉴德国等发达国家职业教育的成功经验,建立起各方都能够积极参与的职业教育和培训机制,乃是需要认真谋划和践行的系统工程。

第二节 澳大利亚的 TAFE 教育及培训包

澳大利亚的 TAFE(Technical and Further Education),即"技术和继续教育",类似于中国高等职业技术教育和成人继续教育的组合,其主要目的是为了促进就业及满足个人职业发展的需要。进入 21 世纪以后,澳大利亚致力于扩大

其高等教育国际化影响力，其中 TAFE 成为它的"主打牌"之一，特别是在职业教育领域，TAFE 被认为是一种较为成功的职业教育模式，形成了一套颇具特色的标准化体系，在办学模式、管理体制、课程开发、师资培训、行业能力标准和一揽子培训计划的制订等方面值得发展中国家学习和借鉴。

一、澳大利亚 TAFE 的特点

1973 年，澳大利亚联邦政府成立了"技术与继续教育委员会"，提出技术教育与继续教育相结合、学历教育与岗位培训相结合的理念，TAFE 教育由此诞生。经过几十年的发展，TAFE 在管理体制、课程体系、评价方式、教师聘任等方面已形成鲜明特色。

（一）统一的国家资格框架

澳大利亚从 1982 年开始研究和探索如何解决地方各州在职业资格认可上各自为政、TAFE 学院在专业和课程标准设置上各行其是的问题，政府认为建立起统一的国家资格框架（Australia Qulification Framework，AQF）是不二选择，并最终于 1995 年颁布和实施了国家资格框架。AQF 分为 10 个等级，如表 7-3 所示。

表 7-3　澳大利亚国家资格框架等级

级别	证书名称
Ⅰ	一级证书（Certificate Ⅰ）
Ⅱ	二级证书（Certificate Ⅱ）
Ⅲ	三级证书（Certificate Ⅲ）
Ⅳ	四级证书（Certificate Ⅳ）
Ⅴ	文凭（Diploma）
Ⅵ	高级文凭（Advanced Diploma）、副学士（Associate Degree）
Ⅶ	学士（Bachelor Degree）、荣誉学士（Bachelor Honours Degree）
Ⅷ	研究生证书（Graduate Certificate）、研究生文凭（Graduate Diploma）
Ⅸ	硕士（Master Degree）
Ⅹ	博士（Doctor Degree）

AQF 坚持教育与培训的国家标准，建立起职业教育、普通教育与成人教育之间的"立交桥"，如"取得高级文凭可免试升入大学二年级学习，不同等级的技

能证书可通过学分累积获得"①，是一种灵活的教育与培训模式。不同类型教育之间的资格证书等值转换如表 7-4 所示。

表 7-4 澳大利亚国家资格框架下资格证书等值转换

中小学教育	职业教育与培训	高等教育
		博士学位 硕士学位
	职业教育研究生文凭 职业教育研究生证书 高级专科文凭 专科文凭	研究生文凭 研究生证书 学士学位 副学士学位、高级专科文凭 专科文凭
高中毕业生证书	四级证书 三级证书 二级证书 一级证书	

澳大利亚国家资格框架的实施，进一步规范了就业市场，因为只有取得一定等级的职业资格才能从事相关领域的岗位工作。在澳大利亚，有一些本科、硕士乃至博士文凭获得者，为了找到更加满意的工作，在毕业后或工作了一段时间之后再选择到就近的 TAFE 学院继续学习，接受某个新专业或新技术课程培训。政府或企业在职人员，为了紧跟时代发展，或为了职业升迁做准备，也会进入 TAFE 学院继续学习。

TAFE 的质量管理工作由工商界和工会代表组成的行业培训咨询委员会（ITAB）和各州成立的相应机构来完成。其中 ITAB 代表联邦政府行使职业教育管理权，它不仅参与对培训计划、教学大纲、考核标准以及能力标准的制订，还负责对行业的就业前景做出预测、对雇主开展满意度调查、对 TAFE 学校的教学质量做出评估等。

■（二）行业主导的标准化课程

各 TAFE 学院不必自主设计和开发课程。根据国家资格框架所对应的不同行

---

① 谭海玲. 谈对澳大利亚职业教育 TAFE 模式的分析与借鉴 [J]. 辽宁师专学报（社会科学版），2014（1）：107-109.

业、不同资格等级所需的知识、技能和素质标准,由各行业技能委员会负责制定本行业的教学标准,最后集成为"培训包"(Training Packages)。"培训包是TAFE学院开发相关课程的指导性文件,内有行业发展所需的专业名称、课程名称和课程大纲。"①培训包一般每三年进行一次重新认证与审批。TAFE学院所要做的就是在培训包中挑选课程。"每门课程都有统一编号,每一类证书和文凭需开设哪些课程,课程模块如何组合,都有明确的要求和说明。"②

■(三)灵活多样的教学组织形式

教学组织形式是指在开展教学活动过程中,教师与学生之间的表现形式,以及教学活动在时间和空间上的分布方式。在国家资格框架下,TAFE学院所提供的课程,向下与中学课程相衔接,向上又可与大学课程相衔接,并且以菜单的形式出现,便于学生按需自主选择。TAFE学院的学习时间分为全日制、半日制、部分时间制,学员不分年龄、专业和级别,随时可到TAFE学习。在TAFE学院的教室里,经常可以看到同个班级里,既有高中毕业生,也有大学毕业生,还有在职或失业人员在同室上课。

TAFE学院的教师组成也比较灵活和丰富,一般都有专职和兼职两支队伍。特别是兼职教师中,既有行业和企业专家,也有离退休的技术专家。在教学场所选择上,既有技术专家到TAFE学院教室授课,也有TAFE专职教师走进企业给学生上课,不但做到了开门办学,也保持了与企业的高效合作。在课程学习上,学生可选择自学、到学校听课、上网课等多种方式。至于实习环节,学生可根据各专业要求及实际情况,在校内或校外实习均有可能。

■(四)人性化的课堂教学

TAFE学院的教学环境十分人性化,除常规的多媒体设备之外,教室地面还铺有地毯,椅子装有滑轮,这样可以避免椅子在地毯上移动时发出噪音。在教学组织形式上,TAFE学院实行小班化教学,学生在课堂上会围坐成一圈,便于相互讨论。在教学内容上并没有统一要求,教学方法上也基本是理论实践一体。教师经常会运用模拟仿真、角色扮演、案例分析等教学方法,鼓励学生变被动学习为主动学习。TAFE学院的课程考核以收集"证据"为基础,"合理评判学生的成绩是否合格,旨在考核学生能做什么,而非强调学生应知什么"③。但考试程序严格,能充分测评学生的学习结果和实际能力。

---

① 郑荷芬. 澳大利亚的TAFE:借鉴与启示[J]. 职业教育研究,2010(4):156-158.
② 马琳. 澳大利亚职教课程开发探析[J]. 职业技术教育,2005,26(35):119-121.
③ 郑荷芬. 澳大利亚的TAFE:借鉴与启示[J]. 职业教育研究,2010(4):156-158.

澳大利亚 TAFE 教育的发展不但满足了其国民接受新知、提升职业能力、完善自我的个性需求，而且促进了教育的全民化和终身化。2012 年，澳大利亚全国 TAFE 学院已达 60 多所，有学生 120 多万，是普通高等院校学生的近两倍。

二、澳大利亚 TAFE 课程培训包

在澳大利亚职业教育发展过程中，有三个重要的标志性成果，即澳大利亚国家资格框架、澳大利亚质量培训框架（Australian Quality Training Framework，AQTF）和培训包，它们为澳大利亚职业教育的发展提供了坚实保证。其中，培训包最具影响力。培训包是用来评估和认可人们在实际工作场所有效开展工作所需的技能和知识。它是澳大利亚已注册培训机构（Regstiered Trainnig Ogrnasiatoin，RTO）开展职业教育与培训的依据。

■（一）培训包的开发与认证

澳大利亚的第一个培训包产生于 1997 年，它是由国家培训局委托 ITAB 开发的。目前，开发部门以行业技能委员会（SISC）为主，认证工作由国家培训质量委员会负责。每个培训包都包括国家认证和非国家认证两部分。培训包经过不断发展，形成了开放性、时效性和实用性的特点，极大地推动了澳大利亚职业教育的发展。截至 2013 年 5 月，澳大利亚已经批准和公布的培训包数有 206 个。[1]

下面以 2012 年旅游和酒店管理培训包（Tourism, Travel and Hospitality Training Package，代码 SIT12）为例，对培训包开发和认证过程进行简要说明。

(1) 培训包的开发工作由教育、就业和劳动关系部主管，然后委托各 SISC 进行；

(2) 各 SISC 将组建培训包开发决策专家组（或委员会），搜集本行业信息及企业技术新动态，确定培训包质量框架，并对开发过程进行监控和指导等；

(3) 在开发决策专家组（或委员会）的指导下，进行该培训包的开发；

(4) 由服务行业 SISC 将开发的培训包交予教育、就业和劳动关系部进行监督和评审；

(5) 监督和评审合格后，将培训包送交澳大利亚国家培训质量委员会进行认证并公布。

培训包一般每半年更新一次、每三年修订一次，修订后的培训班需重新认证，这样才能够紧跟行业发展新动态和岗位新变化，以培养出能"无缝对接"的技术技能型人才。

---

[1] 段立霞. 澳大利亚职业教育培训包解读 [J]. 现代教育，2013（13-14）：100-103.

(二) 培训包的内容要件

培训包内容分两部分:(1) 国家认证部分,包括能力标准、资格证书和评估指南三方面;(2) 非国家认证部分,包括学习策略、评估材料和专业发展材料三方面。如图 7-1 所示。

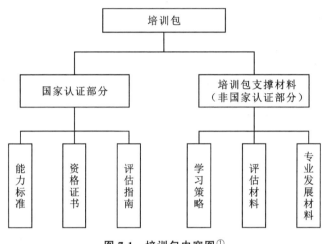

图 7-1　培训包内容图①

(三) 培训包的修订与更新

下面以运输与物流培训包(代码 TLI 10)为例,说明培训包修订和更新过程。②

该培训包的前身是运输与配送培训包,后随着物流业的快速发展、物流新技术的广泛应用以及运输安全的要求,该培训包先后于 2007 年、2010 年进行了修订及再认证。最新的运输与物流培训包共 6850 页,包括 6 个等级、46 个资格证书、622 个能力单元等。涵盖物流管理、铁路管理、道路运输、港口管理和仓储管理五大领域,覆盖从初级工人到高级经理共 19 类工作岗位。表 7-5 是按专业方向对该培训包资格证书进行的统计。

---

① 邹珺. 澳大利亚职业教育培训包应用研究——以"运输与物流"培训包为例 [J]. 职业教育研究,2013 (7):175-177.

② 邹珺. 澳大利亚职业教育培训包应用研究——以"运输与物流"培训包为例 [J]. 职业教育研究,2013 (7):175-177.

表 7-5 运输与物流培训包资格证书及专业方向

证书或文凭专业方向	资格证书数量
仓储管理	4
道路运输	4
驾驶操作	3
国际货运代理	3
装卸搬运	3
铁路操作	6
铁路基础设施	8
轨道防护	2
移动吊车操作	2
物流操作	6
物料物流	3
调度物流	2
共计	46

可见，在澳大利亚要从事特定的职业岗位，须先获取相应的职业资格或教育文凭。而培训包的出现对于推进职业资格与学历证书的等值对接，无疑是一次成功的实践。

三、澳大利亚职业教育的国际化发展战略

澳大利亚在 20 世纪 90 年代实现高等教育大众化之后，便积极推行高等教育国际化战略，其主要目标在亚洲，尤其是东亚和东南亚国家。在高等教育国际化战略带动下，其 TAFE 教育瞄准海外市场，成为其经济发展的重要推力。澳大利亚政府积极推进教育出口和职业教育的国际合作，进一步促进职业教育的快速发展。根据澳大利亚国家职业教育研究中心统计，在澳大利亚接受职业教育的海外留学生人数从 2006 年至 2009 年呈上升态势，2009 年达到最高峰，总共有 49978人，占全体职业教育学生数的 3.02%。留学生选择专业居前四位的分别是商业管理，工程与技术，社会文化，食品、接待及个人服务业。[①] 亚洲国家是澳大利亚

---

① 冼雪琳. 澳大利亚 TAFE 教育模式现状及其启示 [J]. 深圳信息职业技术学院学报，2013 (4): 39-42.

海外留学生的主要生源地。目前，85%左右的国际职业教育学生都来自亚洲国家。

但是，大规模海外留学生涌入澳大利亚职业教育机构学习，也使得澳大利亚的职业教育面临前所未有的多元文化冲击，学生常遇到的问题有：文化适应性、学术基础和教育背景差异、语言障碍、住房问题、思乡之情，等等。这些在一定程度上影响了澳大利亚职业教育的国际化发展步伐。澳大利亚政府从2009年开始提高外国留学生的门槛，TAFE学院海外留学生的数量总体呈下降趋势（图7-2）。

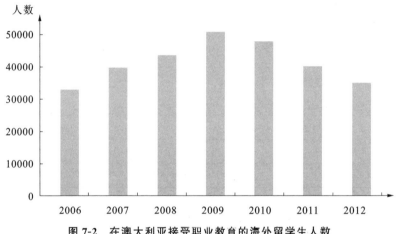

图7-2　在澳大利亚接受职业教育的海外留学生人数

澳大利亚职业教育国际化的实质就是职业教育的市场化。同样，我国职业教育市场化发展的空间和潜力巨大，但市场化的机制尚不健全。我国职业教育办学思路应该实现从"拿来"到"输出"的转变，同时需要加强跨国界、跨文化的交流与合作。

第三节　学徒制的现代"复兴"

20世纪下半叶以来，科技的迅猛发展、经济全球化趋势进一步加强的同时，产业结构的调整和职业种类的变化也加快了，社会对劳动者的素质和能力提出了更高要求。在此背景下，学徒制在世界职业教育改革发展过程中重新受到人们的检视，开始在一些国家"复兴"，并被冠以现代性，或曰"现代学徒制"。其中，英国和澳大利亚政府所实施的传统学徒制的现代改革被认为是比较成功的典范。2014年，中国政府开始推行现代学徒制试点工作，参加的职业院校有一千多所，基本形成职业院校、企业行业、地方政府各司其职、共同参与、协同推进的格局。

一、学徒制的"复兴"

二战以后,短短十多年间,联邦德国经济便实现再度振兴和高速发展,"双元制"被认为是其秘密武器,而"双元制"的实质是一种将职业学校教育与岗位培训紧密结合的新学徒形式。因此,英国、澳大利亚、加拿大等很多国家开始再次关注、研究乃至效仿德国的"双元制",希望能够创造出相似的职业教育模式,适应现代国家发展对人力资源开发的需要。于是,英国在1993年、澳大利亚于1996年开始推行"现代学徒制",美国和加拿大等也开始进行"双元制"或曰"学徒制"实践。由此,具有悠久历史传统的"学徒制"便被冠以"现代"二字,故曰"复兴"。进入21世纪以后,受发达国家现代学徒制的影响,越来越多的发展中国家也开启了现代学徒制的试点或实验,中国便是其一。

在现代学徒制中,起核心作用的不是政府和学校,而是企业。企业愿不愿意参与职业教育、积极性主动性高不高,都会直接影响到学徒制的发展。现实中可以看到,行业和工会分别代表雇用方和受雇方,双方经常处于博弈状态。

二、现代学徒制的典型模式

在不同国家,现代学徒制的实践模式不尽相同。根据人才培养方式和实施手段的不同,有研究者将西方国家现代学徒制的实践模式主要分为四种。[①]

一是英国的"三明治"式。英国于1993年开始发布现代学徒制计划,1995年便扩大到54个行业。英国现代学徒制课程模式是"工读交替式",即学习过程大致分为"学习—实践—学习"三个阶段,学校及培训机构可自主设计课程。"三明治"模式由此得名。

二是澳大利亚的"新学徒制"。澳大利亚"新学徒制"始于20世纪70年代,到20世纪90年代时已比较成熟。澳大利亚的"新学徒制"更接近德国的"双元制",无论是教学标准的制定、学员学习时间的分配等都凸显了"国家一体化",不像英国那样"自由"。但它与德国"双元制"最大不同是突破了人才标准的企业主导。

三是瑞士的"三元制"。所谓"三元制"也就是三个主体——职业学校、企业和行业培训中心,他们相互支持、相互协调,又明确职责和义务,形成"学校-企业-行业"的"三元制"人才培养模式。

四是美国的"合作教育"。其核心是根据不同职业岗位对能力的实际需要,

---

① 赵鹏飞,陈秀虎."现代学徒制"的实践与思考[J].中国职业技术教育,2013(12):38-44.

确定能力目标及若干个子能力目标。参加合作教育的学员可来自不同的企业，可依据子能力目标的不同，选择到有能力有条件承担的企业学习。所谓"合作教育"就是企业、学校或其他教育机构、学员三者之间形成了一种"伙伴关系"。

现代学徒制已成为西方国家职业教育人才培养主要模式之一。尽管各国在推行现代学徒制的过程中，形成了各具特色的人才培养模式和课程模式，但主体还是继承了德国"双元制"的基本要素，尤其是在调动企业、行业积极参与职业教育方面，各国政府在政策制定和实施过程中都充分考虑到这一因素。

三、现代学徒制发展新趋势

为应对新技术革命所带来的劳动力市场变化，近年来西方国家的现代学徒制呈现出一些新的变化趋势。

一是学徒的范围在扩大。中世纪欧洲学徒制中的学徒年龄一般在12～21岁之间，而现在由于义务教育年限的提高，学徒的年龄起点也在上移，年龄上限已被取消。如20世纪60年代，德国"双元制"主要面向16岁左右的初中毕业生，但70年代中后期就出现了年龄上移现象。现在德国进入学徒制的平均年龄是18岁。[①]

二是学徒的职业领域在扩展。传统学徒制主要集中在手工业、金属制造和建筑等传统领域，但随着传统行业不断消失，现代学徒制要获得更大的发展空间，就必须为新兴产业领域培养劳动大军。现在"英国学徒制涵盖艺术、媒体与出版，教育与培训，农业、园艺与动物养殖等九大领域"[②]。

三是课程设置上的梯度化和模块化。"梯度化"和"模块化"是发达国家职业教育课程改革的主要方向。例如，英国将学徒过程细分为：前学徒制、学徒制、高级学徒制、高等学徒制，分别对应于国家职业资格的1—4级。德国也在2005年明确提出实施模块化职业教育课程改革，以方便学徒的个人选择。

四是积极谋求与正规教育的整合。例如，法国政府规定学徒所学课程必须是国家认可、全国通用的职业资格培训课程，这样所获得的证书方能与全日制教育证书等值。英国的高等学徒与学位联系在一起，规定完成高等学徒者有获得副学士学位或学士学位的机会。

五是注重理论与技能的培养。在现代学徒制中，几乎所有国家的学徒课程中都包括理论教育和技术实践两部分。德国规定只有在普通中学毕业后才能申请学

---

① 关晶，石伟平.西方现代学徒制的特征及启示[J].职业技术教育，2011（31）：77-83.

② 关晶，石伟平.西方现代学徒制的特征及启示[J].职业技术教育，2011（31）：77-83.

徒，英国要求学徒期满后，不仅要获得职业资格，还须获得技术等级证书，荷兰规定学徒内容必须包括社会的、职业的和技术的三个维度。

四、现代学徒制在中国的实践

受世界职业教育发展趋势影响，结合中国职业教育发展的阶段性特征和质量要求，中国教育部于2014年8月也开启了现代学徒制试点工作，发布了《关于开展现代学徒制试点工作的意见》。2015年1月教育部又印发《关于开展现代学徒制试点工作的通知》，公布了实施方案，先后共有1180多家机构参与试点，包括行业组织、企业、当地政府、职业院校四个层面。根据实施方案，关于学徒制的行业标准由行会负责开发建设，学徒制的运作方式及技能认证由企业主导，而职业院校的重点工作是探索和研究试点过程中的人才培养模式和相关制度革新，地方政府和教育管理部门主要负责统筹和资源协调。

现代学徒制在中国的实践已有多年，各地也取得过一些经验和成就，但面临的问题也不容小觑，只有通过制度创新、资源优化、环境塑造才能推进现代学徒制的更好发展和扩大。譬如，从利益相关者角度看，与传统的学校教育相比，现代学徒制所涉及的利益主体更多，也更为复杂，其中包括：政府、企业、工会、产业指导委员会、学校、师傅、教师和学徒等，甚至包括第三方培训机构或中介机构。因此，在利益协调方面也更难平衡。若没有一套较为合理的制度设计以及较为完整的保障体系，现代学徒制的推广实施并不会一帆风顺，也无法从根本上解决职业教育领域长期存在的痼疾。从西方国家实施现代学徒制的情况看，所谓"现代学徒制"，不能简单地理解为对传统的完全抛弃，相反在传统学徒制中，徒弟对师傅的敬仰、师傅对徒弟的关照、师徒之间所建立起来的亲如家人的人伦关系等，恰恰是现代职业社会所缺少的东西。技术可以解决很多问题，但技术却不能包办人与人之间的真善和友好，这也是各国在学习和借鉴发达国家现代学徒制经验的基础上，更需要走出自我特色发展道路的原因之一。

第四节 中国职业教育改革与发展

1978年中国实行改革开放政策以来，经济和社会实现了快速发展，人民生活水平大幅提高。教育领域也发生了巨大变化，职业教育发展取得显著成就，为各行各业培养了数以亿计的技术劳动者。总结改革开放以来中国职业教育所发生的显著变化，主要在以下几个方面：一是中国政府一直把发展职业教育放在十分重要的位置；二是职业教育服务经济发展、社会进步的作用不断显现；三是职业教育的办学规模相对稳定、质量不断提高；四是职业院校的教学改革不断深化、办学特色更加鲜明；五是职业教育的基础能力建设进一步加强；六是职业教育法制建设更加完善。已基本形成中等高等职业技术学历教育与各类职业技术培训并举、多元参与、多方共举的中国特色职业教育体系。当然，在肯定改革开放以来中国职业教育取得巨人成就的同时，也需认识到目前中国职业教育发展所面临的现实问题和新的挑战。

一、中等职业教育发展的几个阶段

（一）职业教育恢复发展阶段（1977—1984年）

本阶段的重点是改革计划经济时期中国教育领域中教育结构不合理、职业教育规模偏小的弊端，以及如何建立健全国家职业教育体系问题。

1978年，中国改革开放的总设计师邓小平同志在全国教育工作会议上指出："教育事业必须同国民经济发展的要求相适应……要扩大农业中学、各种中等专业学校、技工学校的比例。"[①]从此，调整中等教育结构、发展职业教育被提到政策制定的日程上来。

1980年10月国务院批准了教育部和国家劳动总局起草的《关于中等教育结构改革的报告》，要求各地、各部门要从本地实际出发，通过调整普通中学的布局、压缩学校数量和办学规模，发展中等职业教育。"到1984年，普通高中的学校数和在校学生数分别比1978年减少了63.8%和55.6%。与此同时，农业中学、职业学校迅速发展，学校数达7002所，在校生174.48万人。高中阶段各职业教育的学生比例已从1978年的7.6%提高到1984年的32.3%。"[②]

在明确政府主导的前提下，《关于中等教育结构改革的报告》还强调了集体和个人也可以开办各种职业技术学校。这一政策对今后的职业教育发展产生了深刻影响，奠定了新时期中国职业教育的发展基础。

（二）中等职业教育大发展阶段（1985—1998年）

1985年，《中共中央关于教育体制改革的决定》提出"调整中等教育结构，大力发展职业教育"的工作方针。决定指出："要造就数以亿计的工业、农业、商业等各行各业有文化、懂技术、业务熟练的劳动者，为此要逐步建立起职业教育体系。"这为职业教育发展奠定了政策基础。

---

① 邓小平文选（第二卷）[M]．北京：人民出版社，1994：107-108．
② 王昆欣．中国百年职业教育发展回眸[J]．教育与职业，2004（29）：67-69．

1991年，国务院出台《关于大力发展职业技术教育的决定》，提出要进一步扩大职业教育办学规模，要使全国中等职业学校在校生人数超过普通高中人数。鉴于当时的职业学校普遍存在办学条件差、师资短缺、教材陈旧等问题，从1991年开始，国家启动了重点校建设工程，旨在提升职业教育的办学能力。

1993年我国开始引入市场力量发展职业教育，在当时发布的《中国教育改革和发展纲要》中，首次提出职业教育要走依靠行业、企业和社会各方联合办学的路子，鼓励产教结合。

1995年3月《中华人民共和国教育法》颁布。该法第19条规定"国家实行职业教育制度"。1996年5月，《中华人民共和国职业教育法》的颁布，成为我国职业教育发展史上的一个重要里程碑。

在一系列方针政策的指引下，我国职业教育取得了前所未有的快速发展，中等职业教育在校生规模从1980年的226万人发展到1998年的1,146万人的历史峰值[1]，占高中阶段在校生的比例由1980年的18.9%上升到1996年的56.8%，彻底改变了中等教育阶段结构单一尤其是普通高中教育盘子过大的局面，基本上形成了普教与职教协调发展的新格局（表7-6）。

表7-6 20世纪90年代中等职业教育（中专、职高、技校）发展情况一览表[2]

年份	招生数（万人）	占高中段比例（%）	在校生数（万人）	占高中段比例（%）
1990	246.63	—	604.8	45.7
1991	270.27	50.3	685.5	46.7
1992	273.56	53.8	682.82	49.2
1993	316.12	—	762.2	53
1994	340.75	58.3	849.44	56.1
1995	368.95	57.4	939.28	56.8
1996	386.47	57.8	1010.35	56.8
1997	415.83	56.31	1088.22	56.17
1998	530.03	56.96	1467.87[3]	60.02
1999	473.27	52.28	1417.51	56.47

---

[1] 未含该年度成人中专的在校生人数，故与下列表格中的数字不一致。
[2] 表7-6至表7-9数据参见相关年份的《全国教育事业发展统计公报》。
[3] 1998和1999年的招生数、在校生数均含有成人中专的当年招生数和在校生数，其他年度未含此数字。

(三)中等职业教育生源滑坡阶段(1999—2001年)

受多种因素的影响,1999年开始,中等职业教育年招生数、在校生数、占高中段比例都相继出现较大下滑。1998年到2001年的4年间,中等职业学校年招生从约530万人减少到395.22万人,在校学生占整个高中段的比例也下降到45.44%;而同期普通高中招生数从359.55万人增加到555.98万人,在校学生总数的比例上升到54.56%。这一时期职业学校数量大幅减少,不少职业学校面临关门的境地。具体如表7-7所示。

表7-7 1998—2001年间中等职业教育规模和人数变化

年份	中职学校数	招生数（万人）	占高中段比例（%）	在校生数（万人）	占高中段比例（%）
1998	22174	530.03	56.96	1467.87	60.02
1999	21542	473.27	52.28	1417.51	56.47
2000	19727	408.30	44.80	1284.46	51.02
2001	17580	395.22	40.48	1164.94	45.44

中等职业教育生源减少的主要原因,一是自1995年起,国家开始对中等职业学校招生和就业制度进行改革。国家和政府不再下达指令性招生指标,学生和家长可以自主选择学校。毕业生就业国家不再包分配,实行用人单位和学生本人双向自主选择。二是在1997年之后,国有企业改革步伐加大,导致大批工人失业,"铁饭碗"被打破,对就业市场造成了较大的影响,大中专毕业生也面临就业难问题。三是从1999年开始,高等教育开始大扩招,更多的初中毕业生选择了上普通高中,志在考大学而不是职业学校,中等职业教育失去吸引力。四是世界银行在1998年《21世纪中国教育发展战略目标》中提出的若干项关于中国职业教育改革建议中,有一项内容是建议中国政府降低中等教育阶段职业教育的比例,积极发展两年制的高职教育。但实践证明,世界银行的职业教育政策明显有"水土不服"问题,同时也在一定程度上影响了中国政府发展职业教育的政策选择。这一阶段,中国政府明显加大了高职教育的发展,相应忽视了对中职教育的发展支持。

(四)大力发展职业教育阶段(2002—2010年)

面对中等职业教育规模下滑,中国政府及时召开了全国职教工作会议,重新确立了中等职业教育在职业教育领域的核心地位,明确提出要大力发展职业教育。此后,国务院相继发布多个政策文件,强化职业教育的优先发展地位,其中包括:《关于大力推进职业教育改革与发展的决定》(2002)、《关于大力发展职业教育的决定》(2005)、《关于加快发展现代职业教育的决定》(2014)等,进一步加大对中等职业教育的扶持力度,促进职业教育的规模发展和质量提高。

2002年中等职业教育招生数量开始回升。2005年和2006年,中等职业学校连续两年分别扩大招生100万人。到了2007年,全国中等职业学校发展到14800多所,当年完成扩大招生50万人的任务,招生总数突破800万。中等职业教育规模变化见表7-8。

表 7-8 2000—2010 年中等职业教育(中专、职高、技校和成人中专)教育规模变化

年份	学校数(所)	招生数(万人)	在校生数(万人)
2000	19727	408.3	1284.46
2001	17580	399.94	1164.94
2002	15901	473.55	1190.81
2003	14700	515.75	1256.73
2004	14454	566.2	1409.24
2005	14466	655.66	1600.05
2006	14693	747.82	1809.89
2007	14832	810.02	1987.01
2008	14847	812.11	2087.09
2009	14401	868.52	2195.16
2010	13872	870.42	2238.50
2011	13093	813.87	2205.33

(五)中等职业教育发展再次面临巩固提高问题阶段(2011年至今)

2010年以来,中国经济增速放缓,产业转型升级加快,新型产业发展迅速,对高技能人才需求旺盛,而中等职业教育培养出的人才质量难以满足劳动力市场需求。中等职业教育发展再次面临巩固生源和提高质量问题。据统计,从2010年到2017年,中等职业学校数从13827所减少至10700所,年招生人数从870.42万人减少至582.43万人,占高中段教育招生总数42.13%,降幅明显,具体如表7-9所示。

表 7-9 2010—2017 年中等职业教育规模和人数变化情况

年份	学校数	招生数（万人）	占高中段比例（%）	在校生数（万人）	占高中段比例（%）
2010	13872	870.42	51.00	2238.5	47.86
2011	13093	813.87	48.89	2205.33	47.06
2012	12663	754.13	47.17	2113.69	46.00
2013	12262	674.76	45.06	1922.97	44.00
2014	11878	619.76	43.76	1755.28	42.09
2015	11202	601.25	43.01	1656.70	41.03
2016	10893	593.34	42.49	1599.01	40.28
2017	10700	582.43	42.13	1592.50	40.10

2010 年以来中等职业教育生源下滑问题显然不同于 2000 年前后的滑坡，因其所处的中国社会和经济环境已经发生显著变化，中国教育发展进入了新的历史阶段——高等教育进入大众化，水平不断提高；九年义务教育目标顺利实现；部分省份已经开始实施 12 年义务教育，这意味着中等教育也将被纳入义务教育范畴。另一个很重要的原因是，随着具有中国特色的职业教育体系基本形成，人们对教育类型和层次的选择机会更多，职业教育不再是"断头"教育，职业教育内部的纵向贯通、与其他教育的横向衔接体系正在形成。

所以，我们应该辩证地、理性地看待中等职业教育的规模缓慢减少问题。某种程度上它是教育发展到一定阶段、工业化水平达到一定程度，在人才类型和层次培养上的必然反映。这种减少并不是教育机会的减少，或失学人数的增加。相反，是教育机会的增多和教育层次、质量的提升。最明显的证据就是高等职业教育的快速发展，使得越来越多的、曾经被精英教育拒之门外的青少年有机会接受高等教育。

二、高等职业教育的发展进程

■ （一）高职教育的创办（20 世纪 90 年代初期至 1998 年）

从 20 世纪 90 年代初期开始，我国开始创办高等教育阶段的职业教育，即"高职教育"。1991 年，在国务院发布的《关于大力发展职业技术教育的决定》中，强调指出要"初步建立起有中国特色的，从初级到高级……的职业教育体系"。1996 年，《中华人民共和国职业教育法》正式发布实施，提出"职业学校教育分为初等、中等、高等职业学校"，高职教育发展的方向和定位逐渐明晰。《中华人民共和国职业教育法》支持民办职业教育的发展，鼓励组织和个人举办职业教育和培训。此后，民办高职教育结构便纷纷创办起来，更好地满足了人民群众接受教育的需求，同时也缓解了教育规模急剧扩大与国家教育资源严重不足的矛盾。

1997年，全国建有职业技术学院8所，职业大学80所，高等技术专科学校3所，另外还有18所重点中专举办的五年制大专班。

1998年《中华人民共和国高等教育法》颁布，对高职教育的目的、性质和定位等关键问题给出了明确的回答，指出了"高等学校是指大学、独立设置的学院和高等专科学校，其中包括高等职业学校和成人高等学校"。在法律上明确了高职教育属于高等教育，为高职教育的可持续发展提供了法律保障。

■ （二）高职教育的大发展（1999年至今）

中国高职的大发展是从1999年开始的。这一年国家开启了高等教育大扩招计划，"高职院校的数量从1999年的474所增加到2005年的1091所，五年间增长了1.3倍。高职学校占普通高校的比例也从1999年的44.26%提高到2005年的60.88%，增长近17个百分点。"[①] 高职教育招生从1999年的61.19万增长到2004年的237.43万；在校生从136.15万人增长到595.65万人；毕业生从40.67万人增长到139.49万人，具体如表7-10所示。高职教育的大发展，拓宽了学生接受高等教育的渠道，对整个教育体制改革产生了深刻的影响。

表7-10 高等职业院校与普通高校的规模比较

年份	学校数			在校生规模（万人）		
	普通高校	高职高专	比例	普通高校	高职高专	比例
1999	1071	474	44.3%	408.6	136.2	32.3%
2000	1041	442	42.5%	556.1	216.1	38.9%
2001	1225	628	51.3%	719.1	294.7	41.0%
2002	1396	767	55.0%	903.4	376.3	41.7%
2003	1552	908	58.5%	1108.6	479.4	43.2%
2004	1731	1047	60.5%	1333.5	595.7	44.7%

数据来源：《中国教育统计年鉴》（1999—2004）

到了2009年，全国独立设置的高等职业院校1200余所，招生数达313.4万

---

① 方展画，刘辉，傅雪凌.知识与技能：中国职业教育60年[M].杭州：浙江大学出版社，2009：149。

人，比1998年增长了6倍以上，与本科招生规模大体相当。在校生964.8万人，比1999年增长了8.2倍，占了整个高等教育的一半。全国高等职业院校毕业生数从1999年的46万人增加到2009年的285.6万人，增长了5.2倍。十年间，高职教育为社会新培养了近1300万高技能人才，为市场经济建设做出了积极贡献。

2014年，全国有高职（专科）院校1327所，比上年增加6所。2017年，全国各类高等教育在学总规模3779万人，高等教育毛入学率达到45.7%。其中，高职院校1388所，校均学生数达6662人。目前，全国95%以上的地级市至少有一所高等职业院校。

三、中国职业教育发展的世界意义

改革开放四十多年来，中国职业教育发生了翻天覆地的变化，取得了举世瞩目的成就，积累了丰富的经验，"中国职教故事"也开始走出国门。在这一过程中，中国教育管理部门、办学机构和教育研究者也在不断地总结经验、反思不足，"走出了一条具有中国特色的职业教育发展道路，这无疑对全世界尤其是广大发展中国家发展职业教育具有启发及借鉴意义"①。简要概括起来，"中国经验"主要有以下几方面。

一是坚持改革开放政策。在职业教育办学过程中，中国一方面充分汲取发达国家经验，为我所用；另一方面坚持从实际出发，探索符合中国国情的职业教育发展模式，而不是盲目照搬外国做法。如从20世纪80年代开始，我国相继引入了北美的"CBE"课程模式、德国"双元制"职业教育模式、澳大利亚"TAFE"教育等。在向外国学习和实践的过程中，我们开始不断地总结经验、反思问题，开始考虑如何建立起具有中国特色、符合中国职业教育发展实际的职业教育体系。

二是在职业教育发展战略上，统一思想，做到全国"一盘棋"。在明确中央与地方政府责任的基础上，通过一系列政策和激励措施来提高行业、企业、社会团体和个人参与职业教育的积极性。如通过示范校建设、实训基地建设等项目的实施，有效带动了地方政府办职业教育的积极性；通过举办全国职业技能竞赛、国家级职业院校教师培训计划等，促进各地职业教育办学质量的提高；通过全国职业学校招生计划的制订、学校专业的及时调整、贫困生资助体系的建立等举措，有效稳定了职业教育的办学规模。

三是着力加强职业教育的法制建设。中国政府根据职业教育发展形势和需要

---

① 章剑坡．"埃革阵"执政以来埃塞俄比亚职业教育发展研究［D］．金华：浙江师范大学，2016：39．

先后出台了多项法律、多个重大制度，为职业教育发展提供法制保障。如 1994 年 7 月颁布的《中华人民共和国劳动法》，1995 年 3 月的《中华人民共和国教育法》，1996 年 5 月的《中华人民共和国职业教育法》，《国务院关于大力发展职业技术教育的决定》，等等。

四是扩大宣传，为职教发展营造良好社会环境。中国政府曾多次召开全国职教工作会议，从国家层面扩大职业教育的影响，国务院先后出台四个关于大力发展职业教育的决定，有力推动了职业教育的现代化建设。发展中国家的职业教育社会环境大多不够好，政府需要从多方进行营造、改善社会环境。

五是动员各方力量，实施职业教育发展行动计划，努力提高职业教育质量。如中国政府推动实施的贫困学生资助计划、师资队伍建设计划、课程改革计划等，都取得了很好的效果。

六是保持职业教育经费投入的不断增长。中国职业教育经费的投入始终是以政府投入为主，包括中央政府和地方各级政府的经费投入。通过经费的增加来加大职业教育基础能力建设和各项行动计划的推进。中国政府几十年间相继实施了如实训基地建设工程、县级职教中心建设工程、示范校和示范专业建设工程等多个建设项目，很大程度上改善了职业教育办学能力和水平低下的状况。

七是鼓励职业教育办学改革实验。如进入 21 世纪以来，中国政府支持设立"国家职业教育改革试验区"，鼓励职教集团化办学，举办全国职业院校技能大赛等，对职业教育的健康发展起到了很好的引领作用。

随着我国新型工业化和企业转型升级步伐的加快，大力发展职业教育已成为新时期我国教育工作的重点之一，也是满足人民群众多样化学习需求、更高教育质量要求的重要举措，更是促进青年就业、消除社会贫困、增加教育公平的历史选择。

对改革开放以来中国职业教育的发展经验进行一些总结和提炼，作为"中国经验"，以便在国际教育交流与合作过程中，向国际社会尤其是非洲国家、"一带一路"沿线国家讲好中国职教故事，无疑具有重要意义。但中国职业教育不但规模世界最大，而且结构十分丰富，典型个案更是不胜枚举，无论是体系发展、制度建设、机制创新还是师资队伍、经费保障、课程开发、专业建设、行动计划等任何一方面，都很难言尽。

（陈明昆）

第八章

中国、巴西和坦桑尼亚扫盲制度比较

第一节　坦桑尼亚扫盲教育的发展历程

一、坦桑尼亚教育国有化政策转型与扫盲奇迹（1961—1986 年）

坦桑尼亚自 1961 年独立以来陆续经历过两次政治体制转型。一次是 1967 年由原先的资本主义制度向社会主义制度转型；另一次是 1992 年由社会主义制度又重新回归资本主义制度。与此相应，教育政策也发生了两次转型。一是独立初期的教育国有化政策转型，二是 20 世纪 80 年代末 90 年代初的教育自由化政策转型。21 世纪后，坦桑尼亚政府又对教育自由化相关政策进行了一次重大调整。

1961 年坦噶尼喀大陆独立[①]，当时全国人口的 75% 都是文盲，严重影响到坦桑尼亚的社会发展。[②] 因此，第一任总统朱利叶斯·尼雷尔非常重视扫盲教育，扫盲教育被看作促进坦桑尼亚发展的前提条件。

（一）盲目和零散的扫盲活动

坦桑尼亚在建国初期沿袭了其宗主国的资本主义制度。尽管国家重视扫盲教

[①] 1961 年 12 月，坦噶尼喀宣布独立。1964 年 4 月，坦噶尼喀和桑给巴尔（1963 年 12 月独立建国）两国组成坦噶尼喀和桑给巴尔联合共和国，同年 10 月改国名为坦桑尼亚联合共和国。

[②] UNESCO. The Tanzania Literacy Programme：A View from below [R]. Morogoro：International Institute for Educational Planning，1991：2.

育，但在当时，由于缺乏系统专业的扫盲教育政策的指导，扫盲相关的工作主要都由各地区群众自主响应，自发组织。但是，当时的民众难以对扫盲教育有一定的科学认识，不认为脱盲会给他们的生活带来益处，因而导致参加扫盲班的学员人数很少，还有些学员中途动摇退学，扫盲效果不佳。①

■（二）免费义务教育支持下的全国统一的大规模国语扫盲运动

1967年1月，尼雷尔总统考察坦桑尼亚全国，在此过程中对国家当下的社会发展情况和人民的实际生活情况都有了清晰的了解。结束考察后，尼雷尔总统起草了一份关于整个坦桑尼亚社会和经济发展的纲领性文件。同年1月29日，这份文件在全国执行委员会会议上讨论通过，即著名的《阿鲁沙宣言》（*The Arusha Declaration*）。②《阿鲁沙宣言》的通过正式标志坦桑尼亚将转型为社会主义社会。正是在这种社会制度转型的背景下，尼雷尔总统同年接着发表《为促进自力更生的教育》（*Education for Self-Reliance*）。③ 在这份重要的教育宣言中，尼雷尔总统强调以往的殖民政府在坦桑尼亚推行的教育只是为了灌输殖民思想，目的是使坦桑尼亚沦为附属于强权政治，并永远安于这种地位的殖民地社会④，而如今的坦桑尼亚已经政治独立，教育也需要独立，要展开教育国有化改革，开展坦桑尼亚真正需要的教育。这种独立自主、自力更生的精神很长一段时间内指导着坦桑尼亚国内扫盲教育的开展。坦桑尼亚的扫盲措施主要有以下几条。

（1）国家统领全国大规模扫盲运动。鉴于当时农民占国内人口的绝大部分，尼雷尔政府在全国范围内推行"乌贾马村运动"（Ujamaa），即国家统领全国扫盲运动，把分散在各地的农村村民集中起来生活，共同组建村庄。各村庄集中管理，以建造图书馆、广播、印发报纸等多样的方式向村民实行免费的集体扫盲教育。

（2）建立专门的组织机制保障成人扫盲。1975年坦桑尼亚国民议会通过了《成人教育法》，规定13岁以上的文盲、半文盲都必须参加扫盲班学习。"1972年中央政府将成人教育管理权下放给地方政府，让其根据当地实际情况开办各类成

---

① Victor M M. Literacy Training Policy and Practice in Tanzania: Some Elements of Reproduction and Resistance [J]. Psychology and Developing Societies. 1990, 2 (1): 72.

② 尹伊. 独立自主原则视角下的坦桑尼亚扫盲教育发展历程研究 [D]. 金华：浙江师范大学，2020.

③ 尹伊. 独立自主原则视角下的坦桑尼亚扫盲教育发展历程研究 [D]. 金华：浙江师范大学，2020.

④ 李环. 坦桑尼亚大力发展民族教育 [J]. 比较教育研究，1982 (1): 24-25.

人教育中心"①，全面开展扫盲工作。另外，"政府将1963年设立的成人教育研究所改为由成人教育司直接领导的国家机构专门负责扫盲工作"②。

（3）高度重视小学教育并实行免费义务教育制度。众所周知，"免费义务教育的普及通常能有效防止新文盲的产生。早在1969年，坦桑尼亚政府就颁布了《教育法案》（Education Act），该法案将三类教育——小学义务教育、成人教育及职业技术培训看作国家教育事业发展的重心。③ 此法案之后，政府年年增加教育投入，增加教育经费。至1979年，坦桑尼亚教育经费已经占据国内生产总值的6%，并且绝大部分经费用于初等教育的开支。④ 1974年，坦桑尼亚全民普及初等教育运动在国内轰轰烈烈开展，免费小学义务教育在全国推行，小学入学率大大提高。1974年小学只有43.41%的毛入学率，1978年增长率至90%，至1981年，坦桑尼亚国内小学毛入学率已高达96.95%。

（4）采用本民族语言进行扫盲教学。为降低坦桑尼亚人的识字难度，确保人人能够识字交流，坦政府毅然把90%的民众都能掌握的斯瓦希里语（Swahili）定为国语，在全国大力推广，同时将斯瓦希里语作为基础教育阶段（包括小学教育和扫盲教育）唯一教学语言。坦政府还专门设立了国家斯瓦希里语委员会和斯瓦希里语研究院来完善斯瓦希里语以便民众交流。

（三）创造了扫盲奇迹，树立了扫盲榜样

1967年，坦桑尼亚国内的文盲率是67%，在尼雷尔政府的一系列努力下，1975年国内的文盲率已降至39%。⑤ 1985年尼雷尔退休时，坦教育部统计数据显示国内文盲率仅约10%。⑥ 1986年，坦桑尼亚在全国范围内开展了大型的扫盲测验，结果显示国内成人识字率高达90%。由于扫盲奇迹，坦桑尼亚被誉为"非洲扫盲之冠"，是当时非洲乃至世界上国民识字率最高的国家之一，为整个非洲及世界树立了扫盲的榜样。

---

① 李湘云.坦桑尼亚民族国家构建与发展进程研究（1945-2010）[D].昆明：云南大学，2012.

② 裴善勤.坦桑尼亚[M].北京：社会科学文献出版社，2008：438.

③ 尹伊.独立自主原则视角下的坦桑尼亚扫盲教育发展历程研究[D].金华：浙江师范大学，2020.

④ 裴善勤.坦桑尼亚[M].北京：社会科学文献出版社，2008：437.

⑤ Mnjagila S. Selected Key Issues and Strategies for the Expansion of lCBAE using REFLECT on a Large Scale in Tanzania [R]. Accra, Ghana：mid-term international conference on REFLECT，1998：10.

⑥ 国家教育发展研究中心.三十五国教育发展（1986—1988）[M].北京：人民教育出版社，1990：670.

二、坦桑尼亚教育自由化政策转型与扫盲式微（1987—1999 年）

随着国内外形势的变化，坦桑尼亚在 20 世纪 80 年代末进行了政治经济体制的转型，随之兴起教育"成本分担"理念，开启教育自由化政策转型。这些政策使得扫盲教育环境恶化，加之政府在这一阶段对扫盲工作有所忽视，这些都导致了扫盲教育式微。

■（一）国家政治经济体制转型——扫盲的社会外部环境的恶化

尽管尼雷尔执政期间，坦桑尼亚国内扫盲成绩显著，但是 20 世纪 80 年代初期，政府遭遇了严重的经济危机，难以承担各项教育支出，各级各类教育发展停滞，迫切需要外部援助。

这一时期，国际形势十分复杂。东欧剧变、苏联解体，一些奉行社会主义的非洲国家内外交困，面临抉择，在西方国家的推波助澜下，一些非洲国家纷纷放弃了社会主义制度，坦桑尼亚也不例外。1992 年，坦桑尼亚修改宪法，废除原宪法中有关"一党制、革命党在国家体制中享有垄断和最高领导地位"等话语，这表明坦桑尼亚重新回归资本主义多党民主制，"乌贾马社会主义"时代宣告终结。①

在坦桑尼亚困难之际，世界银行和国际货币基金组织的援助，以必须调整经济结构作为附加条件，由此，坦桑尼亚逐渐由经济国有化转向经济自由化。自由化的浪潮席卷坦桑尼亚国内的方方面面，也包括教育。

■（二）"成本分担"政策支持下的全国教育自由化改革——扫盲的教育系统内部环境的变化

（1）小学收取学费，教育走向分权与市场化。1992 年，坦政府废除所实行的小学免费教育制度，实行教育经费"成本分担"政策，规定小学需收取学费，鼓励家长和社会各方主动支持学校教育。1995 年，坦桑尼亚发布这一阶段具有代表性的教育改革文件——《教育与培训政策》（Education and Training Policy），该政策充分反映出坦桑尼亚告别了 20 世纪 60 年代以来教育管理强烈依靠中央政府的模式，开始转向地方分权，教育发展由国有化向市场化转型。同时，政策规定在遵守相关法律规定的前提下，个人和各方团体"可以开设和经营私立学校"②。

---

① 尹伊. 独立自主原则视角下的坦桑尼亚扫盲教育发展历程研究 [D]. 金华：浙江师范大学，2020.

② 尹伊. 独立自主原则视角下的坦桑尼亚扫盲教育发展历程研究 [D]. 金华：浙江师范大学，2020.

（2）英语开始盛行，斯瓦希里语失去主导地位。尼雷尔总统时期，坦桑尼亚小学使用斯瓦希里语教学，英语则在中学和大学使用。虽然尼雷尔总统有意在中学中逐步用斯瓦希里语这一本土语种替代英语教学①，但此项工作几经波折最终搁置。在坦桑尼亚政治经济体制转型后，为适应市场，广大群众对学习英语的需求大大增加，英语也获得了更高的社会地位。为满足市场需求，《教育与培训政策》中规定在小学教育中将英语作为必修课，并逐步加强英语在社会生活中的使用②，本土斯瓦希里语开始失去其主导地位。

（3）教育发展的价值取向由公平优先向效率第一转变。1985年，姆维尼总统强调国家发展应以经济建设为中心。不同于乌贾马社会主义时期以政治意志为驱动的教育改革，这一阶段的教育改革主要着眼于社会经济发展的目标，而不是政治上的目标。市场经济和自由化发展更讲求利益与效率，因此，政府用于正规教育发展的预算份额越来越多（图8-1），过去公平优先战略下受到重视的扫盲教育沦为发展的边缘，日益式微。③

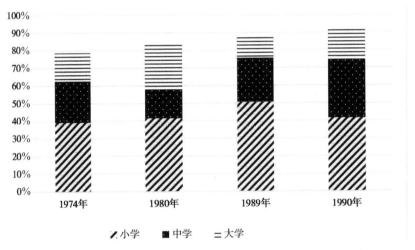

图 8-1 坦桑尼亚公共教育支出百分比情况

数据来源：IndexMundi. Tanzania-Public spending on education [EB/OL]. [2019-08-09]. https://www.indexmundi.com/facts/tanzania/public-spending-on-education.

---

① 尹伊. 独立自主原则视角下的坦桑尼亚扫盲教育发展历程研究 [D]. 金华：浙江师范大学，2020.

② United Republic of Tanzania. Education and Training Policy [R]. Dar es Salaam: Ministry of Education and Culture. 1995：4.

③ Arnove R, Carlos T. Comparative Education: The Dialectic of Global and the Local [M]. Lanham: Rowman & Littlefield, 2003：52-114.

■ （三）扫盲政策的变化与扫盲日渐式微

然而，事实表明这场全国教育自由化改革收效甚微，并不能阻止坦桑尼亚20世纪80年代后教育衰退的局面。整个90年代，坦桑尼亚的小学入学率一直下降（图8-2）。小学收费加上基础教育阶段的其他系列政策变化，严重影响到这一时期扫盲教育的发展。

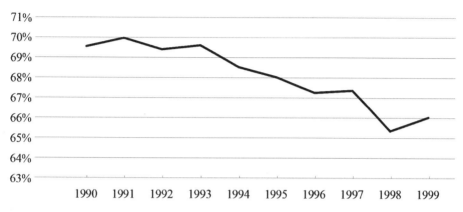

图8-2　坦桑尼亚20世纪90年代的小学毛入学率变化情况

数据来源：The World Bank. School enrollment, primary (% of gross) [EB/OL]. [2019-08-08]. https：//data. worldbank. org/indicator/SE. PRM. ENRR? locations=TZ.

就扫盲教育本身而言，在这一阶段也受到了自由化改革的影响。这一时期，政府并未出台相应的扫盲政策，只能在宏观政策所涉及扫盲的话语中窥探出扫盲目标的一些变化，即由政治目标转向经济目标。《教育与培训政策》明确坦桑尼亚的成人教育（包括扫盲教育）的目标是建立起文明的社会[①]；扫盲的目的是促进个人、社会以及经济的发展。文件还明确将成人教育权下放到地方，鼓励地方教育管理机构负责扫盲任务的具体实施。然而，尼雷尔时代的扫盲热情已一去不复返，20世纪90年代以来，坦桑尼亚国内成人识字率持续下降，与"黄金时代"的顶峰渐行渐远（图8-3）。

三、教育自由化政策的调整与扫盲艰难复兴（2000年至今）

整个90年代坦桑尼亚所暴露出的基础教育危机（包含扫盲教育）引起了坦政府的重视与反思。1997年，坦政府发布《教育部门发展计划》（*Education Sec-*

[①] 尹伊. 独立自主原则视角下的坦桑尼亚扫盲教育发展历程研究 [D]. 金华：浙江师范大学，2020.

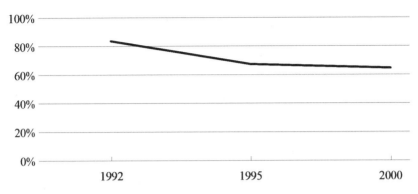

图 8-3 坦桑尼亚 20 世纪 90 年代成人识字率（15+）变化情况

数据来源：The World Bank. Literacy rate, adult total (of people aged 15 and above) [EB/OL]. [2019-08-08]. https://data.worldbank.org/indicator/SE.ADT.LITR.ZS? locations=TZ.

tor Development Programme），尝试对国家各级各类教育进行指导，在成人教育计划中提出了要确保扫盲培训班的入学率和公平性。随后，坦桑尼亚于 1999 年重磅发布《2025 坦桑尼亚发展愿景》（Tanzania Development Vision 2025），此愿景是对 21 世纪坦桑尼亚国内的教育展望，提出要扫除文盲，建立学习型社会，向教育现代化转型，同时重申独立自主办教育的理念。这一文件成为指导新世纪坦桑国内教育发展的总纲领。[①]

■（一）教育自由化政策的调整与扫盲教育的新环境

（1）小学重新免费，入学人数大幅增加。由于坦桑尼亚小学自 1992 年来实行的"成本分担"政策并没有带来实际成效，坦政府也开始反思这一举措。另外，"全民教育"（Education for All）理念逐渐深入人心，1990 年和 2000 年两次世界教育大会都提及"全民教育"目标，希望各国都能尽快实现全民教育。因此，2001 年 7 月，坦桑尼亚政府决定重新免除小学学费，并制定和实施《国家初等教育发展计划（2002—2007）》（Primary Education Development Plan）。这一教育改革取得很大的成效，坦桑尼亚国内小学净入学率从 2000 年的 52.5% 迅速增加到 2007 年的 94.37%。[②]

（2）教育成为减贫战略中的优先部门。由于 20 世纪 90 年代坦桑尼亚的政治

---

① 尹伊. 独立自主原则视角下的坦桑尼亚扫盲教育发展历程研究 [D]. 金华：浙江师范大学，2020.

② The World Bank. Adjusted Net Enrollment Rate, Primary (% of primary school age children) [EB/OL]. [2019-08-08]. https://data.worldbank.org/indicator/SE.PRM.TENR? locations=TZ.

体制转型，教育领域受到波及，导致其被全方位地削弱。但在2025坦桑尼亚发展规划下，2001年、2005年和2010年，坦桑尼亚政府相继发布《减贫战略规划》(Poverty Reduction Strategy Paper)、《国家发展与减贫战略》(National Strategy for Growth and Reduction of Poverty)、《国家发展与减贫战略Ⅱ》(National Strategy for Growth and Reduction of Poverty Ⅱ)等政策。这些政策中明确"非收入贫困"的概念，即由于教育落后或生存环境恶劣导致的贫困，同时在政策中也强调教育应在减贫战略中占有优先地位。于是，自21世纪以来，坦桑尼亚国内教育的支出占国内生产总值的比例大大增加，自1998年的2.18%增加到2004年的4.65%，2004年后的比例虽时有波动，但都基本维持在3%以上。[①]

(3) 政府加强治理，为教育发展创造新环境。在坦桑尼亚政治经济体制转型后，姆维尼政府获得了来自国际组织的帮助，但坦政府所暴露出的腐败等问题，又使得国际组织停止了援助。21世纪以来，姆卡帕总统惩治腐败问题，改革政府，发布了一系列国家治理相关的政策，得到西方的肯定，重新获得了援助。与此同时，政府也更加侧重于为私人部门创造更有利的环境，以增加其在教育方面的投资，促进国内教育的发展。

(4) 全球扫盲目标与坦桑尼亚扫盲新战略。21世纪以来，非洲的文盲问题仍然严峻，联合国对此十分关注。2000年联合国通过《达喀尔行动纲领》(Dakar Framework for Action)，强调需要在2015年前完成六项目标，其中涉及扫盲教育的有三项，撒哈拉以南非洲地区由于严峻的文盲问题被列为联合国扫盲重点区域。同年九月，联合国继续出台"千年发展目标"(the Millennium Development Goals)，再次强调2015年前各国要努力消除文盲，实现全民教育。为确保实现《达喀尔行动纲领》中的扫盲目标，2002年联合国发布《联合国扫盲十年计划》(the United Nations Literacy Decade Plan)[②]，自此拉开了联合国2003—2012年十年扫盲的序幕。《联合国扫盲十年计划》重点针对撒哈拉以南非洲地区，重点关注该地区失学儿童、青少年和成人文盲及无法受到良好教育的在学儿童的扫盲情况，而且特别关注女性扫盲。联合国一系列针对非洲的扫盲行动给坦桑尼亚国内带来了压力。坦桑尼亚作为《达喀尔行动纲领》的签字国之一，坚决承诺在2015年前达到相应的目标，包括：在坦桑尼亚国内加强成人扫盲教育，并将成人扫盲作为终身教育的关键一环，确保实现成人文盲减少50%的目标。

---

① IndexMundi. Tanzania-Public Spending on Education [EB/OL]. [2019-8-31]. https://www.indexmundi.com/facts/tanzania/public-spending-on-education. 参见：尹伊. 独立自主原则视角下的坦桑尼亚扫盲教育发展历程研究 [D]. 金华：浙江师范大学，2020.

② 尹伊. 独立自主原则视角下的坦桑尼亚扫盲教育发展历程研究 [D]. 金华：浙江师范大学，2020.

■ （二）国家干预与市场调节相结合模式下的扫盲改革

（1）设立特殊教育基金，开展多类扫盲项目。21世纪以来，坦政府设立了国家特殊教育基金，用来帮助弱势群体接受教育，文盲也包含在内。基金可以为扫盲活动提供贷款，一定程度上缓解了扫盲经费不足的问题。此外，坦政府组织开展了一系列全国性的成人扫盲项目。首先是补充基础教育计划（Complementary Basic Education in Tanzania），该计划旨将失学儿童（11—18岁）作为授课对象，大约共有65万名失学儿童在2004—2008年四年间接受了补充教育。其次，政府扩大了1993年开始试点的基于社区的成人教育计划（Community Based Adult Education），为孤儿、童工、失学儿童、街头流浪儿童以及青年和成人文盲提供再教育服务。2005至2014年间已经有1300多万学员完成注册，有300多万学员成功脱盲。①2008年，另一项扫盲计划正式启动，叫作"我能行"（Yes I Can）扫盲计划，旨在加强对成人基本读写能力与实用知识的教育。通过发展这些以学习者为中心、以社区为基础的项目，成人和失学青年增加了获得可持续基础教育的机会。

（2）成人扫盲纳入终身教育体系，制订五年发展计划。受国际上终身教育思潮的影响，坦政府早在《2025坦桑尼亚发展愿景》中就表现出要创建终身学习型社会的决心，而成人扫盲是终身教育体系的重要部分。2002年，坦桑尼亚出台了《2003/04—2007/08成人与非正规教育司中期战略》（Adult and Non-Formal Education Sub-Sector Medium Term Strategy 2003/04—2007/08），这项5年计划要求5年期间，国内总体成人识字率提高20%，关注扫盲后继续教育，为创建终身学习型社会而努力。随后，《2010/11—2014/15成人与非正规教育司中期战略》（Adult and Non-Formal Education Sub-Sector Medium Term Strategy 2010/11—2014/15）与《2012/13—2016/17成人与非正规教育发展规划》（Adult and Non-Formal Education Development Plan 2012/13—2016/17）相继发布，其中都对扫盲教育提出了要求。

■ （三）识字率起伏不定，发展艰难

但21世纪以来，政府干预下的政策调整并未使得坦桑尼亚国内的成人识字率如期高速增长，反而起伏不定，发展缓慢。2003年至2010年，国内成人识字率连续增长2年后再次下降，2010年开始回升，由67.8%上升到2012年的

---

① UNESCO Institute for Lifelong Learning. Integrated Community-Based Adult Education (ICBAE), United Republic of Tanzania [EB/OL]. (2017-02-06) [2019-8-28]. https://uil.unesco.org/case-study/effective-practices-database-litbase-0/integrated-community-based-adult-educati- on-icbae.

78.1%,尽管如此,2015年坦桑尼亚国内成人识字率仍然低于80%,复兴之路实为艰难。

第二节 巴西扫盲教育的发展历程

一、巴西扫盲运动组织支持下的全国大规模扫盲(1967—1979年)

黄志成教授在《巴西教育》[①]一书中有专门一章对20世纪六七十年代特别是七十年代的巴西扫盲运动的情况进行了详细的论述。因此,这一阶段主要参考了黄志成老师在书中的论述。

(一)全国性扫盲运动的储备阶段

巴西的扫盲教育虽出现于20世纪初,但真正发展成为国家教育体系的重要组成部分则是在20世纪60年代之后。从1964年开始,在之后长达21年的时间内,巴西处于军人统治时期。巴西军人政府在稳定政局、发展经济的同时,为使教育从数量到质量都能提高,做出了巨大的努力。首先就是将教育从发展过程中的落后部门转变为最优先的部门。这一时期的巴西扫盲工作主要是由一些地方机构在小范围内实验或开展,但是这些"星星之火"为之后巴西全国统一大规模的扫盲运动积蓄了主要力量。

1967年12月,巴西政府颁布了第5379号法令——《青少年与成人功能性扫盲和终身教育法》。此项法令仅涵盖14条简明扼要的条目,强调青少年与成人功能性扫盲和终身教育处于国家长期优先发展的地位。该法令同时要求建立一个有自主权的专门机构,负责开展青少年与成人的功能性扫盲和终身教育。这就是后来的巴西扫盲运动组织。

1967年,巴西扫盲运动组织的相关活动开始开展,刚开始的3年时间一直处于勉强维持的状态,主要是因为缺少组织和经费。1970年,由于政府的深入宣传,适当的资助及联邦权力的完全下放,巴西国内扫盲变成了一场全社会参加的全国性运动,甚至成功地深入到了巴西最边远的地区,可见影响之广。

(二)全国统一的大规模扫盲运动

1971年8月,巴西政府出台《初等教育和中等教育改革法》,提出在国家正

---

① 黄志成. 巴西教育[M]. 长春:吉林教育出版社,2000.

规教育系统之外探索建立国家补充教育体系，即非正规的补充教育体系。建立补充教育体系的目的是为那些没有机会上学或未能完成学业的青少年和成人文盲提供再次就学机会。补充教育与各级普通学校教育相衔接，成为国家教育的一个组成部分。① 同时巴西政府在全国范围内开展巴西扫盲运动，使其发展成为一种成人教育的体系。巴西扫盲运动不仅开展了识字等功能性扫盲教育，而且还提供了多种扫盲后的教育计划。

（1）功能性扫盲教育计划。这一计划是主要进行基础性扫盲，通过各种可能的途径使文盲参加扫盲班，然后对他们实施5—6个月的集中扫盲教学，力图使他们能获得脱盲证书。虽然扫盲教师的文化程度差距很大，但都经过了基本的扫盲培训。这一计划对脱盲要求十分严格与细化，扫盲成员必须能够做到10条标准才被认为可以成功脱盲。

（2）一体化教育计划。巴西大规模的功能性扫盲教育计划虽然能够让文盲在5—6个月中学会基本的读写，但是所掌握的知识很需要进一步巩固，否则会重新回归文盲。为了确保更全面的巩固，防止二次文盲，就需要脱盲学员们不断继续学习。1971年，一体化教育实验计划开始实施，给那些脱盲的人提供一种广阔的一体化教育计划。该计划要求连续学习12个月，课程相当于初等教育二至四年级的程度。学员完成了这种课程的学习，将获得一张结业证书，并可以进入小学五年级继续学习。也就是说，功能性扫盲教育与一体化教育无缝连接在一起，将小学前4年的知识压缩在18个月内学习。

（3）社区发展计划。考虑到许多成人在完成扫盲教育后没有机会学习一体化教育课程，因此，巴西扫盲运动中心就为此开设了一种2个月的短期课程，这种课程叫作"社区发展计划"。课程的总目标是鼓励那些已经完成扫盲计划的人积极参与社会生活，使他们能够继续学习，直至参加一体化教育计划。

（4）文化扫盲运动。1973年，政府开始实施"文化扫盲运动"。该计划不仅仅针对文盲，也包括普通的巴西人。其目的是要促进和发展巴西国家和地区不同审美的表达以及鼓励艺术家创造群众喜闻乐见的大众文化。同时，各地区通过建设多种多样的扫盲图书馆、文化站，开展文化博览会来丰富大众的文娱活动。

（三）独具特色的扫盲经费来源

巴西这一时期的扫盲教育拥有独具特色筹措经费的方式。

（1）政府支持是固定的经费来源。市政府必须将其不少于20%的税收拨给初

---

① 曾昭耀，石瑞元，焦震衡. 战后拉丁美洲教育研究 [M]. 南昌：江西教育出版社，1994：367.

等教育。虽然这部分资金不是直接划分给巴西扫盲运动组织，但是其中一部分规定用于地方上的扫盲计划，因而也间接资助支持了国内的扫盲教育。

（2）1968年共和国总统办公厅批准"巴西扫盲运动"基金会的章程。基金会所募集的金额也成为国家扫盲经费的固定来源。

（3）体育彩票收入和税收收入是较为灵活筹集扫盲经费的方式。1969年，巴西颁布法令，设立"联邦体育彩票"。该法第三条规定，彩票纯收入的30％应分配给扫盲教育计划相关组织。这是一笔巨大的资金，不仅为巴西扫盲运动的实施提供了大量资金，而且在某种程度上还促进人们参与扫盲运动。同时，税收是巴西扫盲运动第二笔资金的主要来源。1970年，法令规定，所有法人单位在巴西银行缴纳所得税时，可以填写一张表，将所缴税款的自愿扣除额作为巴西扫盲运动的资金。1976年，为向巴西扫盲运动捐款而允许扣除的所得税比例由1％增至2％。在5年之中，巴西扫盲运动花费了近1.3亿美元，这些资金大致等量地来自扫盲运动在全国体育彩票收入中占的份额和联邦所得税。这些灵活筹措扫盲经费的方式调动了全社会支持扫盲运动的热情，同时也缓解了政府的资金压力，推动了巴西国内扫盲教育的持续发展。

总之，这一阶段，在巴西扫盲运动组织的领导下，巴西政府在正规教育体系外建立平行的、相互衔接的补充教育体系，对于扫除大量文盲来说，是十分现实和适合国情的一种方案，取得了一定的扫盲成效。从规模上看，有些地区的扫盲班人数甚至超过正规教育制度的人数，可见号召力之强大。从数量上看，每年都有大量的文盲成功脱盲。据官方统计，巴西扫盲运动从1970年至1975年对巴西1950万文盲进行了扫盲教育，其中有800万人成功摘掉了文盲帽子。[①]

二、初等教育改革浪潮下的扫盲教育（1980—1999年）

虽然20世纪六七十年代期间的巴西扫盲运动颇有成效，但当时巴西政府将高等教育作为发展的重点对象，忽视了初等教育质量的提高，导致初等教育留级率、辍学率居高不下，极大地影响了巴西国内初等教育的普及，因而导致文盲源头的问题一直没有得到有效解决。虽然成人文盲率降低了，绝对文盲人数却在增加。因而，20世纪80年代后，巴西政府适时调整了国家教育发展战略。

■（一）国家教育战略的重大调整——扫盲教育系统环境的变化

20世纪80年代，巴西政府将教育战略重点从高等教育转投向初等教育领域。1985年，响应全球"全民教育"思潮，巴西政府提出"全民教育计划"，旨在普

---

① 瞿葆奎. 印度、埃及、巴西教育改革［M］. 北京：人民教育出版社，1991：713.

及初等教育。90年代政府更是决心将初等教育作为整个教育过程中最优先发展的领域。

这一时期的巴西扫盲运动组织也制定了新的政策。尽管巴西扫盲运动组织并没有放弃成人教育,但在这以后却加强了基础教育方面。1988年,巴西宪法重新确定了巴西教育的目的和原则。根据巴西宪法的精神,巴西政府提出教育发展政策的新方向——优先发展基础教育和扫除文盲。在政府的努力下,初等教育入学率逐渐提高(图8-4),直接有效阻止了新文盲产生的源头。

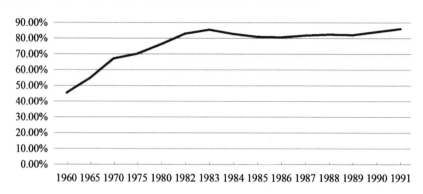

图 8-4　巴西初等教育入学率

资料来源:黄志成. 巴西教育[M]. 长春:吉林教育出版社,2000:104-105.

(二)基于社区伙伴关系下的扫盲实验

在巴西全国初等教育改革的大环境下,1996年,原先与正规教育系统平行的补充教育系统被废除,未能在学龄接受教育的青年与成人的再教育也被纳入基础教育管理的范畴。扫盲教育的开展主要依托于一种基于社区伙伴关系的扫盲运动。

(1)扫盲运动(Literacy Movement,MOVA)。20世纪90年代初,巴西著名教育家保罗·弗莱雷(Paulo Freire)担任巴西圣保罗市的教育部长。他在圣保罗市发动了一项基于社区伙伴模式下的扫盲运动。这一运动在巴西其他城市甚至全国都产生了影响。具体来说,每个社区成立一个小组,该小组承担监督员的职责,专门负责协调该区域内的扫盲学员,并安排好扫盲教育的物质条件,例如教室、教具等。市政府为这些社区工作人员提供津贴,并通过每周4次2小时的例会来监测社区扫盲小组的发展。社区监督员每周与教学主管会面,商讨教学计划。社区扫盲小组并不强制规定学员学习的具体时间。学习后自我感觉良好的学员可以自主申请去专门的青年与成人教育学校继续学习。1992年,该社区扫盲方案与73个社区组织合作,覆盖了18000多名青年和成年人。但之后由于市政府的换届,该计划很快被中断。

（2）"团结起来扫盲"项目（Alfabetizagao Solidaria Program，PAS）。1996年，联邦政府在成人教育领域采取了一项重要措施，即开展"团结起来扫盲"项目。这是巴西长期的全国性扫盲方案之一。"团结起来扫盲"计划所采用的战略也是基于伙伴关系的模式。该计划鼓励市政府、私营企业和高等教育机构的参与。最初，它只是面向北部和东北部的较贫困地区，但后来由于效果不错，也开始在其他地区的城市中心开展起来。与弗莱雷的扫盲运动模式不同，"团结起来扫盲"计划分为六个月，第一个月专门用于制订计划和培训监督员，剩下的5个月专门进行扫盲教学，教学总工作量为240小时。原则上，每个学习者和监督员只能参加一次课程。在这过程中，市政府主要负责召集与会者，并指定扫盲教学的地点。高等教育机构则负责协调市政府的工作，同时负责从当地群众中选出监督员，并加以培训和教学指导。1998年，其正式注册为合法的非政府组织——团结扫盲协会。它制定了自己的章程，并承诺继续执行"团结起来扫盲"计划。一方面，它仍然受到联邦政府的大力支持，另一方面，该组织还与各州政府签署协定，在社会名人的支持下，通过媒体进行宣传，组织活动来号召个人捐助。其现已成为一个成熟的协会，自创立以来，已惠及全巴西500多万青年和成人学习者。①

三、21世纪巴西扫盲计划支持下的扫盲教育（2000年至今）

21世纪，巴西扫盲教育主要是在"巴西扫盲计划"（Programma Brasil Alfabetizado，PBA；或者 Literate Brazil Programme，LBP）框架下实施的。因此，这一阶段重点以"巴西扫盲计划"为例来介绍巴西的扫盲情况。万秀兰教授根据联合国教科文组织终身教育研究所一篇对PBA的报道和分析，从背景、目的、内容、执行、评估、成效、问题以及展望等方面对2010年之前的PBA进行了详细的综述。② 在此，笔者结合其他一些文献对该计划目前的进展进行补充与更新。

PBA项目自2003年开展以来，截至2018年已经实施了16年。目前来看，PBA项目可能已成为当前世界上最具影响力的扫盲项目之一。③

---

① UNESCO Institute for Lifelong Learning. Alfabetizagao Solidaria，Brazil［EB/OL］.（2013-01-15）［2019-09-07］. https：//uil. unesco. org/case-study/effective-practices-database-litbase-0/alfabetizacao-solidaria-brazil.

② 万秀兰. 巴西教育战略研究［M］. 杭州：浙江教育出版社，2014.

③ Claudia T. The Brazilian Adult Literacy Programme：A Brief Overview and Possible Area of Research［J］. International Policy Centre for Inclusive Growth，2016（12）：1.

（一） PBA 的背景与目标

2001年，巴西国民教育议会出台了国家教育计划，该计划将青年和成人读写能力的提高作为国家教育议程中的优先项目。其规定了26项青年和成人必须要优先达到的目标，其中之一就是到2006年确保至少50%没有完成学校教育的青年、成年和老年文盲获得小学4年级教育的水平，并到2011年全部实现扫除文盲的目标。

因此，卢拉政府在2003年发起了"巴西扫盲计划"，为那些没有接受教育或没有完成教育的人提供学习阅读、写作和算术等基础知识的机会。联邦政府试图利用该计划缓解对穷人和弱势群体造成负面影响的教育不平等现象，帮助在历史上被排斥的社会群体能够重新融入主流社会。其目标是在四年内，即2007年消除文盲，这比国家教育计划中的预期提早了4年，但是截至2018年，还未能达成此项目标。

（二） PBA 的实施与操作

PBA在巴西全国实施，由各地区分权管理。全国有3699个城市实施该项计划，其中有1064个城市由于15岁以上人口中文盲率高达25%及以上，被确定为优先实施的城市。[①] 如果某市希望实施该计划，需要市政府单独向教育部申请资助。教育部通过评估市政府自己制订的教育计划，然后按照既定的公式计算出实际资助的金额。

2004年，教育部进行了调整，将PBA转移到一个专门设立的秘书处——继续教育、基础文化和文化多样化秘书处（SECAD），秘书处开始将成人扫盲教育活动与农村教育、环境教育、土著人民教育和种族多样性教育等计划相结合。同年，计划中的识字课程从6个月延长到8个月，课程至少320小时。城市地区每班学生人数在14至25人，农村地区为7至25人。如果人数未达到最低学生人数，那班级自动取消。

PBA通过每月向授课教师发放400雷亚尔的津贴来鼓励大家积极参与教学。教师每周至少要上10个小时的课。课程结束后，PBA有两种课程评估的方式。第一种是比较学生在课程开始时的入学考试和结束时的结业考试的数据变化。第二种是课程结束时，教师需要评估学生的表现。在8个月的课程结束后，教师需要填写一张关于学生在课程中是否掌握了读写、算术等基本能力的调查表，根据教师的填写来确定学生对于课程的掌握情况。一旦学员从扫盲班毕业，他们就

---

① 万秀兰．巴西教育战略研究［M］．杭州：浙江教育出版社，2014：251.

被送到公立教育系统继续学习。2008 年，教育部在 PBA 中引进了一种管理系统，实际上是个数据库，其中载有所有报名参加该计划的所有学生和教师的信息。收集的信息范围包括学生和教师的人口特征，以及上课出勤率和绩效指标。此项数据库收集信息的规模和深度十分广大，被认为是世界上同类数据库中独一无二的，为巴西扫盲教育的管理提供了便利。

（三） PBA 的成就与挑战

对于 PBA 对巴西扫盲教育所做的贡献，巴西政府还未系统地进行效果评价。但是从数量上看，2003 年至 2016 年间有近 1000 万学员注册了 PBA；其中 2003—2010 年有 300 万学员已成功脱盲，可以说 PBA 还是起到了很大的作用。[1]

但是 PBA 也逐渐暴露出一些挑战，首先是每况愈下的招生人数和脱盲成功率。自 2011 年开始，参加 PBA 课程的学员逐年减少，脱盲成功率也大幅下降（表 8-1）。PBA 正在考虑如何促进青少年和成人注册参与 PBA 的积极性。

表 8-1 巴西阿拉戈斯州马塞约市 PBA 学员入学人数、脱盲成功率、班级数量情况一览

年份	学员入学人数（人）	脱盲成功率（%）	班级数量
2011	9012	51.8	482
2012	5630	28.81	312
2013—2014	6436	33.86	361
2015	2823	42.05	168

数据来源：SBA Management System（2011，2012，2013—2014 and 2015）

其次，师资层面，由于 PBA 计划中的教师不是正式聘用，他们一般不会长期待下去，有的教师突然离职会导致一些课程在学期中途被无奈取消。目前政府还没有有效方案来处理教师中途辞职的危机。

最后，在市一级，地方管理人员在维护 PBA 运作方面面临许多挑战。从处理政府资金时经常出现的官僚化问题，到设法提高学生和教师的参与度，还有处理教师辞职和学员辍学等，这些问题都很棘手。此外，地方管理人员并不是总能得到当地教育理事会的全力支持。许多管理人员在思想上会忽视青少年和成人的教育，因为他们觉得青少年和成人的教育不如儿童和青少年的教育重要。以上这些都是未来 PBA 想要持续发展所面临的挑战。

---

[1] Claudia T. The Brazilian Adult Literacy Programme：A Brief Overview and Possible Area of Research [J]. International Policy Centre for Inclusive Growth，2016（12）：1.

第三节　中国扫盲教育的发展历程

尽管我国已取得让世界瞩目的扫盲成绩，但我国的扫盲之路开始也并非一帆风顺，关键是党和政府牢牢抓住了社会转型的时代脉搏，坚持走中国特色的发展道路，在决策和政策实施上为扫盲教育的持续快速发展提供了重要保障。

一、建国初至"文革"结束：一波三折

从1949年至1969年，我国先后开展了四次大规模的扫盲运动，在运动中不断累积经验，为日后形成更加科学有效的计划奠定了基础。1949年中华人民共和国成立后，中央高度重视扫盲教育，要求积极做好前期准备工作，争取从1951年开始进行全国规模的识字运动。[①] 20世纪50年代，全国掀起了两次扫除文盲的高潮。第一次是1952年，全国总工会发布《关于在工人群众中推行"速成识字法"开展扫除文盲运动的指示》，"速成识字法"的推广极大激发了文盲的学习积极性。1955年，共青团中央出台《关于在七年内扫除全国农村青年文盲的决定》，同时出台《关于奖励扫除文盲运动中的青年积极分子的办法》，在一系列政策的推动下，国内迎来了第二次扫除文盲的高潮。1956年中共中央、国务院根据全国扫盲情况，发出了《关于扫除文盲的决定》，做出5至7年内分层分批扫除文盲的指示。1956年，社会主义制度在我国基本建立，这一时期的扫盲工作是随着政治经济形势的发展变化呈波浪式前进的。1957年教育部出台《关于扫除文盲工作的通知》。通知纠正了之前扫盲运动急躁冒进的不足，提出："今后的扫盲工作，必须用极大的努力，有计划地、逐步地进行，坚持因时因地因人制宜的原则。"[②]

然而，之后由于"文化大革命"，社会出现大混乱，国民经济处于崩溃边缘。扫盲教育也遭遇严重挫折和倒退，教训十分深刻。可见没有稳定的国内政治环境，扫盲教育无从谈起。十年"文革"所带来的惨痛教训让党中央痛定思痛。1978年十一届三中全会后，我国纠正了"文革"中错误的指导思想，将经济建设作为工作重心，实行改革开放战略。

[①] 刘立德，谢春风. 新中国扫盲教育史纲[M]. 合肥：安徽教育出版社，2003：21.
[②] 刘立德，谢春风. 新中国扫盲教育史纲[M]. 合肥：安徽教育出版社，2003：38.

二、社会转型的起点——改革开放：飞速发展

改革开放以来，我国进入新的历史时期，党和政府高度重视扫盲教育的战略地位，树立扫除文盲的坚定决心。这一时期扫盲教育飞速发展，取得了巨大成就。

（一）探索期（1978—1987年）："一堵、二扫、三提高"方针

十一届三中全会后，我国扫盲教育重新走上制度化、正规化的发展道路。改革开放初期，我国少年和青壮年中，文盲、半文盲占30%~40%。边远地区、山区和一些少数民族地区达到50%以上。① 面对如此艰巨的扫盲任务，1978年，国务院发布《关于扫除文盲的指示》，要求各地重新恢复扫盲教育，并吸取之前"强调扫，忽视堵"的工作教训，正式提出"一堵、二扫、三提高"的基本方针。"一堵"就是普及小学教育，堵住新文盲产生的缺口。"二扫"就是要基本扫除12周岁到45周岁的少年、青年、壮年中的文盲、半文盲，要求少年、青年、壮年中的识字率达到85%以上。具体脱盲标准是：能认识1500个字，能看懂浅近通俗的报刊，能够算出简单的账，写简单的便条。"三提高"就是持续提高已经脱盲的青少年和有条件的壮年的学习能力，要求他们继续参加业余学习，逐步达到初中毕业程度。②

这一阶段提出的"一堵、二扫、三提高"方针是我国扫盲教育政策的正确探索，是我国扫盲教育政策发展的里程碑。它正确指导了今后扫盲工作的开展，同时这种将扫盲与初等教育的普及、扫盲后继续教育并轨发展的政策理念一直沿用至今。但政策内容相对简略，基本上只提供思路和方向，扫盲标准需进一步挖掘，其内容的操作性也有待完善。

（二）发展期（1988—2000年）：扫盲教育政策内容日益具体化、科学化

尽管在"一堵、二扫、三提高"方针的指导下，我国扫盲教育取得阶段性成效，但一些地方有点成绩后，扫盲工作就又处于懈怠状态。1986年开始全国脱盲人数连续几年呈下降趋势，扫盲工作停滞不前。为加强扫盲工作的开展，尽快完成扫盲历史任务，国务院于1988年出台《扫除文盲工作条例》（以下简称《条

---

① 国家教育委员会成人教育司.扫除文盲文献汇编[G].重庆：西南师范大学出版社，1997.

② 中国网.国务院关于扫除文盲的指示[EB/OL].[2006-08-08]. http://www.china.com.cn/law/flfg/txt/2006-08/08/content_7059335.htm.

例》)。该《条例》重新界定我国的扫盲对象为 15~40 周岁的文盲、半文盲公民,建立扫盲验收制度,重视扫盲后的继续教育。同时《条例》强调扫盲教育的内容要结合文化知识与技术知识,这表明我国功能性扫盲的观念已经开始萌芽。

20 世纪的最后十年,是我国社会现代化转型非常关键的十年。1993 年 2 月,中共中央、国务院正式发布指导 20 世纪 90 年代中国教育改革和发展的纲领性文件《中国教育改革和发展纲要》,其中对扫盲教育提出了更高的要求,要求到 20 世纪末,"基本扫除青壮年文盲"。为了上述目标的实现,同年 8 月,国务院根据国内扫盲教育的新矛盾、新形势,对 1988 年《扫除文盲工作条例》重新修订。修订后的《扫除文盲工作条例》提出了新要求,要求拓宽文盲的年龄阶段,提高扫盲标准,更加注重城乡分类指导,更加关注农村地区扫盲,要求扫盲与普及初等义务教育并举,同时扫盲验收制度也更为完善。至此我国加快了扫盲教育的步伐,扫盲教育政策进一步完善,更具有时效性。1994 年 9 月 1 日,原国家教委印发《关于在九十年代基本普及九年义务教育和基本扫除青壮年文盲的实施意见》(以下简称《意见》),提出 20 世纪末基本普及九年义务教育和基本扫除青壮年文盲的"两基"目标。令人欣喜的是,《意见》除了提出新的工作思路和目标,还详细规定了政策实施的原则、步骤和若干措施。同时,1995 年,扫盲教育被写进《中华人民共和国教育法》第二章第二十三条,扫盲教育的合法性得到了明确保证。

这一阶段,面对东欧剧变下风云变幻的国际局势,我国政府坚持走中国特色社会主义道路,以强大的领导力统领扫盲教育的持续发展。在发展过程中,我国政府对扫盲教育有了更为科学的认识,通过不断修订调整相关条例规定,完善扫盲教育政策的内容,为后续政策的有效实施提供了强有力保障。

■ (三)攻坚期(2001—2011 年):全面扫除了青壮年文盲

进入 21 世纪后,知识经济和全球化的挑战,终身教育、构建学习化社会等号召,以及我国基本扫除青壮年文盲目标的实现,都为我国扫盲教育发展带来了新机遇和新挑战。要想全面实现扫除青壮年文盲的目标就必须摒弃之前大规模扫盲"运动性和突击性"[1] 的弊端,在扫盲教育的课程内容和教学方式上贴近学员实际,提高扫盲教育的质量,巩固和扩大已有的扫盲成果。因此,2002 年教育部联合 12 个部门发布新的扫盲教育指导方案《关于"十五"期间扫除文盲工作的意见》。该方案针对我国国内扫除文盲工作的进展情况,提出了新的扫盲方针,要求"把普及九年义务教育和扫除青壮年文盲作为教育工作的'重中之重',坚决杜绝新生文盲、扫除现有文盲与使脱盲人员接受继续教育相结合",其中还明确提出扫盲教育

---

[1] 刘立德,谢春风. 新中国扫盲教育史纲 [M]. 合肥:安徽教育出版社,2003:4.

要依据各地情况,有条件地逐步向功能性扫盲转移。① 与此同时,考虑到当时国内的文盲主要聚集在西部,党和政府决定重点解决西部扫盲问题,国家在 2004 年专门实施"国家西部地区'两基'攻坚计划",集中地、重点地对西部文盲加以教育。②

2002 年,教育部专门配套印发《扫盲教育课程与教学改革的指导意见(试行)》,指出当前时代下的扫盲教育的目的是提高文盲或功能性文盲的可持续发展能力,坚持以人为本的原则,贴近学习者的实际生活,满足学习者需求,使学习者具备生活和发展的基本能力和技能。③ 这就体现出我国扫盲教育开始关注扫盲对象的发展需求,更加以一种人本精神看待扫盲教育工作。2011 年,教育部发布《扫盲教育课程设置及教学材料编写指导纲要》,重点强调"扫盲教育的课程设置应以文盲学员需求为导向,以解决文盲学员迫切的实际问题为中心"④。可以看出,我国扫盲教育政策内容已经不再局限于识字算术等基本知识的教育,而把人的需求与发展纳入扫盲工作中,坚持以人为本,坚持发展的观点,不断实现文盲学员的自我更新和发展,让教育对象成为独立自主、自力更生的社会公民。⑤

这一阶段,从 2002 年基本扫除青壮年文盲,经过了又一个 10 年的持续努力,一系列相关政策悉数出台,为成功实现全面扫除青壮年文盲提供了依据和方向。最终我国打赢了这场知识文化领域的"攻坚战""持久战",2011 年向世界宣告已全面实现了扫除青壮年文盲的历史目标。

第四节 三国扫盲教育发展的成就比较

自独立以来,坦桑尼亚国内的成人识字率可谓是一波三折(图 8-5)。⑥

---

① 中共中央办公厅,国务院办公厅.关于"十五"期间扫除文盲工作的意见[N].中国教育报,2002-09-09.

② 尹伊.独立自主原则视角下的坦桑尼亚扫盲教育发展历程研究[D].金华:浙江师范大学,2020.

③ 杨晓燕.新中国扫盲教育政策发展研究[D].重庆:西南大学,2012.

④ 教育部.教育部关于印发《扫盲教育课程设置及教学材料编写指导纲要》的通知[EB/OL].[2011-4-25].http://old.moe.gov.cn//publicfiles/business/htmlfiles/moe/s3323/201105/xxgk_120118.html.

⑤ 叶剑.中国扫盲教育的转型研究——从工具性扫盲到发展性扫盲教育[D].重庆:西南大学,2013.

⑥ 其中,据 World Bank、Macrotrends、Knoema 等官网统计,坦桑尼亚 1988 年的成人识字率为 59.1%,相较 1986 年下降了近 30 个百分点。鉴于 1986 年的成人识字率为 90.4%,1992 年为 84%,无论是按逻辑推想,还是依据常识判断,不太可能成人识字率在两年内下降 30 个百分点。因此,这个数据值得怀疑。

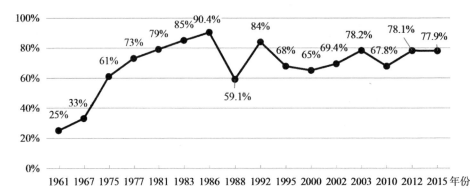

图 8-5　坦桑尼亚独立后成人识字率变化情况

数据来源：

1. The World Bank. Literacy rate，adult total（% of people ages 15 and above）[EB/OL]. [2019-6-1]. https：//data. worldbank. org/indicator/se. adt. litr. zs.

2. Mushi P A K. History and Development of Education in Tanzania [M]. Dar es Salaam University Press，2009.

而中国和巴西的扫盲教育自建国以来一直保持持续稳定发展（图 8-6、图 8-7）①。

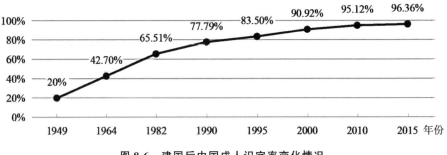

图 8-6　建国后中国成人识字率变化情况

数据来源：

1. The World Bank. Literacy rate，adult total（% of people ages 15 and above）[EB/OL]. [2019-6-1]. https：//data. worldbank. org/indicator/se. adt. litr. zs.

2. 刘立德，谢春风. 新中国扫盲教育史纲 [M]. 合肥：安徽教育出版社，2003：239.

这种反差何以出现？通过对中国、巴西和坦桑尼亚三国成人识字率不同阶段的比较，可以窥探出中国、巴西、坦桑尼亚三国扫盲教育事业发展的特点。

---

①　由于某些年份无法得知当年的成人识字率，因此两国成人识字率变化曲线图可能存在小范围误差。

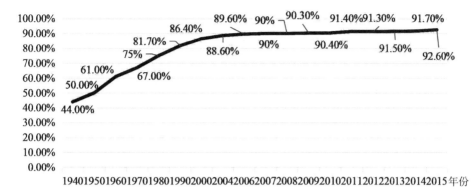

图 8-7 巴西 15 岁以上人口成人识字率变化情况

数据来源：

1. 黄志成. 巴西教育［M］. 长春：吉林教育出版社，2000：213.
2. 曾昭耀，石瑞元，焦震衡. 战后拉丁美洲教育研究［M］. 南昌：江西教育出版社，1994：363.
3. The World Bank. Literacy rate, adult total（% of people ages 15 and above）［EB/OL］. ［2019-6-1］. https：//data. worldbank. org/indicator/se. adt. litr. zs.

一、从起步上看，坦桑尼亚与中国先天不足，巴西基础优越

1961 年坦桑尼亚独立时，其国内成人识字率为 25%。1949 年新中国成立时的成人识字率为 20%。两国在建国时的文盲人口都十分庞大，所面临的扫盲任务也都十分艰巨。而巴西由于较早摆脱殖民，因而在 1940 年左右的国内成人识字率已达 44%，1950 年 50% 的成人识字率比中国高了整整 30 个百分点。坦桑尼亚独立时，巴西国内的识字率已达 61%。因而，相较于中、坦，巴西扫盲教育事业在起步上较早开始，并且基础优越。

二、从发展稳定性上看，坦桑尼亚一波三折，中、巴持续稳定发展

在数十年的发展历程中，坦桑尼亚的成人识字率大起大落，由盛转衰。坦桑尼亚在 1986 年至 1988 年两年间，由于内外危机导致国内教育系统面临崩溃，成人识字率急剧倒退 30 个百分点。1992 年，坦桑尼亚向资本主义制度转型，政府实施教育自由化改革后，国内成人识字率在 1992 年至 1995 年 3 年间下降了 16 个百分点，后又艰难复兴。再看中国与巴西都是持续平稳上升，2000 年之前，中国与巴西几乎不相上下，但是在 2000 年之后巴西的发展略显平缓，稍落后于中国。

三、从发展速度上看,巴、坦发力较早后劲不足,中国后来居上

第一阶段,20世纪60年代至20世纪80年代中期是坦桑尼亚扫盲教育发展的"黄金时期"。坦桑尼亚独立后在短短6年中就实现了8个百分点的成人识字率增长,1967年国内成人识字率已增长至33%,虽然还未追赶上我国和巴西,但论发展速度已经远远高于另外两国。1967年,坦桑尼亚开始社会主义改革后,国内扫盲教育事业迎来飞速发展,短短20年间,成人识字率就增长至近90%,远远高于同一时期中国和巴西的识字率增幅。根据图8-5的数据,1986年,坦桑尼亚国内的成人识字率到达峰值90.4%,这一成绩比1990年中国和巴西的识字率都高出了10个百分点左右,可谓成就非凡。

第二阶段,中国的扫盲事业在20世纪90年代之后发展势头强劲。中国的扫盲教育在90年代持续快速发展,成人识字率在90年代中期反超坦桑尼亚,与巴西相近。2000年第五次人口普查资料显示,中国已在20世纪末实现了基本扫除青壮年文盲的目标,相较于1990年,2000年国内成人文盲数量减少了近1亿人,成人文盲率已由22.2%下降到9.08%。[1]

第三阶段,21世纪以来,坦桑尼亚和巴西扫盲教育发展逐渐迟滞。巴西在2000年之前,国内成人识字率保持着强劲的增长势头,与我国不相上下,进入21世纪,巴西成人识字率虽有提高,但是幅度极小。同样,坦桑尼亚在21世纪之后成人识字率较为波动,时而上升时而下降,整体增长幅度不大。

四、从扫盲成果上看,中国基本实现扫盲

21世纪在全球教育治理框架下,坦政府适时调整了教育政策,小学入学率的增长使得成人识字率也开始回升,但起伏不定,发展缓慢,一直未能突破80%。巴西在2000年之后国内成人识字率增长略显平缓,一直在90%左右徘徊。中国步入21世纪时,国内成人识字率已经突破90%,之后仍然稳步攀升,全国在2001至2004三年间共扫除文盲803万人,2005年又继续扫除了196万文盲,综合年均扫除文盲200多万人,青壮年文盲率控制在4%左右。[2] 到2010年,全国

---

[1] 教育部. 中国实施全民教育的概况 [EB/OL]. (2005-12-13) [2019-8-7]. http://www.moe.gov.cn/s78/A23/jkw_left/moe_866/tnull_13252.htm. 亦可参见:高书国. 中国扫盲工作的成就与经验 [J]. 基础教育参考, 2014 (7): 12-18.

[2] 彭中文. 人力资本的结构差异对中国区域经济发展的影响研究 [D]. 上海:上海财经大学, 2006.

青壮年文盲率降到2%以下,成人文盲率降到5%以下,成人识字率居发展中国家前列。①

综上可以看出,中国扫盲教育起步虽然落后,但是发展过程中较为平稳,波动少。无论宏观决策还是实际扫盲成果,都呈现出稳定、持续的特点;巴西虽然扫盲教育事业也获得了长足的发展,但是21世纪以来陷入发展瓶颈,较为滞缓;而坦桑尼亚的扫盲教育由盛转衰,扫盲任务仍然任重而道远。通过比较中国、巴西、坦桑尼亚扫盲教育的发展历程可以总结出一些经验或教训。

第五节 三国比较视野下的扫盲经验与教训

一、国家意志在扫盲教育事业发展中起关键作用

众所周知,扫除文盲需要国家长时间持续的重视与投入,国家意志在扫盲教育发展中起到决定性作用②,纵观坦桑尼亚、巴西和中国扫盲教育的发展历程,总结出的一个共同经验是,国家意志是扫盲教育事业得以持续发展的坚定保障。

第一,国家意志表现在政府通过发动群众开展大规模全国性的扫盲运动。中国、巴西和坦桑尼亚的扫盲教育几乎都是通过大规模的、轰轰烈烈的扫盲运动来实施的。但是,这类运动式的扫盲必须要克服一般运动无组织的弊端,因此要在政府有组织有计划的领导下开展才能凸显出其覆盖面广、灵活性强的特点。

第二,国家意志表现在通过颁布相关的法律法规和政策来确立扫盲教育的重要地位。巴西政府在扫盲教育发展过程中,充分认识到立法的重要性。在许多重要举措实行之前,往往首先是通过立法途径,制定各种专门的法律规定,使得各项扫盲措施合法化。有了法律才能够有效推动扫盲教育在国内的开展,促进扫盲教育事业的发展。同样,自1949年新中国建立之日起,我国历届政府都毫不动摇,一直坚持扫除文盲这项基本国策。在政策的制定与落实上,党和政府先后颁布了《中国教育改革发展纲要》《关于扫除文盲的指示》《扫除文盲工作条例》《扫盲教育课程设置及教学材料编写指导纲要》等数十个文件,对扫盲工作进行强有力的指导。同时在落实的过程中,"日校办夜校,一师任两教",扫盲验收制

---

① 教育部.人类教育史上的奇迹——来自中国普及九年义务教育和扫除青壮年文盲的报告[EB/OL].(2012-09-10)[2019-7-10]. http://www.moe.gov.cn/jyb_xwfb/s5147/201209/t20120910_142013.html.

② Tang Q. Problems and Prospects of Access to Education in China [M]//Widening Access to Education as Social Justice. Dordrecht:Springer,2006:262-280.

度和扫盲专款专项资金制度等具体政策也得到长期坚持。政策制度的完备性和稳定性极大地保障了扫盲事业的连续性。

第三，政府采取多渠道筹措充足的扫盲经费也是国家意志的表现之一。扫盲经费充足是扫盲教育事业发展的保障。这一点，巴西和中国做得比较出色，两国都能够做到发挥政治智慧，多渠道筹措扫盲经费。中国通过以号召广大人民群众或集体自主筹集为主，同时辅以国家适当补助的方式来筹措扫盲经费；而巴西扫盲经费的来源既具有固定性又具有流动性①，固定性体现在巴西政府和专门的巴西扫盲运动基金会定期对其国内扫盲教育的支出上，流动性则体现在巴西政府会利用体育彩票和企业税收等多样的方式进行筹措。

二、扫盲教育要统筹于整个国家发展战略的大框架下

作为面向成人的非正规教育，扫盲教育相较于其他教育形式要更为复杂，与社会诸多要素关系也更加紧密。因此，扫盲教育事业的发展不能是孤立的，应统筹于整个国家发展战略的大框架下，与国家社会的发展互为支持，才会取得持续稳定的效果。②

首先，扫盲教育要与提高国家基础教育普及率和质量相统一。究其根源，坦桑尼亚、巴西和中国都有一个共同点是，大量文盲存在的根本原因来源于历史的"欠账"——多数人口在学龄阶段没能或很少接受教育，成年后自然成为文盲。因此，扫除文盲需要"治标"，更需"治本"，国家消灭文盲产生的源头从根本上是要靠基础教育的发展来推动。巴西基础教育投入不足，配置不均所带来的基础教育低质量化使得扫除文盲的目标迟迟未能实现。③ 而坦桑尼亚同样没能在基础教育阶段有效阻止新文盲的产生。坦桑尼亚虽然在尼雷尔总统时期享有普及初等教育（小学毛入学率接近100%）的盛名，但盛名之下一直存在小学净入学率持续倒退的危机，学龄人口普及小学教育的目标远远没有实现。④

而中国政府历来认为搞好义务教育就是封堵新生文盲的有效捷径，因此一直采取"两手抓"战略，将普及义务教育与扫除文盲并轨发力。"基本普及义务教育、基本扫除文盲"的"两基"工程一直是政府的工作重点，2001年，中国基本

---

① 黄志成. 巴西教育[M]. 长春：吉林教育出版社，2000：101.
② 尹伊. 独立自主原则视角下的坦桑尼亚扫盲教育发展历程研究[D]. 金华：浙江师范大学，2020.
③ Ministry of Education of Brazilian Government. National Report from Brazil[R]. Brazil，2008：2.
④ 尹伊. 独立自主原则视角下的坦桑尼亚扫盲教育发展历程研究[D]. 金华：浙江师范大学，2020.

普及九年义务教育，基本扫除青壮年文盲，目前我国的义务教育普及率已达99.9%，义务教育巩固率超95%，达到世界高收入国家平均水平，这有效抑制了新生文盲的产生。[①]

其次，政府应树立扫盲教育大局观，将扫盲教育看作是建立完善国家现代教育体系中的重要一环。一方面，以扫盲成果推动国家教育整体发展，另一方面，以教育发展助力扫盲教育的实施，切不可将扫盲教育与其他各级各类教育割裂，坦桑尼亚就为此付出了惨痛的代价。坦桑尼亚尼雷尔时期，政府在小学教育及扫盲教育中投入了巨大的人力物力，却忽视了国内中等教育及高等教育的发展，导致国内各级各类教育发展比例失衡，影响了国家教育的整体发展，这是否是一种"过度扫盲"的问题值得我们深思。具体可以从表 8-2 看出，1970 年，坦桑尼亚与尼日利亚初等教育、中等教育入学率水平相差无几，1980 年之后，两国的初等教育都获得了一定的发展，但是反观中等教育和高等教育，坦桑尼亚几乎是发展停滞的状态，远远被尼日利亚甩在了身后，更是不及整个撒哈拉以南非洲国家的平均水平。

表 8-2　坦桑尼亚与尼日利亚各级入学率比较

年份 入学率（%）	1970 年	1980 年	1983 年
初等教育入学率（T/N/M）	34/37/56	93/98/73	87/89/77
中等教育入学率（T/N/M）	3/4/7	3/19/14	3/23/16
高等教育入学率（T/N/M）	0.2/0.5/0.5	0.3/2.2/1.1	0.4/2.1/1.2

* T 表示坦桑尼亚；N 表示尼日利亚；M 表示撒哈拉以南非洲国家的平均水平

资料来源：世界银行. 撒哈拉以南的非洲教育政策：调整复兴与扩充 [M]. 朱文武等，译. 杭州：浙江大学出版社，2008.

而中国政府很早就意识到这一点，一直将扫盲工作统筹于国家教育总体方针之下，实现各类教育形式的和谐发展。目前，我国不仅全面完成了扫除青壮年文盲的任务，而且在扫除文盲的过程中也兼顾了其他各级各类教育的发展[②]，至今整个教育大环境焕然一新。2022 年，根据国务院新闻办公室发布的《新时代的中国青年》白皮书，我国学前教育普及率超过 84%，义务教育巩固率超 95%，高中阶段毛入学率 91.4%，高等教育毛入学率 57.8%，在学规模居世界第一，教育总体水平跃居世界中上行列。

---

① 国家统计局. 中国统计年鉴 2018 [M]. 北京：中国统计出版社，2018.
② 尹伊. 独立自主原则视角下的坦桑尼亚扫盲教育发展历程研究 [D]. 金华：浙江师范大学，2020.

三、扫盲事业发展步伐要立足国情、实事求是

对于各国而言,扫盲工作都是一项繁杂而艰巨的历史任务,这不单是教育系统内的任务,更是国家发展必须要啃下的一块"硬骨头",但由于扫盲教育本身的复杂性,操作起来不能简单激进地采取"一刀切",盲目照搬他国历史经验,而应依据国家及社会实际,采取适合国情的扫盲方案。

坦桑尼亚在尼雷尔政府时期就由于脱离国情、盲目激进的扫盲工作导致国内扫盲成果"昙花一现",不可持续。当时的尼雷尔政府充分发挥政府行政权力对于扫盲教育的影响,这的确能够使得其国内扫盲工作高速前进,创造了"扫盲奇迹",但是,政府却忽视了坦桑尼亚当时的基本国情,当时的坦桑尼亚和新中国成立时的情形相似,虽然政治权力高度集中,但国内总体经济水平十分低下,国内大部分都是贫困人口。尼雷尔政府没能谨慎地权衡国家发展中公平与效率的关系,将国家发展的重心放在了社会公平方面,其所发布的《阿鲁沙宣言》过分强调"确保基本的社会服务公平地提供给所有社会成员",而忽略了国家发展的效率问题。经济是国家发展的支柱,超越经济支撑水平的公平是普遍贫穷下的公平,是不可持续的。坦桑尼亚自然为政府的这一决策付出了惨痛的代价,在20世纪80年代中后期坦桑尼亚遭遇经济危机,导致扫盲工作停滞。

反观我国在扫盲教育事业发展中一直坚持立足国情,实事求是,保证了扫盲教育决策的适切性和有效性。我们充分意识到自身与西方发达国家在经济、制度和文化水平上的差异,我们不盲目照搬发达国家的扫盲经验,不追求绝对意义上的社会公平。我们认为,在国家发展过程中实现社会公平不可能一蹴而就,一定阶段内,年龄差异、性别差异、城乡差异和地区差异在一定程度上不可避免地存在,我们选择在经济发展过程中逐步完善社会公平。因此,我国在资源分配上一直长期坚持"效率优先,兼顾公平"的方针政策。在扫盲领域,同样摒弃绝对意义上的"公平发展",在我国扫盲教育发展历程中,政府颁布的相关政策都能明显地体现出循序渐进和区别对待这两种特点。

循序渐进,反映在我国依据本国不断变化着的实际,不同时期对不同地区、不同人群的扫盲标准的不断提高上。

区别对待主要是针对不同群体、不同地域的四个侧重点:首先,在性别上,政府将占文盲人口大多数的女性作为扫盲重点,各地积极制定鼓励女童入学的政策,并且严格要求各级各类学校实行男女生入学机会均等;其次,在年龄区分度上,优先鼓励学习能力较强的青壮年脱盲,共青团中央实施的"希望工程"、全国妇联推出的"春蕾计划"动员了全社会的力量帮助失学儿童重返校园,以上措

施有效地使青壮年文盲的比例大大降低①；第三，在城乡扫盲目标上，政府政策将重心放在农村，根据我国实际，国内文盲人口的90%左右分布在农村，新生文盲也主要产生于农村，而我国城镇在20世纪80年代就已基本扫除文盲，因此，在扫盲目标和政府扶持力度上，城镇和农村存在合理区别对待的差异；最后，在区域扫盲目标上重点解决较为艰巨的西部扫盲问题，国家在2004年专门实施"国家西部地区'两基'攻坚计划"，把基本扫除西部青壮年文盲问题与基本普及义务教育问题一道，纳入国家"攻坚战"中集中重点地加以解决。

总之，我国政府在扫盲教育事业发展过程中一直坚定以本国实际为主，实事求是，这种态度有利于制订和实施科学合理、切实可行的扫盲政策。

四、扫盲政策的制定和落实要有战略性和科学性

某种程度上说，扫盲工作是国家社会治理中的重要一环，其实施成效直接影响国内社会的持续健康发展。因而，实施高效科学的扫盲工作是每一个国家所追求的。高效科学的扫盲工作离不开科学合理又具备战略性、前瞻性的扫盲政策的宏观调控。

纵观坦桑尼亚和巴西的扫盲教育发展历程，其相关扫盲政策在制定上长期存在战略性、科学性不足的问题，在政策实施中又欠缺具体的协调指导，久而久之，扫盲工作难以持续发展。

坦桑尼亚独立以来，虽然尼雷尔时期，坦政府高度重视国内扫盲工作，但相关政策的发布和实施较为笼统，缺乏长期规划与科学指导；后期，坦桑尼亚政府很少发布具体的扫盲工作的相关政策，一般是在国家总体教育方针或成人教育相关政策中提及脱盲率、识字率的相关目标。涉及扫盲领域的政策话语总是被一笔带过，既缺乏具体的扫盲工作的实施步骤和指导方针，又无政策监管的详细说明。

此外，政策是推动实践的有力武器，而实践又反过来需要政策的不断更新和完善，在政策把控上，坦桑尼亚缺乏相应的"政策智慧"。在坦桑尼亚国内，15%的人口是游牧人口，这部分人口一直被排除在国内扫盲工作之外，并没有相关的扫盲教育政策关注到这15%的人口。同时，偏远贫困地区人口的脱盲离不开教师的教学，但是在坦桑尼亚国内，乡村扫盲教师数量极为不足，而且仍在不断流失，教师不愿意前往偏远贫困地区参加扫盲工作，因为既无实质的资金支持，又无精神的荣誉表彰。在这一问题上，坦政府一直没有出台相应的激励政策鼓励教师前往。

---

① 尹伊. 独立自主原则视角下的坦桑尼亚扫盲教育发展历程研究 [D]. 金华：浙江师范大学，2020.

同样，巴西也出现了类似的政策问题。21世纪以来，巴西成人识字率发展缓滞，有专家指出："也许近些年巴西扫盲教育事业发展滞缓的原因不在于立法，而在于政策的协调上。"巴西在扫盲政策上欠缺多方协调的能力，政府需要做的是尽可能地通过制定并实施科学有效的政策来促进国内扫盲教育的发展。

而我国扫盲教育事业高速持续发展的成就离不开成熟完备的政策机制，科学性和战略性兼备的政策机制为扫盲工作的开展保驾护航。

■（一）我国法律和政策明确了扫盲教育的战略地位

我国1982年明确将扫除文盲写进国之大法——宪法，因而扫盲成为我国毫无动摇的一项基本国策。十年后，伴随我国国内扫盲形势的转变，1992年，党的十四大会议提出，"到本世纪末，基本普及九年义务教育，基本扫除青壮年文盲"。这表明，我国的扫盲工作绝不是含糊其词，难以验收，而是有具体的目标，有具体完成的时间节点，具体明确的政策导向促进了扫盲工作的高效推进。紧接着，1995年，扫盲教育又被写进《中华人民共和国教育法》，明确了其在整个国家教育事业中应有的法律地位。进入21世纪后，2002年，我国发布的《关于"十五"期间扫除文盲工作的意见》将扫盲教育和普及义务教育一同列为国家教育工作的"重中之重"。[①]"重中之重"这四个字充分彰显了我国实现全面脱盲的强烈决心，是在合适的历史阶段想要交上满意历史答卷的强烈使命感。毋庸置疑，一系列法律政策明确了我国扫盲教育的地位，为扫盲工作的深入开展产生了不可估量的推动作用。

■（二）我国扫盲教育相关的政策条文具有纲领性、发展性和可操作性

（1）政策的纲领性表现在相关条文能够总体展现国家扫盲教育事业的发展规划，集中反映扫盲工作的基本方向与基本原则，是扫盲工作落实的基本依据，具有长期稳定性。这需要政府审时度势，精准判断，具备一定的"政策智慧"。例如，我国扫盲政策早期就强调的"一堵、二扫、三提高"的基本方针、"先城市后农村"的基本战略等都搭建了我国扫盲教育事业发展的基本框架，这些纲领性的政策方针一以贯之，长期有效，科学引领扫盲教育事业的发展。

（2）政策的发展性是与政策的固守性相对的。随着时间的推移，国内扫盲形势是一直在变化中的，若扫盲政策一直固守沿用，缺乏与时俱进的精神，那必将脱离当下实际，效果低微甚至造成相反的影响。在这一点上，我国一直坚持政策

[①] 尹伊. 独立自主原则视角下的坦桑尼亚扫盲教育发展历程研究[D]. 金华：浙江师范大学，2020.

的发展性,坚持与时俱进。为谨防国内有些地区达到阶段性目标就思想懈怠、止步不前,我国多次根据不断变化中的实际情况调整政策中的扫盲目标。1993年,我国扫盲已取得阶段性成效,政府根据实际,将此前政策中所规定的城市非文盲比例由90%提高到98%,农村由85%提高到95%。同样,面对21世纪到来时,我国国内已基本扫除青壮年文盲,但诞生了一大批缺乏就业技能的功能性文盲的新局面,教育部于2002年明确提出"扫盲教育要有条件地向功能性扫盲转移"[1]。这种指导实践却又被实践所推动而不断与时俱进的政策,保障了我国扫盲工作的科学性和高效性。

(3)政策的可操作性表现在政策对于扫盲工作的实施有十分具体而详尽的指导。1994年,我国下发的《关于在90年代基本普及九年义务教育和基本扫除青壮年文盲的实施意见》中用很大的篇幅详细规定了扫盲工作的实施原则、步骤和若干措施,这有利于各地区学习,有效开展扫盲工作。

■(三)在政策落实中,我国坚持联系实际、灵活机动

在政策具体的落实中,为了达到预期的效果,一些符合实际的配套方案和手段也是十分必要且需智慧的。

(1)教材教具上,我国主张"联系实际、学以致用",扫盲所需的教材以全国统一编写为指导,地方根据实际情况自主编写为主的方式编印和发行。各地教材编写内容不强求一致,贴合当地居民实际需求,形式上尽量丰富多彩。同时,不仅有教学主要依据的识字课本,还另外配有识字卡片、识字扑克、声像影音、趣味挂图等辅助教材。这些贴近当地文盲实际生活的教材极大地激发了学员的识字激情,让学员在娱乐中不知不觉习得知识,并且能够具备持续学习的能力。[2]

(2)教学方式上,我国依据国内实际,兼顾灵活性与多样性。由于我国各地区差异明显,教育对象的情况也各自不同,因而我国首创"弹性学习"制度,将扫盲授课的方式依据个人情况分设集中班级教学、分组教学、个别教学、远距离教学等,兼顾了多样性的需求,各学员可选择适合自己的班类进行学习。同时,考虑到扫盲对象的工作时间不定,上课时间不一,为满足时间灵活性的要求,各地以学员学习需求为首要导向,教学方式上因地制宜、因时制宜、因人制宜,极大确保了扫盲教育政策落实的有效性。

---

[1] 尹伊.独立自主原则视角下的坦桑尼亚扫盲教育发展历程研究[D].金华:浙江师范大学,2020.

[2] 刘立德,谢春风.新中国扫盲教育史纲[M].合肥:安徽教育出版社,2003:85.

五、扫盲成效需要动员群众并依靠评估和激励机制来保障

评估作为政策实践的最后一环也是重要的一环，对政策的制定和实施成效有监督作用，系统高效的扫盲验收、评估有助于在实践中保障扫盲工作的质量。

长久以来，坦桑尼亚国内的扫盲工作的监测与验收制度都未完善与成熟。1995 年，坦桑尼亚《教育与培训计划》中明确要求，为掌握扫盲工作的实际情况，政府应每隔三年组织一次全国性的大规模扫盲测试，但是这项测试却由于多方原因一直未能如期开展，难以为坦桑尼亚提供可靠的扫盲数据。直到《2012/13—2016/17 坦桑尼亚成人与非正规教育发展规划》出台，坦政府提出开发一套科学高效的评估系统，才对扫盲工作进行有效监测和评估。[①]

同时，行之有效的激励制度也有利于发动群众参与，推动扫盲教育工作的顺利开展。

尽管在坦桑尼亚，靠政府意志掀起过一阵扫盲热潮，但一直缺乏持续的奖励机制。坦桑尼亚国内大部分的小学教师被安排在学校教学之余兼顾扫盲教学，但由于长期缺乏相应的奖励机制，导致这些学校教师的教学积极性普遍较低，教师人群流失量逐年增大，给持续的扫盲工作增加困难。

巴西政府在动员群众方面有多样的方式值得借鉴。首先，在巴西每一个社区协调机构中，政府都会设有一个"动员处"专门负责动员社区群众。其次，社区开展多样的活动调动大家的积极性。比如一些城市开展的"巴西扫盲运动星期日""巴西扫盲运动周"等活动。最后是奖励，通过授予证书或文凭，定期颁发奖品，奖励对扫盲事业做出贡献的团体和个人。最后，通过动员市长使得市政府对本市扫盲工作更加重视。在评估方面，巴西已渐渐从传统的靠问卷或走访验收扫盲班的脱盲成效转向利用信息技术开展评估。巴西拥有一个在线扫盲系统（SBA）对学员和教师进行日常管理，这样能够更高效、更准确地对扫盲工作的实施情况进行评估。

而我国对扫盲成果验收和评估制度极为重视，很早就形成了成熟完善、便于追踪的评估验收制度。20 世纪 90 年代，我国基本形成了自上而下完备的逐级验收制度。由国家负责评估省、省负责评估县、县负责评估乡，以评促教，发挥了良好的监督作用。县一级教育部门会专门为参加扫盲的学员出题考试，合格的学员可以成功拿到脱盲证书，告别文盲。另外，我国中央财政部每年专门下拨扫盲经费，用来激励各地区开展扫盲教育。1988 年以来，依照《扫除文盲工作条例》

[①] 尹伊. 独立自主原则视角下的坦桑尼亚扫盲教育发展历程研究 [D]. 金华：浙江师范大学，2020.

中的要求，原国家教委每年都积极开展扫盲工作的表彰活动。1990年，原国家教委联合全国妇联共同设立"巾帼扫盲奖"，每两年表彰一次，重点表彰一些先进单位和个人在扫盲工作中对妇女脱盲所做出的突出成绩。1996年，政府又设立"中华扫盲奖"，专门奖励对扫盲工作有贡献的先进个人和社会团体。同年8月，原国家教委联合财政部印发《扫盲工作先进地区奖励办法》，对各省市、自治区及在全国有较大影响的先进县（区）予以奖励。同时，各地方政府也依据地方实际开展多样的表彰活动，大大调动了全国人民积极参与扫盲教育的热情。[1]

我国深知广大群众的积极性和创造性是扫盲工作质量的重要保证，仅仅依靠政府的力量是远远不够的，更要发动群众的力量，以群众带动群众，以群众鼓舞群众，掀起扫盲的热潮。我国积极号召各地区所有识字的人（包括广大工人、农民）主动教不识字的人，激励识字的人不分类别，都积极加入到扫盲教师的队伍中。在这种社会号召下，各地区呈现出全民扫盲的火热氛围，经常可以看到邻居教邻居，爱人教爱人，儿子教父亲，家人教家人的生动情景。

当然，中国、巴西和坦桑尼亚三国的扫盲教育事业的发展历程与各自国家不同的社会政治制度和国家发展水平息息相关，三国比较视野下得出的扫盲教育可借鉴之处，有些可能是宏观政策层面上的，有些可能涉及具体的实践操作，他国借鉴时还需结合本国实际国情对其进行适当的调整和改造。

（尹伊、万秀兰）

---

[1] 尹伊. 独立自主原则视角下的坦桑尼亚扫盲教育发展历程研究［D］. 金华：浙江师范大学，2020. 参见：刘立德，谢春风. 新中国扫盲教育史纲［M］. 合肥：安徽教育出版社，2003：239.

第九章

弱势群体高等教育入学机会保障政策：
中国、英国和加纳的案例分析

作为人类社会公认的重要价值之一，公平一直是我们追求的一大核心目标。纵览人类社会的发展历史，教育往往被誉为促进社会公平的一种有效措施。高等教育在促进社会公平上的作用则更加明显，这其中，高等教育入学机会公平是高等教育公平大厦的奠基石。在这种背景下，当前诸多国际组织和主权国家都非常重视弱势群体的高等教育入学机会公平议题。

本章首先从全球视角来梳理弱势群体高等教育入学机会保障政策和分析弱势群体高等教育入学机会的严峻现实。其次，本章分三节分别对中国、英国和加纳的弱势群体高等教育入学机会保障政策进行阐述，并分析其取得的成效与存在的问题。随后，本章在结合高等教育入学机会公平分析框架的基础上对这三国的弱势群体高等教育入学机会保障政策进行比较分析。最后，本章进行小结。

第一节　弱势群体高等教育入学机会保障政策：一个全球视角

一、弱势群体高等教育入学机会保障的政策演化

一直以来，国际社会普遍重视高等教育入学机会公平，并出台了诸多政策来保障弱势群体的高等教育入学机会。早在 1948 年，联合国就发布了《世界人权宣言》(United Nations Universal Declaration of Human Rights)，其中第 26 条

明确指出"高等教育应根据成绩而对一切人平等开放"①。这为国际社会重视高等教育入学机会公平奠定了基调。随后,联合国在 1976 年正式生效的《经济、社会及文化权利国际公约》(*International Covenant on Economic, Social and Cultural Rights*)中强调"高等教育应根据能力,以一切适当方法,特别应逐渐采取免费教育制度,使人人有平等接受机会"②。这再次突出了高等教育的"有教无类"。

1998 年,世界高等教育大会一致通过了《21 世纪的高等教育:展望与行动》(*Higher Education in the Twenty-First Century: Vision and Action*)政策文本,再次重申"高等教育应根据成绩而对一切人平等开放,与联合国《世界人权宣言》第 26 条保持一致"。因此,在高等教育入学机会方面,不能因种族、性别、语言、宗教、经济文化与社会差异或身体残疾而对他们有歧视。③ 可见,该文本就高等教育入学机会保障方面进行了更为明确的非歧视声明。

世纪之交,《全民教育框架》(*Education for All Framework*)和"千年发展目标"(Millennium Development Goals)虽对高等教育有一定程度的忽视,但 2015 年《变革我们的世界:2030 年可持续发展议程》(*Transforming Our World: the 2030 Agenda for Sustainable Development*)(以下简称《议程》)马上对此予以弥补。④《议程》的目标四"确保包容和公平的优质教育,让全民终身享有学习机会"下专门有一条关注高等教育,"到 2030 年,确保所有男女平等获得负担得起的优质技术、职业和高等教育,包括大学教育"⑤。2015 年,联合国教科文组织、联合国儿童基金会、世界银行、联合国人口基金会、联合国开发计划署、联合国妇女署以及联合国难民事务高级专员公署等众多国际组织在韩国仁川联合组织了世界教育论坛(World Education Forum)。来自全球 160 多个国家的 1600 名代表参加了此次盛会,其中包括 120 名部长级代表。大会一致通过了《教育 2030:仁川宣言与行动框架》(*Education 2030: Incheon Declaration and*

---

① 联合国. 世界人权宣言[EB/OL]. [2019-06-18]. https://www.un.org/zh/universal-declaration-human-rights/index.html.

② 联合国. 经济、社会及文化权利国际公约[EB/OL]. [2019-06-18]. https://www.ohchr.org/CH/ProfessionalInterest/Pages/CESCR.aspx.

③ UNESCO. Higher Education in the Twenty-First Century: Vision and Action [EB/OL]. [2019-06-18]. https://unesdoc.unesco.org/ark:/48223/pf0000116345.

④ Ilie S, Rose P. Is Equal Access to Higher Education in South Asia and Sub-Saharan Africa Achievable by 2030? [J]. Higher Education, 2016 (72): 435-455.

⑤ 联合国. 变革我们的世界:2030 年可持续发展议程[EB/OL]. [2019-06-18]. https://sustainabledevelopment.un.org/content/documents/94632030%20Agenda_Revised%20Chinese%20translation.pdf.

Framework for Action）（以下简称《教育 2030》）。① 事实上，《教育 2030》是为执行《议程》目标四而提出的。因此，它旨在为全民提供一个全纳、公平与高质量的教育体系和终身学习机会。在《教育 2030》文本的"面向 2030：教育新愿景"部分，"公平的、不断提升的接受优质高等教育的机会"再次成为重要议题。同时，《教育 2030》提出了明确的战略路径、执行策略和具体指标。② 这为全球范围内实现公平的高等教育入学机会提供了操作性更强的指导意见。

纵览全球高等教育入学机会保障政策的发展脉络，我们可以发现这些政策大体经历了一个从笼统到具体、从宏观到微观的发展过程。从全球范围来看，高等教育入学机会保障不再是简单地保障人人都可以接受高等教育。相反，《教育 2030》政策文本将高等教育入学机会提升为"有质量的高等教育入学机会"。换言之，在全球高等教育发展的精英阶段，高等教育入学机会保障政策更强调给更多人提供公平的入学机会。但当高等教育进入大众化尤其是普及化阶段之后，单纯的高等教育入学机会似乎还并不能满足大众的多样化高等教育需求。因此，公平而高质量的高等教育入学机会则逐渐引起国际社会的普遍重视。

二、弱势群体的高等教育入学机会：一个严峻现实

不同国家对弱势群体的界定不尽相同，因此，全球范围内弱势群体高等教育入学机会的比较研究就变得愈发困难。格雷·阿瑟顿（Graeme Atherton）、康斯坦丁诺·杜汦嘎尼（Constantino Dumangane）和杰夫·惠迪（Geoff Whitty）③等通过收集全球 50 个国家高等教育公平的相关数据后发现，性别和社会经济背景这两个指标常常被诸多国际组织和国家用来监测高等教育公平的进展情况。因此，我们也借助这两个指标从横向和纵向两个维度来衡量弱势群体的高等教育机会获得情况。

据联合国教科文组织统计研究所 2017 年的数据，我们发现，男女两性在不同收入水平国家的高等教育机会获得情况不尽相同，如图 9-1 所示。总体而言，经济水平发展越高，就有更多的适龄人口获得机会进入各级各类高等教育机构

---

① UNESCO et al. Education 2030: Incheon Declaration and Framework for Action [EB/OL]. [2019-07-03]. http://uis.unesco.org/sites/default/files/documents/education-2030-incheon-framework-for-action-implementation-of-sdg4-2016-en_2.pdf.

② UNESCO et al. Education 2030: Incheon Declaration and Framework for Action [EB/OL]. [2019-07-03]. http://uis.unesco.org/sites/default/files/documents/education-2030-incheon-framework-for-action-implementation-of-sdg4-2016-en_2.pdf.

③ Atherton G, Dumangane C, Whitty G. Charting Equity in Higher Education: Drawing the Global Access Map [M]. London: Pearson, 2016.

学习深造，这对女性来说更是如此。例如，高收入国家有超过 85% 的适龄女性获得机会接受高等教育，而低收入国家的相应数据则不到 7%，两者相差近 80 个百分点。

就高等教育入学机会的性别差异而言，性别差异最大的属高收入国家（女性高出约 17 个百分点），其次为中高收入国家（女性高出约 10 个百分点）；中低收入国家男女两性基本机会比较均衡，但这种均衡处于较低水平，毕竟这些国家仅有约四分之一的男女两性获得机会进入高等教育机构。同时，我们发现，全球范围内仅有低收入国家女性获得的高等教育机会低于其男性同胞，中低收入、中等收入、中高收入和高收入国家女性获得的高等教育机会均不同程度地高于其男性同胞。但我们必须谨慎解读该结果，毕竟中等收入和中低收入国家男女两性的高等教育毛入学率都低于 40%，而低收入国家男女两性的高等教育毛入学率为 10% 左右。可见，这些国家高等教育毛入学率还有不少提升空间。

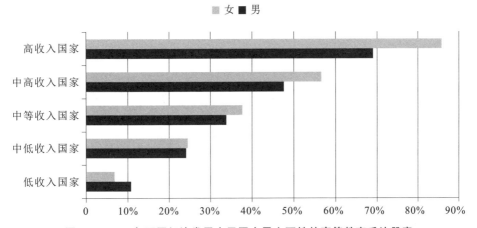

图 9-1　2017 年不同经济发展水平国家男女两性的高等教育毛注册率

资料来源：Institute of Statistics of UNESCO. Gross enrollment ratio, tertiary, male (%) / female (%) [EB/OL]．[2019-7-8]．http://data.uis.unesco.org/#．

纵向来看，1970—2017 年近半个世纪里，全球范围内女性的高等教育毛入学率均实现了不同程度的提升。但不同经济发展水平国家女性在高等教育中的比重不尽相同，且发展态势也有所差异，见图 9-2。其中，高收入国家和中高收入国家女性的高等教育毛入学率提升速度更快，中等收入和中低收入国家的表现次之，低收入国家的表现则相对较为糟糕，女性高等教育毛入学率的增长近乎停滞。可见，女性获得公平的高等教育入学机会在中等收入国家、中低收入国家和低收入国家面临更大挑战。

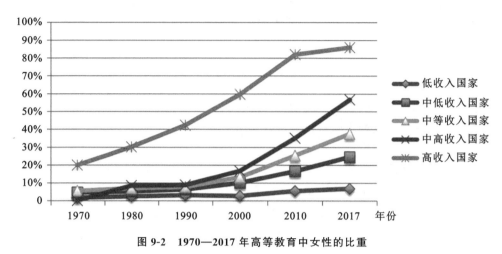

图 9-2 1970—2017 年高等教育中女性的比重

资料来源：Institute of Statistics of UNESCO. Percentage of students in tertiary education who are female (%)[EB/OL].[2019-7-25]. http://data.uis.unesco.org/#.

第二节 弱势群体高等教育入学机会保障政策：中国的高校专项计划分析

教育公平也是中国持续关注的一个热点话题，对中国现阶段和未来教育发展与改革具有重要意义。这从中国近期的重要教育政策文本就可见一斑。《国家中长期教育改革与发展规划纲要（2010—2020 年）》明确指出，教育公平是社会公平的重要基础，并提出"把促进公平作为国家基本教育政策"。《中国教育现代化 2035》政策再次把教育公平列为关键词之一。谈到教育公平，我们往往不能回避教育机会公平，毕竟这是教育公平的起点，也是教育公平这座大厦的基础。就中国现状而言，由于其传统的城乡二元分化格局，城乡学生在高等教育入学机会上存在明显差异，这种差异在中国的重点高校更为突出。[1] 城乡高等教育机会尤其是优质高等教育入学机会的不均严重影响了农村学生的个人发展和向上社会流动，促使社会的两极分化愈发凸显。[2] 在这种背景下，中国自 2014 年开始实施农

---

[1] 崔盛，吴秋翔. 重点高校招收农村学生专项计划的实施成效与政策建议[J]. 教育发展研究，2018（3）：18-25，50.

[2] 李春玲. 社会政治变迁与教育机会不平等——家庭背景及制度因素对教育获得的影响（1940—2001）[J]. 中国社会科学，2003（3）：86-100.

村学生单独招生计划(即高校专项计划),以"进一步提高重点高校招收农村学生的比例""让更多勤奋好学的农村孩子看到更多希望"①。

一、高校专项计划的主要内容

2014年,中国教育部发布了《关于做好2014年提高重点高校招收农村学生比例工作的通知》,旨在进一步拓宽农村学生就读重点高校的升学渠道。这正式拉开了中国高校专项计划的序幕。此后每年年初,中国教育部皆会发布一份类似文本,以持续推行该计划。我们将2014—2019年该计划的主要内容整理成表9-1。

表9-1 2014—2019年中国高校专项计划政策主要内容一览

年份	招生高校	招生名额	招生对象	报考条件
2014	教育部直属高校和其他自主选拔录取改革试点高校	不低于高校年度本科招生规模的2%	边远、贫困、民族地区县及县以下中学勤奋好学、成绩优良的农村学生	① 符合当年普通高校统一考试招生报名条件;② 高中阶段具有在上述中学连续三年学籍并实际就读;③ 具有农村户籍且家庭在农村的学生
2015	教育部直属高校和其他自主选拔录取改革试点高校	不低于高校年度本科招生规模的2%	边远、贫困、民族地区县(含县级市)以下高中勤奋好学、成绩优良的农村学生	① 符合当年普通高校统一考试招生报名条件;② 申请考生及其父母或法定监护人户籍地在本省(区、市)实施区域的农村;③ 本人须具有当地连续三年以上户籍和当地高中连续三年学籍并实际就读
2016	教育部直属高校和其他自主选拔录取改革试点高校	不低于高校年度本科招生规模的2%	边远、贫困、民族地区县(含县级市)以下高中勤奋好学、成绩优良的农村学生	① 符合2016年统一高校报名条件;② 本人及父亲或母亲或法定监护人户籍地在实施区域的农村;③ 本人须具有户籍所在县高中连续三年学籍并实际就读

---

① 教育部. 教育部关于做好2014年提高重点高校招收农村学生比例工作的通知[EB/OL]. [2017-07-01]. http://old.moe.gov.cn//publicfiles/business/htmlfiles/moe/s3258/201404/xxgk_167124.html.

续表

年份	招生高校	招生名额	招生对象	报考条件
2017	教育部直属高校和其他自主选拔录取改革试点高校	不低于高校年度本科招生规模的2%	边远、贫困、民族地区县（含县级市）以下高中勤奋好学、成绩优良的农村学生	① 符合2017年统一高校报名条件；② 本人及父亲或母亲或法定监护人户籍地在实施区域的农村，本人具有当地连续3年户籍；③ 本人须具有户籍所在县高中连续三年学籍并实际就读
2018	教育部直属高校和其他自主选拔录取改革试点高校	无明确说明	边远、贫困、民族地区县（含县级市）以下高中勤奋好学、成绩优良的农村学生	① 符合2018年统一高校报名条件；② 本人及父亲或母亲或法定监护人户籍地在实施区域的农村，本人具有当地连续3年户籍；③ 本人须具有户籍所在县高中连续三年学籍并实际就读
2019	教育部直属高校和其他自主选拔录取改革试点高校	无明确说明	边远、贫困、民族地区县（含县级市）以下高中勤奋好学、成绩优良的农村学生	① 符合2019年统一高校报名条件；② 本人及父亲或母亲或法定监护人户籍地在实施区域的农村，本人具有当地连续3年户籍；③ 本人须具有户籍所在县高中连续三年学籍并实际就读

资料来源：

1. 教育部．教育部关于做好2014年提高重点高校招收农村学生比例工作的通知［EB/OL］．［2017-07-01］．http://old.moe.gov.cn//publicfiles/business/htmlfiles/moe/s3258/201404.html.

2. 教育部．教育部关于做好2015年重点高校招收农村学生工作的通知［EB/OL］．［2017-07-01］．http://old.moe.gov.cn/publicfiles/business/htmlfiles/moe/s7063/201504/185578.html.

3. 教育部．教育部关于做好2016年重点高校招收农村和贫困地区学生工作的通知［EB/OL］．［2017-07-01］．http://www.moe.edu.cn/srcsite/A15/moe_776/s3258/201603/t20160331_236165.html.

4. 教育部．教育部关于做好2017年重点高校招收农村和贫困地区学生工作的通知［EB/OL］．［2017-07-01］．http://www.moe.edu.cn/srcsite/A15/moe_776/s3258/201704/t20170414_302572.html.

5. 教育部．教育部关于做好2018年重点高校招收农村和贫困地区学生工作的通知［EB/OL］．［2017-07-01］．http://www.moe.gov.cn/srcsite/A15/moe_776/s3258/201803/t20180320_330724.html.

6. 教育部．教育部关于做好2019年普通高校招生工作的通知［EB/OL］．［2017-07-01］．http://www.moe.gov.cn/srcsite/A15/moe_776/s3258/201904/t20190415_378127.html.

尽管只有短短六年时间，我们依然能洞察出中国高校专项政策的一些基本特征。总体而言，该政策经历了一个从模糊到不断清晰的演变过程。这体现在以下三个方面。第一，从招生对象来看，2014年该政策文本中有两个相对模糊的词："县"和"中学"，自2015年开始，这两个词就变成了"县（含县级市）"和"高中"。可以发现，该政策在招生对象上的用词越发精准。第二，从招生条件来看，高校专项计划的条件基本是三个：符合高校报名条件、户籍和学籍。应该说2014—2019年这六年的政策内容都包含这三个条件，但用词却越发精准和清晰。例如，2014和2015年该政策文本皆用"当年"，但自2016年开始，就开始使用具体年份来表述，这体现出语言的确定性。同样，户籍和学籍的规定也越发清晰。例如，2014年该政策对考生父母户籍没有要求，但自2015年开始就有明确规定。第三，就录取要求而言，2014和2015年无明确说明，但自2016年开始就提出"录取分数原则上不低于有关高校所在批次科类录取控制分数线"，具体招生办法需要在各有关高校的招生简章中明确。清晰明确的政策内容有利于减少政策本身的漏洞，提高政策的可操作性，也有利于对政策进行评估和后续调整。

二、高校专项计划的实施成效与面临的挑战

高校专项计划实施以来，尽管目前中国官方未从整体上对该项目进行过评估，但有不少学者对此项目进行过较为深入的研究。从他们的研究成果来看，他们对中国高校专项计划政策的实施既有褒扬也有鞭笞。

（一）高校专项计划的实施成效

尽管高校专项计划实施不过五六年，该政策取得的成效显而易见。

首先，该政策促进了中国高等教育的入学机会公平。[①] 长期以来，农村学生进入中国高校尤其是重点高校机会偏少是中国高等教育面临的一个残酷现实。本着"让更多勤奋好学的农村孩子看到更多希望"的宗旨，该政策为农村优秀高中学生单独提供招生名额。因此，它事实上为农村优秀学生"跃龙门"提供了一条特殊通道。据悉，2017年中国高校专项计划录取9500人[②]；2018年这一数字上升到10063[③]。可见，相当数量的农村优秀学生获得了享受中国的优质高等教育资源的宝贵机会，毕竟参加中国高校专项计划的高校基本上是中国的重点大学。这促进了农村学生的向上流动，在一定程度上有利于打破阶层固化。

---

① 崔盛，吴秋翔. 重点高校招收农村学生专项计划的实施成效与政策建议 [J]. 教育发展研究，2018（3）：18-25，50.
② 刘博超. 三大专项计划今年录取十万人 [N]. 光明日报，2017-08-29.
③ 揭秘2018年自主招生、综合评价、专项计划录取新规律 [EB/OL]. (2018-8-22) [2019-07-01]. http://www.sohu.com/a/249326042_255576.

其次，高校专项计划有利于中国教育精准扶贫工作的有效开展。2016 年，教育部等六部门印发了《教育脱贫攻坚"十三五"规划》，强调向农村地区招生倾斜的高校专项计划是教育脱贫攻坚的一项重要举措。① 与此同时，习近平总书记在河北省阜平县考察扶贫开发工作时的讲话中强调："治贫先治愚。要把下一代的教育工作做好，特别是要注重山区贫困地区下一代的成长。下一代要过上好生活，首先要有文化，这样将来他们的发展就完全不同。……把贫困地区孩子培养出来，这才是根本的扶贫之策。"② 可见教育之于精准扶贫的重要意义，毕竟它是阻断贫困代际传递的一条重要途径。③ 余秀兰和白雪的研究也表明高校专项计划政策有利于带动农村建设④，毕竟农村孩子大学毕业后更可能回到农村，从而带动当地农村建设。

■ （二）高校专项计划面临的挑战

在带来积极效果的同时，中国的高校专项招生计划也存在一些弊端。归纳起来如下。

首先，高校专项计划在实施过程中存在省际校际差异与权力寻租等问题，这影响了该政策的实际效果。崔盛和吴秋翔的研究显示：2017 年高校专项计划在中国不同省份（自治区）和大学的录取率差别较大。⑤ 例如，贵州的录取率为 2.49%，而广东的录取率为 16.64%。不同大学的录取率差异也非常大。例如，西南财经大学的录取率仅为 0.81%，而北京语言大学的录取率高达 46%。区域差异和校际差异也较易引起民众对该政策的不满。与此同时，如前所述，该政策在招生报名条件上采取户籍加学籍的控制政策。这原本是对真正农村学生的保护，但实际操作过程中也会出现权力寻租现象。⑥ 某些当权者利用手中的权力将

---

① 教育部. 教育部等六部门关于印发《教育脱贫攻坚"十三五"规划》的通知［EB/OL］. ［2019-07-01］. http：//www. moe. gov. cn/srcsite/A03/moe_1892/moe_630/201612/t20161229_293351. html.

② 教育部. 教育精准扶贫［EB/OL］. ［2019-07-01］. http：//www. moe. gov. cn/jyb_xwfb/moe_2082/zl_2017n/2017_zl51/2017_zl51_01/201710/t20171017_316514. html.

③ 崔盛，吴秋翔. 重点高校招收农村学生专项计划的实施成效与政策建议［J］. 教育发展研究，2018（3）：18-25，50.

④ 余秀兰，白雪. 向农村倾斜的高校专项招生政策：争论、反思与改革［J］. 高等教育研究，2016（1）：22-29.

⑤ 崔盛，吴秋翔. 重点高校招收农村学生专项计划的实施成效与政策建议［J］. 教育发展研究，2018（3）：18-25，50.

⑥ 余秀兰，白雪. 向农村倾斜的高校专项招生政策：争论、反思与改革［J］. 高等教育研究，2016（1）：22-29. 徐东波. "高校专项计划"实施现状、评价及建议［J］. 上海教育评估研究，2017（5）：66-71.

这些宝贵机会巧取豪夺，使这些重点高校的宝贵招生名额没有分配到那些真正需要的优秀贫困学生手中。这就导致该政策违背了其初衷，阻碍了贫困农村学生向上流动的通道。

其次，高校专项计划为贫困地区农村学生提供了接受优质高等教育的机会，但该政策并未关照到这些学生的发展机会问题，这也被众多学者的研究所证实。换而言之，中国的高校专项计划政策更多关注高等教育入学机会公平，但对高等教育过程公平与结果公平却有所忽视。高等教育机会公平固然重要，毕竟它是公平的起点；但过程公平与结果公平似乎更要引起我们的重视，毕竟它们关乎个体的发展路径和职业前景。研究发现，这些贫困地区学生虽然能够获得机会进入中国的重点大学，但他们依然存在这样或那样的问题，例如，学业适应情况不容乐观[1]、英语和计算机是薄弱学科[2]、工程学科学业表现上处于显著劣势[3]等。这些皆成为学生成长路上的绊脚石。因此，如若高校专项计划更关注学生的发展机会，该计划将更富有实际意义。[4]

第三节 弱势群体高等教育入学机会保障政策：英国的案例分析

一、英国弱势群体高等教育入学机会保障政策的演化

二战后至今，英国政府不断颁布各种政策来保障大众尤其是弱势群体的高等教育入学机会。1963 年《罗宾斯报告》（*The Robbins Report*）的出台为英国更加公平的高等教育系统定准了基调。[5] 该报告主张高等教育扩张的前提是"充分利用未被

---

[1] 熊静，杨颉. 招生政策倾斜背景下农村、贫困专项计划大学生学业适应性研究——基于某"双一流"建设高校的实证调查 [J]. 中国高教研究，2018（7）：30-38.

[2] 余秀兰，白雪. 向农村倾斜的高校专项招生政策：争论、反思与改革 [J]. 高等教育研究，2016（1）：22-29.

[3] 牛新春. 招生倾斜政策下重点大学农村学生的学业准备和初期学业表现——基于 X 大学的实证案例研究 [J]. 复旦教育论坛，2017（4）：52-61.

[4] 徐东波. "高校专项计划"实施现状、评价及建议 [J]. 上海教育评估研究，2017（5）：66-71.

[5] Hayton A, Paczuska A. Conclusion: Is Higher Education Gladdening Our Existence? [M] // Hayton A, Paczuska A. Access, Participation and Higher Education-Policy and Practice. London: Kogan Page, 2002.

充分开发的学生潜能,尤其是那些来自低收入家庭的有潜力学生"。① 因此,随着该报告的付诸实施,英国高等教育也经历了一次大扩张,许多先前未曾获得高等教育入学机会的群体最终能够获得良机进入英国各类高校。20世纪60年代,随着新大学或新校园的建立,英国18~23岁适龄人口的高等教育参与率也从6%增至14%。

随着1979年保守党政府的上台,新公共管理主义思潮逐渐开始影响英国的高等教育政策。高等教育更强调"学生选择""个体责任"和"竞争"等字眼,因此,政府高等教育政策文本在一定程度上忽视了弱势群体。② 这种局面随着1997年《迪尔英报告》(*The Dearing Report*)的出台而有所缓解。诚然,该报告第七章专门以"扩大高等教育参与"为题,但它认为低收入家庭学生的高等教育参与率低的原因主要在于其本身——劣质的教育文凭、较低的期望和错误的教育决策。同时,该报告主张高等教育机构需要充分发挥主观能动性去设计符合自身特色的扩大高等教育参与战略,并积极监控高等教育参与的进展情况。③ 该主张也得到英国政府与英格兰高等教育基金会的积极响应。

2003年,英国政府发布《高等教育的未来》白皮书,继续规范英国高等教育入学机会保障政策。时任英国教育与技能培训大臣的查尔斯·克拉克(Charles Clarke)在该白皮书的前言中强调,英国大学有两大领域需要提升,其中之一是高等教育扩张并未覆盖所有背景的学生。英国有不少来自低收入家庭的、有天赋的学生认为大学教育对他们有些不可企及。因此,该白皮书第六章以"公平准入"为题,突出教育是社会公平与机遇的驱动力,而非加剧特权固化,英国必须采取措施尽可能满足不同群体的高等教育需求。为此,该白皮书建议采取如下措施:① 与大学合作确保大学招生过程专业、公平与透明,在决定录取名额时尽可能获得更加详细的背景信息;② 高等教育机构要尽可能获得更好的基准数据,以监控高等教育入学机会保障的进展情况;③ 要求英格兰高等教育基金会改革资助方式,从而确保资助涵盖录取非传统领域学生产生的相关费用;④ 为低收入家庭学生重新引入资助体系;⑤ 任命高等教育入学调整官,负责为各高校设计公平入学协议框架。④

---

① Greenbank P. The Evolution of Government Policy on Widening Participation [J]. Higher Education quarterly,2006,60(2):141-166.

② Ross A. Higher Education and Social Access:to the Robbins Report [M]//Archer L,Hutchings M,Ross A,Higher Education and Social Class-Issues of Exclusion and Inclusion. London:Routledge Falmer,2003:21-44.

③ Greenbank P. The Evolution of Government Policy on Widening Participation [J]. Higher Education quarterly,2006,60(2):141-166.

④ Department of Education and Skills of the UK. The Future of Higher Education [EB/OL].[2019-07-17]. http://www.educationengland.org.uk/documents/pdfs/2003-white-paper-higher-ed.pdf.

随后不久，英格兰《2004年高等教育法案》（*Higher Education Act* 2004）正式发布。就高等教育入学机会保障而言，该法案主张设立公平入学办公室，其职能主要有两个：① 确保2006—2007学年英格兰地区高校提高学费标准后学生不会因为经济原因而无法入学；② 高等教育机构要致力于为弱势群体提供入学机会。

2010年5月，英国联合政府开始掌权。上台伊始，联合政府就发布首个政策文本——《联合：我们的政府项目》。虽然该文本仅仅36页，但它同样重视弱势群体的高等教育入学机会保障问题。本着"自由、公平和责任"的宗旨，该文本的"大学与继续教育"部分强调英国政府要"促进社会流动和招收更高比例的弱势群体学生"。① 2011年6月，联合政府发布了《高等教育：学生位居系统的中心》白皮书。该白皮书第五章以"通过更公平的机会促进社会流动"为题，强调高等教育可以作为社会流动的强力引擎，促使那些家庭经济条件弱势的年轻人实现向上流社会流动。同时，该白皮书还提出了一个全新的扩大参与与公平准入框架，要求继续为家庭经济弱势群体提供高等教育入学机会，并主张各大学评估其扩大参与战略，英格兰高等教育基金会和公平入学办公室要共同评估其拓展项目，继续推进高等教育入学机会保障优秀实践项目。②

2014年，英国商业、创新与技能部发布了《高等教育准入与学生成功国家战略》，提出了该国家战略的愿景——"在高等教育准入方面，要让那些能通过接受高等教育而获益的有潜力人士获得平等的参与机会"。与此同时，在具体目标方面，该政策文本提出要应对家庭条件优越群体与弱势群体在高等教育参与率上的差距、不同特征学生之间的差距和精英大学生源背景上的差距。为达到上述目标，该政策文本提出要采取如下行动：① 以新方式来开展合作拓展项目；② 改进高等教育入学的信息、建议和指导；③ 采取灵活的学习方式来满足学生和在职人员的学习要求；④ 采取全新的全国评估框架；⑤ 协调全国的相关研究；⑥ 各高等教育机构也要采取整体性措施。③

---

① Cabinct Office of the UK. The Coalition：Our Programme for Government ［EB/OL］. ［2019-07-12］. https：//assets. publishing. service. gov. uk/government/uploads/system/uploads/ attachment _ data/file/78977/coalition _ programme _ for _ government. pdf.

② Department of Business，Innovation and Skills of the UK. Higher Education：Students at the Heart of the System ［EB/OL］. ［2019-07-12］. https：//assets. publishing. service. gov. uk/government/uploads/system/uploads/ attachment _ data/file/31384/11-944-higher-education-students-at-heart-of-system. pdf.

③ Department of Business，Innovation and Skills of the UK. National Strategy for Access and Student Success in Higher Education ［EB/OL］. ［2019-07-15］. https：//assets. publishing. service. gov. uk/government/uploads/system/uploads/attachment _ data/file/299689/bis-14-516-national-strategy-for-access-and-student-success. pdf.

随着 2015 年全国大选的结束，英国保守党再次上台。当年 11 月，英国政府出台了一份题为《实现我们的潜能：教学卓越、社会流动和学生选择》的绿皮书。该绿皮书第一部分第四章以"社会流动和扩大参与"为题，强调扩大高等教育参与是本届政府的一项优先发展事务，政府要致力于促进社会流动。政府坚信任何具有潜能与天赋的人都能从高等教育中受益，并设立"以 2009 年为基准，弱势群体学生进入高等教育的比例翻倍"和"到 2020 年黑人与少数种族学生进入高等教育的比例提高 20％"的政府发展目标。同时，该绿皮书也提出来下一步行动计划：为公平准入部门提供指导、向英国大学组织寻求建议、推动部分高校采取匿名方案以应对歧视以及与英国的教学卓越框架密切联系等。[①]

2016 年 5 月，英国政府再次发布《作为知识经济的成功：教学卓越、社会流动和学生选择》白皮书。当时的英国大学与科学国务大臣乔·约翰逊（Jo Johnson）强调获得接受高等教育的机会能够改变个体的生活轨迹。在知识经济时代，如果英国意欲维持全球声誉、保持其国际竞争力，就必须充分发挥英国民众的潜能。就高等教育入学机会保障而言，该白皮书继续奉行政府设定的 2020 年发展目标，并提出一些新举措：① 公平入学协议必须聚焦关键问题，如提升来自贫困家庭的白人男生和身体残疾学生的入学率；② 确保新的教学卓越框架支持高等教育扩大参与；③ 要求高等教育机构发布关于申请者背景的透明数据。[②]

2017 年 4 月，英国政府发布《2017 年高等教育与研究法案》，提出设立学生事务办公室，并由其接替原公平入学办公室的功能。具体而言，学生事务办公室要继续促进高等教育入学机会公平，且要关注这些弱势群体学生的学业、辍学率和就业等话题。与此同时，该法案也要求英国高等教育机构继续发布学生在入学方面的性别、种族和家庭经济背景等方面的透明信息。[③]

2017 年 12 月，英国教育部发布了一份题为《解锁天赋、释放潜能：教育促进社会流动计划》的政策计划书。时任英国妇女与平等事务部长的贾斯汀·格里宁（Justine Greening）在该计划书的前言中强调"该计划将把社会流动置于英国

---

① Department of Business, Innovation and Skills of the UK. Fulfilling Our Potential: Teaching Excellence, Social Mobility and Student Choice [EB/OL]. [2019-07-15]. https://assets.publishing.service.gov.uk/government/uploads/system/uploads/attachment_data/file/523420/bis-16-261-he-green-paper-fulfilling-our-potential-summary-of-responses.pdf.

② Department of Business, Innovation and Skills of the UK. Success as a Knowledge Economy: Teaching Excellence, Social Mobility and Student Choice [EB/OL]. [2019-07-16]. https://www.gov.uk/government/publications/higher-education-success-as-a-knowledge-economy-white-paper.

③ Houses of Parliament of the UK. Higher Education and Research Act 2017 [EB/OL]. [2019-07-16]. http://www.legislation.gov.uk/ukpga/2017/29/contents/enacted.

教育政策的中心位置，我们不会让一个社区掉队"①。就高等教育入学机会保障而言，该计划提出政府要确保高等教育机构在入学事务上的花费更加高效，要重点关注高等教育参与率较低的区域。同时，英国政府要进一步提升高等教育入学机会数据方面的透明度，并积极鼓励学生申请英国精英大学。②

二、英国弱势群体高等教育入学机会保障政策的成效与问题

回顾英国二战以来的高等教育入学机会保障政策，可谓成效与问题并存。现将该政策取得的成效与面临的挑战归纳如下。

（一）英国弱势群体高等教育入学机会保障政策取得的成效

首先，英国弱势群体高等教育入学机会保障政策形成了多管齐下的弱势群体高等教育入学机会保障体系。二战后至今，英国通过政府、高校和其他组织的共同努力逐渐形成了一套弱势群体高等教育入学机会保障政策体系。第一，政府主要通过颁布各种政策文本来为英国弱势群体高等教育入学机会的获得保驾护航，前文已进行过较为充分的解读，在此不再赘述。第二，各高校也不断结合自身实际来采取一些针对性更强的措施来为弱势群体高等教育入学机会的获得清除障碍。例如，牛津大学就通过签订入学协议、为弱势学生提供学术支持、开展课外拓展活动鼓励弱势群体学生申请该校、在录取阶段充分考虑学生的背景信息和为学生提供奖助学金等措施来保障弱势群体的入学机会。③ 第三，专门机构的积极努力也为弱势群体学生进入高等教育机构深造提供支持。《2017年高等教育与研究法案》出台之前，英国公平入学办公室在保障弱势群体高等教育入学机会方面可谓不遗余力。它负责批准与监督各高校签订的入学协议的进展情况，同时传播

---

① Department of Education of the UK. Unlocking Talent，Fulfilling Potential：A Plan for Improving Social Mobility Through Education [EB/OL]．[2019-07-16]．https：// assets. publishing. service. gov. uk/government/uploads/system/uploads/attachment _ data/file/ 667690/Social _ Mobility _ Action _ Plan _ - _ for _ printing. pdf.

② Department of Education of the UK. Unlocking Talent Fulfilling Potential：A Plan for Improving Social Mobility Through Education [EB/OL]．[2019-07-16]．https：//assets. publishing. service. gov. uk/government/uploads/system/uploads/attachment _ data/file/667690/Social _ Mobility _ Action _ Plan _ - _ for _ printing. pdf.

③ 朱爽．牛津大学弱势群体入学机会保障政策研究 [D]．金华：浙江师范大学，2019.

高等教育入学保障方面的优秀实践经验。① 随后,英国学生事务办公室取代公平入学办公室,继续采取措施保障弱势群体的高等教育入学机会。第四,通过设立专门项目来帮助弱势群体获得高等教育入学机会,其更高目标是使卓越挑战项目和全国合作扩展项目更具影响力。其中,卓越挑战项目设立于 2001 年,旨在帮助家庭经济条件不好的学生获得高等教育等教育入学机会。通过评估该项目发现,该项目实现了既定目标,也帮助目标群体解决了高等教育费用的后顾之忧。②全国合作扩展项目旨在提升高等教育参与率较低区域年轻人的高等教育参与水平。该项目第一阶段始于 2017 年 1 月,主要辅助政府的社会流动计划,以帮助弱势群体获得高等教育入学机会。③ 第一年评估报告显示:该项目提升了学生的高等教育期望和就读高等学校意愿;同时,三分之一的项目参与者意识到他们可能是其家族的第一代大学生。④

其次,英国越来越多的弱势群体获得了宝贵的高等教育入学机会。为更好地衡量英国高等教育的发展状况,英国推出了英国绩效指标。就弱势群体高等教育入学机会而言,英国目前主要采用了三大指标:公立学校学生比例、高等教育低参与区域学生比例和领取身体有缺陷学生助学金学生比例。⑤ 我们将这三大指标的相关数据分别整理成表 9-2、表 9-3 和表 9-4。由表 9-2 可以看出,过去 20 年中英国高校本土全日制适龄新生中来自公立学校的学生比例总体处于上升趋势(北爱尔兰较为特殊)。

---

① Connell-Smith A, Hubble S. Widening Participation Strategy in Higher Education in England [EB/OL]. [2019-07-23]. http://researchbriefings.files.parliament.uk/documents/CBP-8204/CBP-8204.pdf.

② West A, et al. Evaluation of Aimhigher: Excellence Challenge. Synthesis Report: Surveys of Opportunity Bursary Applicants and Economic Evaluation [EB/OL]. [2019-07-23]. https://dera.ioe.ac.uk/5888/1/RR709.pdf.

③ Office for Students of the UK. The National Collaborative Outreach Programme [EB/OL]. [2019-07-23]. https://www.officeforstudents.org.uk/advice-and-guidance/promoting-equal-oppor-tunities/national-collaborative-outreach-programme-ncop/.

④ HEFCE. National Collaborative Outreach Programme: Year One Report of the National Formative and Impact Evaluation, Including Capacity Building with NCOP Consortia [EB/OL]. [2019-07-23]. https://webarchive.nationalarchives.gov.uk/20180405115436/http://www.hefce.ac.uk/pubs/rereports/year/2018/ncopyear1/.

⑤ HESA. Widening Participation Summary: UK Performance Indicators 2017/18 [EB/OL]. [2019-07-23]. https://www.hesa.ac.uk/news/07-02-2019/widening-participation-summary.

表 9-2 1998/99—2017/18 年度英国高校来自公立学校的本土全日制适龄新生比例（%）

年度	英格兰	威尔士	苏格兰	北爱尔兰	英国整体
2017—2018	89.8	91.7	86.5	99.1	89.8
2016—2017	90.0	92.1	86.5	99.2	90.0
2015—2016	89.8	92.8	87.0	99.2	89.9
2014—2015	89.6	92.4	86.6	99.3	89.8
2013—2014	89.4	92.3	87.4	99.4	89.7
2012—2013	89.0	92.5	86.9	99.1	89.3
2011—2012	88.5	91.9	87.9	98.9	88.9
2010—2011	88.2	92.2	88.3	98.9	88.7
2009—2010	88.4	93.2	86.8	99.2	88.8
2008—2009	88.0	93.2	86.7	99.5	88.5
2007—2008	87.4	93.4	86.8	99.7	88.0
2006—2007	87.2	93.1	86.6	99.6	87.8
2005—2006	86.9	91.8	85.7	99.8	87.4
2004—2005	85.9	91.2	86.3	99.7	86.7
2003—2004	86.1	91.5	85.9	99.8	86.8
2002—2003	86.4	91.9	87.5	99.9	87.2
2001—2002	85.2	90.9	85.0	99.7	86.0
2000—2001	85.0	90.8	84.0	99.9	85.7
1999—2000	84.1	90.8	84.1	99.8	84.9
1998—1999	84.4	90.5	83.2	99.8	85.0

资料来源：HESA. Widening participation summary：UK Performance Indicators 2017/18［EB/OL］.［2019-07-23］. https://www.hesa.ac.uk/news/07-02-2019/widening-participation-summary.

同时，高等教育参与区域数据被英国广泛用来衡量某一区域 18 岁或 19 岁学生进入高等教育或继续教育机构（苏格兰）的机会获得情况。由表 9-3 可以看出，在过去近十年里，无论是英国整体还是英格兰、威尔士和北爱尔兰，来自高等教育参与率较低区域的本土全日制适龄新生比例都呈增长趋势。

表 9-3 2009/10—2017/18 学年英国高校来自高等教育低参与区的
本土全日制适龄新生比例（%）

年度	英格兰	威尔士	北爱尔兰	英国整体
2017—2018	11.6	13.2	7.1	11.6
2016—2017	11.4	13.2	6.8	11.4
2015—2016	11.3	13.7	6.0	11.3
2014—2015	11.3	14.1	7.2	11.4
2013—2014	10.9	12.6	6.8	10.9
2012—2013	10.9	12.8	6.2	10.9
2011—2012	10.2	11.8	6.1	10.2
2010—2011	10.0	12.4	6.6	10.0
2009—2010	9.6	11.6	5.8	9.6

资料来源：HESA. Widening participation summary：UK Performance Indicators 2017/18 [EB/OL]. [2019-07-23]. https://www.hesa.ac.uk/news/07-02-2019/widening-participation-summary.

与正常学生相比，身体有缺陷学生明显处于弱势地位。为帮助更多身体有缺陷学生获得高等教育入学机会，英国政府设立了身体有缺陷学生助学金，以补贴学生因心理问题、长期疾病或其他缺陷而产生的额外费用。表 9-4 显示：在过去近 20 年里，无论是英国整体还是其管辖的四地，领取身体有缺陷学生助学金的学生比例实现了大幅增长。

表 9-4 2000/01—2017/18 学年英国高校本土全日制适龄新生中
领取身体有缺陷学生助学金的学生比例（%）

年度	英格兰	威尔士	苏格兰	北爱尔兰	英国整体
2017—2018	6.8	7.9	4.6	5.4	6.6
2016—2017	6.8	8.4	4.6	5.6	6.6
2015—2016	7.1	8.3	4.6	5.4	6.9
2014—2015	7.3	8.3	4.8	4.5	7.0
2013—2014	7.1	8.0	4.8	4.5	6.9
2012—2013	6.7	7.4	4.5	4.7	6.5
2011—2012	6.0	7.1	4.5	4.1	5.9
2010—2011	5.4	6.1	4.3	4.1	5.3
2009—2010	4.9	5.7	4.1	3.5	4.9
2008—2009	4.8	5.8	3.6	3.7	4.7

续表

时间	英格兰	威尔士	苏格兰	北爱尔兰	英国整体
2007—2008	4.6	5.8	3.7	3.5	4.5
2006—2007	4.4	5.4	3.6	3.3	4.4
2005—2006	4.1	5.2	3.4	3.4	4.1
2004—2005	3.7	4.7	3.1	2.7	3.6
2003—2004	3.1	4.4	2.5	2.4	3.1
2002—2003	2.6	4.0	2.2	1.7	2.6
2001—2002	2.1	2.9	1.8	1.2	2.1
2000—2001	1.6	2.0	1.1	0.6	1.5

资料来源：HESA. Widening participation summary：UK Performance Indicators 2017/18 [EB/OL]. [2019-07-23]. https：//www.hesa.ac.uk/news/07-02-2019/widening-participation-summary.

（二）英国弱势群体高等教育入学机会保障政策存在的问题

尽管英国一直以来都非常重视弱势群体的高等教育入学机会保障问题，但英国的弱势群体高等教育入学机会保障政策依然存在一些问题。我们将其归纳如下。

第一，弱势群体学生进入英国精英大学的比例依然偏低。英国社会流动委员会发布的 2016 年全国报告显示：一些精英大学确实努力帮助弱势群体获得机会进入这些高校，但并非所有精英大学在这方面表现较好。[1] 如前所述，尽管过去一段时间里英国整体上来自公立学校和高等教育低参与区域的本土全日制适龄新生的比重在不断增加，但该趋势对英国的精英大学——24 所罗素大学集团而言并非如此。英国弱势群体获得的高等教育入学机会更多由相对较低层次的高等教育机构提供。[2] 我们结合英国高等教育统计署发布的数据制作了表 9-5。可以发现，就 2017/18 学年本土全日制适龄新生中来自公立学校生源比例而言，24 所罗素大学集团中只有两所大学（伦敦玛丽女王大学和贝尔法斯特女王大学）达到英国平均水平，而顶尖的牛津大学和剑桥大学新生中来自公立学校的学生比例远远低于英国平均水平。就同期来自高等教育低参与区域学生的比例而言，24 所罗素大学

---

[1] Connell-Smith A, Hubble S. Widening Participation Strategy in Higher Education in England [EB/OL]. [2019-07-23]. http：//researchbriefings.files.parliament.uk/documents/CBP-8204/CBP-8204.pdf.

[2] National Audit Office of the UK. The Higher Education Market [EB/OL]. [2017-07-24]. https：//www.nao.org.uk/wp-content/uploads/2017/12/The-higher-education-market.pdf.

集团中只有 6 所大学达到或超过英国平均水平,而牛津大学和剑桥大学在这一指标上的表现则更为糟糕。可见,弱势群体获得进入英国精英大学的机会依然是英国当前面临的一个严峻挑战。

表 9-5 2017/18 学年英国罗素大学集团全日制适龄新生中弱势群体学生统计

	公立学校生源比重(%)	高等教育低参与区域学生比重(%)
英国整体	89.8	12.5
牛津大学	58.4	1.6
杜伦大学	61.3	19.6
帝国理工大学	61.6	4.8
剑桥大学	63.4	0.0
埃克塞特大学	65.9	12.3
布里斯托大学	65.9	12.3
爱丁堡大学	66.2	NA[①]
伦敦政治经济学院	68.7	NA
伦敦大学学院	69.7	2.1
华威大学	76.1	7.5
纽卡斯尔大学	76.7	9.5
伦敦大学国王学院	77.7	3.8
利兹大学	80.8	11.2
诺丁汉大学	81.0	18.2
伯明翰大学	81.9	9.5
约克大学	82.6	12.5
格拉斯哥大学	84.2	NA
曼彻斯特大学	84.6	10.6
加的夫大学	84.7	15.6
南安普顿大学	86.2	11.7
谢菲尔德大学	87.6	19.2
利物浦大学	88.1	13.9

① NA 代表数据缺失。

续表

	公立学校生源比重（%）	高等教育低参与区域学生比重（%）
伦敦玛丽女王大学	90.8	1.7
贝尔法斯特女王大学	97.9	10.3

资料来源：HESA. Widening participation summary：UK Performance Indicators 2017/18 [EB/OL].[2019-07-23]. https://www.hesa.ac.uk/news/07-02-2019/widening-participation-summary.

第二，一些旨在帮助弱势群体获得高等教育入学机会的项目并未达到既定效果。我们以全国学生奖学金项目为例做进一步说明。随着英格兰高校学费的增加，全国奖学金项目也随之于2011/12学年正式启动，该项目旨在为家庭贫困学生接受高等教育提供经济支持。应该说，该项目有着良好的初衷。但遗憾的是，该项目对提高弱势群体的高等教育入学机会的影响着实有限。毕竟在具体实施过程中，只有当学生正式在高等教育机构注册之后才能知晓自己是否能获得全国学生奖学金，而这种操作方式对那些希望上大学而无力担负学费与生活费等高等教育成本的学生而言无疑不太有利。其他研究也显示，自该项目正式实施后，关于其在保障弱势群体高等教育入学机会效果方面的质疑声就一直不断。与此同时，全国学生奖学金项目的资助对象也从全体贫困生转向那些所谓的值得获得奖学金的群体。因此，各高校具有充分空间来决定给特定群体和特定专业的学生提供资助，这会带来新的不平等①，甚至可能造成英国已取得的弱势群体高等教育入学机会保障成果付之东流。② 此外，关于全国学生奖学金项目的综合评估报告也进一步显示，单纯依靠全国学生奖学金项目来保障弱势群体的高等教育入学机会可能并不会取得较好效果。相反，需要采取综合性措施，将该项目与其他项目如学生贷款、生活资助等结合起来，结果可能会有所不同。③ 因此，从这种意义上讲，英国政府设计的这些项目需要在具体实践中不断改进，从而实现其初衷——服务于弱势群体高等教育入学机会保障。

---

① Browns, et al. Evaluation of the National Scholarship Programme：Year 4 Report to HEFCE [EB/OL]. [2019-07-24]. https://dera.ioe.ac.uk/25232/1/2016_nspeval_y4.pdf.

② McCaig C. The Retreat from Widening Participation? The National Scholarship Programme and New Access Agreements in English Higher Education [J]. Studies in Higher Education, 2016, 41 (2): 215-230.

③ Browns, et al. Evaluation of the National Scholarship Programme：Year 4 Report to HEFCE [EB/OL]. [2019-07-24]. https://dera.ioe.ac.uk/25232/1/2016_nspeval_y4.pdf.

第四节 弱势群体高等教育入学机会保障政策：加纳的案例分析

加纳是撒哈拉以南非洲地区第一个获得独立的国家，其官方语言为英语。长期以来，加纳高等教育入学率一直处于较低水平。① 基于此，本文以加纳为样本来分析其弱势群体高等教育入学机会保障政策。

一、加纳弱势群体高等教育入学机会保障政策的演化

加纳高等教育的发展可追溯到20世纪40年代，当时英国政府希望通过在加纳创办高等教育机构以探索在其殖民地范围内如何设置大学事宜。② 因此，原本意义上的加纳高等教育更多是为培养社会精英服务，但随后加纳高等教育开始慢慢向普通民众开放。③ 回顾其高等教育近70年的发展历程，加纳在高等教育入学机会保障政策方面可谓不遗余力。

自1960年正式独立后，加纳就开始着手颁布各种政策以保障普通民众的高等教育入学机会。《1961年教育法案》(the Education Acts of 1961)旨在将加纳的两所高等教育机构——加纳大学学院和库玛斯技术学院升格为大学，建立加纳科学教育大学学院，这为更多加纳民众提供了接受高等教育的机会。随后，《1974年教育服务法令》(The Education Service Decree of 1974)的颁布使得那些来自贫困家庭的孩子有机会获得奖学金进入加纳各种不同类型的高等教育机构。④

20世纪80年代，受国际货币基金会与世界银行结构调整项目的影响，加纳

---

① Evans P. Constructing the 21st Century Developmental State [M] //Edigheji O. Constructing a Democratic Developmental State in South Africa: Potentials and Challenges. Cape Town: Human Sciences Research Council, 2010.

② Evans P. Constructing the 21st Century Developmental State [M] //Edigheji O. Constructing a Democratic Developmental State in South Africa: Potentials and Challenges. Cape Town: Human Sciences Research Council, 2010.

③ Kwapong T F O A. Education at Doorsteps of Women: Open and Distance Learning for Empowerment of Women [J]. American Journal of Obstetrics & Gynecology, 2007, 162 (4): 968-976.

④ Asamoah K M. Access to Undergraduate Education is an Unresolved Burden in Ghana: A Qualitative Approach [J]. International Journal of Lifelong Education, 2017, 36 (5): 595-612.

高等教育教育经历了一段艰苦时期，学生动乱、教学秩序被打乱等时有发生。在这种背景下，1987年，加纳教育改革项目正式启动。一年后，加纳成立了大学合理化委员会，旨在对加纳中等后教育进行一次综合评估。这次综合评估目标六条，其中一条即"为具有资质的人提供更多机会，促进性别平衡和提供高质量教育"①。评估结束后，加纳大学合理化委员会出台了一份评估报告。这份评估报告涉及高等教育入学机会保障政策的主要有两条。第一，该委员会建议应将隶属于不同部门的高等教育机构统一起来，同时为之前被剥夺高等教育入学机会的群体尤其是女性和贫困学生提供更多入学机会。因此，为给更多群体提供高等教育入学机会，该委员会建议将加纳国内的中等后教育机构升格为大学或技术学院。第二，该委员会建议重组高等教育机构的专业设置和引入不同的教学模式，从而满足不同群体尤其是那些弱势群体（如农村地区、低收入家庭）的高等教育需求。同时，它建议所有大学、学院和教师培训机构采用学期制和非寄宿制，以满足不同群体尤其是女性群体的需求。②

加纳大学合理化委员会报告的建议事实上在1991年发表的《高等教育系统改革白皮书》（*Reforms to the Teriary Education System*）中得到重视。这体现在以下几个方面。第一，白皮书建议设置一个涵盖大学、技术学院和师范学院等不同类型高等教育机会的全国统一高等教育系统。第二，1992和1993年分类建立了两所大学：温尼巴教育大学（University College of Education Winneba）和在加纳北部城市塔马利（Tamale）设立的发展研究大学（University of Development Studies）。其中，发展研究大学的设立主要基于加纳大学公平的空间布局而考虑，毕竟其他大学更多设在加纳南部或中部地区。③ 1992年，加纳结束军政，顺利过渡至民选政府。同年颁布的《加纳共和国宪法》第25条"教育权"规定："在能力的基础上，高等教育应通过合适方式向所有民众开放，并逐步实现免费。"④ 可见加纳新政府对高等教育入学机会的重视程度。随后的1993—1998年

---

① Leach, et al., Working Paper 4: A Profile of Participation in Higher Education in Ghana and Tanzania [EB/OL]. [2019-07-02]. https://assets.publishing.service.gov.uk/media/57a08bd0e5274a27b2000d87/60335-working_paper_4.pdf.

② Leach, et al., Working Paper 4: A Profile of Participation in Higher Education in Ghana and Tanzania [EB/OL]. [2019-07-02]. https://assets.publishing.service.gov.uk/media/57a08bd0e5274a27b2000d87/60335-working_paper_4.pdf.

③ Effah P. Ghana [M] //Teferra D, Altbach P G. African Higher Education: An International Reference Handbook. Bloomington: Indiana University Press, 2003: 338-349.

④ The Constitution Project of Ghana. Ghana's Constitution of 1992 with Amendments Through 1996 [EB/OL]. [2019-06-30]. https://www.constituteproject.org/constitution/Ghana_1996.pdf?lang=en.

期间，加纳高等教育主要集中精力借助世界银行的资助项目来实施《高等教育改革白皮书》中的一些建议，其中不少话题都与高等教育入学机会保障息息相关。① 这期间，加纳高等教育发展较为迅速，公立大学的注册人数从 1991/92 学年的 11857 增长至 1998/99 学年的 31460 人。②

尽管加纳公立大学注册人数在不断增长，但政府的公立高等教育经费却有所下降。为解决这一困境，加纳政府于 2000 年成立了教育信托基金会，将政府所征收的增值税的 20% 用于教育，以维持教育基础设施、为有天赋的学生提供奖学金和设立学生贷款等。这可谓高等教育入学机会的资金保障。③ 随后，2002 年加纳发布了一份长达 300 多页的教育改革评估报告——《满足 21 世纪教育的挑战：加纳教育改革总统委员会报告》，它再次将高等教育准入作为核心话题之一。该报告指出，尽管加纳高等教育在过去一段时间获得长足发展，但 18—21 岁适龄人口的高等教育参与率与发达国家比差距依然巨大，且男女比例严重失调，男性获得高等教育入学机会远高于女性。为更好满足不同群体的高等教育需求，该报告提出了诸多建议，如大学设置更加灵活多样的专业、政府改善大学教师待遇以吸引更多人才进入大学工作、私立部门可以为技术学院的发展提供更多支持以及运用远程教育等方式为更广泛民众提供高等教育机会等。④

2005 年 12 月，加纳成立了学生贷款信托基金会，主要目的之一是为学生接受高等教育提供资金支持。随后的 "2007 年教育改革"再次鼓励加纳私立部门积极参与教育供给⑤，这为加纳私立高等教育机构发展提供了动力。

2008 年，加纳发布《教育法案》。该法案虽然没有直接谈到弱势群体高等教育入学机会保障话题，但其中不少条款都与此相关。例如，其第一条 "教育体系"的第四点指出 "如果合适的话，各级教育提供远程教育"，第七点提出 "教育

---

① Samoff J, Carol B. Manpower Planning to the Knowledge Era: World Bank Policies on Higher Education in Africa [R]. Stanford University: UNESCO Forum on Higher Education, Research and Knowledge, 2003.

② Effah P. Ghana [M] //Teferra D, Altbach P G. African Higher Education: An International Reference Handbook. Bloomington: Indiana University Press, 2003: 338-349.

③ Asamoah K M. Access to Undergraduate Education is an Unresolved Burden in Ghana: A Qualitative Approach [J]. International Journal of Lifelong Education, 2017, 36 (5): 595-612.

④ President's Committee on Review of Education Reforms in Ghana. Meeting the Challenges of Education in the Twenty First Century: Report of the President's Committee on Review of Education in Ghana [EB/OL]. [2019-07-30]. https://searchworks.stanford.edu/view/5530562.

⑤ Ministry of Education of Ghana. Education Reform 2007 at a Glance [EB/OL]. [2019-06-18]. https://planipolis.iiep.unesco.org/sites/planipolis/files/ressources/ghana_education_reform_2007.pdf.

部和区政府可在区级别设立开放学院"。同时,该法案的第二十三到二十六条花了大量篇幅来规范私立教育机构的设置与运作问题。① 事实上,这些不同形式的教育供给为加纳弱势群体接受高等教育创造了良好条件。

随后不久,加纳发布面向下一个十年的《教育战略规划:2010—2020》(以下简称《2010—2020 规划》)政策文本。该文本中的不少内容与弱势群体高等教育入学机会息息相关。这体现在以下几个方面。第一,该战略规划的指导原则之一为"消除因排斥与贫困而导致的性别与其他形式的差异"。第二,该战略规划的核心领域之一——高等教育部分强调逐渐提升公平的高等教育入学机会,并要尽可能保障学业达到高等教育入学要求学生的平等入学机会。第三,要求教育资源在不同级别教育之间重新分配,以尽可能保障教育系统的公平性。②

为更好回应联合国可持续发展目标的要求和为加纳民众提供高质量的教育供给,2019 年加纳教育部发布了《教育战略规划:2018—2030》(以下简称《2018—2030 规划》),取代之前的《2010—2020 规划》。同样,《2018—2030 规划》也非常重视弱势群体的高等教育入学机会保障问题。在高等教育部分,第一个战略目标即"不断提升民众公平的入学机会和高等教育参与"。该目标下设两个重点领域:确保高等教育能满足大众的高等教育需求和提升女性、身体有缺陷学生和家庭经济条件欠佳学生的高等教育参与率。因此,为达到上述目标,该文本指出政府和高校必须联合采取行动。政府为家庭条件不好的学生提供经济资助,高等教育机构可继续采取肯定性措施和在贫困社区设立一些职业教育项目来满足大众的高等教育需求。③

二、加纳弱势群体高等教育入学机会保障政策的成效与问题

回顾加纳自独立以来的高等教育入学机会保障政策,可以说成效与问题并存。现将该政策取得的成效与面临的挑战归纳如下。

---

① Government of Ghana. Education Act,2008(Act 778)[EB/OL].[2019-07-30]. http://www.ilo.org/dyn/natlex/docs/MONOGRAPH/83622/92463/F2061259086/GHA83622.pdf.

② Ministry of Education of Ghana. Education Strategic Plan 2010 to 2020[EB/OL].[2019-07-30]. https://planipolis.iiep.unesco.org/sites/planipolis/files/ress-ources/ghana_esp_2010_2020_vol1.pdf.

③ Ministry of Education of Ghana. Education Strategic Plan 2018 to 2030[EB/OL].[2019-07-30]. https://planipolis.iiep.unesco.org/sites/planipolis/files/ressources/ghana-education-strategic-plan-2018-2030.pdf.

（一）加纳弱势群体高等教育入学机会保障政策取得的成效

第一，随着各项高等教育教育入学机会保障政策的持续推行，加纳女性获得的高等教育入学机会在不断增加。不少加纳公立大学在招生时采取积极歧视政策，适当降低女性的入学要求。例如，加纳大学允许女性比男生低一分，加纳发展研究大学则规定只要女生达到该校的基本入学要求就可录取。毋庸置疑，这为女性接受高等教育提供了更多机会。从图9-3可以看出，作为加纳参照体系的撒哈拉以南非洲国家在2009年之前的女性高等教育毛入学率一直高于加纳，但自2009年开始，加纳女性获得的高等教育入学机会明显增多。至2017年，加纳女性获得的高等教育入学机会接近撒哈拉以南非洲国家女性的两倍。

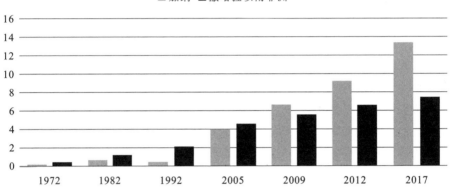

图9-3　1972—2017年加纳和撒哈拉以南非洲国家女性的高等教育毛入学率（%）

资料来源：Institute of Statistics of UNESCO. Percentage of students in tertiary education who are female（%）[EB/OL].［2019-07-25］. http：//data. uis. unesco. org/♯.

第二，通过发展远程教育为更广大群体提供了宝贵的高等教育入学机会。[①]从全球范围来看，诸多发展中国家广泛采用远程教育以缓解广大民众的高等教育需求与有限教育资源之间的矛盾，从而为更广泛群体提供了宝贵的高等教育入学机会。[②]在这方面，加纳的海岸角大学可谓一个典型案例。在人力、物力和资金

[①] Koomson A K. Widening Access to Quality Higher Education in Developing Countries Through Distance Dducation：the Success Story of the University of Cape Coast，Ghana [EB/OL].［2019-07-03］. https：//www. researchgate. net/publication/ 237701456.

[②] Clifford M，Miller T，Stasz C，et al. How Effective are Different Approaches to Higher Education Provision in Increasing Access，Quality and Completion for Students in Developing Countries? Does this Differ by Gender of Students? A Systematic Review [R]. RAND Corporation，2013.

等有限的前提下，该校依然能为广大群体提供难得的高等教育入学机会。① 截至 2016/17 学年，该校共有 74720 名学生，其中通过远程教育学习的学生高达 48989 人，占总注册人数的 65.56％。② 同样，该校官网在很醒目的位置设有"远程教育"专栏，并有详细的信息介绍远程教育入学相关事宜，可见远程教育在该校的分量。

第三，加纳私立高等教育的迅速发展同样为广大群体提供了高等教育入学机会。截至 2016/17 学年，加纳私立大学的注册人数达 66022 人。私立高等教育机构因其灵活便利的教学安排满足了不同群体尤其是工薪阶层的高等教育需求，因此，它们极大地保障了加纳不同群体接受高等教育的机会。③

（二）加纳弱势群体高等教育入学机会保障政策面临的问题

首先，教育投入不足剥夺了不少群体尤其是贫困群体的高等教育入学机会。据联合国教科文组织统计研究所的数据，2014 年加纳政府在高等教育上的投入占国民生产总值的 1.12％，这一比例不仅低于发达国家（如芬兰为 1.99％，丹麦为 2.34％，美国为 1.37％，英国为 1.38％），还远低于同处撒哈拉以南非洲的中低收入国家塞内加尔（2.13％）和低收入国家埃塞俄比亚（2.11％）。可见加纳政府的高等教育投入急需加大。同时，如前所述，为应对高等教育经费危机，加纳政府于 2000 年成立了加纳教育信托基金会；但在实际运作过程中，该基金会的资金更多分配至公立学校，且名额有限。因此，私立高等教育机构的学生基本不太可能获得该基金会的资助以帮助他们顺利完成学业。④ 此外，加纳高等教育机构收取的学费对许多贫困家庭孩子而言依然是一个沉重的负担。⑤ 因此，家庭经济状况依然是决定孩子能否获得高等教育入学机会最重要的一个影响因素。政

---

① Koomson A K. Widening Access to Quality Higher Education in Developing Countries Through Distance Dducation：the Success Story of the University of Cape Coast，Ghana ［EB/OL］．［2019-07-03］．https：//www.researchgate.net/publication/237701456.

② University of Cape Coast. History of University of Cape Coast ［EB/OL］．［2019-07-09］．https：//ucc.edu.gh/main/about/history.

③ Asamoah K M. Access to Undergraduate Education is an Unresolved Burden in Ghana：A Qualitative Approach ［J］．International Journal of Lifelong Education，2017，36（5）：595-612.

④ Asamoah K M. Access to Undergraduate Education is an Unresolved Burden in Ghana：A Qualitative Approach ［J］．International Journal of Lifelong Education，2017，36（5）：595-612.

⑤ Atuahene F，Owusu-Ansah A. A Descriptive Assessment of Higher Education Access，Participation，Equity and Disparity in Ghana ［J］．SAGE Open，2013（6-9）：1-16.

府提供的学生贷款也不足以支撑学生顺利完成学业，因此，不少学生不得不中断学业而去找工作，等赚足学费后再继续他们的学业。[1]

其次，高等教育入学机会仍存在较大的性别差异，女性依然处于弱势地位。结合联合国教科文组织提供的统计数据，我们整理出了加纳 60 余年的高等教育毛入学率的性别均等指数[2]，详见表 9-6。可以发现，在加纳各项政策的推动下，加纳高等教育毛入学率的性别差异在不断缩小，但直到 2017 年，女性的高等教育毛入学率依然远远低于男性。另外，从国际比较来看，加纳高等教育毛入学率的性别差异指数一直远低于撒哈拉以南非洲国家，直到 2017 年才首次达到该地区的平均水平。从经济发展水平的视角来分析，加纳 2011 年之前属于低收入国家，从表 9-6 中可以看出，该国的高等教育毛入学率的性别差异指数在 1972—1992 期间都低于低收入国家的平均水平。2011 年加纳开始步入中低收入国家行列。[3] 但遗憾的是，其高等教育毛入学率的性别差异指数远低于中低收入国家的平均水平，更大大低于中等收入国家、中高收入国家和高收入国家的平均水平。从加纳国内的情况来看，无论是公立大学还是私立大学，女性的高等教育注册率皆低于男性。例如，2016/17 学年，加纳公立大学男性的注册率为 64％，女性仅为 36％；同期私立大学男性与女性的数据分别为 56.57％和 43.43％。

表 9-6　1972—2017 年加纳和其他地区高等教育毛入学率性别均等指数一览

	1972 年	1982 年	1992 年	2005 年[4]	2012 年	2017 年
加纳	0.16901	0.27302	0.31077	0.53450	0.61107	0.72445
撒哈拉以南非洲	0.43977	0.45181	0.51061	0.66676	0.68875	0.72152
低收入国家	0.37092	0.40336	0.43451	0.49111	0.56837	0.62262
中低收入国家	0.61400	0.66763	0.72684	0.83851	0.92870	1.01433
中等收入国家	0.81193	0.80014	0.81787	0.98404	1.06111	1.11083

---

[1] Asamoah K M. Access to Undergraduate Education is an Unresolved Burden in Ghana: A Qualitative Approach [J]. International Journal of Lifelong Education，2017，36（5）：595-612.

[2] 性别均等指数＝男性的高等教育毛入学率/女性的高等教育毛入学率，指数越接近 1，表明男女差异越小。

[3] World Bank. Ghana Looks to Retool Its Economy as it Reaches Middle-Income Status [EB/OL]．［2019-07-08］．https：//www.worldbank.org/en/news/feature/2011/07/1208/ghana-looks-to-retoolits-economy-as-it-reaches-middle-income-status．

[4] 加纳 2002 年的统计数据缺失，故选择了离 2002 年最近的 2005 年的数据。

续表

	1972 年	1982 年	1992 年	2005 年	2012 年	2017 年
中高收入国家	/	0.89551	0.88564	1.07575	1.16892	1.18706
高收入国家	0.68392	0.90755	1.07173	1.22625	1.25744	1.24737

资料来源：Institute of Statistics of UNESCO. Gross enrolment ratio for tertiary education, gender parity index (GPI) [EB/OL]. [2019-07-25]. http://data.uis.unesco.org/#.

第五节 弱势群体高等教育入学机会保障政策：中国、英国和加纳的比较分析

在比较分析之前，我们认为有必要引入一个高等教育入学机会公平的分析框架，这有利于提升比较分析的深度。英国伦敦大学学院缇瑞斯坦·麦克柯文（Tristan McCowan）教授在对英格兰、巴西和肯尼亚的高等教育公平入学机会发展状况进行比较分析后提出了高等教育入学机会公平的三个维度：可利用性（availability）、可获取性（accessibility）和水平性（horizontality）。[1] 在缇瑞斯坦看来，可利用性意味着总体而言有足够的高等教育机会提供给学生，且高等学校的设施、教师等资源充足。可利用性并不能保证所有人最终都能获得机会进入各级各类高等教育机构深造。在学生获得机会进入高校的过程中往往存在诸多障碍，例如，学费、选拔性考试、学校地理位置等。可获取性意味着将这些障碍清理掉，同时政府也要出台一些政策和具体干预措施来为学生提供足够信息、提升学生的高等教育期望，以及为学生接受高等教育做好准备。最后，水平性意味着高等教育系统的声望和质量尽可能比较均衡地分布。当然，这并非要求所有高等教育机构"千校一面"；相反，它主张高等教育机构在校风、专业设置、院校规模、研究重心等方面尽可能多样化。因此，高等教育入学机会的水平性本质上反对低层次高校充斥着弱势群体学生的现象。在此基础上，我们结合该分析框架对中国、英国和加纳三国的弱势群体高等教育入学机会保障政策进行比较分析，见表9-7。

---

[1] McCowan T. Three Dimensions of Equity of Access to Higher Education [J]. Compare: A Journal of Comparative and International Education, 2016, 46 (4): 645-665.

表 9-7　中国、英国和加纳三国弱势群体高等教育入学机会保障政策的比较

	中国	英国	加纳
高等教育入学机会公平的可利用性	√	√	√
高等教育入学机会公平的可获取性	√	√	√
高等教育入学机会公平的水平性	√	√	×

公平是人类社会的发展目标，教育是促进社会公平的一种有效手段。高等教育在促进社会公平中的作用更加明显，毕竟它能帮助弱势阶层实现向上社会流动。因此，弱势群体的高等教育入学机会保障也成为诸多国家高等教育改革与发展的重要话题之一。从上面的案例分析我们可以发现，无论是中国、英国还是加纳，都积极颁布各项政策清除弱势群体获得高等教育入学机会的各种障碍，从而最终帮助弱势群体获得高等教育入学机会。这体现出这三国在高等教育入学机会公平的可利用性与可获取性上付出了诸多努力，可谓其共性。

在共性之余，这三国弱势群体高等教育教育入学机会保障政策也蕴含着一定程度的差异。首先，就弱势群体高等教育入学机会保障政策的出发点而言，三国不尽相同。中国的高校专项计划更多基于公平视角，采取针对农村与贫困地区的招生补偿政策；英国的政策则是公平视角与经济视角的有机结合，一方面它强调要通过高等教育来促进弱势阶层的社会流动，另一方面也突出市场力量与国际竞争。[①] 加纳弱势群体高等教育入学机会保障政策字里行间透露出希望通过扩大高等教育参与来减少贫困的意愿，同时也适当兼顾社会公平。

其次，就高等教育弱势群体的界定而言，中国、英国和加纳也有所差异。第一，就性别而言，整体而言女性在中国和英国已不属于高等教育入学机会的弱势群体，但加纳女性的高等教育毛入学率依然低于男性。据联合国教科文组织统计研究院的统计数字，英国自 1994 年开始女性的高等教育毛入学率就超过 50%，中国自 2011 年开始女性的高等教育毛入学率已占据半壁江山；加纳直到 2017 年女性的高等教育毛入学率才达到 40.96%。[②] 第二，由于高等教育发展阶段的差异，中国和英国越发关注弱势群体进入精英大学的机会问题，而这一问题目前在加纳则较少引起关注。中国的高校专项计划事实上是精英大学向农村与贫困地区学生提供的一条绿色通道。英国 2014 年发布的《高等教育准入与学生成功国家

---

① McCaig C. Marketisation and Widening Participation in English Higher Education：A Critical Discourse Analysis of Institutional Access Policy Documents [J]. Higher Education Review，2015，48（1）：6-24.

② Institute of Statistics of UNESCO. Percentage of Students in Tertiary Education Who are Female（%）[EB/OL］.［2019-07-25］. http：//data. uis. unesco. org/#.

战略》和2017年出台的《解锁天赋、释放潜能：教育促进社会流动计划》都关照到弱势群体申请英国精英大学话题。加纳的各项政策则更多从整体上促进弱势群体进入各级各类高等学校考虑，并未专门提及精英大学。因此，我们认为，中国和英国的高等教育入学机会公平政策体现了高等教育入学机会公平的水平性，而加纳则没有（如表9-7）。

结　语

本章以弱势群体高等教育入学机会保障政策为着眼点，在简单概述当前国际弱势群体高等教育入学机会保障政策和现状的基础上较为详细地分析了中国、英国（作为发达国家代表）和加纳（作为欠发达国家代表）等三国弱势群体高等教育入学机会保障政策及其成效与问题。

弱势群体高等教育入学机会保障问题事实上是回答"谁应该上大学？"这一话题。关于"谁"这一上大学主体，理论意义上讲人人都应该接受高等教育，但现实中并非人人都具备接受高等教育的资质，毕竟高等教育不同于义务教育，它需要建立在一定的知识储备之上。因此，当前无论是国际组织还是主权国家，关于"谁"这个上学主体都更多指那些在学业上为进入高等教育机构做好准备的学生，即通过高等教育入学考试的学生。只要通过高等教育入学考试，不同背景（如家庭经济条件欠佳、身体有缺陷、年龄相对较大、高等教育弱势性别等）学生的高等教育入学机会都不应被剥夺，政府和高校应尽可能采取针对性措施去保障这些群体的入学机会。

"谁应该上大学？"的第二层意思是"上大学"，这里面蕴含着两层含义：第一，广大民众获得进入高等教育教育机构的机会，能够在高校学习深造；第二，大众有机会上好大学，他们能享受各级各类高等教育机构提供的高质量教育服务。从上文的分析我们可以看出，高等教育发展阶段不一样，不同国家民众对"上大学"的需求也不太一样。高等教育发展水平不高的国家（如加纳）当前更关注通过各种形式（如远程教育、职业教育等）为大众提供一个进入高校的机会，高等教育发展水平相对较高的国家（如中国和英国）则逐渐开始关注提供高质量的高等教育。这事实上与缇瑞斯坦提出的高等教育入学机会公平的水平性维度不谋而合，也与《教育2030》倡导的公平与高质量的高等教育机会也相呼应。

因此，我们认为弱势群体高等教育入学机会保障政策的发展走向是从保障"人人上大学"转到尽可能确保"人人上好大学"。当然，这里的"人人"指的是在学业上为进入高等教育做好准备的不同背景人群。毕竟，高质量的高等教育之于个体成长和国家发展皆具有重大意义。

（朱剑）

第十章

中国、美国和南非大学科研比较

第一节 大学科研职能概述

一、大学科研的定义和内涵

科研是人们在已知世界中探索新知识、新技术和新文明的过程，它包括主体、客体和产出三大要素。在大学中，大学科研就是科研的主体——大学教师，作用于科研活动的客体——知识，进而影响到科研活动的产出——促进学术发展、社会进步的新知识或新技术。① 大学在建立之初并没有担任科研使命，大学科研的概念源自大学职能的演变。现代大学被普遍赋予教学、科研与社会服务三大职能。大学科研职能主要指大学为促进自身发展和更好地服务社会，依据自身特点，发挥学科门类集中、人才汇聚的优势，有效整合校内外科研资源，积极推动知识文化创新和科技进步的一种社会赋予的责任和相应能力的统一。

从中世纪开始的"象牙塔"时代，大学初期的主要任务是培养高层次神职人员，教学是大学的主要活动。英国红衣大主教纽曼认为，"大学是传授普遍知识的地方"，传授自由的知识或哲理是大学存在的目的。②

---

① 余斌. 高校教师科研文化的缺陷及其改进 [J]. 高等教育研究，2008 (6): 62-67.
② 纽曼. 大学的理想（节本）[M]. 徐辉，顾建新，何曙荣，译. 杭州：浙江教育出版社，2001.

产业革命以后，大学开始关注探索和获取新知识，科学研究成为大学的重要职能。19世纪初，德国教育总长威廉·洪堡创办了柏林大学，强调大学应进行科学研究。洪堡指出："大学的根本原则是在最深入、最广泛的意义上培植科学，并使之服务于全民族的精神和道德教育。"[①]科学研究职能在德国大学中地位的确立使德国在其后一个世纪里成为世界科学中心。

20世纪，随着技术革命的飞速发展，大学的社会服务职能首先在美国确立。1862年，美国总统林肯签署了《莫雷尔法案》，因赠地法案而诞生的农工学院让实用知识和推广技术有力地推动了美国农业的发展，从而使社会服务成为大学的一项重要职能。1904年威斯康星大学提出的"威斯康星计划"，更是强调大学不仅要成为科研的中心，还要成为社会服务的中心。至此，教学、科研和服务成了全世界大学公认的大学三大基本职能。

二、大学科研职能的历史演进

大学科研职能在西方国家经历了一个萌芽、确立和不断发展的历史演变过程。自从12世纪在意大利诞生了第一所现代意义的综合性大学以来，大学的职能始终局限于保存和传授古典文化，直到德国两次高等教育改革和柏林大学的建立才彻底改变这一状态。[②] 洪堡创办的柏林大学强调大学应进行科研，赋予了大学教学与科研的职能。此后，这一主张迅速影响了德国其他大学，并使德国大学很快享有了世界第一流大学的美誉。这也对世界各国大学的办学理念产生了广泛而深刻的影响。1876年，美国创办了约翰·霍普金斯大学。这所大学重视研究生教育而不是本科教育，重视科学研究而不是传授已有知识。它首创了研究生教育制度，以制度的形式保证了科研与教学共同成为大学的重要职能。借此，霍普金斯大学很快地崛起为美国和世界的一流大学，这不仅影响了新成立的大学，也带动了许多老牌学府开始重视科学研究。[③] 英国的牛津、剑桥曾恪守传统，拒绝科学研究，但在赫胥黎等有识之士的努力下，到19世纪80年代，科研的风气已盛行于英国大学。法国在1870年普法战争惨败后，也提出向德国大学学习，到19世纪末，以巴黎大学为代表的法国大学确立了科学研究在大学中应有的地位，并获得了很高声誉。[④] 这一时期，大学的科研职能以德国为中心辐射到欧美各国，得到世界多数国家的普遍认同，其地位与作用得到全面确立。

---

① 谢晨霞．大学科研育人的现状、问题及对策研究［D］．荆州：长江大学，2020．
② 张似阳．我国大学科研职能的历史考察与发展对策探究［D］．福州：福建师范大学，2007．
③ 张似阳．大学科研职能演变历程浅探［J］．牡丹江教育学院学报．2009（1）：85-86．
④ 张似阳．大学科研职能演变历程浅探［J］．牡丹江教育学院学报．2009（1）：85-86．

19世纪的大学和社会的关系疏离,大学科研是纯科学研究,对社会的技术发展几乎没有影响,科学和技术的紧密关系并未建立。19世纪末开始,大学科研的这一状况开始改变,工业革命的深入使越来越多的新知识、新发现"被转化为技术进步,并逐步形成了基础研究—应用研究—技术开发—生产经营的线性科研转化模式,科研成果与技术之间的联系日益紧密"。尤其在进入20世纪后,大学通过科技创新推动社会发展也越来越直接深刻。科学研究成果的应用拉近了大学和社会的距离,"促使大学科研走向规模化。科研规模的不断扩大导致对科研经费的要求急剧增长,大学外部尤其是政府资助开始成为研究经费的主要来源"。政府也会以资源为手段,引导大学"科研活动的方向和性质,促使大学更好地为社会经济发展服务。由此,大学科研的领域也逐渐突破了传统纯科学研究的边界"①,表现出社会化倾向,出现越来越多的应用型研究。

20世纪后半叶在世界各国出现的高科技园区更将大学科研职能发挥得淋漓尽致。"以美国斯坦福大学为主导发展起来的'硅谷'科学工业园,以麻省理工学院、哈佛大学为核心的波士顿科研中心,以及英国剑桥科学园、中国北京中关村高新技术开发区等都是以著名大学为中心,以高新技术产业群为基础形成的产学研结合的科技发展基地"。高科技园区的出现使产学研相结合,"缩短了高科技从创造加工到传播应用的周期"②,加速了经济发展步伐。同时高科技园区也使"大学科研越来越倾向于社会化、产业化、商品化"。大学科研职能无论在内涵还是外延上都有了极大的拓展与提升,"在大学职能体系中的地位与作用也越来越彰显"③。

但是,大学科研也存在着一些比较普遍的矛盾和问题。

首先,教学和科研的矛盾。一方面,由于大学奖励和鼓励科研,所以大学教师对教学和科研的态度会产生不平衡,如何加强科研但同时不削弱教学和服务职能是当前大学要解决的一个问题。平衡科研和教学可以从几个方面体现出来。首先,大学会有科研和教学的分别,比如以前东欧模式就是把科研集中于专门研究单位,而大学只集中于教学,做研究的只有少数的高级教授。到20世纪90年代,市场经济出现在这些国家以后,这个体系就发生了改变,学术单位的研究职能削弱了,而大学科研职能得到加强。其次,高教系统中各类大学在科研上参与的程度是不同的,美国的研究型大学在这方面提供了最清楚的例证。研究型大学集中了大批精英式的研究人员,而其他四年制本科院校和社区大学还是以教学为主要

---

① 余斌. 高校教师科研文化的缺陷及其改进 [J]. 高等教育研究,2008(6):62-67.
② 刘竞秀. 我国研究型大学组织结构管理研究 [D]. 成都:电子科技大学,2006.
③ 张似阳. 我国大学科研职能的历史考察与发展对策探究 [D]. 福州:福建师范大学,2007.

工作的。英国和澳大利亚大学的发展也逐渐引导一些大学成为研究型大学，而其他大学成为教学型大学，以平衡教学和科研的矛盾，同时也是应对科研经费紧缩的策略。从国家的角度看，这有利于促进优秀的科研，如果采用过激的方法促进大学科研，就有可能削弱其他职能，所以要通过整个系统的均衡发展来培养卓越科研。再次，从大学内部分工看这二者的平衡。人们一般普遍认为，所有学术人员都应该参与教学和研究，这两项活动是相辅相成的。然而，在许多系统中，尤其是欧洲大陆的系统，教授们长期倾向于科研，而把教学交给初级教师或助教。人们也逐渐认识到优秀的学者和研究人员不一定擅长教学，而教学卓越的教师未必就能担任科研工作，所以，虽然大学的双重职能依然由能够双重参与的工作人员支持，但教师内部的工作分流也是必不可少的。

其次，大学的有效招聘和保留人才问题。随着大学研究职能压力的增大，具有研究潜力的学术人员在学术劳动市场中具有很大的吸引力。如果大学只寻求对学术人员施加压力而不提供优越的条件，就有可能遇到招聘和保留人才的问题。相应地，加强研究职能而管理不善，就会加剧学术人员之间的竞争，造成不愉快的工作环境，导致优秀的工作人员离开。

最后，基础研究与应用研究的矛盾。因为应用型研究更具有经济效应，对日益市场化的大学有很大的吸引力。在巨大的资金压力下，大学管理对具有经济效益的研究有很大的偏好，而做这方面研究的教授也备受学校青睐。在这种环境下，如何保护和加强基础研究是大学的重要工作。实证研究证明保持一流的基础研究更能使大学吸引高层次的商业伙伴。许多案例证明，应用研究可以用于识别需要提起解决的基础性研究问题，也就是说明基础研究和应用研究之间的知识交易是双向的，应用型研究必须有基础研究的支持。所以，如果大学只关注产品和服务开发等应用研究，而不支持基础性研究，那么大学可能就会犯下严重的错误。

第二节 中国的大学科研

一、中国大学科研在国家科研体系中的地位

中国的科研在近二十年来发展迅速。据新华社北京 2019 年 7 月 23 日报道：

2018 年，按折合全时工作量计算的全国研发人员总量为 419 万人，是 1991 年的 6.2 倍。中国研发人员总量在 2013 年超过美国，已连续六年稳居世界第一位。

研发经费规模和强度也实现历史性突破。报告显示，中国研发经费投入持续快速增长，2018年达19657亿元，是1991年的138倍。研发经费投入强度屡创新高，2014年首次突破2％，2018年提升至2.18％，超过欧盟十五国平均水平。按汇率折算，中国已成为仅次于美国的世界第二大研发经费投入国家。

科学论文成果丰硕。报告显示，2018年，国外三大检索工具科学引文索引（SCI）、工程索引（EI）和科技会议录索引（CPCI）分别收录中国科研论文41.8万篇、26.6万篇和5.9万篇，数量分别位居世界第二位、第一位和第二位。同时，论文质量大幅提升，根据基本科学指标数据库（ESI）论文被引用情况，2018年中国科学论文被引用次数排名世界第二位。

此外，专利发明量也大幅提升。2018年，中国专利申请数和授权数分别为432.3万件和244.8万件，分别是1991年的86倍和98倍。专利质量也得到同步提升。以最能体现创新水平的发明专利为例，2018年，发明专利申请数达154.2万件，占专利申请数的35.7％，比1991年提高12.9个百分点；平均每亿元研发经费产生境内发明专利申请70件，比1991年提高19件，专利产出效益得到明显提高。①

在高速发展的中国科研中，高校起到很大的作用。和其他国家的科研体系类似，中国的科研机构也包括三个主要的部门：国家研究机构、高等院校和产业部门。"根据教育部科技司的数据，党的十八大以来，高校以不到全国10％的研发人员、不到全国8％的研发经费，承担了全国60％以上的基础研究；承担了60％以上的重大科研任务，包括863、科技支撑、重点研发等研究项目；建设了60％的国家重点实验室；获得了60％以上的国家科技三大奖励；高层次人才占到了全国的60％以上；发表科技论文数量和获得自然科学基金资助项目分别占到了全国的80％以上。2012—2017年，高校占据了国家科技三大奖的半壁江山（总占比55.08％），其中自然科学奖以及技术发明奖主要来自高校，这充分体现高校在基础科学研究以及技术创新领域占有举足轻重的地位。"② 高校中入选院士、杰出青年科学基金等高层次人才占全国60％以上。而且"高校发表科技论文数量和获得

---

① 陈炜伟. 我国研发人员总量连续6年稳居世界第一位 [EB/OL]. (2019-07-23). http://www.xinhuanet.com/2019/07/23/c_1210210291.htm.

② 马爱平. 高校以不到全国10％研发人员和8％经费，承担60％基础研究 [N]. 科技日报，2019-03-21.

自然科学基金资助项目分别占全国80%以上。高校科技在经济社会发展中的战略作用日益凸显。"①

2018年科技部发布的《2016年我国高校R&D活动统计分析》报告显示，2016年，高等学校R&D人员全时当量为36.0万人年，比上年增长6%，占全国R&D人员总数的9.3%，与上年基本持平。2015年，高等学校R&D机构有13062个，比上年增加1330个。全国发表的科研论文中，出自大学的论文占了64.7%，比上一年增长0.1个百分点。2016年，高等学校投入基础研究人员16.7万人年，应用研究人员17.3万人年，试验发展人员2.1万人年。全国科学研究（包括基础研究和应用研究）人员中，高等学校占47.6%，高出研究机构18.0个百分点，具体见图10-1、表10-1、图10-2。

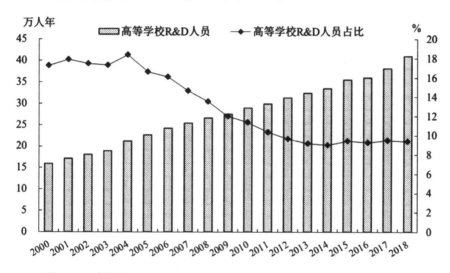

图10-1 高等学校R&D人员数量及其占全国的比重（2000—2018年）

资料来源：科技部. 国内高校R&D活动统计分析报告［EB/OL］.［2018-3-26］. http://www.most.gov.cn/xxgk/xinxifenlei/fdzdgknr/kjtjbg/kjtj2020/202004/P020200426610722656530.pdf

表10-1 国内论文的来源机构类型分布（2016年）

机构类型	论文数（万篇）	所占比重（%）	比上年增长率（%）
高等院校	31.97	64.7	0.1
医疗机构	7.54	15.3	0.7
研究机构	5.64	11.4	−0.5

---

① 焦新. 新时代新使命新作为奋力谱写高校科技工作新篇章［N］. 中国教育报，2017-12-01.

续表

机构类型	论文数(万篇)	所占比重(%)	比上年增长率(%)
公司企业	2.27	4.6	2.9
其他	2.00	4.0	−2.2

资料来源：根据中国科学技术信息研究所发布的《中国科技论文统计结果》制作。

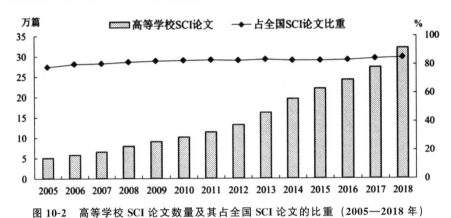

图 10-2　高等学校 SCI 论文数量及其占全国 SCI 论文的比重（2005—2018 年）
资料来源：科技部. 国内高校 R&D 活动统计分析报告 [EB/OL]. [2018-3-26]. http://www.most.gov.cn/xxgk/xinxifenlei/fdzdgknr/kjtjbg/kjtj2020/202004/P020200426610722656530.pdf.

高等学校专利申请量达 31.5 万件，比 2015 年增长 33.7%。其中，发明专利申请数为 17.3 万件，比 2015 年增长 29.5%，"发明专利申请量占高等学校全部专利申请量的比重为 55.0%，比去年下降了 1.8 个百分点。高等学校发明专利申请量占全国发明专利申请量的比重为 12.9%，比上年增长了 0.9 个百分点"[①]。2016 年，高等学校作为卖方在技术市场签订技术合同 6.0 万项，比上年上升了 4.7%，占全国技术合同的 18.7%；技术合同成交金额为 360.0 亿元，比上年增长了 14.6%，占全国技术合同成交金额的 3.2%。[②] 2016 年，全国基础研究经费中，高等学校占 52.6%；应用研究经费中，高等学校占 32.8%。全国科学研究经费（基础研究经费与应用研究经费之和）中，高等学校占 39.5%，比 2015 年略有下降。[③]

---

① 周欢. 高等教育对区域科技创新效率影响——基于我国省际面板数据的实证研究 [D]. 上海：同济大学，2018.
② 宋霏. 美国大学技术商业化创业教育课程研究 [D]. 杭州：浙江大学，2018.
③ 科技部. 国内高校 R&D 活动统计分析报告 [EB/OL]. [2018-3-26]. http://www.most.gov.cn/xxgk/xinxifenlei/fdzdgknr/kjtjbg/kjtj2020/202004/P020200426610722656530.pdf.

由此可见，大学已经成为中国科学研究的重要力量。因为汇聚了高层次人才、较强的科研实力和跨学科优势等良好的科研条件，大学成为中国科研，尤其是基础研究的主力军。

二、中国大学科研的发展

中国的科研体系主要由国有研究开发机构、高等学校、企业等科技力量组成。在1985年科技体制改革前，中国科技体制是在计划经济体制下形成的，其突出特点是政府拥有独立研究机构的技术和资源，即中国的研发能力和技术资源主要集中在独立的研究机构，政府所属研究机构几乎完全代表了中国研究体系，高校科研职能在科技体制改革前并不突出，甚至还存在弱化缺失现象。这段时期的高校主要任务在于教学，即培养大学毕业生，科研尚未成为高校必须担当的重要任务，更没有广泛地开展。高校科研的内容基本只局限在少数重点高校的部分优势学科范围内，主要承担国家指令性计划的一些基础性研究和高新技术研究课题，而且研究成果只停留在实验室成果阶段，很少进行成果转化和推广应用。[①] 高校系统和科研体系及企业基本是两个各自独立的系统，处于完全分隔的状态。

1985年，中共中央发布了《中共中央关于科技体制改革的决定》，标志着中国科研机构改革进入了有领导、有组织、有计划的全面实施阶段。1993年，中央发布《中国教育改革和发展纲要》，提出办好100所重点大学和一批重点学科和专业，要在教育质量、科学研究和管理上达到世界较高水平。20世纪90年代，"211工程"和"985工程"都开始启动，努力建设中国的一流大学和具有国际水平的研究型大学。第八个五年计划期间（1991—1995），30所理工、综合和师范类大学，近9000名科技人员参与国家科技攻关，签订1027个合同，占全国攻关项目总数的77.1％。1998年后，科技体制改革进一步进入"以企业为主体的国家创新体系"建设时期，高校不仅与产业界的合作日益广泛紧密起来，而且开始进入研究型大学的建设时期。

21世纪以来，中国大学在科技上的进步有目共睹。高校的科技成果数量逐年上升，见表10-2。

---

① 张似阳. 我国大学科研职能的历史考察与发展对策探究 [D]. 福州：福建师范大学，2007.

表 10-2 科技成果数量（2009—2014 年）

完成单位类型	2009 年	2010 年	2011 年	2012 年	2013 年	2014 年
研究机构	6826	7141	6998	8244	8165	7170
高等院校	8498	8536	8288	9837	10193	10249
企业	14345	16704	18064	20904	22688	22094
其他	9019	9727	10858	11431	11431	13627
科研成果总量	38688	42108	44208	51723	52477	53140

资料来源：根据中国科技统计官网资料编辑。

高校的 R&D 经费持续增长，2016 年为 1072.2 亿元，比 2015 年增长 7.4%；2017 年为 1266.0 亿元，又比上一年增长了 18.1%。2018 年为 1457.9 亿元，比上一年增长 15.2%，具体见图 10-3。全国研发经费中，2017 年高校占 7.2%，比前一年增长了 0.4 个百分点。相比 2016 年，2017 的高校专利授权量为 17.1 万件，增加了 14%；作为卖方在技术市场签订合同量增长了 16.7%；SCI 科研论文量增加了 3.2 万篇。[①] 2018 年，全国基础研究经费中，高等学校占 54.1%；应用研究经费中，高等学校占 32.5%。全国科学研究经费中，高等学校占 39.7%。[②]

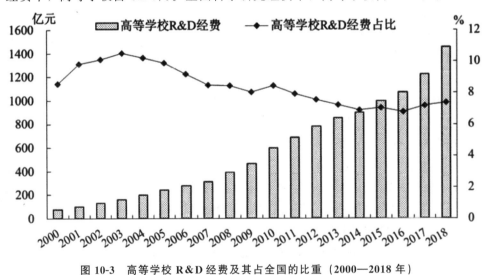

图 10-3 高等学校 R&D 经费及其占全国的比重（2000—2018 年）

---

① 科技部.2019 年我国高等学校 R&D 活动统计分析[EB/OL].（2021-06-18）.http://www.most.gov.cn/mostinfo/index.htm?r-url=./xinxifenlei/kjtjyfzbg/kjtjbg/.

② 科技部.2018 年我国高等学校 R&D 活动统计分析[EB/OL].（2020-04-26）.http://www.most.gov.cn/search/siteall/index.html?searchword＝2018%u56FD%u5185%u9AD8%u6821RD%u6D3B%u52A8%u7EDF%u8BA1%u5206%u6790%u62A5%u544A&channel=&group=%u5168%u7AD9.

目前，随着科技体制改革的深入及高等院校职能的调整和管理体系的改革，中国高校系统已成为国家创新系统中不可缺少的一部分，并有着巨大的发展潜力。

三、中国大学科研的管理

教育部和科技部是中国管理高等教育科研的主要国家部门，教育部下的高教司、科技司和社会科学司分别负责高等教育和高校科学和社会科学研究事务。教育部科技司的主要职能是："规划、指导高等学校科学技术工作；协调、指导高等学校参与国家创新体系建设，以及高等学校承担国家科技重大专项等各类科技计划的实施工作；指导高等学校科技创新平台的发展建设；指导教育信息化和产学研结合等工作。"[①] 社会科学司的一部分职能是"规划、组织高等学校哲学社会科学研究工作，组织、协调高等学校承担国家重大哲学社会科学研究项目并指导实施"[②]。省级部门的教育厅和科技厅分别为教育部和科技部的下属单位，市级科研管理主要集中在市科技局以及市社会科学联合会。

2001年，科技部出台《关于国家科研计划实施课题制管理的规定》（以下简称《规定》）。按照《规定》，作为科研计划的管理部门，国务院各部委、直属机构、各地方政府以及各基金项目的管理部门等都开始逐步建立和完善实施课题制管理的制度体系。其中，科技部作为管理全国科技工作的国务院综合职能部门，"对国家各级科研计划课题进行宏观指导与管理，并负责制定科研课题管理的相关制度，包括科技评价、科技项目（课题）招投标、科技经费、科技成果管理等制度"[③]。目前，国家科研课题管理制度体系已经形成了以"课题管理办法"为中心，以"课题招投标办法""评审办法""专家监督管理办法""经费管理办法""成果管理办法"为支撑的较为完整的科研课题管理制度体系，并逐步完善了相应的配套措施。[④]

近几年来，面向高校科研发布的政策文件较多：2018年，《教育部办公厅关于进一步推动高校落实科技成果转化政策相关事项的通知》，2016年12月，《教育部关于印发〈高等学校"十三五"科学和技术发展规划〉的通知》；2016年10

---

① 教育部. 科学技术与信息化司介绍［EB/OL］.（2022-09-09）. http：//www. moe. gov. cn/s78/A16.

② 教育部. 社会科学司介绍［EB/OL］.（2022-09-09）. http：//www. moe. gov. cn/s78/A13.

③ 王明明，戴鸿轶. 我国科研课题管理的制度体系建设——现状、问题及对策［J］. 科学学研究. 2006（8）：196-202.

④ 王明明，戴鸿轶. 我国科研课题管理的制度体系建设——现状、问题及对策［J］. 科学学研究. 2006（8）：196-202.

月,《教育部办公厅关于印发〈促进高等学校科技成果转移转化行动计划〉的通知》;2016 年 8 月,《教育部科技部关于加强高等学校科技成果转移转化工作的若干意见》;2014 年,教育部以教社科〔2014〕1 号印发《中国特色新型高校智库建设推进计划》。2012 年教育部《关于进一步加强高校科研项目管理的意见》对高校科研优化管理、健全考核和监督制度、促进科研发展做出明确指示。同年,教育部还发布了《关于进一步规范高校科研行为的意见》等。

这些面向高校发布的教育政策文件立足于当前国际国内形式,对中国的高教科研发展情况进行分析,提出相应的目标和政策措施,以明确指导高校科研的发展方向与方式。

高校科研管理大部分实行课题制的管理形式,实行校院或校系的两级管理体制。也有一部分大学为了进一步提高科研管理效率,建立起以课题为中心的管理体制,加大课题负责人对课题研究和经费使用的权力,以根据研究需要及时进行调整。

高校科研经费包括纵向经费、横向经费和校拨经费。纵向经费是指各级政府部门批准立项并纳入国家财政拨款支持的科研资助经费和科研项目经费,如科学事业费、科技三项费用、国家自然科学基金、国家社科基金、高校人文社科规划项目经费、人文社科重大研究基地建设经费、重点实验室建设和运行经费、工程技术研究中心经费等。横向经费是指各类企业、民间组织委托高校研究的研究经费、技术服务费、科技成果转让和专利许可使用费以及国际合作经费等。校拨经费是指学校安排的专项科研经费及国拨科研经费的配套经费。

大学实行"统一领导,分级管理,责任到人"的科研经费管理体制,即在校长的统一领导下,分管科研、财务工作的校级领导对科研经费的管理和使用分工负责,学校科研、财务、院系等部门及项目负责人各负其责,密切配合,明确在科研经费使用管理中的职责和权限,落实责任主体,建立健全科研项目经费管理责任制。学校科技处、社科处负责科研项目过程管理和合同管理,并配合财务部门做好经费管理的有关工作。计划财务处负责科研经费的财务管理和会计核算,直到项目负责人编制项目经费预算,审查项目决算,监督项目负责人按照国际和学校的规定使用科研经费。

四、中国大学科研的激励制度

中国对大学科研的激励主要体现在政府层面和学校层面。政府层面的激励主要体现在通过竞争机制实施高等教育发展的四大战略性工程、重要科研平台项目建设以及新型高校智库项目建设。竞争的最重要筹码就是大学建立在科研实力之上的科研项目经费和科研成果产出等。这些工程和项目资助额度巨大,对高等学校发展的速度和质量是决定性的。

此外，政府设立各种人才项目，对高级科研人才进行有力的物质奖励。国家级的人才分为三类。第一类是院士；第二类包括国家自然科学基金委员会国家杰出青年科学基金项目，教育部长江学者特聘教授等；第三类包括国家自然科学基金委员会优秀青年科学基金项目，教育部青年长江学者等。各类人才都会得到资助，资助的力度根据级别高低和类型的差异而有差别。比如深圳市2018年对国家杰出人才给予600万元奖励，国家级领军人才300万元奖励，地方级人才200万元奖励。

学校层面对大学教师科研的奖励体现在招聘、职称晋升和年度绩效工资上。现在许多学校招聘新教师都有各自的人才引进政策，这些政策根据应聘人员的科研业绩给予物质支持，以吸引有卓越科研表现和科研潜力的教师入职。比如2018年浙江师范大学的人才招聘明确规定：给符合"双龙学者"教授条件的应聘人才提供在基础待遇之外的年薪15万~25万，120平方米住房一套，20万安家费和15万科研经费。西部某大学规定引进一名青年长江学者，聘期3年内发放聘期津贴30万元，提供50万元（人文社科类）至150万元（自然科学、工程技术类）科研经费，综合年收入不低于45万元（含中省补贴），提供办公和实验场地；对"秦岭学者"入聘人员给以聘期津贴100万元，以上累计年收入不低于40万元，提供安家费和科研启动费共25万~35万元，提供办公、实验场地。高校一般对教师晋升职称在科研上有明确的规定和标准，并且有名额限制，在竞争中主要看科研业绩是否胜出。教学水平高的不一定能晋升教授，但科研水平高的一般都能成功晋升。社会和政府对学校的各种评估，或者各种项目的基础，主要是科研中心而不是教学和服务中心的。教师的绩效工资直接与科研业绩挂钩，拉开教师收入差距的主要是教师当年的科研成绩，包括获得的课题级别与经费，出版著作、发表论文的期刊级别、科研获奖的级别等。由此产生教授年收入的巨大差别，低的可能只有12万~15万，高的可能有50万甚至100万以上。

五、中国大学科研的现存问题

一是研究成果的国际影响力有待提升。虽然中国的研发支出很大，研究成果数量在不断上升，但是国际上的被引率有待提升，美国仍然是高度被引文的主要生产国，中国研究成果的影响力主要还只在周边国家。所以中国大学科研特别要注意降低政策对科研数量的鼓励作用，注重科研成果的质量和创新力。

二是科研管理创新机制不够合理。高校取得的科研成果真正得到推广应用的仅占成果总数的30%左右，社会科学类更低。其主要原因是科研管理中缺乏成果转换体制。高校科研人员被动接受政府科技计划项目的立项，并且在进行科技研发活动过程中并不考虑市场的需求状况，仅围绕自己的学术领域进行研究；而企业的需求是随市场的快速变化而变化的，敏锐的企业无法把资金的需求快捷地反馈给政府，政府只能靠滞后的市场信息做出科研项目的立项依据，造成三者之间缺乏动态联系，因此成果转化步履艰难。因此，建立合理的现代化科研管理创新机制也是促进高校科研发展的重要环节。

三是科研评价机制存在问题。目前我国大学科研评价机制使用量化评价方法，以一定时间内发表的科研成果作为衡量原则。这使得教师过于关注形式化的量化指标，追求短、平、快的科研成果，忽视了需要长期积累的重大科研创新，不利于大学教师学术精神和学术品格的养成。此外，科研评价指标体系普遍存在着重工轻理、重理轻文的倾向，不利于大学学术水平的整体提高。

第三节 美国的大学科研

一、美国大学科研的发展历程

美国的大学，从创建开始就接纳了科学研究的思想。从1636年第一所大学——哈佛学院建立，就设立了数学、几何、天文、物理、植物学等实用性科目。因为远离了欧洲大陆的保守势力，美国最早的9所高等院校都接纳和欢迎科学课程，即便是掌管学校的教会人士也很少反对和压制科学研究。

19世纪60年代南北战争以后，工业技术在美国社会得到广泛使用，进入工业经济时代的美国急需大量的科技人才，国家开始大力支持实用技术教育。19世纪下半叶，德国大学倡导的"教学与科研相结合"的办学模式深刻地影响了世界，美国积极向德国学习，并在1876年创办了第一所现代化的研究型大学——约翰斯·霍普金斯大学。校长吉尔曼立志要把约翰斯·霍普金斯办成一所"以科研为主的新大学"，并率先在美国建立了研究生院。随后其他各高校也纷纷仿效，大力开展科研活动，培养研究生，使美国的大学转变为现代意义上的大学"[1]。

第二次世界大战以前，虽然美国大学向德国大学学习了科研与教学并进，但是科研并没有有组织有规模地进行，还只是教授们的个人兴趣，主要用于职称晋升。二战期间，"战争的实际需要使得美国大学迅速投入战时科研"，原子弹、雷达系统等大学科研成果"对战争胜利发挥了相当作用"[2]。当时的卡内斯研究院院长布什在递交给罗斯福总统的报告《科学：没有止境的边疆》（*Science, the Endless Frontier*）中提出三条主要建议：大幅提高科研经费；国家科研下放给大

---

[1] 韦日钊. 美国高校科研职能的发展与启示 [D]. 重庆：西南大学，2007.
[2] 韦日钊. 美国高校科研职能的发展与启示 [D]. 重庆：西南大学，2007.

学；引导国防科研产业化。这份报告提出，美国政府要充分发挥科技职能，给予科学研究以足够的关注，因为"只有政府才有能力解决科技发展的诸多问题；同时，报告还科学地规划了美国的科研体系，提出大学是进行研究尤其是基础研究的重要基地。从此，美国政府开始重视大学科学研究"①。根据1945年美国政府研究与开发报告，高校与政府签订的科研合同经费总额高达2.34亿美元，其中麻省理工学院达6600万美元，加州理工学院有4000万美元，哥伦比亚大学1900万美元，哈佛大学1500万美元。②布什的报告倡导开放式科研理念，由大学负责创新，由企业负责产业化，这使得科研成果充分发挥了它的潜力，同时也为大学和产业带来了无比巨大的推动力，大大促进了美国科学研究的发展。

1957年，苏联人造卫星上天震惊世界，更大大刺激了美国。美国反思了自己的教育和科学研究，认识到美国科技政策过分关注军事研究，忽视了大学基础科研，基础科研经费严重不足。于是美国在1958年颁布了《国防教育法》，提出从高度重视国防研究转变到重视"空间、教育和科学"。这一法案使美国"从重点支持短期功利性科技研究转变到同时支持符合国家长远利益的科学研究和教育基础的发展"上来③，实现了从重功利性科学研究到基础研究的转变，并发展出研究生培养与科研一体化的培养方式。法案规定为研究生提供无息贷款，发放奖学金，从而使研究生教育迎来了大发展。"1940—1960年美国研究生的数量增加了2倍，而政府对研究生教育方面的投资增加了29倍。"大学的科研地位越发显得重要。"美国除了少数的国防机密项目，绝大多数的科研经费都经过美国国家科学基金会、国家卫生基金会、国防部高科技组织、海军研究办公室等提供项目，通过竞争方式下放给研究型大学和其他实验室。"④这种做法有力地促进了美国大学特别是研究性大学的科学研究与科学教育的发展。⑤

二战后，美国的科学技术跃居世界第一，大学科研也向联邦政府展示了它的巨大潜力，科研成了美国大学义不容辞的使命。从1940年到1990年，美国的研究经费涨了4000倍，2000年，"美国联邦政府在科学研究方面的支出超过亿元"。这些明智的政策实行后使得"大学在科研经费上富可敌国"，在科研教学上汇集了大量精英。⑥

---

① 韦日钊. 美国高校科研职能的发展与启示 [D]. 重庆：西南大学，2007.
② Roger G. Research and Relevant Knowledge：the Growth of American Research Universities Since World War Ⅱ [M]. Oxford：Oxford University Press，1993.
③ 陈霞玲. 政府促进高校科技发展的政策比较研究——中美比较的视野 [D]. 天津：天津工业大学，2010.
④ 韦日钊. 美国高校科研职能的发展与启示 [D]. 重庆：西南大学，2007.
⑤ 刘文雅. 大学理念与大学制度关系的历史考察 [D]. 保定：河北大学，2008.
⑥ 韦日钊. 美国高校科研职能的发展与启示 [D]. 重庆：西南大学，2007.

另外，高校科研加紧了与社会和企业的合作。随着外部资助额的增加，大学教师为校外资助者所承担的各种研究项目越来越多。"在这样的背景下，以大学为中心的著名的工业园区得以产生。1951年，斯坦福大学校长接受教授特曼的建议开辟了工业园，"硅谷"的开辟促进了大学科研模式的根本转换，硅谷成功地实现了大学科研和企业孵化的密切结合，让新科技得以迅速转化进经济发展，带动了美国高科技经济的腾飞，也获得了"美国现代高科技工业的摇篮"的美誉。[①]这种新科研发展模式创造了新科技、新财富，并很大地影响了人们的生活。

二、美国大学科研在国家科研体系中的地位

美国的科研主要集中在四类机构中：从事基础研究与应用研究的大学；进行发展研究的工业界；政府科研机构；独立的非营利科研机构。政府的科研机构主要从事指令性研究，而且其中大半的联邦实验室设置在大学校园里并由大学管理。美国高校科研具有密集型的特点。研究工作主要集中在131所研究型大学，科研成果主要集中在美国高校系统的研究型大学，尤其是顶尖的研究型大学中。2015年，美国研究型大学在研发方面共花费了688亿美元，排名前20的研究型大学得到的研发资助最多，其中有10个大学的年度研发支出超过10亿美元。根据美国国家科学基金会的统计，2016年美国大学和研究院的研发支出总额为7183万美元，其中研究型大学占了经费总额的71%，具体见表10-3。

表 10-3　2016 财年美国不同类型高等院校研发经费支出

高等院校类型 （按卡内基分类）	所有研发支出 （美元）	直接经费总数 （美元）	间接经费总数 （美元）
所有院校	71833308	55299302	16534006
研究型大学	51249576	38866432	12383144
其他所有大学和学院	20583732	16432870	4150862
公立院校	47147814	36991418	10156396
私立院校	24685494	18307884	6377610

资料来源：National Science Board. Expenditures and Funding for Academic R&D [EB/OL]. [2022-6-30]. https://www.nsf.gov/statistics/2018/nsb20181/report/sections/academic-research-and-development/expenditures-and-funding-for-academic-r-d.

高等院校是美国最大的科学与工程论文和著作的生产者，其科研产量占美国科学与工程出版物产量的四分之三。从2006年至2016年，美国科技学术论文的

[①] 韦日钊. 美国高校科研职能的发展与启示 [D]. 重庆：西南大学，2007.

数量从 271502 篇增加到 307413 篇，占全美出版物的比重从 70.9% 提高到 75.2%。公立大学的产出占美国所有出版物的 44.2%，私立大学占 25.3%。

2018 年专利申请数量在全球排名前 10 位的大学包括：加州大学、麻省理工学院、斯坦福大学、法赫德国王石油和矿物大学、得克萨斯大学、加州理工学院、威斯康星州校友研究基金会、哈佛大学、约翰斯·霍普金斯大学、亚利桑那州立大学和密歇根大学。其中美国就占据了 9 位，可见美国大学在专利发明上的实力。根据硅谷著名智库 Silicon Valley Joint Venture 数据，2017 年，硅谷（包含旧金山）的专利申请数占了全加州的 53.7%，全美的 14.9%。此外，在过去的 20 年中，硅谷的人均专利注册数也呈大幅上升的趋势。

随着美国公司将其研发活动转移到基础研究，大学在创新体系中发挥了更大的作用。如今，大学占美国所有基础研究的 56%，而 1960 年为 38%。此外，大学越来越多地将这些科研成果传递给私营部门。总体而言，大学研究对美国经济增长有很大影响。就其对美国公司产品和流程开发的影响而言，曼斯菲尔德发现学术研究投资的社会回报率至少为 40%。① 科学联盟的一项研究发现，"从研究型大学分离出来的公司比其他公司有更大的成功率。"的确，大学研究催生了美国突破性的公司，如谷歌、美敦力和 iRobot。

2018 年全美进行的科研项目中，大学科研占了 12%，仅次于产业部门的研发。由于大学对美国创新体系的重要性，美国主要的研究型大学，包括公立赠地大学和其他州立大学的发展在推动美国全球创新领导力方面发挥了关键作用。美国研究型大学几乎已成为美国经济竞争力的秘密武器和兵工厂，具体如表 10-4 所示。

表 10-4　2019 年美国 R&D 成绩的部门划分

部门	基础研究		应用研究		发展		总计	
	美元（十亿）	占比（%）	美元（十亿）	占比（%）	美元（十亿）	占比（%）	美元（十亿）	占比（%）
联邦政府	12.0	11.1	20.5	16.4	30.6	7.2	63.1	9.6
非政府部门	0.1	0.1	0.5	0.4	0.0	0.0	0.7	0.1
企业	32.0	29.7	72.7	58.2	381.1	90.0	485.8	74.1
高等院校	49.3	45.7	22.1	17.7	7.3	1.7	78.7	12.0
非营利组织	14.4	13.4	9.1	7.3	4.3	1.0	27.8	4.2
总计	107.8	100.0	124.9	100.0	423.4	100.0	656.0	100.0

资料来源：美国国家科学基金会。

---

① Mansfield E. Academic Research and Industrial Innovation: An Update of Empirical Findings [J]. Research Policy, 1998, 26 (7): 773-776.

三、美国大学的科研经费

大学科研依赖于各种来源的资金支持,包括联邦政府、大学和学院自己的机构基金、州和地方政府、企业和其他组织。联邦政府一直为学术研发提供大部分资金,一般为60%左右,尽管近年来这一来源所占比例走低。机构基金也占相当大的份额(2016年为25%),而州和地方政府、企业和非营利组织(如慈善基金会)各自提供不到10%的研发资金。来自所有其他来源的资金占研发总支出的3%左右。[①] 从美国国家科学基金会2018年报告中的图表可以看出,政府资助从20世纪70年代开始就呈缓慢的波动式下降,而大学自身筹集的资金和企业资金投入都呈现上升趋势。虽然政府投入下降,但从总体上来说,仍然占据科研经费总额的大部分(图10-4)。

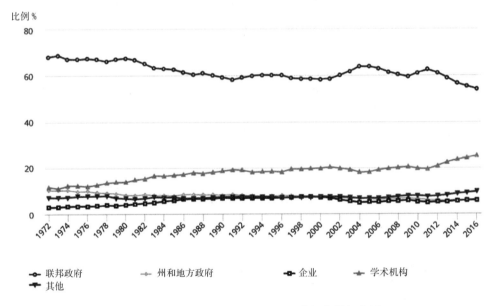

图 10-4　1972—2016 年美国 R&D 研发经费投入比例

资料来源:National Science Foundation, National Center for Science and Engineering Statistics: Higher Education Research and Development Survey (HERD), Science and Engineering Indicators 2018.

美国政府对大学科研的资助主要有三个渠道:一是联邦政府基于项目的竞争性科研经费;二是联邦政府基于国家科研平台的公共科研预算经费;三是来自州

---

① 贾晓峰. 全球科学工程研发经费态势分析[EB/OL]. [2018-07-09]. http://blog.sciencenet.cn/blog786113-1123010.html.

政府基于公式或绩效拨款的经常性科研经费拨款。[①] 从美国联邦政府基于项目的竞争性科研经费的资助方式看,不仅资助部门非常集中,而且科研经费的流向也非常集中。从联邦科研经费的来源看,联邦政府的健康与人类服务部(HHS)、国家科学基金会(NSF)、国防部(DOD)、能源部(DOE)、航空航天局(NASA)和农业部(USDA)等六大部门对大学资助的科研经费占到了联邦政府所有部门提供给大学科研经费总额的90%以上,具体如表10-5所示。从联邦科研经费的流向看,大量的联邦政府科研经费集中在少数实力雄厚的研究型大学中,高达80%的联邦政府科研经费分配给了被称为"巨型大学"的100所研究型大学。

表10-5 美国联邦六大部门科研经费分配比例(2007—2016年)

部门	2007年	2008年	2009年	2010年	2011年	2012年	2013年	2014年	2015年	2016年
健康与人类服务部	54.7%	54.5%	54.0%	56.3%	56.4%	54.6%	53.8%	53.5%	52.8%	53.3%
国防部	8.9%	9.5%	10.1%	12.0%	11.8%	12.2%	12.7%	13.0%	13.4%	13.7%
国家科学基金会	11.4%	11.8%	11.8%	12.6%	12.6%	13.1%	13.7%	13.5%	13.5%	13.2%
能源部	3.6%	3.5%	3.7%	4.1%	4.6%	4.9%	4.8%	4.8%	4.5%	4.6%
航空航天局	3.4%	3.3%	3.3%	3.9%	3.5%	3.3%	3.4%	3.5%	3.7%	3.8%
农业部	2.9%	2.8%	2.7%	2.6%	2.5%	2.7%	2.8%	2.8%	3.0%	3.1%

资料来源:National Science Board:Science & Engineering indicators 2018.

另外一种是通过委托高校运营管理的联邦实验室间接资助大学科研。联邦"实验室除了可以通过预算方式获得联邦财政拨款外,还可以通过承担其他政府部门的项目而获得科研经费,但是联邦政府的预算拨款往往占据着主要地位。因此,由大学系统代管的国家实验室为美国的大学,特别是研究型大学带来了数额巨大的研究资金"[②],大大改善了大学的研究设施,并且提升了大学的学术声誉,从而也成为政府资助大学科研活动的重要方式。[③] "美国州政府对大学科研的资助模式主要是通过各类预算拨款方式(例如公式拨款、合同拨款和绩效拨款等)为

---

① 郭德侠. 中美英三国政府资助大学科研方式的比较[J]. 清华大学教育研究,2010,31(3):47-54.
② 武恺. 山西省高校融资问题研究[D]. 太原:山西财经大学,2010.
③ 廖建锋,李子和,夏亮辉. 美国联邦政府依托高校运营管理的国家实验室特点及其发展经验[J]. 科技管理研究,2005(1):111-115.

州立大学提供科研辅助经费、科研基础设施经费和部分研究项目经费。"州政府明确将科研辅助经费列入对大学的拨款范围内。"与联邦科研经费既资助公立大学，又资助私立大学的做法不同，州政府投入的公共科研经费往往只针对公立大学。"① 此外，"联邦政府更多地资助大学科研中的 R&D 活动，而非联邦政府（包括州政府和地方政府）则更多地资助大学科研中的辅助经费和基础设施投入等。例如 2016 年，联邦政府投入大学系统中的 R&D 经费为 387.9 亿美元，非联邦政府投入大学系统中的 R&D 经费是 330.4 亿美元"②。到 2019 年，美国联邦政府的研发经费资助上升到 450 亿美元左右，具体如图 10-5 所示。

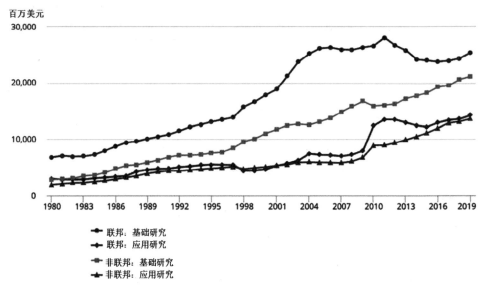

图 10-5　美国联邦与非联邦政府资助大学科研的经费数额（1980—2019 年）

资料来源：National Science Board：science and engineering indicators 2022.

虽然从总体资助数额上看呈增长的趋势，但总的来说，联邦政府对大学科研的资金投入比例呈下降趋势，对大学研发资助投入比例最大的时候是 1966 年，占到当年大学总研发来源的 73.5%，此后，联邦投入占大学研发资金总额的比例逐渐下降。1972 年，联邦政府为大学研究预算提供了 69% 的资金。到 2015 年，联邦政府资助的研究仅占研发总支出的 55%，是历史最低水平。这种下降也是非联邦资金来源扩大的结果。从大学研发资金的总量看，经费是逐渐增加的，这表明随着大学研发经费来源的多样化，大学有更多的、充裕的资金用于基础研究和

---

① 郭德侠．中美英三国政府资助大学科研方式的比较[J]．清华大学教育研究，2010，31（3）：47-54．

② 康小明，薛澜．发达国家科研资助体系及鉴借[J]．中国高等教育．2008（5）：60-62．

其他的创新活动。自 1972 年以来，企业，非营利组织和大学自己筹集的研发资金增长率是联邦资金的两倍。

20 世纪以来，美国在科技研发上一直走在全球最前列，二战后，美国每年用于研发的投入占世界总额的 69%，但近年来随着其他国家大力的投资研发，美国占世界总额的比例到 2016 年已经降到 28%。其中企业和联邦的投资所占的比例是最高的，联邦投入在 1964 年达到最高，占全国总投入的 68%，从 1964 年到 2000 年，联邦政府投入逐渐下降，而企业的投入逐渐增长，到 2000 年，企业投入达 69.4%，而联邦资金只占 25.1%。到 2016 年，美国研发花费比起 1953 年已经增长了 100 倍，企业的投入增长最快。2019 年，全美研发投资总量 6560 亿美元，其中用于大学科研的 218 亿美元，占总额的 3.3%，具体如表 10-6 所示。

表 10-6　2019 年美国 R&D 经费的来源部门划分

部门	基础研究		应用研究		发展		总计	
	美元(十亿)	占比(%)	美元(十亿)	占比(%)	美元(十亿)	占比(%)	美元(十亿)	占比(%)
联邦政府	43.9	40.7	41.8	33.5	53.2	12.6	138.9	21.2
非政府部门	2.6	2.4	1.7	1.4	0.6	0.2	5.0	0.8
企业	33.0	30.6	68.7	55.0	362.1	85.5	463.7	70.7
高等院校	13.6	12.6	5.9	4.7	2.3	0.5	21.8	3.3
非营利组织	14.7	13.6	6.8	5.5	5.1	1.2	26.7	4.1
总计	107.8	100.0	124.9	100.0	423.4	100.0	656.0	100.0

资料来源：美国科学基金会。

虽然美国的研发投入总额几十年来一直呈上升的状态，但联邦政府的资金投入在近年来一直在减少，尤其表现在对高校科研资金的削减上。从 2008 年起，美国大学的政府研究经费就不断下降，特朗普执政后进一步减少这部分经费。这对全美的研究型大学，尤其是公立大学有很大的影响。一些教授们开始担心，美国在未来 20 到 30 年中是否还能保持世界科研第一的地位。

四、美国大学科研的困境

（一）政府科研经费削减给大学带来困难

美国的科研经费位居世界第一，作为研发经费的第二大执行者，美国高校承担着全美超过半数的基础研究任务。但是近几十年来政府科研经费的下降，尤其是特朗普政府对科研投入的大量削减使得大学科研遭遇发展瓶颈。研究发现，资金减少，全球学术机构的竞争加剧，联邦政府对大学要求的提高，以及公众对学术研究价值信心的丧失，给美国研究型大学带来了巨大压力。公立大学的情况更加糟糕，一方面要应对州政府大幅削减国家拨款，另一方面又要尽量减少学费增加，以避免来自公众的批评。资金的减少不仅给科研项目带来了困难，同时也加速了高校教师的流失。许多教师为了生存，不得不投奔待遇高的研究机构。基础科学研究不同于其他研究，需要很长时间积淀才有可能得出结论、收获效果，从而制造出新型的药品或者产品，因此基础科学的研究结果不是立竿见影的。然而政治家更加关注眼下的既得利益，私人企业资助也无法合理使用。公立学校长期得不到资助，教师又不能安心做研究，长此以往就会导致研究成果减少、研究质量下降。

公共研发资助的减少不仅会损伤大学自身，长远来看，对整个美国也会造成一定影响。2012年，美国国家科学理事会（NSB）对公立大学在引导创新的基础科学和工程实验中缺乏持续的研究能力表示担忧。有调查显示，超过四分之三的大学院长认为联邦科研教育预算的削减对美国大学和科研造成了负面影响。与此同时，在全球化影响下，别国的竞争对手将继续接近甚至超过美国的研究水平。2003—2013年，与世界国家普遍的研发投入相比，美国的研发投入占比从三分之一降到了四分之一。按照这个趋势发展下去，美国很可能在将来被别国超越。所以当前经费问题是美国大学科研面临的最大挑战。

■（二）科研和教学的矛盾

因为现代研究型大学更倾向于科研功能，教师晋升和获得资助都需要科研成果，学术研究的丰厚回报也使一些教学卓越但科研平平的教师为了晋升而减少对教学的投入，去发表一些价值不高的论文。如何平衡教学和科研功能的地位一直是大学中争议的一个焦点。虽然博耶在1990年提出"教学学术"的概念，但科研带来的直接经济利益和学术地位还是很难使教学成为最重要的职能。许多大学为了节省开支，大量聘用临时教师从事教学，此举虽然保证了财务和人事的灵活性，但不稳定的工作和低廉的工资使大量临时教师不能安心工作，也让人们对是否能保障本科教学质量产生怀疑。大学经费紧张，又要应对来自高校间科研竞争的压力，同时还要维护好本科教学，美国大学也在各种矛盾中奋力前行。

第四节 南非的大学科研

一、南非大学科研在国家科研体系中的地位

南非是非洲大陆科研最先进的国家,其科研论文的发表量和被引率都明显高于其他非洲国家,但从世界范围来说,还低于全球科研产量的平均数。南非科研产出在国际的研究和发展中所占比例很小,1992年仅占世界总量的0.223%,从事研究的科学家和工程师人数只占世界总数的0.282%。[①] 而在非洲大陆上,南非是科研产出和投入最大的国家,其科研投入占非洲总数的60%,科研人员占非洲总数的28%。南非大学科研在非洲也处于领先地位,南非的大学在科学方面发表的论文总数相比居于第二位的埃及要多44%。在南非国内的科研产量中,自然科学占36%,人文科学占21%,1995—2007年间大学的科研产量从占全国总产量的80%上升到86%,可见大学科研在南非科研中占主要地位。但是,南非有研究能力的大学数量并不多,一般都集中于六所最著名的大学里:开普敦大学、金山大学、夸祖鲁·纳塔尔大学、比勒陀利亚大学、斯坦陵布什大学和自由州大学。这六所大学,无论在什么样的历史条件下,都有能力、技能和经验为国家政策制定和实施提供支持。这些大学具有开展基础研究和应用研究的能力。

21世纪以来南非的研发支出呈逐步上升的趋势,在2009/10年后持续增长,2014/15比上一年增长了0.8%,达293.45亿兰特。到2016/17年,又有明显的增长,研发总支出为356.93亿兰特,比前两年都有明显增长。从2011/12年至2013/14年,研发总支出占GDP的百分比保持在0.73%。2014/15年度,研发总支出占GDP的0.77%,高于2013/14年度的0.73%。2016/17年研发总支出占GDP的百分比又上升到0.82%。

南非进行科研的部门包括产业部门、政府部门、大学、非营利性组织和科学委员会。其中大学的研发支出2016/17年为116.59亿兰特,占总支出的33%。而到2018/19年则增长到131.83亿兰特,具体如表10-7所示。

[①] Stetar J. The Future of South African Research Universities [J]. International Higher Education,2000(19):22.

表 10-7　南非 R&D 支出与经费来源数据（2014/15—2018/19）　　（百万兰特）

年份	2014/15	2015/16	2016/17	2017/18	2018/19
R&D 支出					
国内支出总额	29345	32337	35693	38725	36784
企业	13291	13815	14781	15859	14448
非营利组织	779	891	1018	1216	1486
政府	1893	2013	2099	2326	2223
科学委员会	5005	5741	6136	6313	5444
高等院校	8378	9877	11659	13010	13183
经费来源					
政府	12873	14426	16428	18082	17475
企业	11982	12578	14046	16067	14534
国外研发资助	3566	4210	4172	3937	3999
国外企业研发资助	1419	1533	1339	475	400
国外非营利组织研发资助	457	501	640	866	899
国外政府资助	179	500	512	472	297
国外科学研发资助	431	470	538	618	550
国外高等教育研发资助	1080	1206	1143	1506	1852

资料来源：根据 South African National Survey of Research and Experimental Development，2014/15—2016/17 与 2016/17—2018/19 编制。

在涉及科研的五类部门中，产业部门的科研始终占据绝对优势，是科研产出最多的地方，其次就是大学科研，从 2012 年来一直呈现上升的趋势。

从表 10-8 可见，过去十几年中，大学的研发支出增长最为迅速，2017/18 比 2009/10 增长了 155%。高等院校的研发支出在南非始终占据了相当重要的位置。

表 10-8　各部门研发支出数额（2009/10—2018/19）　　（百万兰特）

年份	国内支出总额	政府	科学委员会	高等院校	企业	非营利性组织
2009/10	20954677	1067302	3458074	5101224	11139237	188840
2010/11	20253805	1011340	3596023	5424602	10059010	162830

续表

年份	国内支出总额	政府	科学委员会	高等院校	企业	非营利性组织
2011/12	22209192	1235669	3729680	6609216	10464022	170605
2012/13	23871219	1437509	4025998	7333153	10570726	503833
2013/14	25660573	1697151	4304556	7292853	11782848	583165
2014/15	29344977	1897010	5004669	8377575	13290951	778772
2015/16	32336679	2013021	5740897	9876623	13814995	891142
2016/17	35692973	2098646	6136183	11659258	14781270	1017616
2017/18	38724590	2325875	6313344	13009876	15859185	1216310
2018/19	36783968	2223426	5443885	13183119	14447833	1485704

资料来源：R&D survey statistical report 2018/19.

大学科研中自然科学占据59.8%，社会科学和人文科学占40.2%。南非的23所大学在2009年为南非的国民生产总值贡献了2.1%，按价值计算，其价值略低于黄金行业，但远高于林业、纺织、服装和皮革制品、酒店和饭店。[①]

在研发人员中，高校从事研究的人员比例最高。从2009/10到2014/15的研究人数增长中，84%的增长来自研究生人数，其中博士后的增长是最快的。南非的高校科研人员包括博士后、研究型博士生和硕士生、大学资深教授、研究员和研究助理等。近年来研发人员的增加，特别是大学中研究生的增加，极大地促进了研发人员总数的增长。2014/15年，高校研发人员达44457人，产业部门即企业研发人员达18743人。2016/17年这两个数据分别是52384人和17998人；到2018/19年，则分别是57799人和16876人。虽然产业部门研发人数不同年份有所波动，但高校研发人数则稳定上升（图10-6）。

长期从事科研的研究人员数量基本保持不变，每1000人中研发人员（包括大学的博士生和博士后）为1.7。南非的硕士和博士研究生人数近几年也在很快增加，2016/17年比2013/14年，博士生增加了1000多人，硕士生增加了15778人。在2018/19年度，南非籍研究生的总体人数达到了15917人（图10-7）。

---

① Jenvey N. The Contribution of Universities to the Economy [EB/OL]. (2014-4-11). https：//www.universityworldnews.com/post.php? story=20140410173250629.

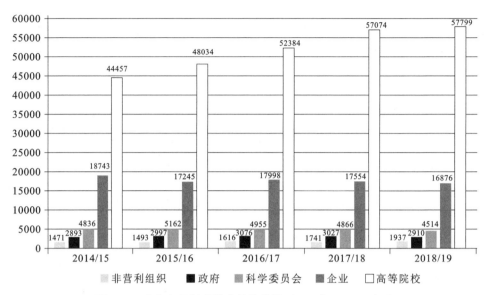

图 10-6　南非各部门研发人员的数量（2014/15—2018/19）

资料来源：R&D survey statistical report 2018/19

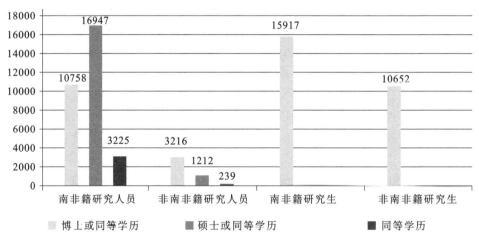

图 10-7　南非研发人员中的研究生人数（2018/19）

资料来源：R&D survey statistical report 2018/19

二、南非大学科研的发展与变化

在 1916 至 1980 年间，南非共有 36 所高等教育机构，其中大学 21 所、理工大学 15 所。因为历史的原因，南非大学有黑人大学和白人大学。黑人大学缺乏资金，设施有限，过于拥挤，生师比大得惊人。白人大学保持合理的生师比，是南非学习和研究的中心。白人学生在大学生源中占主导地位,并集中于白人大学,而黑人学生也大部分集中在黑人大学中。虽然在称谓上南非政府把原来的白人大学或黑人大学分别改为"历史上的白人大学"或"历史上的黑人大学",但历史的遗留仍然使白人大学的教学和科研水平远远高于黑人大学。大学科研的任务也就主要落在白人学者身上。要想改变黑人大学学术研究资金匮乏的局面还是比较困难的,因为它不仅是大学科研的问题,还跟历史上的种族和阶级不平等紧密联系在一起。南非的高校没有很强的科研传统,特别是历史上处于不利地位的大学,缺乏物质资源、资金和专门知识从事有价值的、持续性的研究项目。根据南非国家高等教育委员会1996年的报告,白人大学在整个高等教育领域的研究成果中占83%,在硕士和博士毕业生中占81%。而黑人大学只占研究成果的7%,而硕士和博士毕业生则占5%。

20世纪七八十年代,南非高校的主要问题还是提高受高等教育的人口数量,发展人力资源;其次是扩大教育公平范围的问题,直到1994年,政府对高校的引导依然是以数量上的扩张为主。

1994年是南非政治与社会变化的关键年,黑人领袖曼德拉当选总统,成立南非新政府,正式结束种族隔离。1995年南非新政府成立南非高等教育委员会(Council on Higher Education, CHE), 1997年公布《高等教育转型白皮书》(*White Paper on Higher Education Transformation*),以及制定《高等教育法》(*The Higher Education Act*),这一切为南非高等教育带来了历史性的变化。1994年后南非的经济变得自由和开放,在科技研发的全球环境下,南非政府认识到科学和研究对改善人民生活质量和创造财富的价值。自2002年以来,南非政府的工作重点放在大幅增加研究和开发支出上,争取到2010年达到占GDP的1%。为此目的,政府采取了一系列措施,其中包括2002年的《国家研究与开发战略》、2003年的《国家生物技术战略》和2005年的《南非研究主席倡议》。这些政策都旨在提高科学和创新活动的水平。除了科学技术部的努力外,教育部还修改了南非的高等教育经费筹措途径。在26个高校的研究活动中,科研产出均被计入政府资助公式。论文发表的数量和被引率都是计算科研量的重要指标,并作为计算资助数额的依据。

政府对科研的投入迅速上升,2007/08财政年研发花费是20世纪90年代中期的三倍,产业部门、政府与高校的研发活动都得到极大的支持。从1992—2006年,全职的研究人员增长了33%。到2004/05年,南非大学的研发支出占总支出的21.1%,政府和科学委员会占20.9%,已接近OECD经济体的平均水平。高校成为社会科学最主要的科研阵地,占大学科研成果的35%。90%的科研论文来自大学,而且集中在开普敦大学、夸祖鲁·纳塔尔大学、比勒陀利亚大学、斯坦陵布什大学和金山大学五大高校中。大学专利达 3500 项，占据总数的 90%。[①]

南非是非洲最早接受知识创新经济体系的国家，早在 2003 年，政府就修订了大学科研资助政策，规定了六类受承认的科研成果：论文、书、书中的章节编写、学术会议论文、硕士研究生毕业和博士研究生毕业。每一项符合质量要求的成果都会得到政府的资金补助。比如在高等教育和培训部承认的刊物上发表一篇论文就能得到一万美金的资金；毕业一个博士生可以得到 2 万美元的资金。大学也根据教授的科研贡献进行奖励，有的大学直接发放现金补助，有的大学把资助放入研究经费里，由教师通过研究活动来申请经费，而有过科研成就的教师更有优先权。随着这个资助模式从 2008 年开展，科研成果的数量有明显的增加。从图 10-8 可见，在研究人员数量缓慢增长的情况下，科研数量有了快速的上升。

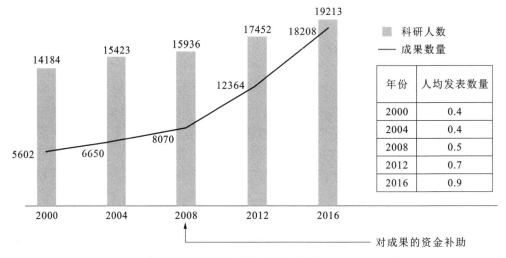

图 10-8　南非高校中的科研人数与成果数量（2000—2016 年）

资料来源：Research Univeristies in Africa, Department of Higher Educatioin and Training (2018).

2017 年，前科学技术部部长纳莱迪·潘多尔（Naledi Pandor）表示，政府希望研发投资从占国内生产总值（GDP）的 0.77% 增加到 1.5%，这意味着到 2020 年，它将每年翻一番，达到约 600 亿兰特。

---

①　Kahn M. Internationalization of R&D: Where Does South Africa Stand? [J] South African Journal of Science, 2007, 103 (1): 7-13.

三、南非大学科研经费

南非大学的科研经费主要来自政府、企业、外资、科学委员会、大学捐赠和非营利性组织。其中政府投资一直占很大比重,从表10-9可见政府投资始终占45%左右,2018/19年达到最高,占总体研发资助的47.5%。其次是来自产业部门的资助,但在十年的趋势中有小幅的下降,最高的比例是2009/10年的42.5%,始终小于政府投入,居第二位。居第三位的是外国资助,最小的来自与国家科学委员会、大学自身和一些非营利组织以及捐赠。

表10-9 南非R&D资金来源比例(2009/10—2018/19)

年份	政府	企业	其他	外国资助
2009/10	44.4%	42.5%	0.9%	12.1%
2010/11	44.5%	40.1%	3.3%	12.1%
2011/12	43.1%	39.0%	2.9%	15.0%
2012/13	45.4%	38.3%	3.2%	13.1%
2013/14	42.9%	41.4%	2.8%	12.9%
2014/15	43.9%	40.8%	3.1%	12.2%
2015/16	44.6%	38.9%	3.5%	13.0%
2016/17	46.0%	39.4%	2.9%	11.7%
2017/18	46.7%	41.5%	1.6%	10.2%
2018/19	47.5%	39.5%	2.1%	10.9%

资料来源:R&D survey statistical report 2018/19.

在高校的研发资金比例中,从表10-10可以看到2018/19年度南非高校的研发资金比例中自筹资金占了绝大部分,为56.3%;其次是来自政府的投入,占23.4%;外资14%,企业3.5%,其他来源2.8%,个人捐赠0.6%。而南非政府的研发经费在十年中越来越倾向于高等院校,从2007/08年的32.5%一直上升到2018/19年的60.1%,可见政府对大学科研的重视程度也在加深。南非的研发总支出在2001年至2012年之间实际增长了52%。这一增长是由政府资助推动的,政府资助从2003年占研发总额的34%上升到2012年的45%。南非高校对国外的投资开放,大学部门的外国资金水平很高,其中很大一部分用于卫生科学,尤其是对诸如艾滋病和结核病等传染病的基础研究及临床试验。

表10-10 南非R&D资金来源部门、数额和所占比例(2018/19)

资金来源	总计 数额(百万兰特)	总计 占比(%)	政府 数额(百万兰特)	政府 占比(%)	科学委员会 数额(百万兰特)	科学委员会 占比(%)	高等院校 数额(百万兰特)	高等院校 占比(%)	企业 数额(百万兰特)	企业 占比(%)	非营利组织 数额(百万兰特)	非营利组织 占比(%)
自筹资金	22983208	62.5	1420312	63.9	249902	4.6	7417849	56.3	13664082	94.6	231063	15.6
国际投资	22983208	62.5	1420312	63.9	249902	4.6	7417849	56.3	13664082	94.6	231063	15.6
政府	8387111	22.8	477918	21.5	4394513	80.7	3083217	23.4	214541	1.5	216922	14.6
补助	3540977	9.6	461628	20.8	2812801	51.7	N/A	N/A	168331	1.2	98216	6.6
合同	1762917	4.8	16290	0.7	1581721	29.1	N/A	N/A	46209	0.3	118706	8.0
其他	3083217	8.4	N/A	N/A	N/A	N/A	3083217	23.4	N/A	N/A	N/A	N/A
企业	870041	2.4	4614	0.2	206648	3.8	463413	3.5	123429	0.9	71937	4.8
地方企业	870041	2.4	4614	0.2	206648	3.8	463413	3.5	123429	0.9	71937	4.8
其他	544874	1.5	23664	1.1	42367	0.8	366740	2.8	45319	0.3	66784	4.5
高等教育	157949	0.4	140	0.0	20694	0.4	101828	0.8	0	0.0	35287	2.4
非营利组织	304906	0.8	23364	1.1	21673	0.4	188704	1.4	45194	0.3	25971	1.7
个人捐赠	82020	0.2	160	0.0	0	0.0	76208	0.6	125	0.0	5527	0.4
外国资金	3998734	10.9	296918	13.4	550456	10.1	1851900	14.0	400462	2.8	898998	60.5
所有资源	3998734	10.9	296918	13.4	550456	10.1	1851900	14.0	400462	2.8	898998	60.5
总计	36783968	100.0	2223426	100.0	5443885	100.0	13183119	100.0	14447833	100.0	1485704	100.0

资料来源:R&D survey statistical report 2018/19.

南非高校的资金拨款模式主要分2003年前和2003年后两种。《南非研究生教育计划》在1984年开始，经过1993年的修订，一直用到2003年。这一方案是以学生入学人数为依据来计算的，也是一种以市场为驱动的模式。2003年9月，教育部长卡德（Kader Asmal）发布了对公立大学资助的新政策。国家计划把资源集中在有科研能力的大学里，进而又规定了使用研究基金的问责制，以加强研究产出。

南非的科研资金分配模式是根据教育部认可的科研成果，即发表的论文数量和研究生培养人数来进行核算的。新方案设定了一种资金框架公式来计算资金的数额。科研出版物的质量和数量被当作基准，教育部通过测量研究产出的数量来分配高等教育机构的研究经费。研究资助将完全根据研究产出确定。这种资助公式为大学科研的不同产出提供了一个加权方案。对人均产出单位的分析表显示，授予博士学位所产生的权重或补贴是3年学士学位所产生的权重或补贴的20倍，是获得荣誉学位的40倍。

根据2003年的资金分配方案，研究预算根据每个大学的类型和科研产出来划分。这些目标最初设定为传统大学中每位常任学术人员的科研产出为1.25个单位，技术大学为0.5个研究单位。每所综合性大学根据其具体情况确定科研量目标。为了定义和计算资助的研究成果，教育部于2004年实施了《公立高等教育机构研究成果衡量政策和程序》，目的是"通过奖励质量来鼓励研究生产力"。除了基于硕士和博士毕业生人数的资金外，其他被认可的研究成果类型包括被认可期刊上的出版物，经批准的学术书籍或书籍章节以及会议论文。就期刊而言，经认可的期刊是在汤森路透科学信息研究所（ISI）的三个Web of Science索引中出现的期刊；ProQuest国际社会科学参考书目（IBSS）索引；由DHET维护的"批准的南非期刊"列表。研究成果评估小组每年都会对书籍和会议论文进行评估，以确保它们符合政策的标准。

南非对大学这种资金拨款模式对科研产生了很大的激励作用，也使得在科研人员上升并不很快的情况下，研究产出的数量迅速上升。

四、南非大学科研的困境

（一）大学发展差异大，科研产量不均衡

南非国家计划委员会高等教育改革中心（CHET）的文件指出，南非高等教育系统的特征是知识生产一般，差异化大，参与率低，损耗率高。南非的大学发展很不平衡，有一部分研究型的大学成为知识的制造者，但有更多的大学办学条件达不到理想状态。南非一方面要发展国内的高等教育事业，同时又要跟上国际

大学科研的步伐。这样的双重任务使南非大学科研发展受到局限。这种不平衡还表现在南非科研论文主要产自五个最著名的大学。1993—2003 年间，59％～63％的论文都出自这些大学，如果把自由州大学、兰德阿非利加大学和南非大学也算进去的话，就囊括了科研量的 77％～83％。1986—2003 年博士学位授予量虽然从 534 人增长到 1024 人，几乎翻倍，但这些学位几乎也都集中在少数的几所大学里。在所有大学中，开普敦大学、罗德斯大学和比勒陀利亚大学是知识的主要生产源，而其他大学的表现一般，所有的理工大学知识产出量都比较低。

2008 年，科技部提出要建立处于发达和发展中国家中间水平的知识经济，南非在未来 20 年要增加博士的人数。这在一个科研人员种族和年龄都不平衡的国家是一个长期的计划。不管南非想提高教学和科研，还是提高入学率，都必须大力提高研究生的质量，尤其是黑人学生。南非的知识生产体系（包括硕士、博士的生产和科研论文的产出）效率虽然稳步上升，但与劳动市场相比，发展总是太慢，甚至还不能满足学术劳动市场需求。

■（二）激励制度存在争议

为了激励科研，南非采取的按照科研产量计算资金拨款的模式虽然能很好地刺激科研，但是过于强调与金钱的直接关系导致了学术不端和腐败。这种策略过于侧重数量而不是质量，尽管有同行评审的要求，但质量上差异很大的出版物同样可以得到奖金。大量的金钱激励导致了一些教师以不同形式重复发表同一项研究成果的现象，也出现了低质量的期刊。某些机构甚至使用一些与本机构没有什么关联，但以其名义发表论文的国际研究人员。被认可的出版物清单也导致了"最低可出版单位"，不正当的动机鼓励南非研究人员在要求最低的期刊上发表尽可能多的论文，而不鼓励在影响力大，但要求高、拒绝率高的国际期刊上发表论文。因为对期刊论文各种细节的权重问题有很多的争议，对人文学科和自然科学研究成果评价也有不公正之处（比如人文领域的一本十万字专著获得的奖金远比不上自然科学，比如 J. M. 库切所著的小说获得了诺贝尔文学奖，却没有资格获得奖金或补助），评审人员每年都要在评估和鉴别上花费大量的时间和精力。这种资金划分方法存在很多的漏洞和缺陷，因而引起很多批评。

■（三）研究人员流失大

由于种族隔离政策使南非长期以来没有重视科技的传统，南非的国家创新体系人员很少，要想达到国家设定的研发目标需要有充足的科研人员。而在南非的研究生培养中，虽然博士人数增长，但是外国留学生的数量相对较高，很多研究生在完成学位后不会留在南非。尽管高教系统里不同种族群体的入学率和学历差距有所缩小，但绝大多数人口的教育质量在各个级别上仍然很差。无论是在学业水平还是毕业率上，对教育系统的大规模投资都没有产生更好的结果。从整体上看，南非高等教育是一个参与度低、人员流失高的系统，其产生中高级技术人员的能力不足。所以，南非如何更有效地培养自己的科研后备人员，同时吸引和保留科研人才是一个急需解决的问题。

（任莺、万秀兰）

第十一章

比较视野下的教育国际化

国际化显然不是一个崭新的主题。如果沿着历史脉络追溯就不难发现,自文明的交流产生之日起,随着学者与学生的跨境流动,以及不同思想跨越国界彼此交融,教育领域的国际化就已经出现了。在这个意义上,无论是古希腊、古罗马时期地中海范围内广泛的人文交流,抑或是东亚中古时期出现的遣唐使现象,都可以被视为早期人类社会教育国际化的一部分。今天,我们惯常讨论的教育国际化实际上孕育于战后的全球体系,特别是20世纪60、70年代之后的历史进程中。事实上,20世纪90年代之后这一领域才出现影响深远的研究热潮。本章将分三个部分介绍教育国际化:首先,从整体上概述教育国际化的概念、空间与层次;其次,选取英国、中国、南非三国作为个案,呈现它们在教育国际化战略上的不同表现;最后,对世界范围内教育国际化的不同模式进行比较,并尝试在类型学意义上进行分析和讨论。

第一节 教育国际化概述

教育国际化是比较教育学重要的研究领域之一。有别于传统的国别与国家间比较研究,教育国际化涉及一些更为复杂的问题。目前,作为研究对象的教育国际化还处于不断发展的阶段,常常产生全新的现象与问题。就价值来讨论,对教育国际化的评判存有很大争议,持有批判立场的学者时常对其造成的全球教育不平等现象进行抨击,意识形态上相对保守的学者则对它持较为审慎的态度,认为其可能对本土民族文化造成较大冲击。当然,更多的人对教育国际化持更开放的态度,认为它有利于个人教育选择的自由,并促进国际理解与合作,以及文化多样性。

二战后初期,由于经济与政治的全球化进程尚未开启,加之激烈的意识形态冲突(主要表现为冷战),教育国际化的发展十分缓慢,学生流动主要发生在西方世界内部,或者前殖民主义领地内部(例如战后名义上的英联邦国家)。世界教育的发展仍主要依赖主权国家或者单个民族内部的教育体系,没有形成全球流动的体系,区域一体化的趋势也不明显。20世纪八九十年代后,随着冷战的结束,全球化趋势变得日益显著,资本、资源、信息、技术等要素的流动越来越普遍,为教育国际化的发展提供了更好的条件。特别是世界贸易组织将跨境教育定义为服务贸易之后,国际高等教育以前所未有的速度扩张,并表现为多种多样的形态。全球化对高等教育国际化的影响是显著的。[1]

一、教育国际化的概念

教育国际化的概念问题一直存在争议。它成为重要的研究领域发端于20世纪90年代前后,当跨境教育活动变得空前频繁时,学术界开始聚焦与之相关的学术问题。20世纪80年代后期展开的最早关于国际化的讨论大多从组织视角切入,也有个别欧美学者尝试从宏观视角提出定义。例如,阿鲁姆(Arum)和范德·沃特(Van de Water)认为国际化主要关涉"发生于国际研究、交换与合作领域的多种活动、项目与服务"[2]。90年代中期,一种过程与组织方法取向的方法论率先由简·赖特(Jane Knight)引入,她认为"国际化实质上是一个将国际和文化间性的维度整合到学术组织的教学、研究和服务中的过程"[3]。

进入21世纪,有关"高等教育国际化"概念的研究层出不穷,各种新的解释不断涌现。较为典型的是索德克维斯特(Soderqvist)的界定。他从教育变革的过程与高校管理的历史视角切入,将高校的国际化理解为"为了增强教学的质量,发展期待的能力,在管理的各个方面考虑国际维度,从而将国内的高等教育组织变为国际的高等教育组织的过程"[4]。以菲利普·阿尔特巴赫与简·赖特为代

---

[1] Knight J. Monitoring the Quality and Progress of Internationalization [J]. Journal of Studies in International Education,2001,5(3):228-243.

[2] Water A. The Need for a Definition of International Education in U. S. Universities [M] //Klasek. Bridges to the Futures: Strategies for Internationalizing Higher Education. Carbondale: Association of International Education Administrators,1992.

[3] Knight J. Internationalization: Elements and Checkpoints (Research Monograph, No. 7) [M]. Ottawa, Canada: Canadian Bureau for International Education,1994.

[4] Soderqvist. Internationalization and its Management at Higher-education Institutions: Applying Conceptual, Content and Discourse Analysis [M]. Helsinki: Helsinki School of Economics,2002.

表的北美研究者较早对高等教育国际化进行全面系统的阐释。他们明确指出了国际化与全球化的关系及差异。全球化更多地被视为经济与学术发展趋势的背景，而国际化包含着学术体系、组织甚至还是个人采取的政策与实践。高等教育国际化的根本动力来源于商业价值、知识与语言的获取、国际课程的开发等多个方面的需求。[①] 按照简·赖特的理解，审视教育可以采用国际、跨国、区域和全球的视角，而它们在概念上有着不同的意义，如表 11-1 所示。

表 11-1 国际、跨国、区域与全球的定义

概念	内涵	在教育中的应用
国际	在两个或多个国家之间。这里国家指共同领土、经济体系和共同语言文化的一群人	教育总是与不同国家的人、文化与体系，或这些因素相关联
跨国	延伸出国界或是超越民族国家	用于研究跨越国界的教育现象
区域	通常指基于物理相近空间或世界特定范围内的一组国家	用于研究一组邻近国家的教育现象，属于教育国际化的一个子集
全球	与整体世界相关	世界范围内的教育现象

资料来源：Jane Knight. Monitoring the Quality and Progress of Internationalization [J]. Journal of Studies in International Education，2001，5（3）：228-243.

结合国际学术界的各种观点，解释教育国际化内涵的视角可以保持多样性。从运动的维度看，国际化既可以视为静态的，由多种文化构成的，不限于本土特征的一种教育环境，也可以被定义为教育要素的跨国流动。事实上，前者可能是后者造成的。因而，我们可以对教育国际化做一个大致的约定。它既是各种教育要素或要素组合（学生、教师、知识、技术、资金、项目、组织）在国家间流动的过程，也是组织（国家、社区、学校）内部多样化的过程。

二、教育国际化的空间与层次

（一）教育国际化的空间

赖特[②]认为，可以将教育国际化发生的空间分为国内和国外两个部分。从高

---

① Altbach P G，Knight J. The Internationalization of Higher Education：Motivations and Realities [J]. Journal of Studies in International Education，2007，11（3-4）：290-305.

② Knight J. Internationalization Remodeled：Rationales, Strategies and Approaches [J]. Journal for Studies in International Education，2004，8（1）：5-31.

等教育组织的角度看,发生在内部的国际化主要涉及教学过程、社会活动等方面的、超越本土或单一民族的那些内容。① 发生在外部的国际化则主要指向为其他国家提供教育服务的跨境活动。发生在不同空间的教育国际化的影响具有显著差异,因而也必须在战略构建上区别对待。发生在组织内部空间的国际化通常表现为多样化与融合。例如,一个院校内部的国际化最直接的影响是留学生的增加,随之带来的变化是文化的多样性。大学是否能真正处理好这种多样性,使之最终成为有益于组织发展的价值,需要合理的政策引导与制度建设。对于日益多样化的学校环境,是选择用同质性还是异质性的制度进行治理,是用多种语言还是一种语言进行教学,是提供多样的课程还是保持原有课程模式?这些问题都需要大学在自己的战略中充分思考。发生在外部空间的国际化由于要跨越组织的边界,依靠更深入的沟通与合作,而且面对更多不确定因素,因而具有更大的挑战性。例如,大学欲建立海外分校,需要熟悉对象国的制度环境与本土文化,还必须使自己的办学模式适应当地的教育体系。

如果从教育活动实际发生的过程看,教育国际化的空间则主要包括国内与国家间两个部分。国内的教育国际化活动与本土的、传统的、民族的教育文化、制度与经验相互影响,它能否真正促进一个国家的教育发展,取决于当地的开放程度与建构能力。在国家内部,国际化与本土化常常是政府需要思考的重要问题。尤其是教育落后的发展中国家,如何充分利用国际化的机遇,建构适合自己的教育体系,是当代重要的命题。国家间的教育活动发生在国际社会的政治、经济与文化环境中,受全球化的影响更大。它表现为输入、输出、交换、合作等多种形态,是国家间交往的重要部分。由于2020年新冠肺炎的影响,国家间的教育活动受到严重冲击,留学生数量锐减,许多国际合作停滞,这也说明此空间中的教育国际化活动面临着极大的风险。

(二)教育国际化的层次

教育国际化通常在国家与院校两个层次展开。从国家层面看,教育国际化所涉及的社会发展领域相对广泛,不止学校教育的范围。它同国家政治以及国际政治的发展密切关联。国际化的教育活动也是各国文化外交的重要组成部分,对国家间的人文交流与科技合作有着深远意义。院校层面的教育国际化更强调组织内部以及组织间所发生的变化。赖特就对高等教育国际化的两个层面进行过深入阐述,如表11-2、表11-3所示。

---

① Wächter. An Introduction: Internationalization at Home in Context [J]. Journal of Studies in International Education, 2003, 7 (1): 5-11.

表 11-2　国家层面的高等教育国际化

项目	高等教育国际化被视为一系列支持院校和个人参与流动、科研、合作等国际活动的项目
动力	高等教育国际化之所以重要，是因为它对人力资源发展、战略合作、商业贸易、国家构建、社会/文化发展有重要意义
政策	与高等教育国际化相关的政策有多个方面，比如教育、外交、科技、文化和贸易
战略	高等教育国际化是实现国家发展战略的重要组成部分

表 11-3　院校层面的高等教育国际化

活动	高等教育国际化是一系列活动，如国外研修、学术合作、海外分校建设等
结果	高等教育国际化也可以从学生素养、生源结构、合作协议等结果上考察
过程	国际化也是一个在教学、服务、科研等方面整合国际元素的过程
国内	国际化可以被解释为一种校园文化或环境的创造，这种环境能支持和促进教育过程中的跨文化理解
国外	国际化可以被视为通过多种模式和安排，跨国提供教育机会的活动
动力	高校国际化的主要动力是学术标准、收入、文化多样性与师生发展

三、教育国际化的动力

究竟是什么样的力量在推动着教育国际化呢？传统观念认为，教育国际化的动力主要来自社会/文化、政治、学术和经济四大方面，但在当代，教育国际化的驱动力来源变得更为多样。赖特认为，尽管先前的研究已经提供了一个分析框架，但还应该在国家与机构两个层面更深入地分析教育国际化的动力。

对于现代国家而言，国际化是提升其竞争力的重要手段。这体现在几个方面。一是在知识经济时代，人口结构的转型，劳动力市场的流动以及服务贸易的增加，需要国家通过国际教育活动提升人力资本。从亚太地区的发展型国家和新兴国家身上可以很明显地看到这种表现。二是在发展性伙伴关系或战略联盟中，合作国家需要教育国际化增进互信互利，甚至是区域一体化。最典型的例子是欧盟地区，成员国间已形成体系完善的高等教育共同发展区。三是从商业与贸易角度看，高等教育创造的经济价值有利于国家整体发展。国际教育实际上创造出一个包含多种产品与服务的产业链，能促进就业、税收与国民经济。四是对于部分脆弱国家或失败国家而言，教育国际化有助于其国家构建（nation building）。最后，教育国际化当然也对社会文化的发展有利。①

国际化也为大学等组织的发展提供了条件。这首先表现为国际生源与国际声誉对大学发展的影响愈发显著。现代高等教育的评价指标几乎都将国际化作为衡量办学能力的重要维度。其次，国际化能促进学生与教师的跨文化能力，帮助他们理解全球性议题与事务。此外，国际活动也为师生带来了更丰富的资源与体验。这都有利于他们的发展。第三，国际化当然也会为大学带来经济收益。国际生源与国际项目已经成为欧美一些大学主要的资金来源。第四，国际合作使得大学能够形成某种形式的战略联盟，在教学、科研与服务方面具备全球网络的优势。最后，国际化对知识生产与创新具有重要意义。它能汇聚全球范围内的顶尖人才与技术资源，使得某些前沿性、尖端性的研究成为可能。

第二节　英国、中国与南非的教育国际化

从国家的视角看，不同发展阶段与文化背景造成教育国际化战略模式的根本差异。少数西方国家自殖民时期起所积累的历史遗产为教育国际化提供了巨大优势。它们对教育国际化有着更加明确的定位，在战略上更趋向于对外输出，也表现出强烈的产业化、市场化、贸易化特征。美国、加拿大、澳大利亚、英国、新西兰等发达国家的教育国际化战略都具有以上特点。许多新兴国家的教育国际化战略则优先致力于区域中心建设。这主要是因为，尽管新兴国家的经济发展与社会转型很快，但它们普遍在国际教育竞争中缺乏优势。这种模式在东亚和东南亚地区最为常见，中国、新加坡、韩国、马来西亚以及泰国都是这样的案例。更多的国家则在全球化浪潮中处于被动，它们无法主动融入国际化进程，更不用说从中获得利益。本小节以英国、中国和南非三个国家为个案，描述它们各自的教育国际化战略。

一、英国的教育国际化

2013年，英国政府发布名为《国际教育：全球增长与繁荣》的官方文件，明确将教育出口定义为国家产业发展与国际贸易的重要部分。英国清晰地意识到，"在全球化进程中，教育产业已经成为仅次于医疗健康的全球第二大消费领域"。

---

① Knight J. Internationalization Remodeled: Rationales, Strategies and Approaches [J]. Journal for Studies in International Education, 2004, 8 (1): 5-31

推进国际教育的政策与投资条件的改善,会为英国经济带来巨大动力。文件也指出,英国面临着几个重大挑战。第一,政府相关部门之间的协调不够紧密;第二,现有的教育体系与结构不适应全球化带来的新需求;第三,既有的签证政策不利于进一步推进留学生教育;第四,新兴的国际教育中心带来前所未有的竞争压力;第五,国家间围绕国际教育展开的竞争越来越激烈;第六,传统的教育服务关系正在发生着巨大变化。①

六年过后,英国在充分总结现实经验的基础上,对自己国际教育战略做出了进一步的调整,更加明确未来的发展方向。2019年3月,英国教育部与国际贸易部联合发布名为《国际教育战略:全球潜力、全球增长》的政府文件,将教育输出确立为国家战略,期望进一步增加英国教育的全球发展机会。这是继2013年《国际教育:全球增长与繁荣》之后,英国政府第二次在国家层面提出独立的全球教育政策,也是其确定脱离欧盟后首度更新教育国际化战略。新战略的提出,既有与原初政策一脉相承的观念,在目标与行动的规划上又颇具改革色彩,反映出当前英国政府对本土教育与全球教育发展关系的基本理解,以及整个国家对教育国际化战略的整体构想。②

■ (一)英国国际教育理念的历史源起与当代定位

英国国际教育战略的理念有着深厚的历史基础。20世纪中后期,在二战后民族运动的巨大影响下,英国海外殖民地纷纷独立。大英帝国昔日凭借海上贸易和军事实力建立的世界霸权不复存在,随之而来的是大国地位的丧失以及在全球政治经济格局中迅速转向被动的困境。英国不仅无法再引领世界,甚至在新的全球格局中的影响力也不断减弱。面对难以扭转的困境,英国开始策略性地选择战略收缩,逐渐从"硬控制"向"软影响"过渡,且更加凸显文化、语言和教育的全球优势,以支撑自己在新时期的外交政策。③

在这场战略转型中,最具标志性意义的事件是英国文化教育协会(British Council)的成立。1940年,英国王室颁布成立海外文化教育机构的皇家宪章,英国政府随即组建英国文化教育协会,并将其定位于"为国家外交政策提供有利国际环境的海外基地,通过在其他国家建立友好的文化与教育关系,促进民间的

---

① 孙志远.英国国际教育战略的历史演进与当代建构[J].黑龙江高教研究,2022(10):75-80.

② 孙志远.英国国际教育战略的历史演进与当代建构[J].黑龙江高教研究,2022(10):75-80.

③ 孙志远.英国国际教育战略的历史演进与当代建构[J].黑龙江高教研究,2022(10):75-80.

相互理解"。"为推进英国的海外文教战略，British Council 从一开始就将自己的目标设定在五个主要方面：促进与其他国家的文化交流；推进世界对英国的理解；强化英语在全球的影响；加强双边或多边的文化、科技与教育合作；推动全球教育的进步。这些目标基本构成了半个多世纪以来英国国际教育战略的重点。同时，英国政府也不甘心放弃自己在传统殖民地区的政治影响力，因而在全球收缩的过程中仍然延续甚至加强教育输入。1949 年《伦敦宣言》（*London Declaration*）后成立的英联邦国家内部，绝大多数成员仍然沿用英式的教育模式，甚至可以与英国本土的教育体制实现无缝衔接。从撒哈拉以南的坦桑尼亚、肯尼亚到亚洲的印度、新加坡，英国语言、文化和教育的影响广泛存在于曾经的殖民地社会之中。"[1]

不过，21 世纪以来，全球化加剧带来的挑战和英国对国际关系的判断都发生了重大变化。特别是"脱欧"决议之后，英国亟需在国际关系中进行新的自我定位。英国外交部门提出的"全球化的英国"正是对这一背景的积极回应，"国家的前途在欧洲之外，因而英国应该以更加积极的姿态拥抱全球，甚至重新引领世界发展"。这种意识也在《国际教育战略：全球潜力、全球增长》中得到充分体现。新的战略明确将重点转向欧盟以外的区域，特别是新兴经济体和增长潜力巨大的国家。在此背景下，英国也在重新调整国际教育政策，将其定位为与产业、贸易、人力资源、国际发展紧密联系的国家战略。新战略已经明确将国际教育归为国家产业与贸易的重要组成部分，并在政策话语中强化教育出口的概念。当然，这种出口不同于传统的产品、服务或技术，它更多的是基于知识、人才、信息流动产生的贸易形态。教育出口不仅能够为国家带来就业、外汇、经济增长这样的实际利益，而且对增强软实力有巨大作用。[2]

(二) 英国国际教育战略的重点

1. 教育产业的整体输出

英国的教育国际化有着显著的产业化与贸易化特征。在整个国家层面，教育活动被视作完整的生产、交换与消费过程，学校体系有着很强的行业意识和市场意识，十分重视投入与产出的效率。这极大地促进了英国教育的产业性。另一方面，英国通常将国际教育作为国际贸易的组成部分，将各种教育要素的跨境流动界定为"进口"或"出口"行为，具有浓厚的商业化味道。

---

[1] 孙志远. 英国国际教育战略的历史演进与当代建构 [J]. 黑龙江高教研究，2022 (10)：75-80.

[2] 孙志远. 英国国际教育战略的历史演进与当代建构 [J]. 黑龙江高教研究，2022 (10)：75-80.

因而，在新战略中，英国政府将教育产业的整体输出作为重中之重，不仅强调巩固高等教育国际化的优势，也更加关注早期学习与发展、独立学校、语言培训、技能开发、教育技术与装备等领域的"走出去"，详见表 11-4。

表 11-4 英国推进教育产业输出的战略举措

产业领域	主要负责的政府部门	采取的具体行动
早期教育	国际贸易部	国际贸易部同本土早教产业联盟（Early Years Alliance）紧密合作，通过行业会议、工作坊等形式分享国际早教市场的动态；国际贸易部会向本土早教机构分享国际市场信息，设立海外据点，向它们提供教师培训、课程设计与开发的资源
独立学校	国际贸易部 教育部	国际贸易部会为投资者与办学机构牵线搭桥，寻求海外办学机遇；教育部与国际贸易部合作，推进英国学校海外调查计划
语言学习与培训	国际贸易部 文化教育协会	国际贸易部会同语言学习与培训行业合作，鼓励更多机构向海外发展；从 2019 年开始为语言培训机构提供参与大型国际项目的机会
跨境高等教育	教育部 国际贸易部 文化教育协会	重新评估跨境高等教育的经济价值；与潜在市场中的政府进行对话，消除海外贸易障碍，促进学位学历互认；政府间多部门合作，为英国高校寻找最合适的合作伙伴
职业技术教育与培训	国际贸易部 教育部	为更多的技能培训机构提供国际项目、贸易补贴和专业指导，鼓励它们赴海外招生；利用政府间以及产业间的伙伴关系，推进英国职业技术教育品牌走出去
教育技术与装备	国际贸易部	激励本土教育技术供应商更多关注海外市场消费者的需求；利用"卓越英国课堂"推广英国的智慧教育，同时打造创新型的多媒体平台向海外介绍本土先进的产品与设备

2. 留学生教育

据统计，留学生已经为英国带来了接近 200 亿英镑左右的经济收益。2018—2019 学年，每位非欧洲国家留学生大约为英国本土贡献了 109000 英镑左右的消费，极大地刺激了国民经济。

目前，英国是仅次于美国的世界第二大留学目的国，拥有超过 45 万的留学生。从国际生源的分布看，向英国输送留学生最多的国家分别为中国、印度、美国、马来西亚、意大利、法国、尼日利亚、德国、罗马尼亚、西班牙。英国高校一般将留学生划分为欧洲区域内和欧洲区域外两种类型,并设定不同的入学和资助政策。根据国际教育市场的发展趋势,英国将尼日利亚、印度、巴基斯坦、沙特阿拉伯、巴西、印度尼西亚等国家和地区定位为重点目标国,尤其强调要在中东、非洲、南美等地加强英国教育的存在感,树立更好的形象。

英国在留学生教育领域已经形成了相当成熟的体系,并在长期的实践中积累了大量经验。英国在留学生教育方面的政策重点主要表现为以下几个方面。

第一,优化招生政策。为持续改进招生过程,英国高等教育体系始终在推进几个重要方面。首先是通过国家品牌建设、市场推广、媒体传播、文化活动等方式增加英国留学的吸引力。其次是利用数字平台提升国际学生申请的便捷性。英国几乎所有大学已经将自己的申请和录取过程同 UCAS(University and Colleges Admission Service)的数字服务连接起来,这大大降低了招生过程的时间与成本。再次是增加国际学生的资助和贷款机会。在加强原有的"马歇尔学者计划""英联邦奖学金""志奋领奖学金项目"的基础上,支持和鼓励高校对优秀留学生进行经济补贴。最后是改善面向留学生的签证政策。英国政府建议大幅放宽留学签证的限制,为国际研究生提供相应的工作许可,这将大大消除限制外国学生流入英国的政策障碍。

第二,增进留学生的学习体验。英国高校普遍重视留学生的支持与服务,并将提供深度和丰富的学习体验作为重要目标。这种观念背后有着重要的价值观,即认为学生对学习过程的感受以及周围文化的感知是同学业成绩同等重要的事情。英国高等教育系统内部形成了大量指导院校进行国际教学和服务的制度框架和专业知识。例如,英国高等教育协会(Higher Education Academy)的国际学生生涯规划框架,英国国际学生事务委员会(UK Council for International Student Affairs)的《促进校园融合》报告等。这些专业规范或指导意见为英国高校提升教学和科研的国际化水平提供了实践性的解决方案。

第三,留学生培养的质量保障。更为重要的是,英国很早便建立了针对留学生教育的一系列质量保障措施。以高等教育质量保障署(Quality Assurance Agency)为主体,英国大学联盟(Universities UK)、英国高等教育统计局等多个组织参与,英国形成了完整的留学生教育的质量监测和评估体系。这种质量保障机制不仅为英国高校的本土留学生教育提供服务,还针对跨境教育项目设计办学标准,对促进英国高等教育国际化的可持续发展意义重大。

二、中国的教育国际化

中国的教育国际化战略发生于 20 世纪七八十年代的改革开放之后。在中国的政策语境中,它又常称为对外教育开放战略。开放是相对于先前出现的封闭状态而言，强调中国作为现代国家与融入世界的基本立场。四十年间，国际关系的迅速变化以及中国崛起的现实给教育对外开放带来了很大影响，中国的战略选择正在发生巨大变化。整体上讲，中国教育开放已经由先前的"引进来"为主转变为更加强调"走出去"。

（一）传统的教育国际化政策

1. 来华留学政策

与开放之初的环境不同，随着综合国力显著提升，中国开始在国际社会确立"理论自信""道路自信"和"制度自信"，有意识地建构"参与全球治理"的形象。在这种背景下，国家将来华留学生教育推到了前所未有的战略地位，标志性的事件就是2010年教育部《留学中国计划》（以下简称《计划》）的出台。与之前的所有政策不同，《计划》首次为来华留学生教育的发展规划了明确的方向和原则，提出"扩大规模，优化结构，规范管理，保证质量"的工作方针，并确立"2020年使我国成为亚洲最大的留学目的地国家，接受高等学历教育留学生达到15万"的宏大目标。有趣的是，《留学中国计划》颁布之初并未引起巨大反响，大多数地方政府没有很快做出政策回应，而是抱着相对谨慎的态度，甚至有人认为"亚洲第一大留学目的国"的愿景还很遥远。由此可见，即使是强大的国家力量，也很难通过孤立的政策推动一项新的战略，它还需要强大的语境支撑。

中国崛起带来的国际政治经济地位提升，促使国家重新思考自身与世界的关系。与20世纪90年代以来"韬光养晦、虚心学习"的定位不同，近十年中国所建构的全球想象以及在国际化进程中形成的自我意识已经孕育出新的世界感。与此同时，国家也逐渐意识到，"中国崛起"所引发的全球性讨论一直由西方世界主导，必须建构自己的话语体系才能赢得更为主动的地位。为此，国家在短短几年内相继提出"进一步扩大教育对外开放""一带一路倡议""人类命运共同体"等理念，为中国教育走向世界提供了空前强大的政治语境。正因为有国家话语的推进，中央与地方的教育国际化政策才得以以前所未有的速度展开。围绕《留学中国计划》（2010）、《关于做好新时期教育对外开放工作的若干意见》（2016）、《推进共建"一带一路"教育行动》（2016）等中央文件，各地方政府出台了大量相应的政策，使得国家力量能够更加深入地影响教育体系。

在治理体系中，中央政府拥有绝对的权威。教育部统筹管理全国来华留学工作，负责制定接受外国留学生的方针、政策，归口管理"中国政府奖学金"，协调、指导各地区和学校接受外国留学生工作，并对各地区和学校的外国留学生管理工作和教育质量进行评估。同时，教育部委托国家留学基金管理委员会负责国家计划内外国留学生的招生及具体管理工作。中央政府的角色既体现在制定大量正式规则的制度供给和监管与调控整个来华留学生教育体系的行政影响上,也表现为直接提供政府奖学金的财政支持方面,可谓"督、促"并举。

尽管中央政府拥有管辖权,但在政策推行的实践中又不得不依赖地方政府的协调管理。甚至,地方政府在来华留学生教育治理体系中的地位变得越来越关键。一方面,快速扩张的来华留学生规模早已超出中央政府能够独立负担的程度,必须依靠地方政府和地方高校。另一方面,留学生管理的许多实际工作均在地方的外事、公安、财政、卫生等部门运行,唯有依靠省政府的统筹协调,才能形成有效的地方治理机制。即使是在教育部直属大学内部,留学生的签证、体检、居住身份注册事务也必须依靠地方政府相关行政部门的支持。

高校对来华留学生的管理往往呈现出双轨的形态。涉及自费留学生的招生、录取、培养、评价等办学事务高校有权自主决定,不受政府部门的直接干涉。对于国家计划内享有政府奖学金的国外留学生,管理则必须同中央、地方政府的规定保持一致。当然,无论高等学校接受哪一类外国留学生,都必须"由省、自治区、直辖市教育行政部门会同同级外事和公安部门审批,并报教育部备案。高等学校接受享受中国政府奖学金的外国留学生,由教育部审批"。

2. 中外合作办学

中外合作办学是指外国教育机构同中国教育机构在中国境内合作举办以中国公民为主要招生对象的教育机构的活动。《教育部 2007 年工作要点》强调,要"提高中外合作办学水平和质量,切实引进优质教育资源,进一步加强监管"。合理引进与有效利用国外优质高等教育资源,能在一定程度上缓解高等教育大众化过程中国内优质教育资源不足的问题,促进中国高等教育改革,提高中国高等教育的国际竞争力。

中外合作办学主要有三个层次:一是独立法人性质的中外合作大学,例如西交利物浦大学、昆山杜克大学、温州肯恩大学、宁波诺丁汉大学等;二是在中国大学内部的中外合作办学二级学院,例如上海交通大学中欧国际工商学院、华中科技大学中欧清洁与可再生能源学院、东北财经大学萨里国际学院等;三是建立在具体学科内的中外合作办学项目。

3. 海外语言文化政策

随着中国经济的发展和国际交往的日益广泛,世界各国对汉语学习的需求急剧增长。为加快推动汉语走向世界,提升中国语言文化影响力,从 2004 年开始,中国在借鉴英、法、德、西等国推广本民族语言经验的基础上,探索在海外设立以教授汉语和传播中国文化为宗旨的非营利性教育机构"孔子学院"。《孔子学院章程》明确规定,孔子学院作为非营利性教育机构,其宗旨是增进世界人民对中国语言和文化的了解，发展中国与外国的友好关系，促进世界多元文化发展，为构建和谐世界贡献力量。孔子学院的主要职能是：面向社会各界人士，开展汉语教学；培训汉语教师；开展汉语考试和汉语教师资格认证业务；提供中国教育、文化、经济及社会等信息咨询；开展当代中国研究。截至2019年6月，全球已有155个国家（地区）设立了539所孔子学院和1129个孔子课堂。其中，亚洲35个国家（地区），孔子学院126所，孔子课堂112个；非洲44国，孔子学院59所，孔子课堂41个；欧洲43国（地区），孔子学院184所，孔子课堂322个；美洲26国，孔子学院150所，孔子课堂559个；大洋洲7国，孔子学院20所，孔子课堂95个。

（二）基于新地缘政治的国际教育战略

"一带一路"是中国提出的基于历史地缘概念的新型伙伴关系。2016年，为进一步推进教育对外开放深度融入世界教育改革发展潮流，中国政府提出《推进共建"一带一路"教育行动》，提出以基础性、支撑性、引领性三方面举措为建议框架，开展三方面重点合作，对接沿线各国意愿，互鉴先进教育经验，共享优质教育资源，全面推动各国教育提速发展。行动计划主要围绕三个重点实施。一是开展教育互联互通合作。中国政府希望一带一路计划最终能够促成沿线国家教育共同体的构建，使得不同国家在政策、语言、民心、学历认证标准等方面最终相互通达。二是开展人才培养培训合作。计划将有步骤地实施"丝绸之路"留学推进计划、合作办学推进计划、师资培训推进计划以及人才联合培养推进计划。三是加强共建丝路合作机制。推进"丝绸之路"人文交流高层磋商，充分发挥国际合作平台的作用，实施"丝绸之路"教育援助计划。①

同之前传统的教育开放政策不同，"一带一路"教育行动计划以国家地缘政治战略为基础和导向，在区域性、复杂性和协商性方面的表现更加明显。同时，毋庸置疑的是，作为新地缘政治的倡导者与推动者，中国在一带一路教育共同体构建过程中扮演着最重要的角色。究竟应该如何有效协调如此多国家的教育发展需求，又应该建立怎样的模式对接不同国家与地区的教育体系与标准？这些都是中国面临的前所未有的挑战。目前来看，中国已经形成由政府规划引导，高等院校参与推动的"一带一路"国际教育发展模式。2015年5月22日，由西安交通大学发起、20多个国家和地区近百所高校积极响应的"新丝绸之路大学联盟"（后改称"丝绸之路大学联盟"，以下简称联盟）正式成立，与会各方联合发布

---

① 教育部. 教育部关于印发《推进共建"一带一路"教育行动》的通知［EB/OL］.(2016-08-01)［2020-10-20］. http://www.moe.gov.cn/srcsite/A20/s7068/201608/t20160811_274679.html.

《西安宣言》,推动了"丝绸之路经济带"沿线高校和学术机构间在教育、科技、人文领域的交流与合作。2016至今,各地方政府与职业院校纷纷成立"一带一路"国际职教联盟。2018年,教育部印发《高校科技创新服务"一带一路"倡议行动计划》,提出"充分发挥高校创新资源集聚、创新活动深入和国际交流活跃的优势,加强高校在服务'一带一路'建设中的创新引领和支撑作用,鼓励和引导高校科技创新更加主动、开放地参与新时代国家全面对外开放战略,提升高校服务经济社会发展能力"。这项政策进一步加强了高校在"一带一路"倡议中的重要地位。

目前,中国政府一直在努力寻求与"一带一路"沿线国家进行教育对接的国际化模式,主要的行动有以下几个方面:一是加强对沿线国家教育援助的力度,优先发展面向这些地区的留学生教育;二是试图建立教育共同体,打造一个超越传统区域概念的伙伴关系。

(三)当前的教育国际化战略

从2010年开始中国开始加快构建自己的教育国际化战略。中国政府先后制定《留学中国计划》(2010)、《推进共建"一带一路"教育行动》(2016)、《高校科技创新服务"一带一路"倡议行动计划》(2018)、《教育部等八部门关于加快和扩大新时代教育对外开放的意见》(2020)等一系列重大政策,勾画出未来教育国际化的宏大蓝图。中国的教育国际化战略坚持内外统筹、提质增效、主动引领、有序开放,对新时代教育对外开放进行了重点部署。未来中国的教育国际化将着重从以下几个方面展开。一是在教育对外开放中贯彻全面深化改革的要求。着力破除体制机制障碍,加大中外合作办学改革力度,改进高校境外办学,改革学校外事审批政策,持续推进涉及出国留学人员、来华留学生、外国专家和外籍教师的改革。二是把培养具有全球竞争力的人才摆在重要位置。提升高等教育人才培养的国际竞争力,加快培养具有全球视野的高层次国际化人才。推动职业教育更加开放畅通,加快建设具有国际先进水平的中国特色职业教育体系。提高基础教育对外开放水平,培养德智体美劳全面发展且具有国际视野的新时代青少年。三是推动教育对外开放,实现高质量内涵式发展。优化出国留学工作布局,做强"留学中国"品牌,深化教育国际合作,鼓励开展中外学分互认、学位互授联授,扩大在线教育的国际辐射力。同时,通过"互联网+""智能+"等方式,丰富中西部地区薄弱学校国外优质教育资源供给。四是积极向国际社会贡献教育治理中国方案。打造"一带一路"教育行动升级版,扩大教育国际公共产品供给,深化与重要国际组织合作,推动实施联合国《2030年可持续发展议程》教育目标。建立中国特色国际课程开发推广体系,优化汉语国际传播,支持更多国家开展汉语教学。

三、南非的高等教育国际化

南非在非洲高等教育区域发展中具有重要地位。一方面，南非拥有非洲数量最多的世界顶尖大学，在教学和科研上的质量较高；另一方面，南非本身拥有国际化的社会环境，整个国家使用 11 种语言，且拥有大量的欧洲和非洲其他地区移民，他们通过长期融合形成了非常多元的文化。1997 年，《南部非洲发展共同体（SADC）教育与培训协议》为推进南部非洲地区的学生与学者流动制定了具体措施，其主要目的是推动各种教育资源的跨境流动。这在客观上推动了南非国内的教育国际化进程。当前，南非已经成为非洲区域高等教育中心，并在国际化方面持续发力。

（一）南非高等教育国际化的发展

1994 年种族隔离消除后，南非的高等教育国际化活动主要由几所本土高校的国际办公室推动。但是，种族隔离的影响并未很快消失，这为国际学生的管理带来很大挑战。南非大学国际化需要突破的首要障碍便是内部的多样文化的融合。除此之外，形成关于留学生教育的共识也是亟待解决的问题。1995 年 10 月，南非高等教育界在约翰内斯堡举行了第一次国际教育会议，共邀请 21 所大学的 34 位代表出席，就留学生的招生、培养和服务等方面进行了深入讨论。大会还选举出首届秘书处，负责南非高等教育国际化事务的协调。随后，秘书处借鉴美国的经验，于 1996 年筹备设立"南非国际教育者协会"（South Africa Association of International Educators）。该组织最终于次年更名为"南非国际教育协会"（International Education Association of South Africa）。

专业协会组织成立后，南非高等教育国际化得到飞速发展。这首先得益于南非国际教育协会的制度化建设。它在国际学生培养方面制定的一系列规范为南非大学提供良好的制度环境。从 20 世纪末开始，南非大学陆续在自己的发展战略中加入国际化议程，并不断改善组织实践。2015 年，全球已有 161 个国家的学生赴南非留学，其中数量最多的是津巴布韦、纳米比亚、莱索托、斯威士兰、博茨瓦纳、肯尼亚、赞比亚、尼日尔、刚果（民主共和国）、喀麦隆、安哥拉、美国、卢旺达、埃塞俄比亚、马拉维、德国、刚果、英国、加纳、加蓬、毛里求斯。与其他大多数非洲国家不同，南非是一个拥有国际学生净流入的区域中心，不仅从发展中世界吸引生源，也招收不少欧美发达国家的学生。

从高等教育系统的质量看，南非的大学在撒哈拉以南非洲具有明显的比较优势，吸引了大量的国际学生。南非是全球第四大非洲留学生流入目的国，仅次于法国、美国和英国。从高校内部的国际化程度看，大多数南非大学都有很高的水平。这主要得益于南非社会自身的国际化生态，殖民地统治时期已经有大量欧洲、南亚和非洲其他地区的移民扎根于本土，使得它在语言、文化等方面具有极强的多样性和融合性。南非一些顶尖大学具有很高的国际生源比例。例如，开普敦大学、斯坦陵布什大学、南非大学的留学生已经超过招生总数的10%。

(二) 南非高等教育国际化战略的形成

1994年南非重回国际社会后，政府一直比较重视教育国际化，特别是高等教育阶段的跨境交流与合作。1997年，在政府白皮书《高等教育转型计划》中，南非这样描绘全球化与国际化背景下南非高校发展的愿景："高等教育应该有利于推进一切形式的知识与学术，特别是解决地方、国家、南部非洲和整个非洲大陆的多样化问题和整体需求，为学术质量制定严格标准。"随后，南非也签订了多个与教育国际化有关的框架与协议，包括《阿鲁沙非洲国家高等教育学习证书及其他学术认证共识》（1981、2014）、《南部非洲发展共同体教育与培训协议》（1997）、《南非-欧盟战略伙伴关系》（2006）、《非洲高等教育与科研空间计划》（2013）、非盟《2063年议程》（2014）、《巴西利亚宣言》（2015）、"非洲高等教育峰会"（2015）等。这些政府间协议为南非推进高等教育国际化提供了更大的制度空间。

21世纪，高等教育国际化逐渐上升为南非的国家战略，并设有独立的部门负责。但在全球化加剧的背景下，南非传统的以区域为中心的国际化战略面临严峻挑战，特别是国外教育输入的冲击。为进一步推动高等教育国际化，南非决意制定一部完更为整和全面的战略。2014年，南非国际教育协会发布《纳尔逊曼德拉湾高等教育国际化未来发展全球宣言》（以下简称《宣言》），这标志着其国际战略基本成型。《宣言》首先承认了国际大学协会颁布的《高等教育国际化的学术价值》（*Affirming Academic Values in Internationalization of Higher Education*，2012）和澳大利亚国际教育协会所颁布的《国际学生流动章程》（*International Student Mobility Charter*，2012）这两份文件的重要价值。据此，协会将未来南非高等教育国际化的基本方向确立为"增强学生与学者国际流动项目的质量与多样性；增加课程与学习成果的国际化元素；建立平等、规范的高等教育合作伙伴关系"。

(三) 2019高等教育国际化政策框架

2019年，南非高等教育与培训部发布新的《高等教育国际化政策框架》，对未来的发展战略做出了一些调整。战略认为，"高等教育国际化能够产生巨大影响，不仅能够促进大学质量的提升，让它们在全球化时代更有竞争力，也有利于增强学术的多样化和区域化，进而推动整个社会的公共利益"。关于战略规划的目的，高等教育和培训部是这样描述的，"提供高标准的原则和指南；制定高等教育国际化的国家标准，为高校制定自己的政策提供制度基础"。战略不仅涉及跨境教育的质量、本土学生权益的保护问题，也充分考虑境外办学与合作的各种情况。这是南非历史上内容最为全面的一份高等教育国际化战略，它关涉知识生产和高校办学过程中所有与国际化有关的事务，其利益相关者则囊括了政府、大学、学生、教师、专业组织、职业协会以及其他许多参与者。以下主要对政策框架的战略目标、原则与主体责任的规定进行简要介绍。

1. 战略的目标与原则

南非政府在政策框架中对高等教育国际化提出了明确目标：增强南非高等教育的声望、质量和适切性，提升大学的影响力；促进国际合作，增进国家的知识生产与产权，以及科技创新；更好地促进高校师生在知识、技能、态度以及跨文化能力方面的发展；吸引高层次人才进入南非高校，提升国家人力资本水平；提供可持续发展的机会，支持高校用自己的资源推进国际化并创造利益；构建战略联盟，进一步加强双边、多边和区域层面的高等教育合作。

同时，南非政府也明确提出规范高等教育国际化活动的重要原则。首要的是保障战略重点明确，各类活动的设计应该考量已有重要战略关系的秩序，例如南部非洲发展共同体、金砖五国机制、以及南南合作的平台。其次则是充分保障学术自由和国家利益，任何有关国际化的实践不能违背这两个基本点。再次是合法性。所有利益相关者必须遵守南非的宪法、法律以及其他相关制度。

2. 主体责任的确定

战略也确定了参与高等教育国际化的主体的基本责任。政府的主要责任是引导与支持，而非直接控制。高等教育国际化的官方政策、规范与标准由政府制定，而它同时也扮演着协调者的角色。政策也要求政府与其他国家签订能够促进南非高等教育国际化的协议。在政府机构中，内务部和高等教育与培训部是两个最重要的主体。高等教育与培训部有义务对国家高等教育国际化战略的各项细节进行详细说明。南非资格认证署则主要负责与国际化有关的质量保障。大学有责任制定自己的国际化战略与政策，并与国家的发展重点保持一致。同时，它们应构建自己的国际化评价指标，完善质量保障机制。战略规定，每所高校均需要对高等教育部提交国际化的年度发展报告，同时，也必须保证能对留学生提供持续的服务。

主体责任的确定是保障高等教育国际化规范运行的重要条件。在许多国家的制度环境中，尽管国际化活动异常活跃，但参与主体的角色与关系模糊，往往造成秩序的混乱。南非的战略理清了政府与高校在国际化活动中的具体责任，有利于国际化办学进一步的体系化、制度化。

第三节 教育国际化的比较

进入21世纪，全球范围内的教育国际化迎来第二次浪潮。与20世纪90年代出现的第一次浪潮是由市场与贸易驱动不同，构建国家层面的教育国际化战略成为当今世界的核心议题。2010年以后，许多国家的政府都在有意识地构建教育国际化战略，主要原因是全球化趋势带来的改变深刻影响着传统的世界教育格局。与教育密切相关的人员、资源与技术的流动给各国的国家安全与国家利益带来挑战，同时这一过程本身也蕴藏着巨大的机遇。本小节试图在三个层面比较不同国家的教育国际化：一是教育国际化中不同国家的实际地位及相互关系；二是不同国家所采用的教育国际化战略；三是简要介绍高校国际化比较的框架。

一、教育国际化形成的世界体系

（一）中心与边缘

教育国际化对世界的影响并非均衡的。从当前的格局看，它已经形成了"中心-边缘"的结构特征，表现为一种不平衡的世界体系。其中，处于"中心"的国家正利用教育国际化不断强化竞争优势，在经济、文化、科技等各个方面攫取世界其他地区的价值；处于"边缘"的国家则常常处于被动受制的状态，无法应对教育国际化带来的人才外流、文化消解等挑战。中心与边缘在全球学术系统中既依存又对抗的关系表现得越来越明显，正成为国家间竞争的重要内容。

中心-边缘的结构关系还呈现出一种内卷的漩涡形态。处于中心的国家由于不断涌入的新价值变得更为强大，处于边缘的国家则因不断流失的资源而无法向内部移动，导致不平等在国家间再生产。因此可以说，这种内卷式的力量会维持甚至强化中心与边缘间的不平等。更具体地看，中心国家与边缘国家在全球学术体系中的位置是由一种强大的依赖关系维持。中心国家凭借自己在资本与知识上的优势，不断向边缘国家进行教育输出；边缘国家则由于教育体系的脆弱，极容易受到外来输入的影响，产生难以摆脱的依附。各国的教育空间在全球化背景下变得更为自由和开放，使得输出与输出的规模、强度、速度空前提高，这使得中心-边缘的结构很难被打破。

■ （二）中心国家

处于中心的国家之所以能够形成强大的内卷力，不断吸收边缘国家的价值，是因为它们在国际教育市场具有主导地位，能运用历史遗产、资本力量以及在全球学术体系中的制度优势维护着自己的地位。因此，在教育国际化的现实中，很明显能看到这些国家表现出的价值取向与权力意志。它们在世界体系中居于支配地位。

由于殖民主义的历史影响，欧美发达国家在语言教育方面具有全球优势，英语、法语和西班牙语至今仍是世界许多国家的官方语言。特别是英语，由于它的应用和传播最为广泛，且已经成为世界性的语言，使得托福、雅思等测试拥有无法比拟的全球影响力。这使得美、英、加、澳等国家在国际学生招生方面拥有语言和文化的保障。此外，原宗主国与殖民地间的历史文化联系也深刻影响着现在的教育实践。英国是最典型的例子。非洲、南亚大陆许多国家与地区的教育体系至今仍保留着英式制度，甚至课程与考试的模式都未改变，能够与英国本土教育体系无缝衔接。

伴随着全球化，资本力量也大肆进入发展中国家的教育系统中，它们不断寻找潜在的市场，以金融、贸易、公私合营项目等各种方式显现。教育国际化发展的早期，这些资本大多流入落后国家的高等教育领域，投入在私立大学建设或者国际合作项目合作等领域。今天，它们已扩展到早期学习与发展、技能开发、大规模在线课程、国际学校等多个方面。

中心国家还拥有明显的制度优势。它们掌握着全球许多行业与专业的认证标准、课程标准，并不断利用新的话语、理念产生影响。全球高等教育的评价权也主要掌握在这些国家手中，这使得它们能够影响甚至操控国际教育发展的趋势。以国际商业教育为例，全球 MBA 课程、教材与学位设置的主要标准几乎都来自美国，其国内最顶尖的几十个商学院以及专业委员会牢牢控制着该领域的标准。

■ （三）边缘国家

全球范围内，还有许多国家在教育国际化进程中处于边缘地带。它们主要是亚洲、非洲和拉美地区的发展中国家，欧洲部分欠发达或转型中国家，以及一些面积极小的岛屿国家。这些国家之所以处于世界体系的边缘地带，是因为它们在参与教育国际化的过程中处于被支配的地位，甚至是被迫卷入的。

以非洲地区为例，那里大多数国家都处于教育国际化的边缘地带。从积极的一面看，教育国际化为这些国家带来了更优质的教育资源，这对提升当地人力资本与社会经济具有深远意义。从消极的一面看，大多数非洲国家出现严重的人才流失、本土教育弱化的问题，主要原因之一就是它们难以将教育国际化中的机遇和条件转化为促进自身能力建设的力量。

当然，我们也看到一些原本处于边缘地位的国家正向中心区域迁移。中国、新加坡、马来西亚、日本、韩国、阿联酋、南非等教育新兴国家都在逐渐摆脱以往在国际化浪潮中的被动局面，朝着区域甚至全球教育中心发展。它们对传统的中心国家构成挑战。中国是一个典型的个案。在改革开放的最初二十年，它的教育体系国际化程度很低，且缺乏对外输出的能力。但最近十年，中国国内的国际学生数量已经飙升至50万人，成为亚洲第一大留学目的国。同时，它也在通过中非合作论坛、"一带一路"倡议、金砖五国机制等平台进一步扩大教育输出，提升中国教育的国际声望。

二、教育国际化战略的比较

进入全球化4.0时代，教育发展的国际性、流动性、多样性、跨文化性特征日趋显著，跨境教育的扩展，本土教育与全球教育的相互建构比以往任何时代都更加深入。西方发达国家为巩固自己在世界教育格局中的核心地位，已经开始强化外向型的国际教育发展战略。近年来，美国、加拿大、英国、澳大利亚、新西兰、爱尔兰、瑞士等国政府均在国家层面制定了相关政策，将教育产业整体输出、海外教育市场开发、教育品牌建设、留学环境优化、双边与多边教育援助、科学技术国际合作等议题确立为"教育走出去"战略的重要目标。与此同时，逐渐改变教育全球化格局的亚太发展型国家、新兴经济体和海湾国家也在积极推动着自己的国际教育战略，增强竞争优势。马来西亚、韩国、南非、阿联酋等国政府纷纷将建设区域教育中心列为国家教育战略的重点，以提升自己在全球教育中的竞争力。尽管这些国家战略的内容与形式殊异明显，但有一点显而不争，那就是在国家发展与国际竞争更加依赖知识、技能与人才的优势，本土和域外的界限被全球化逐渐打破的时代背景下，主动型和外向型教育战略的构建已成为各国政府的政策重点。①

如何理解不同国家的教育国际化战略呢？在此，我们试着构建一种抽象的比较分析框架，将不同国家发展的情景和条件都纳入其中。一方面，依据资源、制度、知识等要素的流动趋向，可以将教育国际化划分为输入与输出两个相对的维度。教育资源，主要指能够被教育体系吸收和利用的技术、技能、资金、人力等要素，它们能通过一定方式转化为支撑教育活动的条件。教育制度包括规则、规

---

① 孙志远. 构建"中国教育走出去"战略的四个基本问题[J]. 复旦教育论坛，2021(1)：24-30.

范、标准等，其功能是为教育体系和教育活动构建秩序。知识既包括教学过程中的成型的内容（比如课程），也包括教育过程中生成的具有普遍借鉴意义的经验。另一方面，依据活动展开的空间又可以将教育国际化分为本土和域外两个维度。这样就构成一个双向两分的框架（如图 11-1 所示）。依据这个框架，我们可以将国家层面的教育国际化活动分为四个基本范畴。本土输入是指在国内发生的、教育要素流入的活动；本土输出是指在国内发生的、教育要素的流出活动。域外输入是指发生在国外的、教育要素的流入活动；境外输出是指发生在国外的、教育要素的流出活动。

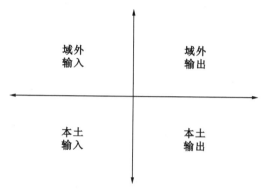

图 11-1　教育国际化战略的分析框架

　　教育资源、制度或知识的输入与输出以多种形态发生。从国际贸易的角度看，它通常表现为产品或服务形式，并最终转化为消费关系。从国际公共产品的角度看，它们也可能以人文交流、发展性援助等方式存在，最终转化为合作关系。无论哪种形态的教育输入或教育输出，都会造成国际教育资本的生产、转移和集聚等结果。什么是国际教育资本呢？我们可以将它视为通过国际化活动，一个组织（这里主要指国家或学校）能够创造和累积的价值。国际教育资本体现为几个主要维度。一是能转化为货币价值的经济资本，主要产生于跨境教育贸易产生的商业利益。经济资本的集聚积累与扩张蔓延已成为驱动教育国际化的重要力量。二是由语言、知识、技术、观念等软因素流动所形成的文化资本，它对国家形象与国际声望的提升有巨大影响，本质上是一种符号资本。国际教育具有显著的文化属性。教育要素的流动不可避免地形成文化价值的扩散、传播，这种影响反过来会为国家带来隐性的文化资本。三是跨国教育活动产生的政治资本，主要表现为跨国教育合作创造出的国际关系价值。教育国际化在文化外交、对外援助等方面的实践会增强国家在国际政治中的权力。四是具有劳动力价值的人力资本。教育国际化带来的人员流动会改变一个国家内部的人才结构，新加坡、马来西亚、阿联酋等规模较小的国家都正在利用留学和移民政策增加自己的人力资本。五是由知识与技术转移带来的学术资本。一个国家通过国际教育合作所获得的科技研发优势会极大地促进自身的知识生产与创新能力,也会对国家、区域与院校层面的教育发展与治理能力产生积极影响,从而积累更多的学术资本。

当一个国家通过教育国际化能够输出更多的资源,吸入更多的资本,就会拥有更强的竞争优势,占据全球教育体系的中心位置。反之,则可能会陷入十分被动的局面,面临边缘化的危险。以英国、中国与南非三个个案为例,英国的战略具有明显的输出取向,且表现出越来越浓厚的贸易主义特征,这使得它的重点开始更多地转向境外输出的活动。这些海外的教育国际化活动主要包括跨境教育(海外分校、国外的语言培训、跨国教育合作项目等)。能够将域外输出确定为教育国际化的战略重点,表明英国已经充分地适应跨境教育的产业与市场,占据着全球教育价值链的顶端。这也意味着它能够大规模地向其他国家提供教育产品与服务,实现国际教育资本的扩张。中国则是一个在国际化进程中典型的转型国家,即正在经历从边缘走向中心的过程。经过十年的努力,它已经成为亚洲最大的留学目的国,拥有超过 50 万的国际学生。更重要的是,它正在逐渐融入全球教育体系之中,产生越来越重要的影响。中国的教育国际化具有典型的国家主义特征,尤其注重政治、文化资本的价值。因而,中国的教育国际化嵌入全球教育市场的程度较低,相反,它大多是以公共物品提供的方式出现。南非本身的国际化程度很高,但其并未在全球教育体系中占据中心位置。这主要是因为南非的国际教育战略没有形成一种全球范围的影响力,主要限于非洲地区。在其战略中,文化资本、学术资本与人力资本的吸收是重点目标。

三、高校国际化的比较框架

高校是教育化比较的另一个重要维度,在学术史上也已出现多种论点和思路。赖特经典的三因素说就主张将"战略""政策"与"项目"的内容与特点作为比较不同高校国际化模式的分析框架。除此之外,也可以从活动、结果、动力、过程、国内、国外等几个方面关注高校国际化的表现。[①] 从现实来看,绝大多数高校均有国际化方面的"政策"与"项目",但并非每个学校都有能力构建符合自身发展的"战略"。这里所说的"战略",是指能够全面提升一所高校的国际化水平,且使这种趋势能够促进其整体发展的构想与规划。相当多的高校的确提出了所谓的国际化战略,但这种设想很可能是以牺牲其他方面发展为代价的,抑或是成本过高,现实意义不强。甚至,大学的国际化战略是外部驱动的,或是完全逐利的选择,这并不会对其组织发展产生长远的、积极的影响。

---

① Knight J. Internationalization Remodeled: Rationales, Strategies and Approaches [J]. Journal for Studies in International Education. 2004, 8 (1): 5-31.

美国教育理事会（American Council on Education）开发的"全面国际化框架"建立了一个更为具体的指标架构。这一框架认为，高校国际化应该关注"治理模式、管理结构与人员能力、课程与学习成果、教师政策与实践、学生流动、伙伴合作关系"六个方面。治理模式主要涉及战略规划、国际化委员会建设、校内利益相关者的参与以及评价。它实质上是评估一所学校国际化的战略意识与能力。管理结构与人员能力是指高校应该设立专门的行政组织（例如国际化办公室），招募专业人员处理国际化事务，且能提供高质量的服务。课程与学习成果主要围绕学校内部的教学在目标、过程与结果上体现出的国际化因素。这在不同大学间差异很大。教师政策与实践维度主要涉及学术职位晋升、招聘、流动以及专业发展方面的国际化因素。学生流动主要涉及学分转换政策、奖学金与助学金、适应性项目、对留学生的持续支持与服务等方面。伙伴合作关系指的是高校签订的跨国协议和运行的国际项目。全面国际化框架已成为美国大学评估自己国际化水平的重要工具，对世界其他地区也具有参考价值。

（孙志远）

第十二章

"经典素读"与"读写教室"：
母语教学建构的双路径

母语教学一直是各国基础教育中的基础。一直以来，与世界各国一样，中国的母语教育始终处于革新变化的进程中。基于我国传统母语教育的成熟经验和当今国际教育理念的迅猛发展，我国的母语教学可以从融合传统与借鉴他国两条思路上开辟新的路径。"经典素读"和"读写教室"两种模式就是寻找母语教学新路径的典型案例，可为我们的母语教学提供思考与启发。

第一节 "经典素读"：汉语教育传统的继承与弘扬

呦呦鹿鸣，食野之苹，我有嘉宾，鼓瑟吹笙……

这首2000多年前的《诗经·小雅·鹿鸣》正以一种古老悠扬的曲调回荡在语文课堂中。

杭州富阳永兴小学的孩子们在陈琴老师的带领下，吟诵着这首古老的歌谣来表达对远道而来的客人们的欢迎，他们的脸上洋溢着真诚礼貌的微笑，手正跟着吟诵节奏画出表示平仄的符号，他们的声音洪亮古朴，穿过漫长渺远的时空，展示着中国传统文化绵延千年不曾断绝的生命力。

这正是来自陈琴老师"经典素读"课堂的小小片段。

"经典素读"是孕育自中国传统母语教学模式的新路径，为目前的语文教学提供了全新的思考。"经典素读"从古人"读破万卷书"的学习常态中汲取经验，立足心理学和教育学的科学知识，参考语文课程标准的要求，打造出一套适合现代学生的教学模式。本小节将对"经典素读"模式如何从中国传统母语教学中吸取经验并改革创新进行探讨。

一、中国古代汉语教育传统概述

汉语教育是中国传统教育的核心,一部中国古代教育史就是一部中国母语教育史。① 历经千年传承的中国古代语文教育以儒学为主要教学内容,注重伦理道德与教育的统一,以教师传授为主要教学形式,具有较高的综合性,涵盖经学、史学、哲学、文学、文字学、伦理学、社会学等各个方面的知识。古人读书的基本模式定型为"诵读—感悟—运用",教材选择上也形成了"韵语启蒙—选本拓宽—专书提升"的成熟路径。从童蒙时期起,学习者就必须对经史子集等经典烂熟成诵,大量积累并形成语感,在诵读中玩味思索作品内涵。中国古代语文教学重视读写基础训练,分为学习识字、写字和学习阅读、写作两步,贯彻"着力于言语"的重要教学原则。蒙童通过《三字经》《百家姓》《千字文》《声律启蒙》等朗朗上口的蒙学读本进行基础的识字和写字训练。进入私塾读书的童子只要用两三年工夫,就可吟诗作对,出口成章,挥毫成文。继而便读《昭明文选》《古文观止》《唐诗三百首》之类选本来夯实语文基础,拓宽知识视野,学习诗文技法,应对社会需求。然后研读四书五经、诸子集成及其他经史子集专书,专题钻研,深入探讨,深化学问,提升学术境界,谋求晋升之阶。②

直到中国新文化运动对以儒家伦理道德为核心的封建旧文化进行猛烈的批判之时,这种已传承了千年的不求甚解、大量背诵的读书方式和经史子集等经典的地位才受到了极大冲击,在之后的语文教学中很少再见其身影。叶圣陶先生曾扼要地指出旧式语文教育的三大弊端:第一是在阅读教学上过于强调所读的内容而把语文本身的规律放在次要的地位;第二是在作文教学上要求模仿一套程式;第三是读书作文不是为了增长知识,发表思想,抒发感情,而是为了应付考试。③ 张志公先生也鲜明地指出,传统语文教育的弊端主要有两"脱离":脱离语言实际,脱离应用实际;有两"忽视":忽视文学教育,忽视知识教育。④ 杜威的"儿童中心主义"思潮更是让社会开始反思这种死记硬背、缺乏趣味的教育方式不利

---

① 许书明.中国古代语文教育略论[J],中学语文:教学大参考(上旬),2016(11):3-5,82.
② 许书明,徐海梅.中国古代语文教育史[M].北京:科学出版社,2016.
③ 叶圣陶.叶圣陶语文教育论集[M].北京:教育科学出版社,1980. 柯孔标.培育时代新人是语文教学的终极目标——袁微子小学语文教学思想述评[J].小学语文.2020(11):4-8,14.
④ 张志公.传统语文教育教材论——暨蒙学书目和书影[M].北京:中华书局,2013.

于塑造"完整的人格"。这次变革使传统语文教育转向近代语文教育,延续千年的精英教育也开始向普及教育转变,中国古代传统汉语教育发生历史性变革。

直到20世纪末21世纪初,一批语文教育者开始关注到移植于西方的母语教学模式产生的"少、慢、差、费"问题,回望先人的母语教学经验,才意识到"近百年来,传统母语教学经验中那一部分符合汉语汉文实际,又符合比较科学的教学论的做法,似乎没有得到重视,得到发扬"①。中国的母语教育是受到本民族语言文字特点、民族文化传统及心理特点制约的,后人必须重新审视千年母语教育传统中所蕴含的古人的智慧和经验,"披沙拣金",不断寻求适合国情的语文教育模式。"经典素读"课程模式正是秉承着上述思路应运而生,对汉语教育传统进行继承与弘扬,探索着一条来自传统的母语教育新路径。

二、"经典素读"的概念及缘起

在中国语文教育中绵延千年的读书方式传入日本,他们正式将上述私塾授课方式定义为"素读",指学习汉籍时,着眼于学习内容,不追求理解所读内容的含义,通过放声读文字来探索文章的方式,旨在不求甚解、多习得,自然而成学问。"素读"对中华民族的人才培养也有着重要影响,单论20世纪前半叶的一代大师,鲁迅、茅盾、胡适、钱穆皆是从小熟背经典,拥有厚实的古文功底。私塾里走出来的梁实秋先生在《岂有文章惊海内——答丘彦明女士问》中也讲述了"素读"经历:"我在学校上国文课,老师要我们读古文,大部分选自《古文观止》《古文释义》,讲解之后要我们背诵默写。这教学法好像很笨,但无形中使我们认识了中文文法的要义,体会搦词练句的奥妙。"南怀瑾先生也不止一次袒露自己的心得:"我们以前读书是这样读的,会背来的……不要讲理由,老师说读啊,我们就开始吟唱了……结果几十年过去了,还装在脑子里。"② 基于传统母语教学的经验,语文教育者开始重新审视古人私塾中的"素读"法,希望从中汲取重构母语教学路径的新思路。

20世纪90年代,国学热潮开始在中国兴起,国学经典和传统文化重新受到重视,国学班数量不断增加,中央电视台相继推出的《中国汉字听写大会》《中国成语大会》《中国谜语大会》《中国诗词大会》等国学节目深受国民追捧。清华大学人文科学实验班出台的自主招生申请条件为能背诵《三字经》《百家姓》《千字文》《笠翁对韵》《龙文鞭影》;能背诵"四书"以及《周易》《诗经》中的一

---

① 张志公. 传统语文教育初探 [M]. 上海:上海教育出版社,1962.
② 还笑. 素读经典:一种值得向广大父母推荐的读书法 [EB/OL]. (2013-04-24) . http://blog.sina.com.cn/s/blog_50cefbdf0102ec60.html.

种。基于上述时代潮流，结合自身吟诵经历和对基础教育阶段语文教育的反思，热爱传统文化的陈琴老师从1993年开始探索"经典素读"在语文课堂教学中的运用，到如今已取得了相当丰厚的成果。陈琴老师认为，"素读"是将所读的内容做永久的、终生的记忆，是一个人素养能量的原始积累，就是要大量死记硬背——不求理解含义、只照字面意思，纯粹地朗读中国的经史子集，也可以理解为记诵。"素读"积累以背诵为目的，是为了获得童子之功，而"经典素读"则是对古人素读模式的革新，即选择本民族及人类历史上所公认的经典读本为教材，尽量剔除源自教师本人"望文生义"的诠释，只做适当的字面"对译"。①

经过多年脚踏实地的实践，陈琴老师将经典素读升级成了可移植的课程，编写了《中华经典素读范本》12册，带配音的《中华经典素读范本》12册作为小学阶段的经典素读课程教材使用，而《中华经典素读教程》一书系统地介绍素读，为教师提供操作指南。另外，陈琴老师还出版了《经典即人生：文字是修正灵魂的良药》等书，被中华吟诵协会聘为吟诵教学指导老师，在《中国教育报》《中国教师报》等刊物上发表教育教学类文章近百篇②，被媒体称为"成功解决了百年经典教学课程化问题的第一人"③。

"经典素读"教学模式于中国传统母语教育中孕育而生，在语文课堂中的成功实践证明了汉语教学需要也必要从古代传统母语教学中寻找智慧，通过继承和创新，使其具有重新回归课堂的价值，本章将详细介绍陈琴经典素读课程在教学目标、内容、方法等方面对传统母语教学的传承创新及其意义。

三、经典素读的教学目标

经典素读课程的总目标是：背诵十万字，读破百部书，写下千万言。"背诵十万字"的初衷和终极目标都体现为"积累"，在记忆力其佳的童蒙时期输入大量经典的、完整的文本，为日后的言辞行文提供可效仿的典范。在背诵的同时充分调动眼耳口鼻等感官，促进学生语文素养的全面发展。"读破百部书"突破了将语文教学束缚在薄薄的课本中的现状，将学生的阅读面扩展到中华优秀传统的诗词歌赋和外国的经典名篇。"写下千万言"是指在从大量阅读积淀中学习优秀的选材、结构、立意和表达，在日常养成摘抄和写日记的习惯，顺应"先输入后输出"的语言蒙养规律，步步提高。

---

① 陈琴．中华经典素读教程［M］．北京：中华书局，2014：3.
② 陶继新．大课程与大教材［J］．基础教育论坛（小学版），2014（6x）：5-11.
③ 王玉松．唐山市BS小学经典诵读工程改进研究［D］．天津：河北工业大学，2014.

经典素读课程在上述总目标的引领下,根据学生的心理发展规律,将小学六年的学习分为三个阶段,一、二年级为低年级段,三、四年级为中年级段,五、六年级为高年级段,并且遵循教学目标量化、分层递进的原则。低年级段要求突破 2000 字的识字量,每天阅读 500 字左右,两年阅读量在 20 万字以上。同时,需要诵读 300 首儿歌、150 首诗词、50 篇文言文,要熟记《弟子规》《三字经》《千字文》《百家姓》《声律启蒙》《小学对课》《大学》等书。中年级段要求识字量达到 4500 个以上,每天阅读 3000 字左右,两年阅读量在 100 万字以上,读书笔记 7 万字以上。要通读现代优美散文 100 篇,背诵古诗词 150 首,素读《中庸》《老子》《论语》《朱子家训》《颜氏家训》《飞鸟集》《经典古文五十篇》等书。五六年级要求每天阅读 6000 字左右,两年阅读量在 200 万字以上,读书笔记为 10 万字左右。要通读优美散文 100 篇,背诵古诗词 150 首,素读《庄子》《孟子》《古文观止》《史记》《资治通鉴》中的选篇。经过实际量化,每个孩子每天坚持背诵 100 字左右的文段,一学年除去节假日,按每个孩子在校日为 180 天计算,六年至少可背诵 10 万多字的文章。①

基于上述目标,教师需要在学习过程中让学生掌握吟诵法、歌诀乐读法等多种诵读方法,对阅读产生浓厚兴趣,并且要激发学生对中华民族传统文化的认同和热爱,在经典记诵、文字积累、读写同步、精神提升方面整体培养学生的语文素养。

四、经典素读的内容及教材

经典素读课程在内容和教材选择上以中华民族及人类历史上所公认的经典读本为主,通过反复诵读经典文本获得积淀经典的童子功,以求他日的厚积薄发。中国的古人读了千年的经典具有文字精确、韵律感强的特点。儿童最喜欢押韵的,具有强烈音乐感、节奏感的语言形式。"汉语的发展具有非常强的因袭性,早在春秋战国时期,我们的母语体系就已经相当完善了,语言的词汇、词性结构、句法结构以及音乐质感等各方面都已相当成熟。每一个读过诸子百家典籍的人,无不被那精辟洗练、生动优美的语言文字所震撼。我们至今仍沿用的格言、成语等经典词句大多数源自诸子百家典籍,汉语活力的源头就在经史子集的典籍里。单是这些典籍的语言风格,就足为后世的模范。"② 目前教材中占多数的白话文章,大都远不及古代典籍在语言文字方面的精练简约、晓畅准确、音韵和谐。

---

① 陈琴,华一欣. 经典即人生:文字是修正灵魂的良药 [M]. 北京:中华书局,2011:60.

② 素读 [EB/OL]. (2008-04-20). http://baike.baidu.com/view/691403.html.

因此，中国母语教育必须重新审视传统经典阅读的必要性，而非片面地认定其不利于学生心理的发展。

根据陈琴老师多年的实践经验，她认为经典素读首先要选择的学习内容必然是中华民族的经典，参考中国古人读书的阶段和文本选择，儿歌童谣应该放在第一位，这是识字和阅读的桥梁。第二是蒙学精读，主要是《弟子规》《三字经》《千字文》《幼学琼林》《声律启蒙》等书目。第三就是哲史，第四是诗文，可以穿插在前三者中。① 这四个层次的读本都不能少，背诵的内容也需要对这四个层面的读本均有涉及。从阶段层面来划分，低年级段是识字的黄金阶段，蒙学读本可以选《三字经》《百家姓》《千字文》《弟子规》《声律启蒙》《千家诗》《唐诗三百首》等启蒙读本。中年级段可选择背诵《大学》《论语》《中庸》《老子》和大量古诗词。《论语》的部分章节不需要完全熟练，只需记诵经典的文段即可，但其他的要求滚瓜烂熟。高年级段除了要继续背诵大量的古诗词外，还要选择背诵《孟子》《古文观止》《史记》中的精彩篇章。② 其次，经典小说的素读也十分有益，可以培养孩子背一部分自己喜欢的小说片段，不仅有助于提高阅读作品的能力，也有益于培养孩子主动阅读长篇作品的兴趣。

另外，其他民族的优秀经典读本也应当适当引入，比如低年级可以诵读大量外国儿歌童谣，中高年级段也可以选择经典的现代诗来阅读，如海明威的《真实的高贵》、泰戈尔的《飞鸟集》，纪伯伦《沙与沫》，狄金森的《狄金森诗选》等。③ 不过，陈琴老师认为外国作品的选择当以经典的人物传记和小说为主，主要是考虑在语言层面，译作始终是被置换过的语言，真正适合背诵的内容比不上典范的母语文本。同时，教材也是素读的好选本，入选教材的文章有许多是文质兼美的佳品，尤其是那些名家之作。④

根据陈琴老师的实践成果，其课程内容安排基本框架如表12-1所示。⑤

表12-1 经典素读课程内容安排

年级	课程内容
一年级上学期	《弟子规》《小学对课》选背及50首唐诗

---

① 陈琴，华一欣．经典即人生：文字是修正灵魂的良药［M］．北京：中华书局，2011：24．

② 素读的乐趣［N］．少年科普报．2013-06-25（10）．

③ 陈琴．"素读"经典及课程开展初探［J］．学术评论，2009（5）：7-10．

④ 陈琴．"素读"经典及课程开展初探［J］．学术评论，2009（5）：7-10．

⑤ 陈琴，华一欣．经典即人生：文字是修正灵魂的良药［M］．北京：中华书局，2011：26．

续表

年级	课程内容
一年级下学期	《三字经》《千字文》《小学对课》选背、50 首唐诗及 10 篇散文
二年级上学期	《大学》《小学对课》选背、唐诗及词曲 50 首
二年级下学期	《中庸》《声律启蒙》选背及词曲 50 首
三年级上学期	《论语》《声律启蒙》选背及词曲 50 首
三年级下学期	《孟子》选背及诗词 30 首
四年级上学期	《孟子》选背及诗词 30 首
四年级下学期	《庄子》选背及诗词 30 首
五年级上学期	《老子》30 篇、《诗经》30 首及散文选背
五年级下学期	《古文观止》选背、《诗经》50 首及散文选背
六年级上学期	《现代美文素读》《名言格言素读》及诗词 50 首
六年级下学期	100 首诗词、100 句名言警句及 20 篇散文

另外,经典素读教学顺利实施的前提是必须妥善处理常规教学和经典素读教学的时间分配。在陈琴老师经典素读的课程体系中,三分之一的时间用于教材学习上,三分之二的时间用于经典素读的展开上。一学期三分之二的时间由老师带着读,剩下三分之一的时间让学生读自己喜欢的东西。另外,设置晨读时间,晨读课像常规课一样严格按照计划执行。陈琴老师带领学生提前半小时到校进行晨读,每次读 20 分钟,每周四天,一进教室便开始读书。经典素读的训练,贵在坚持,只要巧妙地利用好零碎时间,组织好有趣的形式,经过小学阶段的学习,一定能培养出令人惊叹的学生。

五、经典素读的教学与评价方法

"经典素读"课堂上最主要的教学方法是朗读、表演、吟诵。[1] 古代私塾那种以教鞭威吓的手段已经证明不可行,现代语文教育必须依照现代价值观,运用多媒体和现代记忆方法,对传统素读课堂进行改良和革新,让学生乐于接受那些经典,在这个过程中越学越快乐,越学越踏实。

周波老师将经典素读课堂流程归纳为"讲—读—吟—背"四个环节。[2]

---

[1] 陈琴,华一欣. 经典即人生:文字是修正灵魂的良药[M]. 北京:中华书局,2011:31.
[2] 陈琴. 素读经典课堂教学的讲与读[J]. 语文教学通讯,2015(5):4-8.

"讲"是指先通过故事导航、文白对读、重点讲解等方式，增进学生对文本的理解，但不必做过于精细的讲解，经典素读课堂在这一点上仍旧延续了传统教育模式中以老师讲授为主的教学形式。

"读"是整个经典素读的核心环节，并非如今课堂上所说的源自西方话剧腔调的"美美地读"，而是大声地、快速地诵读。陈琴老师认为所有基础教育阶段语文教学的失败都是因为缺少诵读基础。因此，她创造性地实践出了"歌诀乐读法"这种具有"乐动"的读书方法，因其朗朗上口，充满韵律节奏感，故称"歌诀"。凭借这种歌诀乐读法，孩子们甚至可以在一两个小时内背诵《滕王阁序》《逍遥游》等高中阶段才要求学习的古文。

"吟"指吟诵，是汉语诗文传统唯一的诵读方式，从先秦开始，通过私塾、官学等教育系统，口传心授，代代相传，流传至今。[①]但五四运动以后，这种"摇头晃脑"的吟诵渐渐没落，到20世纪30年代初，夏丏尊、叶圣陶、朱自清等人开始大力倡导恢复吟诵的读书方法。赵元任先生在《中国语言的声调、语调、唱读、吟诗、韵白、依声调作曲和不依声调作曲》一文中阐述道，"中国的吟诵是大致根据字的声调来即兴创一个曲调，而不是严格的照着声调来产生一个丝毫不变的曲调来"[②]。在科举制度废除之前，吟诵、读经与学习古代经典诗文紧密地结合在一起，是文人学子学习、欣赏、创作、修改诗文的主要方法。[③]王恩保先生认为吟诵这种读书方法有助于吟诵者通过自己的声音形象来表达和体会古诗文内容与感情。[④]因为汉语有其独特的音韵特质，每一个汉字的音韵都具有特殊含义，它不仅以形表意，也以声表意，有时仅从声调就可以知其要表达的情绪，而"韵"在诗词中最重要的作用就是给情感定调。这种以语言为本位的口传艺术符合汉语的语言特点，其音乐性和韵律感能够让儿童从中获得快乐和灵性，并在吟咏中慢慢体会到古诗文中的气象万千，这是来自西方戏剧舞台的"朗读法"无法带来的效果。陈琴老师对传统吟诵调也进行了改良，创新成了学生爱听的、悦耳饱满的普通话吟诵调，让学生先进行模仿，再教给他们"平长仄短、依字行腔"两条基本的吟诵规则和简单的口诀，使得经典的学习更加原汁原味，完全浸润在汉语的独特魅力之中。

"背"的环节是指在用讲、读、吟等方式趣读文本之后，再镂空部分文本提

[①] 徐健顺.普通话吟诵教程［M］.桂林：广西师范大学出版社，2018.

[②] 赵元任.中国语言里的声调、语调、唱读、吟诗、韵白、依声调作曲和不依声调作曲［J］.中国音乐，1987（2）.杨锋.中国传统吟诵研究——从节奏、嗓音和呼吸角度［D］.北京：北京大学，2012.

[③] 华锋.传统吟诵与新吟唱［J］.河南教育学院学报（哲学社会科学版），2015（1）：91-98.

[④] 王恩保，石佩文.古诗文吟诵集萃［M］.北京：北京语言学院出版社，1993.

示背诵,加之日后的反复诵读,完成经典的学习与背诵。在这四个环节,讲是难点,读是重点,吟是强化,背是最终的目的,遵循求略懂、求量变、求熟记、求自悟的经典素读练读法则[①],学生就是在这样的积累过程中逐渐走入曼妙的语文殿堂。

在这四个环节中,教师自己还可以设计出更多具体的、创新的教学方法。如低年级段通读的韵文或古体诗,可以设计为简单的游戏。陈琴老师常用回环接力的形式让学生背会《三字经》《弟子规》《千字文》《声律启蒙》等书籍。也可用拍手读、擂台读、打击节奏式读、歌吟式读等游戏激起学生的兴趣,长诗或长文就用角色朗读的方法,近体诗和词最好用吟诵的方法,纯文言的文本可以用导读法。班级内也可开展活泼多样的诵读活动,令素读做到"素"而不闷,"素"而有趣。[②]

"经典素读"的评价方式也是有继承、有创新的。比如常用的有集体诵读、家庭诵读、个别跟踪,包括考评、诵读录像、刻录光盘和年背等手段。例如年背的考核方法就是取法于明清时期的私塾教育。年终之时,教书先生和家族长者坐在高堂之上,蒙学生在台下接受考试。由长者翻到某教材中的某一页,学生就接着往下背,一直背到叫停才可以停下来,如果中途自己停下来考核就不通过。陈琴老师也用此方法作为期末考核的一项,她把该学期通读的内容全部列成一张表,家委会派出家长代表走进课堂,由家长指定其中一篇让学生进行背诵。同时,允许学生展示自己特别熟练的自选篇目,将抽查和自选的方式相结合。

古人的读书方式成熟且值得借鉴,但仍要谨慎分析传统素读的利与弊。比如古代私塾为了让孩子努力记诵,以戒尺体罚的方式在今天绝对行不通。再如完全"死记硬背"的方式又很可能会使学生产生厌倦的心理。因此,经典素读需要站在时代的潮前,立足语文课程标准对思想情感、语言能力、思维发展、审美情趣的要求,对传统素读进行改良与创新,从而使传统母语教学能够以全新的面貌重现于当代母语教育之中。

六、经典素读面临的挑战

"经典素读"课程是对中国传统母语教学模式的继承与创新,对母语教学具有巨大的启示意义,但目前面临的最大挑战是无法在短时间内将这种模式最大化

---

① 陈琴,华一欣. 经典即人生:文字是修正灵魂的良药[M]. 北京:中华书局,2011:29.

② 陈琴,华一欣. 经典即人生:文字是修正灵魂的良药[M]. 北京:中华书局,2011:26.

地进行推广。首先,根植于传统,强调诵读积累的教学方式很难走向"以学生为中心"的道路,多数时候仍以教师的讲授和学生的反复诵读为主,学生的学习自主性在课堂上难以发挥,在教育中进行大量的思想灌输也难以被广泛接受。另外,经典素读课程贯彻传统蒙学的"积累"原则,需要用大量的时间阅读大量的经典文本,因此教师需要灵活安排好教材教学时间和经典素读开展时间,这一点在现阶段较难普及。此外,传承于深厚传统文化的素读课程对教师自身的文化素养有着较高的要求。教师需要对传统文化有敬畏感并深入了解,受过较为系统的素读训练,才能正常展开经典素读课程。同时,由于传统教育非常看重教师对学生的言传身教,看重传授文化知识过程中对学生人格的塑造,因此经典素读课程要求教师必须具有端正的道德素养,在教学过程中慢慢温养学生的灵魂。目前来看,中国古代语文教育传统的宝贵价值和经验仍然是被忽视的,学术界对其研究的高度和深度尚不够,因此传统汉语教育的模式不能完全破除目前中国母语教育的困境。

语文阅读教学的实质是汉语言文化的传承、内化、创造与升华的过程,应具有相对稳定的价值指向和民族个性。① 从传统来到现代,素读的内涵变得更加丰富。现代素读跳出了传统私塾中素读所强调的"不求甚解、死记硬背"单一维度指向,拓展为"反璞与超越"的以统一和谐、相得益彰为特点的二维融合。② 立于前人肩膀,放眼更广阔的的世界,正是陈琴老师的经典素读课程能够取得丰厚成果,被越来越多的语文教育者认可的原因。经典素读课程的成熟与传播,对中华传统文化的认可与传承起到了积极的作用,也反过来对目前尚在摸索新出路的母语教学提供了极为宝贵的借鉴。

第二节 "读写教室":国际母语教育成果的借鉴与融合

每周三,当你经过陈红梅老师执教的三(2)班时,你就能听见此起彼伏的讨论声。走近一看,你会看到如下的教学场景。

学生正三三两两地围坐在一起,手里拿着图书,好像在讨论着什么,竖起耳朵,你会听见"我认为这本书的主人公……""我觉得你刚刚讲的这个观点我有不同意见,我认为……"。也许你会好奇,这时候陈老师在哪里,原来陈老师此时正加入其中一个小组在激烈地讨论呢!

---

① 陈蓉. 素读:阅读教学的觉醒 [J]. 新课程学习(学术教育),2010(8):17.
② 陆云峰. 素读:阅读教学的根性觉醒——对现代小学语文阅读教学的积极审视与本质探寻 [J]. 新课程研究(上旬刊),2009(1):60-62.

以上就是浙江师范大学附属衢州白云学校正在进行的"读写教室"每周三读书日活动的场景。白云学校"读写教室"课题组自2018年5月8日成立至今，已进行了一年多的探索，并且初步掌握了"读写教室"的独特价值，但是"读写教室"的探索之路仍然任重道远。

一、"读写教室"的理念及其国际影响

"读写教室"是一种以学生为中心的读写教学理念。[①] 它旨在构建一种利于学生阅读和写作的环境，设计丰富多彩的大单元读写活动，采用选择、差异和分享的学习方式，让学生逐渐成长为一名独立而成熟的读写者。

该概念最早起源于20世纪60年代美国亚利桑那大学古德曼教授发起的全语言运动，该运动主张学生要在真实的情境中进行读写。在该运动的影响和多年的教学经验基础之上，美国缅因州的英语教师南希·阿特维尔（Nancie Atwell）于1987年出版的《在初中》一书中提出了"阅读教室"和"写作教室"的概念。鉴于"阅读教室"与"写作教室"在教学方面的共通之处以及"读"与"写"之间的紧密联系，阿特维尔提出了"读写教室"的概念。[②] 之后，1994年，美国著名语文教育专家露西·麦考密克·卡尔金斯（Lucy McCormick Calkins）创立了哥伦比亚大学教育学院读写项目，在充分实践"读写教室"的基础上，她开发出一系列的教材，如《阅读教学的艺术》（*The Art of Teaching Reading*）系列丛书。同年，新罕布什尔大学唐纳德·格雷夫斯（Donald H. Graves）教授也开始在自己的教学中进行"读写教室"实践。[③]

"读写教室"至今已有三十多年的探索，目前已趋于成熟，并成为一批敢于探索和创新的优秀教师的追求目标。它的影响力波及日本、英国、澳大利亚、加拿大和我国的语文教育界。

二、"读写教室"的借鉴路径

"读写教室"教学理念源于国外，以其独特的教学理念、系统的教学方法、

[①] 姚淑媛. 南希·阿特维尔"读写教室"的理念与实践探究［D］. 金华：浙江师范大学，2017.

[②] 方美青. 小学"读写教室"的实践研究——以小学四年级为例［D］. 金华：浙江师范大学，2020.

[③] 方美青. 小学"读写教室"的实践研究——以小学四年级为例［D］. 金华：浙江师范大学，2020.

显著的读写效果，为美国中小学的阅读和写作注入了新的活力。[①] 目前，我国一些具有探索精神的教师已经开始实践"读写教室"的相关理念，总体而言，借鉴的路径分为两种：一种是以个人为单位的个别探索；另一种是以专家为首，成立课题组的团队研究。

（一）个别探索

2012年，深圳名师李祖文创建"阅读教室"，他试图将教室文化与"阅读""习作"进行整合，建立了中国第一间阅读教室；2013年，山东李虹霞老师创办的"幸福教室"突破了中国传统教室的局限，让一群孩子幸福地生活其中[②]；2017年，特级教师蒋军晶秉持着"阅读课不太一样，写作课比较特别"的理念创建了名为"有一间读写教室"的微信公众号，并不定期地在推文中分享自己阅读和写作的教学心得。此外，拥有"中国的雷夫"美誉的常丽华老师所发起的"全课程体系"也是"读写教室"在国内的一种探索。这些老师都根据自己的教育实际，从个体的角度做了"读写教室"的实践探索，在借鉴和融合国际母语教育成果的过程中，针对学生特点开发出适宜本国教育的发展模式。

（二）团队研究

"读写教室"课题组是浙江师范大学附属衢州白云学校的一个研究团队。在浙江师范大学教师教育学院王国均老师的指导下，白云学校一批勇于尝试、富有探索精神的小学语文教师在充分吸收国外"读写教室"教学理念的基础上，于2018年5月2日正式创建"读写教室"课题组。最初，团队仅有八位成员，随着研究的深入，团队不断壮大，现有成员十一人。课题组成员结合班级学生特点和特色，不仅为各自创建的"读写教室"取了很多好听的名字，如："小太阳读书吧""寻梦书屋""幸福书屋"等，而且和学生一起，对传统教室进行改造，使其变成一个舒适、充满读写氛围的环境。此外，课题组将每周三设立为"读书日"，这一天的语文课，教师尝试运用"读写教室"的教学模式上课。

用团队研究来引领"读写教室"的实践有其突出的优势。"读写教室"课题组在成立短短一年的时间里，先后在国内核心期刊《小学语文教师》《教育研究与评论·小学教育》两本杂志上发表了两组文章，共7篇论文。此外，课题组成

[①] 方美青. 小学"读写教室"的实践研究——以小学四年级为例 [D]. 金华：浙江师范大学，2020.

[②] 徐天海，汪兴梅. 理想的教室，没有相同的面孔 [J]. 湖北教育（新班主任），2014(6)：53.

员也先后在市、区等各大教学比赛、论文大赛中获得佳绩。当然,"读写教室"的探索之路才刚刚开始,未来还有更多的领域等待我们去挖掘。

三、"读写教室"的环境创设

"读写教室"致力于为学生打造良好的读写环境,鼓励教师充分利用已有条件,对教室进行个性化设计,并吸引学生积极参与其中,充分发挥各自的长处。[①]因为教室环境是一种重要的课程资源,有助于唤醒教师的潜课程意识。[②]白云学校"读写教室"课题组的老师们邀请学生共同参与教室的布置,将"读写教室"划分为以下几个区域。

■ (一)独立阅读区

独立阅读是"读写教室"教学过程中最重要的环节,学生作为读者需要一长段连续的时间进行阅读。课题组的老师充分利用教室后面的空地,用地毯、靠枕、懒人沙发分隔出一个独立阅读区。学生进入这个区域时,可以采用自己认为舒适的方式进行阅读,躺着、坐着、趴着……在独立阅读区的墙壁上,老师和学生一起在上面进行童趣墙绘,将班级"读写教室"的名称、标志、口号等描绘在墙上,这样就增加了教室的读写氛围。

■ (二)图书中心

图书中心的设立并不是在教室里摆上几本书、建个阅读角那么简单,它的成立需要考虑图书的来源、分类和管理等诸方面。图书中心不仅能够为学生提供阅读和写作的资源,而且还是教师进行"读写教室"教学的重要支持。

1. 图书的来源

白云学校"读写教室"的图书来源主要有四种:一是学校图书馆的支持,学生可以定期用借阅卡到学校图书馆借书来补充班级图书中心;二是学生个人的捐赠,教师号召班级的同学将自己的藏书捐赠给班级图书中心;三是由家委会号召全班家长购买书籍,每班的家委会成员人数为3至5人,开学初,在家长会上,由有意愿当家长委员会的家长竞选,家长们投票选出满意的成员,家委会经费向

---

① 方萍."读写教室"的环境打造[J].教育研究与评论:小学教育教学,2019(6):12-16.

② 谢翌,徐锦莉.教室环境:一种被忽视的课程——课程开发视野中的教室环境布置[J].教育理论与实践,2008(11):41-44.

每位学生家长收取,收支公开①;四是师生共同创作的绘本类或叙事类的作品,如《与孩子们的二三事》《昆虫记》等。

2. 图书的分类

解决了图书来源这一重大问题之后,接下来就是图书分类。白云学校"读写教室"的图书分类一般有两个维度。一是按照内容进行划分,低年级段主要是绘本,一般按照主题分类;中高年级段则以诗歌、散文、小说等题材进行分类。二是按照书籍的难易程度进行划分,我们提倡给图书而不是给学生分类,这样的好处是学生可以根据自己的阅读水平选择相应的书籍,既有助于提高学生的阅读能力,又尊重了学生的个体差异性。②

3. 图书的管理

图书中心需要学生自行管理,这样既能够培养学生的主人翁意识,也能够让学生爱护书籍。图书的管理包括选择一名合适的图书管理员、制定借阅制度和建立一个图书医院以修补破损的图书。

白云学校"读写教室"图书管理员先由小组推荐,再通过全班投票产生,确保公平公正。图书管理员的职责多样,既需要协助老师将图书的借阅和归还情况登记在册,还需要定期整理图书。为了图书中心有秩序地运行,教师和学生一起讨论并制定了如图 12-1 的借阅制度。

> **"幸福二班"借阅制度**
>
> 有借有还讲诚信,先还后借要有礼
> 每人每次借一本,管理人员来登记
> 书籍摆放要整齐,轮流借阅不要急
> 不折不画不涂改,爱护书本如至宝
> 认真看书莫拖拉,一周时间要归还
> 损坏遗失要赔偿,放假之前要还清

图 12-1 图书中心借阅制度示例

资料来源:方萍."读写教室"的环境打造[J].教育研究与评论:小学教育教学,2019(6):12-16.

---

① 赵俏琼.全员育人模式下的班集体工作创新[J].教书育人:教师新概念,2017(5):74.

② 露西·麦考密克·卡尔金斯.如何创设适宜的阅读环境与课程?[M].祝玉娟,译.北京:教育科学出版社,2018.

阅读时，学生难免会不小心弄破书籍。对此，在教师和学生的讨论下，决定为"读写教室"设立"图书医院"，即准备一个修补书籍的"医药箱"和竞选出几名"医生"。医药箱里有剪刀、胶带、标签等常用的修补工具。同时，教师会教给学生保护书籍和修补书籍的方法①，也会将修补书籍的方法做成海报，粘贴在这个区域内，以提醒大家爱护书籍。

（三）成果展示区

走进白云学校"读写教室"，你会一下子就被教室后墙上的成果展示区所吸引。成果展示区一共分为四个部分，"热度榜"上张贴着学生评选出来的热门书籍，"封云榜"上展示着学生正在阅读的书籍，"攀登榜"上记录着学生阅读的足迹，"光荣榜"则用来展示学生获得的各类小奖状。此外，学生的习作也会以各种形式在教室里展览，或粘贴，或悬挂。通过这样的成果展示，学生不仅受到激励，也变得更乐意分享自己的成果了。

除了以上的区域建设，"读写教室"里还悬挂着各种读写策略和海报，以此为学生营造一个读写氛围浓厚的环境。不过，白云学校"读写教室"的环境创设与国外的"读写教室"相比，有以下几点不同。

（1）图书的来源与国外的有所不同，国外一线教师在创设"读写教室"的时候，可以利用庭院销售等途径花费较少的钱获取大量的图书。但是在国内，我们可以通过家委会等途径获得图书中心所需要的书籍。

（2）白云学校的"读写教室"是由传统教室改造而来，可改造的区域有限，因此在功能区的划分并不像阿特维尔的"读写教室"功能区的划分那么多样。

（3）图书中心的规模还不够大。图书中心应该确保每位学生至少拥有5本可自由阅读的书籍，并根据每个阶段的学习主题定期更换书目。在这一方面，白云学校"读写教室"由于资金和空间等多方面的原因，暂未实现。

四、"读写教室"的学习工具和学习评价

华东师范大学钟启泉教授在题为《把教师视为"教的专家"的时代已经结束》一文中指出，教师要从"教的专家"走向"学的专家"。② 它迫使我们思考如何能更好地帮助学生进行阅读和写作。事实上，学习的工具的研发是一条重要的

---

① 方萍. "读写教室"的环境打造[J]. 教育研究与评论：小学教育教学，2019（6）：12-16.

② 钟启泉. 把教师视为"教的专家"的时代已经结束[N]. 中国教师报，2019-7-10（5）.

途径。在白云学校"读写教室",课题组成员在浙江师范大学王国均老师的指导下研制了多种学习工具和评价工具,如海报、学习单、评价量表等,用以提升学生的读写能力。

(一)海报

走进白云学校的"读写教室",你能看到教室四周挂满了"读写海报"。比如,教师在进行预测策略教学的时候,就会制作预测策略海报,在课堂中展示给学生,并在课后悬挂在教室的墙上,直到这个系列的教学结束。海报的内容会随着教师讲课内容的变化而不断更新。

海报作为 24 小时的"小老师",对学生学习有相当积极的作用。首先,邀请学生参与制作海报有助于增进学生间的团队合作和相互理解,同时促进创造性思维的发展,它为学生提供了通过实践来学习的机会,进一步激发学习兴趣。其次,海报能够直观地展示知识点,并对关键点进行阐述,将海报悬挂在教室四周,有助于学生对于知识点的理解和巩固。

(二)学习单

"读写教室"善于使用学习单这一学习工具,它是帮助学生学习的助学支架。语言的学习不能脱离语境与沉浸言语的活动,对于不同学力的学生,学习单要架设不同梯度的支架。[1] 在"读写教室"中,教师一般会使用三种学习单:读前预习单、读中思考讨论单和读后反思拓展单。读前预习单一方面引导学生自主学习,另一方面有助于教师更好地掌握学情;读中思考讨论单往往是学生学习的"支架",它提供的阅读方法与过程引导可以指引学生有目的阅读;读后反思拓展单是学生在阅读活动结束后用于反思、拓展、巩固并活化、深化已学知识和已有体验或经验的。[2]

(三)评价量表

"读写教室"教学理念提倡个性化和差异化教学,它打破了"一刀切"的教学方式,采用激励为主的过程性评价。教师主要分为三个阶段对学生进行评价:读写前、读写中和读写后。在评价的过程中,评价量表就是一种记录学生成长轨

---

[1] 舒瑾. 从设计练习走向学习设计的学习单教学实践 [J]. 中学语文:教学大参考(上旬), 2016 (7): 127-130.

[2] 王国均. 阅读课学习单的设计与应用探究 [J]. 语文教学通讯:初中(B), 2016 (4): 36-38.

迹的工具，将学生的课堂表现和课后作业进行量化，能够更好地反馈学生的读写情况，激励学生进一步地读写。

五、"读写教室"的教学过程

每周三，是白云学校"读写教室"的读书日。这一天从早读开始，语文课、午读、放学回家，语文教学都不涉及教材上的内容。这一天，学生在教师的引导下，阅读自己喜欢的书籍，书写自己感兴趣的习作。不同于平时语文课堂中教师讲解为主，学生参与为辅的方式，"读写教室"的教学过程更多体现学生的主体性，它的教学过程如下。

■（一）颁奖仪式

每周三"读写教室"的第一个环节就是颁奖仪式，在"读写教室"中，每周都会评选出几位"阅读小天使"和"写作魔法师"。"阅读小天使"根据上周阅读打卡、阅读批注、阅读课堂表现，每组推选出一位。"写作魔法师"是通过上周的写作学习单（图12-2）中得星总数评选出的，得星总数最多的前三位就能获此殊荣。

这一单元，我们要写一写身边的亲人、朋友的外貌。每天写一篇，写在日记本上。下面是我的记录表，我要把它粘贴在日记本里，做好记录。

日期	题目	得分	总分
周三	我的好朋友	4☆	
周四	我的姥姥	5☆	
周五	我的姥爷	5☆	34☆
周六	我的自画像	5☆	
周日	我的舅舅	5☆	
周一	我的妈妈	5☆	
周二	我的爸爸	5☆	

（每篇作文）评价标准：1.字迹工整、规范、美观。+1分。
2.语句通顺，标点正确。+1分。
3.语言生动具体，有新鲜感，有画面感，受读者喜欢。+3分。

图 12-2　写作学习单

■（二）阅读教室

在"阅读教室"中，学生自主选择阅读的书籍，并在阅读结束后通过制作图书推荐卡片、撰写阅读日志、开展阅读分享会等对阅读效果做出反馈。[①] 教师一般采用微课、自主阅读、分享的"三阶段"结构进行课堂教学。

1. 微课

微课是"读写教室"教学的起始环节,是具有高效、灵活等特点的短时课程,时长约5~10分钟。在微课环节,教师根据本节课的教学重点,教授学生进入自主读写时所需要的阅读技巧。[②] 比如在"想象阅读法"这一节阅读策略课中,教师会在微课阶段向学生讲解什么是"想象阅读法",并给学生示范如何做批注。

2. 自主阅读

接着学生就根据老师在微课阶段教授的策略和教师示范,自己在学习单上一边读,一边圈划出有新鲜感的词或句子或词语,利用便利贴做批注。这个环节教室里要保持绝对的安静,教师可以在班级里来回走动,以便为需要帮助的学生提供适时的、有针对性的指导。

3. 分享

当教师观察大部分学生都完成任务之后,就可以组织学生以小组为单位分享刚刚的学习体验和成果,这就是本小节刚开始所展现的教学场景。通过分享,学生之间能够相互交流自己在运用想象策略时所遇到的困难,也可以和同伴分享令自己印象深刻的情节。总之,交流和分享是为了更多地阅读,向着独立而成熟的阅读者迈进一步。

■ (三)写作教室

"读写教室"教学理念打通了阅读和写作之间的桥梁,在"写作教室"中,学生自主选择写作的话题,进行创作。在教学过程中,教师也会遵循微课、自主写作、分享的"三阶段"结构进行课堂教学。

1. 微课

与"阅读教室"类似,教师在这个阶段是教授学生在自主写作环节需要用到的策略,因此,这个阶段是以教师的讲解为主。例如在一节写作技巧课中,教师

[①] 王国均,方美青."读写教室":小学读写教学的一种演进[J]. 教育研究与评论:小学教育教学,2019(6):7-11.

[②] 方美青. 小学"读写教室"的实践研究——以小学四年级为例[D]. 金华:浙江师范大学,2020.

想要告诉学生如何将思维导图转化成一篇文章，教师就需要在微课阶段向学生展示如何从"眼睛看""耳朵听""鼻子闻""嘴巴尝""小手摸""心里想"等方面完成思维导图的绘制，接着，向学生展示如何将完成的思维导图转换成一篇文章。对于小学学生而言，这种教师示范的教学方法可以起到非常好的引导作用。

2. 自主写作

经过微课阶段教师的示范，学生已经初步理解了思维导图如何做以及如何将思维导图转化成一篇文章。众所周知，思维导图就是学生学习的支架。上一阶段是教师搭支架给学生爬，这个阶段，学生要学会自己搭支架、自己学习。学生经过微课的学习，已经掌握了方法，自己也能完成思维导图的绘制并将其转化成一篇文章，如图12-3所示。

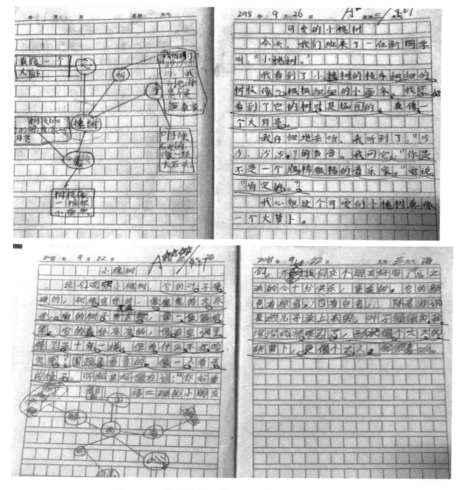

图 12-3 学生绘制思维导图并转化为文章示例

3. 分享

教师在看到大部分学生都完成习作的时候就开始引导学生进行讨论。"读写教室"教学理念提倡写作并不是一种个人行为，而是一种社交性的活动。教师要引导学生在相互分享交流中逐渐厘清思路、组织语言，表达自己的想法，并在与他人思想碰撞的过程中迸发出新的想法，慢慢地拓宽自己的思维和眼界，最终成长为一名独立而成熟的写作者。

以上就是每周三白云学校"读写教室"的教学过程，与常规教室里的阅读和写作教学相比，它的教学过程简单，学生是在一个可以预测的、具有连续性的教学模式中学习阅读和写作的，这种"三阶段"教学模式使得学生的学习更有计划性和目的性。① 与国外"读写教室"微课、自主读写、分享的教学过程相比，我国在正式进入课程之前多了"颁奖仪式"这一环节，该环节的加入，可以更好地激励学生，这是课题组老师结合我国学情，创造性地增加的一个环节。国内外教师对于"微课"的理解有些不同，在国外，微课具有一套固定的程序，包括教学点展示、直接指导、互动参与、独立作业、分享五个步骤。我国的很多微课都仅仅停留在知识点的讲解，并没有转向策略和技巧的教学。虽然课题组的老师们已经在努力尝试策略的教学，但是微课的教学仍然是未来研究的重要方面。

六、"读写教室"借鉴与融合时所面临的挑战

"读写教室"课程是对国际母语教育成果的借鉴与融合，它对我国语文教学，尤其是阅读和写作教学具有重大的启示意义，它迫使我们重新思考什么是学生的阅读和写作，他们的听说读写活动究竟需要怎样的条件，如何看待与处理学生在阅读与写作活动中的差异和自由。

但是，在打造中国版"读写教室"的过程中，我们面临的最大的问题是无法短时间内形成可复制的课程体系。首先，鉴于国内外教育体制的不同，教师无法对教材置之不理，全力展开"读写教室"课程，因此目前只能在一周中抽出一天时间进行实践。总体而言，老师们的尝试是细碎化、未成体系的。其次，"读写教室"的成功打造需要教师具有持续的探究能力，教师需要在丰富语文课堂教学的形态、教学内容与教学方式的匹配、学生成果的评价等方面下功夫，如此才能逐渐开发出可复制、可操作的课程体系。目前看来，我国在实践领域对其研究还不够深入，国际母语教育成果中的独特价值并未被我国完全开发。

---

① 露西·麦考密克·卡尔金斯. 如何创设适宜的阅读环境与课程？[M]. 祝玉娟, 译. 北京：教育科学出版社, 2018.

"读写教室"教学理念至今已进行了三十多年的理论探索,目前已趋于成熟。浙江师范大学附属衢州白云学校"读写教室"课题组经过一年多的尝试性实践,初步发现了"读写教室"的独特价值。作为一种母语教学方式,"读写教室"促使我们更加关注教室环境的布置;尝试个性化的教学方式和交流讨论的学习方式。"读写教室"的探索之路才刚刚开始,未来还有更多领域等着我们挖掘,如:读写策略的开发、大单元的设计,等等,中国版的"读写教室"正在一步步打造中。

(王国均)